Ingeborg Bachmann, Hans Werner Henze
Briefe einer Freundschaft

SERIE PIPER

Zu diesem Buch

Im Herbst 1952 begegnen sich Hans Werner Henze und Ingeborg Bachmann zum ersten Mal. Der aufstrebende Komponist erkennt rasch eine Seelenverwandte in der jungen Lyrikerin, die mit Worten sagen kann, was er mit seiner Musik ausdrückt. Ein Briefwechsel beginnt, der über zwei Jahrzehnte anhalten sollte. Geprägt ist er von Pathos und Überschwang und auch bald von Verzweiflung. Alle Freude und Trauer sind unmittelbar spürbar in den Briefen, die vom Haß auf Nazideutschland sprechen, von der Flucht in den Süden, vom Leben in Italien und von der schwierigen Beziehung zwischen der eigenen und der gemeinsamen Arbeit sowie der Liebe. Immer wieder lädt der Komponist die Dichterin nach Rom und Neapel ein, um bei ihr sein zu können und das Eigentliche zu tun: schreiben, komponieren und Ruhe finden in einem Leben, »für das man vielleicht nicht stark genug ist«. Herausgegeben, kommentiert und mit einem ausführlichen biographischen Nachwort versehen von Hans Höller.

Ingeborg Bachmann, am 25. Juni 1926 in Klagenfurt geboren. Lyrikerin, Erzählerin, Essayistin. 1952 erste Lesung bei der Gruppe 47. Zahlreiche Auszeichnungen. Sie lebte nach Aufenthalten in München und Zürich viele Jahre in Rom, wo sie am 17. Oktober 1973 starb.
Hans Werner Henze, geboren 1926, zählt zu den bedeutendsten zeitgenössischen Komponisten. Schon in den fünfziger Jahren vertonte er Ingeborg Bachmanns Lyrik und schrieb Kompositionen zu ihren Libretti, unter anderem »Der junge Lord« und »Der Prinz von Homburg«.
Der Herausgeber *Hans Höller*, geboren 1947, lehrt als Professor für Germanistik an der Universität Salzburg und hat Ingeborg Bachmanns »Letzte Gedichte« herausgegeben sowie zahlreiche Monographien über sie veröffentlicht.

Ingeborg Bachmann,
Hans Werner Henze

Briefe einer Freundschaft

Herausgegeben von
Hans Höller

Vorwort von Hans Werner Henze

Mit 8 Faksimiles

Piper München Zürich

Von Ingeborg Bachmann liegen in der Serie Piper vor:
Die Hörspiele (139)
Die gestundete Zeit. Gedichte (306)
Anrufung des Großen Bären. Gedichte (307)
Liebe: Dunkler Erdteil. Gedichte (330)
Simultan. Erzählungen (1296)
Das dreißigste Jahr. Erzählungen (1509)
Werke (4 Bände, 1700)
Gedichte, Erzählungen, Hörspiel, Essays (2028)
Römische Reportagen (2938)
Ich weiß keine bessere Welt. Gedichte (3984)
Sämtliche Erzählungen (3986)
Sämtliche Gedichte (3985)
Die Wahrheit ist dem Menschen zumutbar (3987)
Bilder aus ihrem Leben (3988)
Das Buch Franza / Requiem für Fanny Goldmann (Doppelband, 4241)
Briefe einer Freundschaft (mit Hans Werner Henze, 4713)

FSC

Dieses Taschenbuch wurde auf FSC-zertifiziertem Papier gedruckt. FSC (Forest Stewardship Council) ist eine nichtstaatliche, gemeinnützige Organisation, die sich für eine ökologische und sozialverantwortliche Nutzung der Wälder unserer Erde einsetzt (vgl. Logo auf der Umschlagrückseite).

Ungekürzte Taschenbuchausgabe
Juni 2006

Umschlag / Bildredaktion: Büro Hamburg
Heike Dehning, Charlotte Wippermann,
Alke Bücking, Daniel Barthmann
Umschlagabbildung: privat
Satz: seitenweise, Tübingen
Papier: Munken Print von Arctic Paper Munkedals AB, Schweden
Druck und Bindung: Clausen & Bosse, Leck
Printed in Germany
ISBN-13: 978-3-492-24713-9
ISBN-10: 3-492-24713-X

www.piper.de

Inhalt

Hans Werner Henze. Ein Vorwort

Briefe zu lesen, selbstgeschriebene, die Zeugen einer bis ein halbes Jahrhundert zurückliegenden Zeit sind, das ist aus vielen Gründen eine wirkliche Belastung. Trauer legt sich über die Seelen-Landschaft wie ein dunkelgraues Tuch, und auch die Stellen, an denen es freiwillig oder unfreiwillig komisch wird, sind nicht ohne Tragik und Melancholie, zum Beispiel, wenn geprotzt wird, gesnobt oder übertrieben. Solches sind die Stellen, an denen dem Briefpartner ungebührlich imponiert werden soll oder eine heitere, helle Welt vorgetäuscht, die nur durch Lügen und Trug zu erstellen möglich war. Freundschaften mit berühmten Kapellmeistern werden erwähnt, mit Leuten, die man flüchtig kennengelernt hat, denen man einmal kurz vorgestellt worden war: Die eigene Wichtigkeit und die Wichtigkeit des eigenen Œuvres sollten damit der Partnerin verdeutlicht werden. Das war kindlich und kindisch.

Habe mir tagelang überlegt, ob ich solche Stellen einfach wegstreichen sollte, aber, so sagte ich mir dann, dies wäre ja gegen die Verabredung mit dem Herausgeber und auch gegen das Sujet und gegen den Stil. Es würden Glättungen stattfinden, unzulässige, die Wirklichkeit entstellende, es würden sich also andere, neue Formen von Unwahrheiten bilden.

Einige der Bachmannschen Briefe sind mir verlorengegangen, bei dem einen oder dem anderen der häufigen Umzüge (von Ischia nach Neapel, von dort nach Rom, nach Castel Gandolfo und nach Marino). Das ist wirklich beschämend und unverzeihlich. Was nachvollziehbar und kenntlich geblieben ist, das ist die

Aura einer gegenseitigen, geschwisterlichen Zuneigung und, von meiner Warte aus, ein Gefühl von Verehrung und von Schuldigkeit, und, deutlich erkennbar, meine ständige Bemühung um das Wohlergehen meiner Freundin. Auch wird deutlicher, daß und wie man ständig irgendwie auf der Flucht war: Die Wohnung in Neapel kann man ansehen als einen Versuch der Festmachung, als ein Surrogat für Verlöbnis oder Ehestand …

In den späten Jahren, als wir beide im Römischen wohnten, gab es dann so gut wie gar keine epistolare Kommunikation mehr: Man traf sich, oder man telefonierte. Oder es stellten sich Pausen ein, Unterbrechungen, auf Grund langer Reisen in ferne Länder und zu anderen, fernen Menschen, von denen wir, der eine, ich, oder die andere, Ingeborg, keine Ahnung hatten. Die Freundschaft hat unter diesen Pausen gelitten: wovon eine, die letzte, dann eben eine endgültige Pause wurde, schrecklich und tiefgreifend, und ewig.

Marino, im Frühjahr 2004

Die Briefe

Hinweis des Herausgebers

Die mit einer helleren Druckfarbe wiedergegebenen Briefe sind im Original in Fremdsprache geschrieben (Übersetzung aus dem Italienischen von Regni Maria Gschwendt, aus dem Englischen von Annette Pehnt und aus dem Französischen von Elsbeth Ranke).

Die fremdsprachigen Briefe bzw. Briefstellen sind im anschließenden Teil unter den entsprechenden Briefnummern in der Originalsprache abgedruckt.

1 *An Ingeborg Bachmann*

Burg Berlepsch bei Göttingen, 1. November? 1952[1]

liebes fräulein bachmann –

ich sehe Sie nicht mehr?
montag früh fahre ich nach köln, wenn Sie wollen,
nehme ich Sie mit.
werde nochmal anrufen.
Ihre gedichte[2] sind schön, und traurig,
aber die idioten, selbst leute, die so tun,
als ob sie »verstünden«, verstehen nicht.
adieu
Ihr
hwhenze

2 *An Ingeborg Bachmann*

München, 26. Februar 1953

26. II. 53

liebe ingeborg bachmann,

wenige stunden vor beginn einer grossen reise treffen Ihre gedichte ein. die meisten sind mit einem stempel »all. kontrolle«[1] geschmückt. das merkwürdige ist, dass ich mir diese gedichte fast genau so vorgestellt habe, wie sie wirklich sind. es war eine grosse freude für mich! ganz besonders das eine (gedruckte) mit dem fluchtweg nach süden, der uns nicht zustatten kommt.[2] ich will nicht sagen, dass es mir an worten gebräche, die verse zu loben, ihre klarheit und ihren ernst, der sie alle »durchzittert«, ihre sachliche würde, stolz herbheit und dodekaphonistische kühle – die erfreuliche entdeckung Ihrer verwandtschaft mit unserer jungen musik – dazu die ausgemachte schönheit und linearität –

aber eigentlich wusste ich das schon vorher: ich hatte es von Ihnen erwartet, wenngleich es ja schon sehr aufregend ist, dass das künstlerische bild, das man sich von einem menschen macht, sich erfüllt. ich fühle mich Ihnen sehr verbunden und küsse Ihnen – über die alpen hinweg – die hand. wäre ich nicht verabredet,[3] würde ich meine neue oper »könig hirsch« Ihnen zur »verdichtung« antragen, denn ich brauche nur verse dafür, weil alles andere, form und plan, schon besteht. es hätte Ihnen wahrscheinlich gelegen. hoffentlich kommen Sie bald nach deutschland, auch berlin. damals als ich nach hause kam – ich wollte Sie mit dem schnellen abendzug erwarten – war ich sehr betrübt, dass Sie nicht noch einmal anriefen.[4] habe Sie dann überall telefonisch gesucht. jetzt bin ich aber beruhigt, weil Sie nicht traurig oder böse weitergefahren sind. übrigens war es kein allzu grosser fehler, da die faschingsfreuden in hohem masse unter einer woge von kälte und wind erstickten. – inzwischen ist bereits ein neues bayrisches volksfest angebrochen, st. salvator, wobei das neue bier angestochen wird. ausserdem riecht es seit drei tagen nach frühling. hätte guggenheimer[5] pünktliches einhalten seines versprechens gezeigt, wäre ich schon fort, ich warte nur auf geld von ihm – vielleicht kann ich da noch lange warten. der ford steht frischgewaschen und geschmiert in der garage und harrt meiner, aber ich muss erst die rechnung bezahlen. meine tour ist: frankfurt, hamburg, berlin, london und am 29. märz mailand zu meiner oper (aber nicht an der scala, sondern nur aufnahmen für das radio, allerdings gute sänger).[6] anfang april werde ich in sizilien ein haus mieten,[7] ich schreibe Ihnen dann die adresse, wenn Sie mal kommen wollen (bleibe dort für ein jahr oder länger). besonders schön ist's im juli–august, wenn man nur von 5 – spätestens 9 uhr morgens und dann wieder abends von 8 – 11 arbeiten kann, die übrige zeit dem meer und der explodierenden sonne sowie einem scirocco genannten afrikanischen wind hingegeben, nachts gegen mitternacht ein pullover um die hüften, weil es etwas kühler wird, zu dieser zeit auch sehr viel wein.

das café in frankfurt fand ich ziemlich dof, besonders die art des kellners. ich hatte auch ein loch im strumpf und fühlte, dass mein kragen schmutzig geworden war. auch in den poren der hände war dreck von der eisenbahn. – schreiben Sie mir doch! in berlin zeige ich manchem Ihre gedichte. meine adresse steht am rande.

herzliche grüsse Ihr hans werner henze

[*li. Rand:*] berlin-schmargendorf, sulzaer str. 3 b. heinz v. cramer/ SCHMARGENDORF

3 *An Hans Werner Henze (Briefentwurf)*

Wien, Ende Februar/Anfang März 1953

Lieber Hans Werner Henze,

Ihr Brief hat mir soviel Freude gemacht! Umwerfend ist nur Ihr Reiseprogramm. Wie machen Sie das eigentlich? Wenn meine Antwort Sie noch in Berlin erreicht, wärs das reinste Wunder. Bei der Aufzählung aller grossen Städte Mitteleuropas habe ich nur Wien vermisst, und das finde ich ein wenig undankbar, denn hier spielt man Sie doch neuerdings auch.

Vor ein paar Tagen habe ich in dem Ravagkonzert[1] Ihre Zwischenspiele aus »Boulevard Solitude« gehört; nun bin ich leider des Schreibens nicht halb so kundig wie Sie und kann nur sagen, dass Ihre Musik einfach auf mich zukommt und da ist, wunderbar und von der ganz neuen Bewusstheit und dass ich drin die ganz neue Bewusstheit und Gestimmtheit finde, eine neue Schönheit auch, mit der Sie dieser Zeit ein paar Schritte voraus sind sich ihr selbst vorausnehmen[2] und schon verwandeln. Aber noch lieber möchte ich sagen: es war sehr schön – denn das sagt man noch immer am besten, wenn man etwas erregt und befriedigt zugleich ist.

Ich bin froh, dass Ihnen die Gedichte gefallen haben, und ich werde mich über Sie überhaupt nicht mehr wundern, obwohl es mir unheimlich war, dass Sie auch in Literatur zu Hause sind, notabene in der Asphaltliteratur[3]. (Nur Jodeln können Sie wahrscheinlich nicht, und ich bin grade dabei, ein Libretto für eine ländliche Oper »Hiasls Abenteuer beim Fasslrutschen« zu schreiben!)

Jetzt sind Sie also in Berlin; aus unerfindlichen Gründen beneide ich Sie drum. Leider bin ich nicht so beweglich. Ich habe ja hier einen Rundfunkjob, Dramaturgie und Lektorat[4], und ich rätsle dran herum, ob ich kündigen soll oder nicht. Jedenfalls gehe ich mit 1. April auf drei Monate weg, zuerst muss ich nach Deutschland, um Geld zu holen[5], am 15. April will ich nach Italien. Im vergangenen Herbst hatte ich in Positano ein Haus gemietet[6], und heuer wird es wohl wieder Positano werden, einfach weil ich niemand kenne, der mir anderswo etwas Bewohnbares empfehlen kann.

Sizilien wäre sehr reizvoll; ich bin zwar nur nach Palermo gekommen, aber dort [war] es schon so ähnlich, wie Sie es schildern, der herrliche Scirocco, die heissen Tage und Nächte, die ich besser vertrage als die unfreundlichen Attribute unserer nördlichen Regionen.

Vorausgesetzt, dass Sie in diesem sizilianischen Jahr einen Mitteleuropäer sehen wollen – dass Sie nicht wollen, könnte ich mir gut vorstellen – werden wir einander ja eines Tags treffen. Sie schreiben mir doch von dort. Schreiben Sie mir überhaupt, was Sie machen, in Mailand und so. Und die neue Oper, die Sie erwähnen[7], entsteht die fürs Radio oder für die Bühne?

Und arbeiten Sie dort unten dran? Den Brief, so dürftig er ausgefallen ist, schicke ich jetzt express weg, denn zwischen Österreich und Deutschland geht die Post im Postkutschentempo; seit die Technik einige Fortschritte gemacht hat.

Alles Liebe und Schöne für heute!

Ihre

Und noch mal Dank, daß Sie sich soviel Mühe geben wollten in München (Aber Bier hätte ich doch nicht getrunken, trotz

St. Salvator, eher schon Wein und das sehr gerne, auch ohne Zustimmung eines Heiligen.)

4 *An Ingeborg Bachmann*

München, 28. April 1953

28. april 53

hans werner henze
jakob klar str. 1
tel. 38918
münchen 13

meine liebe ingeborg bachmann,

gestern abend las ich mit brüchiger stimme der coreografin tatjana gsovsky[1] einige Ihrer gedichte vor. der beabsichtigte effect wurde erreicht. ich habe mit der gsovsky voriges jahr in berlin und auf der biennale ein ballet gemacht, »der idiot«[2], und dieses stück war ein grosser erfolg, besonders in venedig, weil man dort den text nicht verstand. denn der idiot, fürst myschkin, ist ein schauspieler, alle anderen figuren sind ballerine und ballerini. für drei neue serienaufführungen des stücks, in hamburg, kammerspiele münchen und frankfurt (und lindau) möchte ich eine neue fassung machen. der text ist unmöglich, die gsovsky hat ihn selbst geschrieben. ich möchte, dass Sie den neuen text schreiben. es sind nur monologe des myschkin, also nichts »dramatisches« etc., die bisherige form bleibt grösstenteils bestehen. aber Sie hätten mit einem male ein grösseres forum und so eine art dramatisches debut ohne sich zu ermüden. ich würde mich ausserordentlich freuen, wenn Sie ja sagen würden. mein voriger brief muß ja auch sehr blöd gewesen sein, dass Sie ihn nicht beantwortet haben. – aber vielleicht könnten wir trotzdem »l'idiot« zusammen machen, meine folkloristin. es gibt nächstes jahr auch eine amerika-tournee damit, wir beteiligen Sie automatisch am gewinn, und mein verlag[3] druckt den »text«, der nichts ist als lyrik von der bachmann.

2^tens wollen wir oskar werner[4] für den myschkin nehmen. bitte erkundigen Sie sich, ob diese person in wien ist, wann man ihn treffen kann. wenn Sie ihn sehen, möchten Sie vielleicht schon mit ihm sprechen. er wäre genau der richtige und eine darstellerische krone der ganzen aufführung, in der auch sonst köstliche ballerini auftreten und j. p. ponnelle[5] als bühnenbildner.

bitte schreiben Sie baldigst, auch über werner. evtl. komme ich mit der gsovsky nach wien.

herzliche grüsse
Ihr
hw. henze

[*auf der Rückseite des Blatts:*] habe Ihre privat-adresse verloren![6]

5 *An Ingeborg Bachmann*

München, 14. Mai 1953

14. V. 53

liebe ingeborg bachmann,

bitte entschuldigen Sie die verzögerung meiner antwort. ich will es kurz machen, nur sagen, wie ich mich freue que vous avez acceptée und dass es schön wäre, wenn Sie den 19. und 20.–21. hier wären, um die gsovsky zu sehen, sie hat dann auch gerade eine première mit scheusslicher musik von egk[1], aber man sieht ihre choreographie, und ich kann Sie dann en voiture mitnehmen, weil ich auch nach mainz fahre[2] – wenn es Sie nicht stört, dass auch hildesheimer[3] in dem auto sitzt.

ich freue mich, Sie zu sehen. habe ein neues stück[4] begonnen, aber alles geht langsam und traurig, am liebsten führe ich noch heute davon, nach italien. um glücklicher zu sein, um zu entwischen, und wegen eines traums von neuem stück das heisst IL RE CERVO

auf wiedersehen
Ihr
hans werner henze

tel 3 89 18
mü. 13
jakob KLAR STR. 1

6 *An Ingeborg Bachmann*

München, 17. Juni 1953

17. juni 53

liebe ingeborg bachmann, also man hört ja wohl gar nichts mehr von Ihnen. jedenfalls ist das traurig. wie Sie vielleicht gehört haben, war ich doch in wien, 1½ tag, und es hat mir sehr gefallen, obwohl ich es nur sehr parziell kennengelernt habe. die menschen sind sehr reizend. mein konzert[1] war ganz überflüssig, aber was macht das schon. vielleicht kann ich das nächste mal etwas neues und besonderes bringen. – wie gern hätte ich Sie dort in Ihren mauern getroffen! auf der fahrt vom flugplatz tulln bis zur stadt dachte ich viel an Ihre »landschaft«[2].

was hat man in hamburg[3] noch mit Ihnen gemacht? kommen Sie nach italien? ich werde in den nächsten tagen abreisen, warte nur noch auf das ende einer zahnbehandlung. heute nachmittag gibt es schon eine cocktail-goodbye-party für mich, die partitur[4] liegt im koffer neben der wolljacke für herbstliche vormittage, wenn die kälte wässerig von den wänden meines häuschens rinnt.

aber welche freude, das land zu verlassen! in hannover hatte ich gewonnen[5], aber jetzt geht es doch in derselben zeitung weiter gegen mich, das ist sehr übel, aber ich will es nun nicht mehr ändern. es ist zu übel, sich mit diesen dingen abzugeben. mir war ganz schlecht vor dem gerichtshof. ausserdem war der saal voll mit einer meute scheusslicher tiere, die dauernd dazwischen johlten und darauf warteten, meinen kopf rollen zu sehen. als das gegenteil eintrat, waren sie stumm und schoben sich mit rollenden augen hinaus.

die hiesigen kammerspiele warten auf wenigstens einige szenen zum »idioten«, damit sie sich ein bild von der sache machen können. weigel in wien[6] sagte, ich müsse gewärtig sein, dass Sie in der nächsten zeit plötzlich nicht mehr an sich glauben und mich bitten, Sie zu entschuldigen, aber leider seien Sie doch nicht geeignet, den »idiot« zu schreiben. etc. – bitte tun Sie das nicht. ich glaube so sehr an Sie und werde sehr glücklich sein, von Ihnen den text zu haben! bitte schicken Sie mir bald etwas!

werden wir uns wirklich die journeaux[7] schicken, wie wir es in köln den einen morgen geplant haben? ich würde gern, habe eine grosse sehnsucht nach dem mönch-leben, das ich mir vorstelle und nach konzentration, und danach, das creative in den vordergrund zu stellen.

liebe ingeborg, bitte führen Sie ein gutes leben, viel freude wünsche ich und gute arbeit, zart und streng.

freundschaft
Ihr
henze

7 *An Hans Werner Henze (Briefentwurf)*

Wien, 3. Juli 1953

Wien, den 3. Juli 1953

Lieber Hans Werner Henze,

eben habe ich einen Brief an Tatjana Gsowski geschrieben, weil mir ein paar Sachen im Zusammenhang mit dem »Idiot« unklar sind – aber nichts, was Sie nervös machen sollte.

Schlimm ist nur, daß ich jetzt eine Woche versäumt habe, weil ich ins Krankenhaus mußte; aber jetzt ist alles in Ordnung, und ich fühle mich sehr schreiblustig.

Inzwischen geht alles dem Ende zu, ich fange an, meine Sachen zu packen und das Zimmer zu räumen, damit ich am 1. August gleich weg kann. Es ist unvorstellbar, was ein einziger Mensch an Kram hat und an Menschen rundherum, die verabschiedet werden müssen, von der Steuer und den Meldeämtern ganz zu schweigen.

Mit Italien ist es so: ich habe für zwei bis drei Monate Geld vom NWDR[1] und eine Menge gute Ratschläge auf den Weg mitbekommen. Ich habe nun nach Positano meiner Madame vom Vorjahr[2] geschrieben, aber ich werde doch nicht dorthin gehen, weil die ganzen Rundfunkleute von ROT WEISS ROT sich im August und September dort herumtreiben.

Die zweite Adresse ist Ponza, dort soll es sehr schön sein, aber es geht nur jeden 3. Tag ein Schiff und es ist eher primitiv, weil unerschlossenes Gebiet.

Die 3. Adresse ist San Angelo, ein Dorf auf Ischia, eine erprobte Pension America, aber da möchte ich zuerst von Ihnen hören

8 *An Ingeborg Bachmann*

Ischia, 7. Juli 1953

7. GIUGLIO
SAN FRANCESCO
CASA CAPUANA
FORIO D'ISCHIA
(NAPOLI)

liebe ingeborg bachmann,

natürlich ist es gefährlich von glück und zuviel zuneigung begünstigt zu sein, aber etwas glück, solches das nicht aus intellektuellen regenrinnen und nicht in intellektuelle schlünder läuft, etwas zarte freude und liebe, vielleicht auf ganz kühler erde und sehr fremd und keusch, kleine wunder von schönheit und reinheit, das kann nur gut sein wenn man arbeiten will: gerade das gehört zu dem, was man aus der kommenden zeit machen muss, o hoffentlich verstehen Sie recht. wenn Sie wüssten, wie schön ich es hier habe! zu alledem ist es gekommen wie ein wunder, auf dem nach dem franz von assisi benannten teil[1], unterhalb von weingärten, hat sich, aus der sonne kommend, apollon[2] hernieder gelassen und war von schwarzblauen strahlen umgeben. antikischer tierblick.

alles andere zählt nicht, ich fange an zu arbeiten als wär's das erste mal. nichts ist geschehen bisher.

warum kommen Sie nicht hierher?

wenn Sie genau sagen was Sie sich (auch finanziell) vorstellen, suche ich Ihnen was, es wäre dann bereit, wenn Sie kämen, vielleicht ist es aber besser, Sie kommen so, dann suchen Sie selbst, was schöner ist, und haben dann auch diesen punkt selbst sich zu verdanken.

Ihr
hw. henze

9 *An Ingeborg Bachmann*

Ischia, 27. Juli 1953

27. luglio, 53.

liebe bachmann,

nicht viele worte, sondern nur ein paar hinweise und ausserdem die herzliche freude, dass Sie kommen, sollen in diesem brief zu papier kommen.

also die summe zu nennen ist schwer. mein haus kostet für juli + august 30.000 lire, das sind ungefähr 265 DM, dann wenn man selbst kocht und nicht allzuviel von den billigen zigaretten raucht, kann man am tag mit 1.000 lire, (ca. 8.30 DM) glänzend auskommen.*) die pension nettuno, wo ich in den ersten tagen hauste, hat von mir 1.800 lire für volle pension genommen. es ist nicht billig hier, aber auch nicht teuer, man muß einfach leben, was ja auch der sinn der sache ist.** ich glaube Sie ahnen nicht, wie wunderbar es hier sein kann, wenn man versteht oder verstehen will.

haben Sie journal geschrieben? ich ja, sogar schamlos. und auch sehr viel mühe genommen für die arbeit, ganz langsam und mit schwierigkeiten. hoffentlich bleiben Sie lange. wir werden schon das rechte für Sie finden. und Sie müssen sich zwingen, alles abzustreifen und auch keine rückfälle zu haben. aber jetzt keine worte mehr, telegraphieren Sie rechtzeitig, wann Sie ankommen, ob in porto d'ischia oder in forio, beides ist von neapel aus möglich. am hübschesten aber ist es, gegen 12^{30} am frachthafen (wo die rote backsteinkapelle ist) das kleine boot »ondine«[1] zu nehmen und zwischen gemüse und schlecht gegen zigarettenstummel und offenes feuer geschützten benzinkanistern unter rauhen seeleuten, wilden piraten herüberzukommen (nach ponte d'ischia, und dann porto) – wenn Sie mir nicht nachricht geben, kommen Sie halt mit dem omnibus. meine genaue adresse ist VIA CESOTTA 2 (haus von lucia capuano[2]) auch sieht man mein auto vor der tür. es ist nicht leicht vorzudringen, aber Ihnen mag es gelingen. es ist ausserhalb der stadt, in den weingärten, in san francesco di Paola. da Sie die liebe wunderbare bachmann sind, werden wir leicht sehr gute agreements finden hinsichtlich der gestaltung des tages. viel alleinsein ist nötig.

aber das alles kommt zur sprache, wenn Sie hier sind.

wenig bücher mitnehmen, sich nichts besonderes vornehmen, abwarten, abwarten, der grosse pan lauert.

herzlichst Ihr
hwhenze

* [*li. Rand:*] wie gott in frankreich

**[*li. Rand:*] auf gut deutsch 500 DM im monat sind ausreichend. besonders wenn die stagione am 1. sept. vorbei ist.

10 *An Ingeborg Bachmann*

Ischia, 24. Oktober 1953

ISCHIA
24
10
53

· ingeborg

dankeschön für Deinen brief. von einer seite bekam ich einen zeitungsbericht über bebenhausen, in welchem von Deinem erfolg schon in der schlagzeile zu lesen war. so kann man sich täuschen lieber andersch.[1] den bericht las ich gerade in den thermen castaldi, als auch auden[2] dort eintraf um zu baden, ich gab ihm das dokument. wenn man nicht manchmal englisch reden muss, spricht man nur noch italienisch. es regnet in diesen tagen, aber auch das ist wunderbar, daneben wächst die 2. szene zu einem riesenspektakel, und man verfolgt abends vor dem einschlafen die geschichte des fabrizio von parma[3]. la persona che si vuole ammazzare con un asciugamano bagnato ist nun auch fort, nicht ohne noch einige kleine bosheiten zu verüben. der gejagte und gezeichnete gemahl bis zum letzten moment rührend und an allen ecken und kanten gezeichnet von bissen merkwürdiger unbekannter dämonen. – seit tagen ist alles friedlich nun. meine arbeit mit lallo[4] ist der einzige intellektuelle umgang. er übersetzt jetzt mit mir auch »boulevard solitude«, weil es im märz in san carlo[5] kommt, aber das wusstest Du wohl schon.

strecker[6] hat in ergriffenen worten auf Deinen text[7] reagiert, er wird Dir auch selber schreiben. die kammerspiele invece haben noch nichts hören lassen. wenn Du in münchen bist, könntest Du Dich mit rudolf albert vom bayr. rundfunk treffen und von ihm den stand der dinge hören, auch selbst zu dr. glock, dem künstl. direktor der kammerspiele, zu gehen, wäre ratsam. bitte denke daran. wenn Du schweikart persönlich kennst, wäre es ganz selbstverständlich, auch ihn anzurufen.

endlich kam nachricht von meiner mutter, alles ist in bester ordnung, nur der ärztliche hausfreund, der mir, wenn ich will, morphium spritzt, sitzt im gefängnis, wegen einer mehrere jahre zurückliegenden geschichte, die jeder arzt macht. – das klavier ist noch immer nicht angekommen, es heisst, diese woche soll es passieren. stattdessen habe ich ein magnetophongerät, einen burbery, eine robe de matin, viele kravatten, drei neue hosen, vier paar neue schuhe, einen frack, einen smoking, drei westen (rot, gelb und beige) viele hemden, shawls in grosser phantastik, pullover u. a. alles in dreitägiger arbeit in neapel gekooft, zusammen mit margherita[8] und lallo. fühle mich glänzend. entschuldige diese mitteilung, ich konnte nicht an mich halten. für Dich habe ich invece eine anweisung via südwestfunk ergehen lassen. wenn Du noch in frankoforte bist wenn dieser brief ankommt, lass Dir doch im sender die aufnahme von »boulevard solitude« (das in neapel »il viale abbandonato« heissen wird) vorspielen, und schreibe mir darüber. auch könntest Du Schott in mainz anrufen, herrn willy strecker verlangen, und mit ihm über Deinen vertrag sprechen. (ich hatte ihm nämlich Deine klagenfurter adresse angegeben.)

grüsse guggenheimer und seinen gehilfen, dessen name mir immer entfällt, obwohl er sicher eine persona potenta ist.

alles gute

hans

… con un asciugamano bagnato] die person, die sich mit einem nassen Handtuch umbringen will

invece] jedoch

11 *An Ingeborg Bachmann*

Ischia, 1. Dezember 1953

montag 1. dezember

liebe ingeborg,

postwendend: Deinen brief habe ich gar nicht als einmischung aufgefasst und er war sehr wichtig für mich, und ich danke Dir sehr dafür. denn ich sehe w. mit ganz blinden augen, verstehe wohl alles. aber obwohl ich mir seit acht tagen jeden morgen vorgenommen hatte, einen freundschaftlichen ermunternden brief zu schreiben, kam doch wieder nur ironisches heraus. ich habe ja im grunde nichts verlangt. ich dachte einer von beiden müsse sterben oder sich in rauch auflösen. er aber glaubt, auch noch london (und nach new york von weiss gott was für zwielichtigen personen eingeladen) für mich zu tun, und für hohe ideale. es ist so schwierig, ich kann nicht alles sagen. wenn er mich gar nicht fragen würde, wäre es ja viel besser. dann will er nochmal herkommen. ich habe ihm nun geschrieben (in einem brief der halb künstlich freundlich ist) er solle sich das überlegen, vielleicht wäre das ganz falsch und sehr traurig. ich muss mich schämen, dass ich nicht nett sein kann und menschlich. versage da völlig, wie so oft. es fehlt mir an klarheit, über meine augen läuft blut oder schweiss und über der hirnhaut liegt ein pelz von filzigem katzenvieh. das eine weiss ich, dass ich nichts mehr für ihn empfinde. dabei ist niemand neues da, ich liebe einfach niemand. habe zuviel liebe verbraucht, jetzt bin ich krank und müde. stattdessen geht die arbeit umso besser. und ich bin glücklich mit meiner partitur[1], wirklich die einzige grosse freude.

was wirst Du freitag den 4. hören? nono oder henze? gewissensprüfung. denn die sendung ist um 20^{h} im abendprogramm.[2] grüsse meinen gigi[3]. ich war in neapel und dadurch habe ich erst samstag als ich zurückkam, sein telegramm bekommen, und heute sofort das gewünschte telegrafiert. wohl zu spät. sag ihm bitte, dass es mir leid tut, aber er findet es bei der rückkehr vor. – hast Du das gewünschte bzw. nicht gewünschte erhalten? es waren 200.– DM, vielleicht sind sie verloren?

der 2. akt vom »hirsch« ist wundervoll geworden, dort sind nicht diese kleinen mängel zu sehen (ich antworte jetzt auf Deinen vorigen brief) und im 1. akt ist vieles in dem sinne geändert, hier ein wort, da ein strich. und der 3. akt, die auflösung der mathematikaufgabe, ist ganz klar. liebe inge, also ich sage Dir, als musiker und »mensch«, dass mich auch vieles stört[4]. solches wird einfach entweder geändert oder von der musik zermalmt. an die wand gedrückt, wie, unter uns, schnabel[5] sich ausdrückt wenn er sagt was meine musik mit hildesheimerle gemacht hat. Mi dispiace, und ich bin doch auch gar kein solcher kraftmensch. – dass Du neue gedichte tust, gefällt mir sehr. ich dachte, Du schreibst jetzt ein buch[6]. wir sehen uns in rom im febbraio.

erzähle bitte gigi, dass scherchen sich mit san carlo verkracht habe. also wird er nicht »boulevard« dirigieren. wer es nun macht, ist noch nicht klar. womöglich rodzinsky (NBC). betr. der kammerspiele sprich bitte nochmal mit dr. glock, nicht mit dem dümmling b. man kann zum teil auch die tänzer mit schauspielern machen. ich bitte Dich: schott ist doch ein saftladen, der von sich aus nichts tut. hier gehn die tage friedlich dahin. es ist fast heiss, schier unglaublich, am 1. advent 20° plus. und der himmel frei von wolken. die straßen stauben wie im sommer. man geht ohne mantel. ich hatte besuch von cramer (nessuno deve sapere con chi lui sta a Ponza, a questo segreto ti prego di pensare con grande attenzione) und so verlor ich geschlagene vier tage meiner wunderbaren einsamkeit. bin richtig krank. es ist wohl so, dass die stille und bewegungslosigkeit mir unentbehrlich sind. ein stück brot, ein glas wein. abends lese ich, schlafe aber immer sehr bald ein. noch immer träume ich von dingen und menschen, die schon vor 15 jahren da waren, und seit 15 jahren vorbei sind. »könig hirsch« wird neben allem auch ausserdem noch eine grosse konstruktion werden. hatte ein schönes erlebnis: bekam bänder von der frankfurter »boulevard«-aufführung, für die ich eine neue arie geschrieben hatte[5]. und diese arie ist wie ein edelstein in dem blechkranz dieses jugendwerks, und ich sehe daran, dass ich eine entwicklung habe. ein gruss von mir selbst, aus der vergangenen zeit, als ermutigung. und deshalb verstehe ich meine empfindlichkeit. rom wird für mich entsetzlich werden. vielleicht werde ich gleich wieder abreisen, was sowieso immer das beste ist.

die nonna capuano lebt noch immer, täglich höre ich ihr geschrei, man denkt sie stirbt augenblicklich, aber es geht ihr besser. sonst hab ich noch einen sehr lieben francesco paolo, aber ein anderer als der von der spiaggia, der mich abends öfters besucht. ein schwarzes sehr liebes tier. in diesen tagen wird lucia vor mich hintreten und von der garage anfangen, die nun fertig ist. es wird hart werden, namentlich mein geld, so unglaublich es klingt, schon verbraucht ist. via col vento. tatsächlich könnte ich kaum sagen, wie es möglich ist. was interessiert noch? das grün hat sich jetzt in gelb und braun verwandelt und alles sieht sehr viel wilder und gänzlich erledigt aus, verbrannt. aber es sind neue blumen da, und das wunder sind die goldenen orangen überall in den bäumen. deshalb bin ich auch so friedlich und glücklich, die dunkelheit und die kälte der vergangenen jahre, immer um diese zeit, bleiben diesmal aus. ach wenn es wirklich so wäre, Du ahnst nicht welche katastrophen ich mache, wenn ich friere und leide. aber jetzt ist alles still, und ich atme ruhig und habe nur die magischen fünf linien. ausserdem habe ich in neapel vecchia piazza S. Gaetano in einem alten dunklen laden unlängst mich plötzlich dem heiligen raffael gegenüber gefunden, und nun ist er hier bei mir in meinem zimmer, er hat alles verändert.

sage niemand wie es hier ist. nächstes jahr werde ich mich verschanzen. man hat viel verloren obschon so wenig gegeben. – und der arme w. wie kann ich so sein? in welcher weise werde ich wieder gestraft werden? aber Du weisst auch nicht alles. es ist vor allem auch das eine, ich mag nicht mehr an vergangenes gebunden sein und darf es auch gar nicht. sonst kann ich nicht meine pflicht tun.

jetzt hab ich Dir sehr viel geschrieben, gar nicht eigentlich nötig. es ist abend, lautlos. arbeite gut!

Dein

hans

... grande attenzione)] (niemand darf wissen, mit wem er auf Ponza ist, an dieses geheimnis bitte ich Dich mit grosser vorsicht zu denken)
via col vento] vom winde verweht

12 *An Ingeborg Bachmann*

Rom, 23. Dezember? 1953

ich wünsche Dir nicht nur frohe weihnachten – sondern auch ein gutes jahr. Deinen brief habe ich mit grosser freude erhalten. hier ist alles in ordnung, und ich arbeite wie ein verrückter, um mir die berechtigung zu erwerben, in dieser welt zu leben. ich hoffe, dass es Dir gut geht. nach den feiertagen und sobald ich Deine adresse in Rom weiss, werde ich Dir mehr so wie auf dieser schönen karte schreiben. viele grüsse

hans

13 *An Ingeborg Bachmann*

Ischia, 15. Januar 1954

DOMENICA
15 I 54

liebe bachmann. es trifft sich nett, dass ich gerade lust habe, Dir zu schreiben. nächste woche bringe ich Dir nämlich leider shelley's ode[1] (nicht shelley winters, die gattin von vittorio gassman, die lassen sich jetzt scheiden) und Du musst wenn Du nicht eine gemeine schlange bist, die sache übersetzen. magst Du Dich auch noch so zieren, wie's die weiber so tun. denn dieselbe muss abgedruckt werden in den programmheften, in münchen, wien, etc. pp – es wird Dein[en] ruhm vermehren, (sollte das noch möglich sein) mit einem vortrefflichen autor der musikbranche zusammen genannt zu werden. – was Deine idiotie[2] betrifft: ich werde umseitig einige bemerkungen dazu niederwerfen. komisch, dass Du auch eine kabinettskrise hast: ich muss auch 5–6 × vormittags laufen, als hätte ich olio rizini gespeist. dass Du mit erich kästner zusammen auftrittst,[3] das finde ich nett. leider weiss ich noch nicht den tag meiner sinfonie, ich werde einen draht schicken wenn ich es weiss. nabokov[4] drahtete aus hamburg »njet« bezüglich anpump. das ist tragisch, weil san carlo mir keinen vorschuss gibt. so werde ich es schwerlich machen können, nach rom zu kommen ausser im märz wenn die proben sind. werde ich n. erklären. habe ja einige quatrini zu erwarten, nur momentan ist es sehr schlecht. evtl. muss ich halt hier ausharren bis zum beginn der proben in napoli (10. II) und werde den 2. akt in angriff nehmen. dazu habe ich lust. zur instrumentation des 1. fehlt jetzt das papier. gestern abend hörte man »i capuleti e i…«, die andere familie (romeo + julia) von bellini, darin ist im 1. akt eine arie (der giulietta) die ich für die schönste arie halte[5], die überhaupt jemals ein mensch geschrieben hat. bellini ist der mann der unglaublichsten zartheit und schönheit, er sah in den damen das, was andere leute in den knaben sehen, und man muss zugeben, es ist auch bei dieser so ungewöhnlichen betrachtungsweise etwas recht beachtliches herausgekommen. das weiss man gar nicht zu schätzen in dieser rüpelhaften zeit. nono hat etwas davon, von diesen ganz spitzen herztönen. also nun zum idioten: das werk wurde im sept. 52 auf dem festival in venedig im teatro la fenice uraufgeführt. die musik ist für 12 soloinstr. geschrieben und wechselt mit den rezitationen ab. in kurzen szenen geht eine gedanklich-abstrakte darstellung der romanhandlung vor sich. myschkin wird von einem schauspieler, die anderen personen von tänzern dargestellt. so wie der tanz die mittel der [**ALLEN FREUNDEN**] bekannten klassischen ballett-tabulatur nicht überschreitet, so ist auch die musik an die gesetze, regeln, [**UND (MITARBEITERN]** nicht freunde) 12 tontechnik gebunden, die, der würde des projekts eingedenk, in diesem falle glaubte, nicht auf [**DIE BESTEN WÜNSCHE**] der tradition verzichten zu können und daher als reihe das 10-tönige thema der fuge f moll, [**FÜR EIN**] wohltemperiertes klavier (1. teil) geschrieben, von j. seb. bach, benutzt, so dass das ganze stück vom geist dieser melodie, [**GLÜCKLICHES UND**] erstaunlich gelungenes wiegen und weben der töne, getränkt ist. so glauben wir und hoffen wir auf ein [**ERFOLGREICHES JAHR 1954**] mit zahlreichen aufführungen dieses werkchens. 25% gsovsky 25% bachmann. Non c'è male. was will man noch wissen? die idee ist von der russischen choreographin tatjana gsovsky, die auch die choreographie der uraufführung verschuldet hatte. die gsovsky hat zahlreiche ungeschickte gesichtsoperationen, künstliche haare und künstlichen busen, wird im volksmund »die irre vom zoo« genannt und ist beliebt und bekannt als pflegerin und kennerin des nicht-hetero-sexuellen lebens und treibens der berliner tanzenthusiasten in und ausserhalb der ballettsäle. meisterin der intrige, des tradimento und der lüge, ist sie doch ein herzchen, und oft kommen ihr die tränen aus den durch die hautraffungen schräg stehenden kalten augen. – die informationen dürften genügen, um auch uneingeweihten circeln einen umfassenden eindruck von sinn und bedeutung des »idioten« zu vermitteln. leute die noch immer nicht, nach kenntnisnahme all dessen, dumme fragen stellen, sind selbst schuld, der dofheit, der taubheit oder absoluter unkenntnis der wohllautenden deutschen sprache schuldig. AVEC MES MEILLEURES AFFECTIONS JE VOUS SOUHAITES MES SALUTATIONS BIEN CORDIALES.

Dein
henze

DOMENICA
15 I 54

Fritz F. Nunnemann, z. Z. Düsseldorf 10, Roßstraße 8

liebe bachmann. es trifft sich nett, dass ich gerade lust habe, Dir zu schreiben. nächste woche bringe ich Dir nämlich leider shelley's ode (nicht shelley winters, die gattin von vittorio gassman, die lassen sich jetzt scheiden) und Du musst wenn Du nicht eine gemeine schlange bist, die sache übersetzen. magst Du Dich auch noch so zieren, wie's die weiber so tun. denn dieselbe muss abgedruckt werden in den programmheften, in münchen wien, etc. pp – es wird Dein ruhm vermehren, (sollte das noch möglich sein) mit einem vortrefflichen autor der musikbranche zusammen genannt zu werden. – was Deine idiotie betrifft: ich werde umseitig einige bemerkungen dazu niederwerfen. komisch, dass Du auch eine kabinettskrise hast: ich muss auch 5–6 × vormittags laufen, als hätte ich olio ricini gespeist. dass Du mit erich kästner zusammen auftrittst, das finde ich nett. leider weiss ich noch nicht den tag meiner sinfonie, ich werde einen draht schicken wenn ich es weiss. nabokov drahtete aus hamburg „njet" bezüglich anpump. das ist tragisch, weil san carlo mir keinen vorschoss gibt. so werde ich es schwerlich machen können, nach rom zu kommen ausser im märz wenn die proben sind. werde ich n. erklären. habe ja einige quattrini zu erwarten, nur momentan ist es sehr schlecht. evtl. muss ich halt hier ausharren bis zum beginn der proben in napoli (10. II) und werde den 2. akt in angriff nehmen. dazu habe ich lust. zur instrumentation des 1. fehlt jetzt das papier. gestern abend hörte man „i capuleti e i …" die andere familie (romeo + julia) von bellini, darin ist im 1. akt

32/-32 a

Die gest~~undete~~ Zeit ohlene

Es kommen härtere Tage. noch härter?
Die auf Widerruf gestundete Zeit
wird sichtbar am Horizont. na das möcht ich mal sehn
Bald mußt du den Schuh schnüren (wenn ich aber mocassini trage?)
und die Hunde zurückjagen in die Marschhöfe. ← immer dieser militarismus!
Denn die Eingeweide der Fische
sind kalt geworden im Wind. deswegen also die hunde zurück.
Ärmlich brennt das Licht der Lupinen. petrolio ist doch gar nicht rationiert.
das ist wahr → Dein Blick spurt im Nebel:
die auf Widerruf gestundete Zeit
wird sichtbar am Horizont.

Drüben versinkt dir die Geliebte im Sand, na gottseidank
er steigt um ihr wehendes Haar, das finde ich nett.
er fällt ihr ins Wort, ← sicher nötig
er befiehlt ihr zu schweigen, ← vielleicht keine andere chance, zu wort zu kommen.
er findet sie sterblich ← komischer kauz
und willig dem Abschied
nach jeder Umarmung. nett!

Sieh dich nicht um. ← anspielung auf orfeo, verstehe.
~~Schnür deinen Schuh.~~
~~Jag die Hunde zurück.~~
~~Wirf die Fische ins Meer.~~
~~Lösch die Lupinen!~~

~~Es kommen härtere Tage.~~

unnötige wiederholung

entschuldigense mal, an wen richtet sich eigentlich diese sache?

Ingeborg Bachmann
↑
kennen wir.

eine arie (der guiletta) die ich für die schönste arie halte, die überhaupt jemals ein mensch geschrieben hat. bellini ist der mann der unglaublichsten zartheit und schönheit, er sah in den damen das, was andere leute in den knaben sehen, und man muss zugeben, es ist auch bei dieser so ungewöhnlichen betrachtungsweise etwas recht beachtliches herausgekommen. das weiss man gar nicht zu schätzen in dieser rüpelhaften zeit. nono hat etwas davon, von diesen ganz spitzen herztönen. also nun zum idioten: das werk wurde im sept. 52 auf dem festival in venedig im teatro la fenice uraufgeführt. die musik ist für 12 soloinstr. geschrieben und wechselt mit den rezitationen ab. in kurzen szenen geht eine gedanklich-abstrakte darstellung der romanhandlung vor sich. myschkin wird von einem schauspieler, die anderen personen von tänzern dargestellt. so wie der tanz die mittel der ALLEN FREUNDEN bekannten klassischen ballett-tabulatur nicht überschreitet, so ist auch die musik an die gesetze, regeln, UND (MITARBEITERN nicht fremde) 12 tontechnik gebunden, die, der würde des projekts eingedenk, in diesem falle glaubte, nicht auf DIE BESTEN WÜNSCHE der tradition verzichten zu können und daher als reihe das 10-tönige thema der fuge f moll, FÜR EIN wohltemperiertes klavier (1. teil) geschrieben, von j. seb. bach, benutzt, so dass das ganze stück vom geist dieser melodie, GLÜCKLICHES UND erstaunlich gelungenes wiegen und weben der töne, getränkt ist. so glauben wir und hoffen wir auf ein ERFOLGREICHES JAHR 1954 mit zahlreichen aufführungen dieses werkchens. 25% gsovsky 25% bachmann. Non c'è male. was will man noch wissen? die idee ist von der russischen choreographin tatjana gsovsky, die auch die choreographie der uraufführung verschuldet hatte. die gsovsky hat zahlreiche ungeschickte gesichtsoperationen, künstliche haare und künstlichen busen, wird im volksmund „die irre vom zoo" genannt und ist beliebt und bekannt als pflegerin und kennerin des nicht-hetero-sexuellen lebens und treibens der berliner tanzenthusiasten in und ausserhalb der ballettsäle. meisterin der intrige, des tradimento und der lüge,

32

Das Gedicht „Die gestundete Zeit" von Ingeborg Bachmann ist dem gleichnamigen und in der Frankfurter Verlagsanstalt erschienenen Gedichtband entnommen. Die österreichische Dichterin erhielt 1953 den Preis der „gruppe 47".

ist sie doch ein herzchen, und oft kommen ihr die tränen aus den durch die hautraffungen schrägstehenden kalten augen. – die informationen dürften genügen, um auch uneingeweihten circeln einen umfassenden eindruck von sinn und bedeutung des ~~FRANKFURT/MAIN, IM DEZEMBER 1953~~ „idioten" zu vermitteln. leute die noch immer nicht, nach kenntnisnahme all dessen, dumme fragen stellen, sind selbst schuld, der doofheit, der taubheit oder absoluten unkenntnis der wohllautenden deutschen sprache schuldig.

AVEC MES MEILLEURES AFFECTIONS JE VOUS SOUHAITES MES SALUTATIONS BIEN CORDIALES.

Dein henze

14 *An Ingeborg Bachmann*

Ischia, 24. April 1954

FORIO
SABATU[1] 24. IV. 54

weisst Du, es ist ziemlich schwer für mich, Dir zu schreiben, was geschrieben werden muss. ich sollte mich zutiefst schämen, und so war es auch, als ich von den unterschiedlichsten leuten hörte, was ich Dir anscheinend angetan habe. die ganze sache kann mit wenigen spärlichen worten erklärt werden: als ich sah, dass Du diese unterlagen von der botschaft geholt hattest und die dinge form annahmen, merkte ich, dass ich nicht in der lage sein würde, mich in diese ehe zu stürzen. ein oder zwei tage später kam ich zu Dir, und Du erinnerst Dich, wie ich da sass und das buch las und so tat, als würde es mich brennend interessieren. das lag daran, dass ich noch nicht einmal sprechen konnte vor lauter angst, von Dir etwas über die sache zu hören. ich hoffte, Du würdest meine haltung nicht einfach als schlechtes benehmen sehen, sondern als das, was sie war. das alles hat mich sehr in beschlag genommen, aber die theatergeschichten haben all meine gedanken, echte trauer und hilflosigkeit, verscheucht. nun kann ich Dich nur bitten, mir zu verzeihen. ich hoffe, es zählt nicht wirklich, dass Du Dich von mir verletzt fühlen könntest, weil ich jemandem in betrunkenem zustand erzählt habe, wir würden vielleicht heiraten. wahrscheinlich wäre das leben zur hölle geworden, vor allem für Dich, das war mir sofort klar, als ich mich den tatsachen gestellt habe. für mich gibt es weder hoffnung noch rettung, ich muss mein erbärmlich einsames leben bis zum bitteren ende durchhalten, und Dir sollte inzwischen klar sein, dass Deine ehre auf diese weise weniger beschädigt ist, als wenn Du mich wirklich geheiratet hättest, unbrauchbar, wie ich wirklich bin. hoffe, Dir geht es inzwischen besser. ich danke Dir, dass Du um mich gezittert hast, als Du den skandal um meine arbeit[2] miterleben musstest, der so bezeichnend war für die schande meiner existenz; leute, die das einzige im leben verlachen und niederbrüllen, was mich ab und zu ein wenig beglückt, und all meine musik kommt wirklich von herzen. theoretisch glaube ich immer noch, dass es gut wäre, durch eine ehe geschützt zu sein und vielleicht auch die ehefrau ein wenig zu schützen. aber ich bringe niemandem glück, und so muss ich eben zur hölle. ich hoffe, Du kannst nun ruhig leben, arbeiten, gute gedichte schreiben, und eines tages wird ein schöner junger prinz kommen, der Deiner würdig ist, und Dich mitnehmen, und unter seinem schutze wirst Du nicht mehr einsam sein und ein gutes leben vor Dir haben. lass mich einfach entgleiten, dann ist jeder für sich, und ich füge Dir keinen schaden mehr zu. ich bitte Dich um verzeihung für das, was ich getan habe, aber aus der entfernung, und schon krieche ich tiefer und tiefer in mein einsames dasein zurück. wenn Du an mich denkst, denk nicht zu schlecht von mir. ich bin gespannt auf Deine Ischia-gedichte[3].

viel glück
hans

15 *An Hans Werner Henze (nicht abgeschickt)*

Rom, 1. Mai 1954

Roma, sabato, 1 maggio 54

Gestern bin ich von Cap Circeo[1] zurückgekehrt und fand hier Deinen Brief vor. Ich weiß nicht, ob ich ihn erwartet habe oder nicht. Gewiss, ich hatte Dich nie über diese Angelegenheit gefragt in letzter Zeit, hatte das alles als einen Scherz aufgefasst, weil ich in der Zwischenzeit wieder ein wenig Überblick bekommen habe. Aber jetzt muss ich Dir antworten. Bitte, glaub nicht, dass ich so verletzt war, weil Du es Dir anders überlegt hast. Ich war viel trauriger und krank, weil ich Dein Benehmen, Schweigen und Kälte, nicht verstand. Wenn ich Deinen Brief lese, denke ich, dass Du nur wegen dieser Heiratsidee Angst hattest, Angst, dass ich sie ernst nehmen könnte. Und Du hast mir all das aufgeladen, weil Du nicht wusstest, wie Du herauskommen könntest.

Was mir so leid tut, ist, dass das in der Zeit Deiner großen Schwierigkeiten mit Boulevard Solitude passierte,[2] und ich konnte Dir in meiner befremdlichen Situation nicht helfen – sosehr ich das zu tun wünschte –, diese schlimmen Dinge durchzustehen.

Du schreibst, dass Du mir dankst für mein Zittern damals um Deine Musik. Da gibt es nichts zu danken, ich werde es immer tun, das kann sich nicht ändern. Und es kann sich nicht der Wert Deiner Person für mich ändern. Ob Du zuletzt zur Hölle gehst oder in den Himmel. Bei all dem gab es keinen Moment, wo ich schlecht von Dir gedacht hätte, und nun bin ich nur ein bisschen müde und lächle nur ein bisschen über Deine guten und wirklichen Wünsche. Ich glaube nicht an Gerechtigkeit im Leben und an schöne Prinzen. Es gibt viele und verschiedene Wege, in die Hölle zu fahren.

Ich denke, wir sollten beide diese Angelegenheit vergessen und in Zukunft das Beste machen aus unserer Freundschaft und unserer Arbeit und den Möglichkeiten zwischen uns. Nimm die »Lieder«[3], die ich Dir schuldig bin und die für Dich geschrieben sind. Und nimm diese Nach-Rom-Zeit wie eine Erfahrung, die nicht die Hoffnung zerstören soll, Du bist so begnadet mit Deinem Schreiben. Man muss nur dafür bezahlen, und unsere Engel sind dunkel.

Bitte fühl Dich frei, und wenn wir uns wieder sehen, können wir neuen Wein trinken auf scheue und witzige Zeiten ohne Harm.

Ingeborg

16 *An Ingeborg Bachmann*

Ischia, 15. Mai 1954

15. maggio

die gedichte[1] habe ich sehr oft gelesen. vielleicht sollte ich nichts dazu sagen. sie sind sehr gut. ich bin dankbar und froh, dass aus der ganzen angelegenheit kunst entstanden ist. ich muss sagen, sie könnten nicht besser sein. obwohl es ja eigentlich nichts besseres gibt als die letzten worte des Idioten.[2] einige stellen in den neuen gedichten haben auch diese atmosphäre, und doch herrscht in ihnen eine eigene feuchtigkeit und wildheit, die es am ende des wunderbaren Idioten nicht gibt. ich hoffe, ich sage nichts falsches, und ich sage es überhaupt nur, damit Du siehst, dass ich versuche, sehr ehrlich zu sein. und ausserdem, weisst Du, verstehe ich ja sowieso nicht viel von dichtung.

in diesen neuen gedichten gibt es etwas alarmierendes, skandalöses, befremdliches, erschreckendes. wenn Du so weitermachst, wirst Du auch die wunderbarsten skandale kriegen, ob Du willst oder nicht. ich hoffe, das ist Dir egal. ist es das, was Du mit »aus dem vollen« meinst? ist das Dein »volles«? wenn ja, dann nur weiter so, und Du wirst dinge tun, die schmerzen und beissen und Deine leser sehr aufregen.

Du hast vielleicht missverstanden, was ich ganz ernsthaft und ehrlich mit dem goldenen prinzen Deiner zukunft meinte. ich bin sicher, es wird einen geben, allein schon, weil Du nicht daran glaubst.

nimm Dir viel zeit für Deine arbeit und verschwende sie nicht. schau nicht nach rechts oder links, sondern nach oben zu den planeten. mehr darf ich mir nicht erlauben zu sagen.

gibt es viel primavera in Rom? hier haben wir scheusslichen scirocco, und ich kann den letzten akt nicht fertig in partitur bringen. das soll wohl jedes jahr zu Santa Restituta[3] so sein.

hans

17 *An Ingeborg Bachmann*

Ischia, Anfang Oktober 1954

illustres zartes bachtier

noch bevor die schläfer von den lagern herunterrollen, sitzt man schon auf der treppe und schweigt. 2 blumentöpfe: in einem eine zypresse zart und hell, wenn ich hier mal sterbe, werde ich ihre dann enormeren wurzeln nähren. im andern zwei junge pinien und eine kleine mimosa. die arbeit: mit dem neuen mond fing man an und man fügt täglich was hinzu, ohne recht zu wissen. grosse planung wie einst bruckner oder so ein titan, wenn auch bôche, ist nicht da. nur abends träumt man und sieht einiges vor sich. aber am tag ist man angekettet und die hände sind schwer. man fügt was hinzu, oft mit mühsal, man hantelt sich vorwärts. Style and Idea ... das klingt wie Troilus und Cressida. wenn doch Style und Idea sich lieben würden![1] habe auch zu wenig angst und zu wenig einsamkeit. auch keine besessenheit von zykaden[2]. sehe es kommen dass ich böses tun muss um einsamer zu sein.

habe Deine c. als serva, weil lucia sich das bein gebrochen hat. wie hast Du das ausgehalten? diese person ist von einer enormen dummheit. sie schreit vor dummheit. fällt mir auf die nerven. im brunnen versiegt das wasser. aber es ist nicht heiss wie im vorjahr. habe skorpione und vipern gesehn. auch russos, aber nur einmal, denn man versuchte wieder diese dumme art von bosheiten[3] über jean pierre den sauberen guten jungen und wahren freund. jeden tag taste ich mich vorwärts aber bin traurig denn ich habe nicht das was ich mir versprochen habe – mein ohr neigt sich nicht in die grüfte und schluchten, nicht genug und ich bin nicht genug demütig. wenn ich nur das wort wüsste, das einzige schlüsselwort. – schick mir neue verse und ich habe deine opere completi[4] verschenkt, möchte wenn möglich ein neues exemplar haben.

Faccendo novecentonovantanove volte tic e una volta tac ecco questo sarebbe il millepiede con una gamba di legno. alles ist nur miniatur und kleinkraut. scheiss-henze ist nicht doll auf zahn.

[*li. Rand:*] buona sera hw

… gamba di legno.] es macht neunhundertneunundneunzigmal tik und einmal tak. – ein tausendfüssler mit einem holzbein.

18 *An Ingeborg Bachmann*

Ischia, 12. Oktober 1954

12. 10. 54
Isola d'Aenaria[1]

Mon ami,

le poème[2] est merveilleusement belle.

mir ging es heute nicht so gut (erklärung folgt) und da kam dieses absolut wunderbare gedicht und ich war wieder glücklich. auch wenn es kein besonders sonniges gemütliches ludwig richter poem ist. es ist von einer tollen perfektion man versteht alles sofort und versteht es doch wieder nicht und dann beginnt man es zu verstehn. ganz wunderbar.

(»ach bitte liebe kleine mach das noch mal ich hab es nicht verstanden.«[3])

wunderschön, ich habe eine grosse ehrliche freude! das muss ich Dir gleich schreiben, und ich danke Dir auch sehr dafür. kein unnötiges wort, keine ungenauigkeiten. die apotheose des »idiot« ist weit überholt. man könnte es nicht komponieren, und eine höhere lobpreisung kann es nicht geben.

aber bilde Dir bloss nichts ein!

in Deinem vorigen brief stand auch dass leute dir ins haus stehen, lyriker. unmöglich, es sei denn Du stündest Dir ins haus. ausser bachfrosch gibt es heute keine lyriker, zumal nicht in der Allemagne.

wenn Du das machst, nach münchen gehn[4], bist Du verloren. Du hast in nazideutschland nichts zu suchen. – und dann bin ich auch waise (orfano.)

cramer auf procida ist allright, er verdient z.zt. viel geld durch die television in deutschlandt. keine sorge, und Dir die Du doch nicht helfen könntest, der trost besser gut als reich.

mit schnabel hab ich nicht über die zikaden verhandelt, nur vorigen sommer wie Du weisst bekam ich einen vorschuss von sieben hundert auf eine hörspielmusik.

morgen werde ich an der tür des finales angekommen sein und verschnaufen. bin schon etwas geschwächt, nach 2 wochen wilden gefechts mit klavier hämmern schlagen schreien fieber und wahnwitz*. werde im kommenden zeitraum bei abnehmendem mond alles instrumentieren was unter diesem zunehmenden mond entstand und dann beim nächsten neumond wieder von neuem ansetzen. das grosse finale des II. akts eine fünfsätzige sinfonie für tenor und orchester, das wofür ich eigentlich die oper schreibe.[5] wer weiss wie das wird. habe 3 napoletanische canzonen in diesem akt, eine enorme tenorarie, eine szene »tod des hirschen« mit nur orchestra d'archi, und jetzt in diesem mond habe ich die grossen metamorphosen geschrieben, die noch instrumentiert werden müssen. viele melodien, viele klänge, viel vulkanisches – z. zt. a proposito bei ponza seit tagen schiesst ein heisser dampfstrahl senkrecht empor ein kleiner blinddarmreiz des epomeo. – viel affenblut, aber auch viel sonstiges. die geizige sparbüchse des 12tönigen grossonkels ist zerschellt.[6]

was wäre geworden hättest Du die blaue stunde nicht geschickt?

Du bist nicht gemacht für den wartesaal 2. klasse im bayrischen rundfunk, umgeben von scheissintellektuellen cretins, und nicht für das café luitpold. Du musst auf steinigen pfaden aufgezäumt auf maulesel schwing die peitsche zwischen den eisigen blicken von eid-echsen und kräutersammlern gegen den morgenstern zu, so musst Du auf das unvermutete zureiten.

auch ich werde eines tages wenn ich folgsam war, auf goldenen drachen in den himmel fahren.

ober und unterhalb des geschmacks gibt es die grossen einsamen wo die höckrigen schildziegen leben und wo man 3 meter hoch in der luft schwebt umloht von der unbezwingbaren lampenzwiebel der zartesten hoffnung, wie mückenschwärme umschwirren einen dort die sucherisch angezupften harmsaiten der arabischen guitarren.

auch lyriker können und müssen scheissen. also scheiss auf münchen, ganz klar und präzis.

dummheiten werde ich in Neapel nicht machen, weil ich aus geschäftlichen gründen hinfahre, ich möchte endlich den auftrag kriegen, ein ballett für die Sadler's Wells[7] zu machen. Pipo[8] wird nicht da sein, er ist in der schule und nicht im ballett, er kann nie hineinkommen, weil er kein engländer ist, er wird nie die erlaubnis kriegen, in England zu arbeiten. verstehst Du, was das heisst?

in der vagen hoffnung einer landung Eurerseits auf Aenea entgegenzusehen sich erlauben zu dürfen, umgürtet Dich mit einer netten 12tonperlmutter

Dein araberzwerg

in s. angelo ist ein freund
gestorben, werner held,[9] ein
berliner maler, im alter von
49 jahren. ein wunderbarer
trauriger reiner wilder mensch.
wir haben ihn dort begraben.
er hatte zuviel getrunken, nachts
ist sein herz dann stehengeblieben.

berbersklave
macreau
cop
strassenjunge
machetta
spagniolo fuori seria
suitier
frequenttatore di marciapiedi
cop
macreau
pimp

*[*li. Rand:*] das ist die erklärung: der mond ist voll, bin geschwächt.

... merveilleusement belle.] das gedicht ist herrlich schön.
macreau] zuhälter (maquereau)
cop] polizist

machetta] strichjunge (marchetta)
spagniolo fuori seria] spanier in sonderausführung
suitier] lustiger, leichtsinniger kerl
frequenttatore di marciapiedi] frequentierer der gehsteige
pimp] zuhälter

19 *An Ingeborg Bachmann*

Im Zug nach London, 1. Dezember 1954

1. dez. 54

liebe eiche,

ich sitze im »GOLDEN ARROW«, dem luxuszug zwischen Paris und London – ruhig im geräusch und fulminant in der geschwindigkeit. in wenigen stunden wird mich Waltons »Bentley«* aufnehmen. alles sehr schick und angemessen.

– in Hamburg war dieser schuft von Schwitzke[1] nicht da!!! er war einfach nicht da. trotzdem war ich nicht umsonst gekommen, ich sagte alles dem Sawatzki[2]. ich sagte, dass es noch viel zeit brauche, wenn sie wollten, dass diese wunderschöne oper[3] der grossen und wunderschönen Bachmann wirklich das wird, was die ersten seiten versprechen. und dann sagte ich noch, dass man einem genie wie ihr nichts befehlen könne. sie waren ganz meiner meinung und wollen selbstverständlich die sendung verschieben, angesichts der tatsache, dass es mir gelungen ist, herrn Spitz[4] zu gewinnen, sich um die musikalische produktion zu kümmern (die einiges kosten wird: symphonisches orchester, für jazz und für das neapolitanische) – kurz und gut: ich habe getan, was ich konnte, um Dein hörspiel in ein ganz besonderes licht zu stellen.

jetzt kannst Du in aller ruhe weitermachen, ohne an irgendeine hamburger bedrohung zu denken. Du kannst auch seelenruhig dinge hinzufügen und erfinden, alles, was Du willst.

– ich wollte Dir diese frohe botschaft gleich schreiben, aber es war mir nicht möglich. entschuldige vielmals. schick mir den text sofort, wenn Du ihn fertig hast, aber ohne eile. ich werde dann etwas musik dazu verfertigen, in dem vergeblichen versuch künstlerischer äquivalenz. aber vielleicht ist ja der versuch schon etwas, und wenn Du den guten willen siehst, wirst Du mir mein unvermögen verzeihen können.

ich höre jetzt auf mit dem ausdruck meiner ergebensten bewunderung, verbunden mit einer unterwürfigkeit Dir gegenüber, die ihresgleichen entbehrt.

meine londoner adresse lautet:

LOWNDES COTTAGE
LOWNDES PLACE
c/o Sir William Walton[5]
LONDON S.W.1

ich wünsche mir, bald in den besitz Deiner werten nachrichten zu gelangen.

EUER untertäniger diener
Enzo

*[*li. Rand:*] an der Victoria Station

20 *An Ingeborg Bachmann*

London, 9. Dezember 1954

LIEBE EICHE[1] Euer brief hat mich gefreut. ich weiss nicht, ob ich glücklich bin, dass die Zikade schon fertig ist. doch mein vertrauen liegt immer noch darin. – aus zeitmangel sende ich Dir diese karte mit einem bildnis der Bachmann[2]. ist die ähnlichkeit nicht verblüffend? wahrscheinlich bin ich in wenigen tagen schon wieder in Paris und versuche, die von Dir gewünschte musikalische langeweile zu erfinden. hier ist das wetter schlecht, aber ich fühle mich trotzdem faul und hässlich. die geschäfte gehen gut, Walton und gemahlin lassen Dich grüssen, ich schliesse mich ihnen an, San Gennaro[3] schickt Dir Gutes, heute abend werde ich Ugo Calise[4] mit der gitarre hier in London sehen. viele zärtliche grüsse, Dein ÖLBAUM

21 *An Ingeborg Bachmann*

Paris, 20. Dezember 1954

PARIGI
20 Dec. 54

Illustre Bachstelze

komme grad von der themse retour und finde hier Dein hördings[1] vor. war direkt geplättet wie Du den schönsten teil des ganzen in wenigen tagen in die maschine gedonnert hast. dieses hörwhatnot muss mit wunderbarer musique verziert werden oder mit gar keiner. ich werde mir also grosse mühe geben. Deine graphische zeichnung war gehirnerschütternd.[2] ich werde mich (vielleicht) daran halten. – die sache mit dem prinz ist ja wohl wüst. und der kleine süsse junge der ausreisser das ist wohl Dein bruder?[3] alles in allem die sache, wie ich aus einem telefohngespräch mit schwitzke und spitzke[4] erfuhr, hat auch im enndabbeljudiah[5] gross eingeschlagen. ich würde sie auch in buchform[6] erscheinen lassen wenn ich Du wäre (was ich gern wäre) und dann gewisser massen würde es ein bestseller und würde vielleicht auch dazu beitragen, den tourismus von dem schönen ischia fernzuhalten.

gratuliere Dir!

nun gratuliere mir auch: ich hab von covent garden einen ballett-auftrag erhalten. mit margot fonteyn und frederick ashton's choreographie wird die sache[7] im winter 1955–56 in szene gehen. bin darüber nicht betrübt.

in londres war es überhaupt todschick. habe an vielen lunchs, dinners, teas, high teas, suppers und cocktails teilgenommen und von vielen mitgliedern der society wurden mir unmissverständliche anträge gestellt, die ich mit undurchsichtigem lächeln jedoch ablehnte. (möchte nur wissen wo in england die kinder herkommen.) war entzückt von covent garden und vom cockney, vom regent park und von der festival hall, von den drafts allerorten und von der nationalhymne. besuchte auch la tomba di Enrico Purcell und blieb davor eine weile ernsthaft stehn. trug immer eine rote nelke morgens, und eine weisse abends. das nennt man: carnation. (karneischen) die waltons waren mir entzückende und herzliche gastgeber. seine oper[8] hatte einen grossen erfolg und wurde in der zeitung als grösstes ereignis in der Britischen musik seit »peter grimes« gefeiert.

um auf die hörzicke zurückzukommen: also ich bin richtig STOLTZ auf Dich. es ist wirklich eine dolle masche. hoffentlich wird es auch gut en-onde gemist[9]. Alla musica ci penso io, non ti preoccupare.

nun zündet also Dein kleiner bruder die kerzen an und ich sitze hier an der seine, wo gar kein weihnachten ist. habe nicht mehr genug danaro um nach hause zu fahren um dort natale zu machen. habe nämlich auch einen kleinen bruder. er heisst jürgen.

also buona festa.

Tuo
umile
ammiratore
Enzo

… non ti preoccupare.] an die musik denke ich, Du brauchst Dich nicht zu sorgen.

Tuo umile ammiratore] Dein demütiger Bewunderer

Paris, 13. Januar 1955

13. janvier 1955 208 Boul. St. Germain
Paris 7.[e]

grosse und nicht schlecht erleuchtete bachstelze

an sich war es mein plan Dich bei Deiner rückkehr in den eichbaumpalast[I] mit einem schon da liegenden brief über das momentane vakuum, das jeden von einer reise zurückkehrenden sensiblen menschen im eigenen, seit tagen leeren und von erkaltetem zigarettenrauch ernüchterten heim befällt, hinwegzubringen, doch die umstände wussten mich daran zu hindern, sodass ich nur heute, nachdem schon einige tage in das teils froststarre, teils regennasse land gegangen und viele kleine und grosse freuden, müdigkeit, herzeinfrierung, kleinere und grössere schmerzen hier und dort, ideenschwang – und umschwang, neigung zu schlafwandel und gewagtem nächtlichen ausbruch und blut unterm ohr bei morgendlicher rasur des allzu nichtssagenden kinns ihren teil zum alltag beigetragen, eine willkommene stunde vor dem dejeuner finde, um Dir über den gang der dinge zu berichten und Dich davon zu unterrichten, dass mit der heutigen abendpost das manuskript der zikadenmusik nach hamburg geht, einige seiten schmerzlichen wohllauts und zarter klage, zitternde ironie unter halbgeschlossenem augenlid, ungezügelter ausbruch und nur halb gelungene, wie unter zwang herbeigeführte, wider willen bejahte – und doch nicht bejahte – mässigung, kurz, es ist getan, mein devoter versuch, einen klang dem klang beizugeben, mich in die welt Deines worts einzuleben und einen widerhall dieser welt zu tönenden entr'actes zu binden, ist beendet, und ich beeile mich, es Dir zu sagen und, so hoffe ich, Dir damit die sorge zu nehmen, oder doch wenigstens einen teil der sorge, jenen nämlich, es könne zuviel zeit verrinnen, das jahr möge zu schwer werden von hingang in schlaf, nahrungsaufnahme, rausch und vergehen, und mein beitrag möge gar zu sehr

33

208 Boul. St. Germain
Paris 7.e

13. janvier 1955

grosse und nicht schlecht erleuchtete bachstelze

an sich war es mein plan Dich bei Deiner rückkehr in den eichbaumpalast mit einem schon da liegenden brief über das momentane vakuum, das jeden von einer reise zurückkehrenden sensiblen menschen im eigenen, seit tagen leeren und von erkaltetem zigarettenrauch ernüchterten heim befällt, hinwegzubringen, doch die umstände wussten mich daran zu hindern, sodass ich nur heute, nachdem schon einige tage in das teils froststarre, teils regennasse land gegangen und viele kleine und grosse freuden, müdigkeit, herzeinfrierung, kleinere und grössere schmerzen hier und dort, ideenschwang- und umschwang, neigung zu schlafwandel und gewagtem nächtlichen ausbruch und blut unterm ohr bei morgendlicher rasur des allzu nichtssagenden kinns ihren teil zum alltag beigetragen, eine willkommene stunde vor dem dejeuner finde, um Dir über den gang der dinge zu berichten und Dich davon zu unterrichten, dass mit der heutigen abendpost das manuskript der zikadenmusik nach hamburg geht, einige seiten schmerzlichen wohllauts und zarter klage, zitternde ironie unter halbgeschlossenem augenlid, ungezügelter ausbruch und nur halb gelungene, wie unter zwang herbeigeführte, wider willen bejahte – und doch nicht bejahte – mässigung, kurz, es ist getan, mein devoter versuch, einen klang dem klang beizugeben, mich in die welt Deines worts einzuleben und einen widerhall dieser welt zu tönenden entr'actes zu binden, ist beendet, und ich beeile mich, es Dir zu sagen und, so hoffe ich, Dir damit die sorge zu nehmen, oder doch wenigstens einen teil der sorge, jenen nämlich, es könne zuviel zeit verrinnen, das jahr möge zu schwer werden von hingang in schlaf, nahrungsaufnahme, rausch und vergehen, und mein beitrag möge gar zu sehr den plan einer verbreitung auf elektrisch-mechanischen wellen dahinzögern, ein ausbleiben möge verstimmung hervorrufen und schwierigkeiten auch anderer, mehr – sagen wir – haushaltsartigen charakters mit sich bringen, diese sorge also sei nun den plan einer verbreitung auf elektrisch-mechanischen wellen dahinzögern, sein ausbleiben möge verstimmung hervorrufen und schwierigkeiten auch anderer, mehr – sagen wir – haushaltsartigen charakters mit sich bringen, diese sorge also sei nun glücklich zerstreut, und mit ihr auch eine andere, vielleicht nicht so deutlich ausgesprochene, aber doch spürbare, nämlich die, dass ich möglicherweise mir zu arge freiheiten erlauben würde hinsichtlich der entscheidung über jene frage, was das mass an musik wohl ausmachen dürfe, und ob ich nicht etwa grosse, ausgedehnte formen, gesprächige bilder aus klang und melodie, gefahr für den fortlauf des dichterischen vorgangs, entwickeln und damit das wohlgelingen des ganzen in gefahr oder gar in vollendete, katastrophenartige massen bringen und treiben, und mir einen, wenn auch wohlgemeinten und nicht als solchen betrachteten, so doch nicht anders als »übel« zu bezeichnenden scherz erlauben würde, auch diese sorge also ist nicht mehr zu den realen dingen zu zählen, denn die klanglichen einblendungen halten sich in der tat in respektvoller kürze als dienendes beiwerk zurück und sind, soweit mein intellekt es gestattet zu übersehen, ein gelungener, in seltener schönheit und klanglichkeit glänzender versuch einer ritterlichen kollegialen verbeugung vor Deinem so anbetungswürdigen werk, dem nun also, da es ganz in den händen der schauspieler und ihrer anleiter, den musikern und ihrem dirigenten, sowie in denen der ton-meister liegt, nur noch von uns ein gutes gelingen auch hinsichtlich seiner wiedergabe zu wünschen wäre, gedenken dieses jedoch, die nicht mehr zu jenen gehören, die uns das marmeladenfrische morgenmahl im ach so zierlichen, in meinem fall mit lästigen, schwer entfernbaren härchen versehenen hals stecken bleiben lassen oder gar was vom fortschreiten auf den ja doch wohl noch immer in recht ansehnlicher entfernung liegenden parnass hin abhalten, denn nun können die neuen werke schwerelos und doch gewichtig in angriff genommen werden und eine schöne, von zeitlosigkeit ausgezeichnete zeit beginnt, zu der ich Dir von ganzem herzen wünsche, dass sie voll sein möge von guten gedanken und von fröhlichem gelingen, denn auch dieses wäre zu bedenken, dass der geliebte frühling nicht mehr fern ist, und damit der augenblick wo wir unter den reizenden römischen rosskastanien redliche und reichliche reden austauschen und den weichlich-wohlherben weissen wein des weiblichen weiten welschen waidlands wabbeln! Dein Enzo

23 *An Ingeborg Bachmann*

Paris, 22. Januar 1955

MANUSKRIPT BEI SPITZ HAMBURG BEANTWORTEN SIE MEINEN BRIEF HERZLICH = HANS

24 *An Ingeborg Bachmann*

Ischia, Februar oder März 1955

freitag
1955

liebes Mädchen,

was macht das leben?

je ferner du mir bist,
je näher fühl ich dich …
wer weiss in diesem moment
an was du denkst … was du tust!
Du hast mir in die adern
ein gift gefüllt, das süss ist …
doch mir wird es nicht schwer,
das kreuz, das ich für dich trage … [1]

also, warum rührst Du Dich nicht? hier scheint die sonne. [2] wir könnten sehr gut gemeinsame tage verbringen. ich habe schöne schallplatten. davon werde ich Dir welche vorspielen. ich komponiere etwas für das festival bei den bôches in Darmfurt–Frankstadt[3]. mit der orchestrierung des zweiten akts bin ich fertig. kurz, ich fühle mich gut. das leben gefällt mir. (oder, wie Lucia sagt: »das leben bei mir gefällt mir«) stell Dir vor, gestern abend wurde ein film der bôches gezeigt, »epilog«[4] von M. Käutner und Stemmle, mit den Damen und Herren Kortner, Hildebrandt, Hörbiger …, aber ich sage Dir, das war eine schöne scheisse! schrecklich! nichts anderes als die grimassen von 1925, die schlecht erleuchteten ecken, und alles mit einer tragischen attitüde, absolut lächerlich.

daher wiederhole ich Dir, dass wir es uns um unserer gesundheit willen nicht erlauben können, in dieses land von mördern, neofaschisten, neoneurotikern zurückzukehren, ich versichere Dir, dass es unmöglich ist und von einem niveau weit unter dem internationalen strich. hast Du schon »Senso«[5] von Visconti gesehen? auch wenn die zensur jetzt alles, was wichtig war, weggeschnitten hat, erkennt man noch die handschrift eines mannes von geschmack, gewissen, kultur … daher und nicht nur aus diesen gründen muss man sich mit artischocken, pasta asciutta und wein zufriedengeben, selbst wenn man nur brot mit tomaten isst: immer noch besser als die rehrücken der bôches, bezahlt von Eisenhower, mit der sosse aus dem blut junger dummer deutscher, den lieben verstorbenen von morgen.

komm! schreib! liebe grüsse hans

25 *An Ingeborg Bachmann*

Ischia, 2. April 1955

2. april

liebe inge,

morgen oder übermorgen werde ich dich anrufen. mittwoch komm ich nach rom (oder donnerstag). anbei eine deutsche schweinerei[1], die ich nicht ernst nehme. unnötigerweise hat man sie mir geschickt. glaubst Du das? – nun wollte ich Dich bitten (aber du brauchst wenn Du nicht das gefühl hast, es nicht zu tun) der deutschen sau (der jünger ist als ich und einer jener mistigen provinziellen »intellektuals«) ein paar zeilen zu schreiben, die sich beziehen a) auf meine weltflüchtigkeit / die keine ist b) auf den elfenbeinturm / der keiner ist c) auf das faktum, dass eine hörspielmusik keine sinfonie ist, sondern von mir bewusst im sinne der amerikanischen background music gemeint war, vor allem um die »musikalität« der dichtung nicht zu stören ... und dass bei der angespanntheit meiner eigentlichen creation wochen vergangen wären bis ich etwas (vielleicht) hätte tun können, was die dichtung »ergänzt«. das war aber gar nicht gemeint, und, ebenfalls bewusst, wurde auch [auf] jede »funkisch engagierte« »musik« verzichtet. d) »die trommel gerührt« wurde nicht von mir, sondern auf wunsch der poetin, desgl. das crescendo der zikaden (s. zeichnung.[2]) e) wozu der ganze angriff bei einem musikalisch so unergiebigen anlass? es handelt sich ja doch nur um jeweils wenige takte klang.* ich könnte das selbst tun ohne schwierigkeit, nur: Du kennst das tier nicht, und er kann Dir vollständig gestohlen bleiben, es schreibt keine literaturkritik. so könntest Du ihn, nur mir zuliebe, sanft und leicht vorwurfsvoll belehren, dass er seine offensichtlich durch legende verblendete vorstellung über mich dazu benutzt, mich zu beschimpfen. »wenn wir recht unterrichtet sind«, weiss ich inzwischen um den wert einer restaurativen klangkulisse. du könntest ihm sagen, dass er falsch unterrichtet ist: ich weiss um den fragwürdigen wert jeder kulisse,** aber eine »unterrichtung« kann noch nicht genügen, in einem »besseren blatt« jemanden anzugreifen. eventuell, wenn Du nicht magst, schreibe ich auch selber, aber vielleicht kannst Du mir doch diesen freundschaftsdienst erweisen, es wäre weitaus wirksamer.[3]

und das gemeine ist, dass meine musik, die er angreift, was sein recht ist, von ihm falsch gehört ist, wahrscheinlich hat er keine ohren. und ich denke mir auch, dass Du leichter schreiben kannst, sachlicher und milder, und es ist wirkungsvoller und ohne jegliche rückwirkung. während ich neue gemeinheiten erleiden müsste, und Du weisst, dass sie meinen (offensichtlich nicht ganz unberechtigten) verfolgungswahn steigern. ich hasse deutschland, während es für dich nur ein exotisches terrain bedeutet.

bist Du so lieb?

auf bald

Dein

hans

p.s. Du könntest ihm auch sagen, dass Du zwar, im gegensatz zu ihm, nichts von musik verstündest, aber dass Du, obwohl alle meine werke kennend, darin nie einen ansatz von »gern geübter« abstraktion hättest entdecken können.

* [*li. Rand:*] der sich auf die psyche der jeweiligen person bezieht
** [*li. Rand:*] und warum ich nicht in frankfurt wohne, und warum ich mich der fragwürdigen klangkulisse nicht bediene.

26 *An Ingeborg Bachmann*

Ischia, 23. April 1955

23 aprile 55
Forio d'Ischia

Carissima

hier kommt mein versprochener brief. ich war sehr besorgt nach unserem kurzen telefongespräch. ich habe grosse angst, dass Du Dich mit dringenden aufträgen ruinierst.[1] ich weiss nicht, was ich sagen soll, aber ich wiederhole, dass Du wirklich eine schöpferische pause einlegen solltest, danach geht dann alles besser. hier, in der absoluten ruhe, könntest Du neue kräfte sammeln, und ich rate Dir, hierher zu kommen, sobald der arzt es erlaubt. nichts ist wichtiger als die eigene gesundheit, also zögere nicht länger, Deine pflicht Dir gegenüber zu erfüllen.

Salvatore (nicht der aus den »zikaden«) hat heute mein klavier repariert. ich habe es ganz weit aufgemacht, und – così spallancato – beginne ich mit der arbeit am 3. akt, eine szene ist schon fertig, und nun ist auch neumond. die ruhe kehrt zurück, und, wenn gott will, in ganz kurzer zeit werden wir alles das was schon klar dasteht und nur auf die realisierung wartet, zu papier bringen. habe auch eine idee für den schlusschor, etwas von schubert's posthumer sonate a dur entzündet.

habe die idee meine nächste oper mit Dir zu machen,[2] und labroca[3] der was von einem auftrag faselte, soll es bezahlen (vielleicht für die T.V.?) so hat man wieder einen grund in der italie zu bleiben. Ti pare? Darüber später mehr, und nur wenn Du lust dazu hast, if you feel like it. was tragisches, etwas wie »der konsul« von menotti[4] oder »amico fritz«.[4] (oder »madame butterfly«.)

um die wahrheit zu sagen: hier herrscht das chaos!!! Federico und Francesco sind da, und auch fürst Ali,[5] jedenfalls mittagessen und abendessen, und diese nervensägen lassen mich nicht in frieden mit ihren albernheiten. ich hoffe jedoch, dass ich von morgen an, wenn sie weg sind, bekommen werde, was ich mir wünsche, um schöpferisch zu sein: so viel lust, musik zu machen, ist in mir und so viel hunger nach alleinsein. wie kann man nur ein so grosses bedürfnis haben, nichts anderes zu tun als zu schwatzen, wie diese netten knaben.

Inge, ich möchte, dass Du glücklich und gesund bist. wenn Du etwas brauchst, dann telegraphiere sofort. auch geld kannst Du ohne weiteres kriegen. mir geht es zur zeit gut.

ich drücke Dir die hand kräftiger denn je
und Gott segne Dich.
hans

così spallancato] so aufgerissen
Ti pare?] Was meinst du?

27 *An Ingeborg Bachmann*

Ischia, 12. Mai 1955

12. mai 55

liebe inge, morgen reise ich ab[1], und ich denke mit kummer daran, dass ich Dich in Rom nicht sehen werde, ich wollte so viel mit Dir reden, vor allem wollte ich Dir danken für die drei so gelungenen, klaren und schönen gedichte[2]. ausserdem dachte ich, gewisse sachen mit Dir zusammen zu hören, »Don Giovanni« und »La Sonnambula« …

ich reise sehr schweren herzens, und wenn Du diese zeilen liest, werde ich weit von Dir sein und weit von allem, was mir lieb ist. vor drei wochen bin ich dem echten neapolitanischen prinzen begegnet, der echter ist, als es sich meine phantasie je auszudenken erlaubt hat. wie kann ich's Dir sagen? alle freunde, die ihn gesehen haben, waren seltsam beeindruckt, er ist ein wesen, das sich von uns allen unterscheidet. Wer die Schönheit angeschaut mit Augen …[3] jetzt kann ich auch verstehen, warum Dir dieses gedicht gefällt, und daher kann ich auch ein wenig damit rechnen, dass Du mich verstehst. ich habe noch nie so etwas gesehen. zudem wollte es das schicksal, dass er eine aussergewöhnliche musikalische begabung hat, das heisst mehr als das, in ihm offenbart sich die musik, als wäre er selbst teil von ihr. sie sagten, er sei Orpheus[4]. ich hatte die unermessliche freude, einen ganzen tag mit ihm zu verbringen. Heinrich von Hessen gab ihm zu ehren ein essen, und abends waren wir in Sant Angelo zum fest des hl. Michael, und er sang dort und bezauberte alle, die in seiner nähe waren. ich empfand, wenn ich allein mit ihm war, einen wunderbaren schmerz und fühlte mich weit ab von jedem physischen verlangen, doch ich sage, wenn Gott mir helfen will, seine freundschaft zu verdienen – vielmehr, wenn Gott mir verzeiht, denn verdienen tue ich nichts –, will ich katholisch werden und mein leben ändern, ich möchte nur mit ihm reden und ihn sehen dürfen. so bin ich vom podest meiner künstlichen souveränität gestürzt.

abends nahm ich ihn mit nach hause (er stand im begriff, nach Neapel zu fahren), und es herrschte eine harmonie, und es gab die hoffnung, dass ich rein und gut werden kann. anscheinend haben jedoch, nachdem wir uns verabschiedet hatten, irgendwelche personen sehr schlecht über mich gesprochen und ihn gewarnt, dass es gefährlich sei, mit mir freundschaft zu schliessen. montag rief ich ihn an, und er war zweimal nicht zu hause. dienstag morgen rief ich wieder an, und wieder war einer seiner brüder dran, der sagte, er sei nicht in Neapel. wir hatten uns für dienstag abend verabredet, um gemeinsam in ein konzert zu gehen. der bruder sagte, dass man nicht wisse, wann er zurückkehre, und dass es schwierig, ja fast unmöglich sei, ihn zu hause zu erreichen. und er riet mir, nicht mehr zu versuchen, ihn anzurufen.

ein paar stunden lang war ich völlig dumpf, und dann ist eine grosse ruhe über mich gekommen, die immer noch in mir ist. doch ich weiss, dass das nicht gut ist, dass es ganz nahe am irrsinn ist. ich bin freundlicher mit allen als gewöhnlich, aber ich denke nichts, ich arbeite nicht, ich habe fieber, und gleichzeitig bin ich voll vertrauen. ich werde nach Neapel fahren, ich werde ihn finden, und ich werde ihm ganz offen alles sagen, was ich fühle und dass er keine angst haben muss, weil ich nichts anderes will als seine freundschaft. wir hatten auch ein sehr schönes projekt: in diesem sommer will ich mit ihm zusammen fünf lieder nach gedichten von petrarca[5] schreiben. wie könnte ich das ganze leben verbessern, und die rolle, die ich spiele! ich könnte ein bote des schönen und reinen werden. denk nur, seit ich ihn kennenlernte, habe ich fast den ganzen dritten akt [fertiggestellt], und er ist reich an ideen und voll von melodien, von zärtlichkeit, von aufrichtigkeit.

von tag zu tag wächst in mir das gefühl, wie wichtig es ist, mein prinzip des handelns zu ändern. ich sollte mehr würde haben.

schau, ich schreibe Dir das auch, um Dir zu zeigen, dass ich Dir voll vertrauen und glauben immer ganz nahe bin, und Du bist vielleicht der einzige mensch, der mich versteht. ich musste Dir sagen, dass auch ich an gewisse höhere dinge glaube. es ist, dass ich gefahr laufe, mich zu verlieren, wenn ich keine gnade finde.

ich rechne damit, Dich zu sehen, wenn ich gegen den 10. juni aus deutschland zurückkomme. Du hast mir in Deinem brief nicht die adressen deiner reisestationen genannt, daher erreicht diese botschaft den empfänger nicht,[6] trotz ihrer dringlichkeit. ich wünsche Dir guten erfolg und eine baldige rückkehr.

viele grüsse hans

28 *An Ingeborg Bachmann*

Ischia, 17. August 1955

17
8
55

donnerstag morgen auf der terrasse (schatten) meer ruhig
und sehr unwirklich, weinberg eher konkret, wind abwesend.

auf der lippe den geschmack nach bitterem espresso, weiter innen den nach einer Nazionale Esportazione.

liebe und schöne freundin: danke für den langen brief und für die karte, die ganz so war, wie ich mir den domplatz in Mailand vorstelle. der brief hat mir begreiflich gemacht, wie es Dir geht und wie die Vereinigten Staaten sind.[1] vielleicht will ich eines tages auch hinfahren, aber nach S. Louis, denn dort gibt es die neger, die orgel spielen auf den dampfschiffen, orgeln, die vom selben dampf angetrieben werden, der die dampfer bewegt, welche Dich und die orgel feierlich über den breiten Mississippi tragen, während das krokodil uns folgt mit aufgerissenem maul.

ich hoffe, dass es Dir immer gutgeht und dass Du bald in diese gegenden zurückkehrst. Du hast gesagt, Du willst mir etwas schönes mitbringen. ich wüsste nicht was, denn mein grammophon ist kaputt, und ich lese keine bücher. wenn Du mir die ewige jugend bringst, das heisst, dass ich nicht fett werden, immer mehr haare verlieren, noch trübsinniger werden will – und man mich nicht nur mag, weil ich ein berühmter komponist bin und weil ich ein auto habe. aber das findet man vielleicht nicht einmal auf dem Mississippi. bring viele verträge mit, damit wir zu geld kommen. mit geld kann man alles machen.

ich bin dabei, den »KÖNIG HIRSCH« zu beenden – im augenblick arbeite ich nichts, denn es ist ferragosto[2] und der mond ist untergegangen, aber ich werde bald wieder anfangen, und dann beende ich ihn. am 13. fahre ich nach Venedig, um mich mit den managern des festivals zu treffen, vielleicht habe ich bis dahin auch die ganze partitur in kopie fertig (ich strenge mich an). Gigi hat Nuria Schönberg in den himmlischen käfig der ehe gesteckt. bald kommt das erste dodekaphonische kind, stelle ich mir vor.

Ernst Schnabel hat sein buch beendet[3], das recht ordentlich zu sein scheint. – wenn Du zurückkommst, lasse ich Dich ein bisschen was vom dritten akt hören, auch wenn ich nicht spielen kann. seit ich im »Excelsior« in Neapel war, fühle ich mich sehr als signore, mehr denn je fühle ich mich auch als italiener.

ich weiss Dir nicht viel zu erzählen, das leben hier ist immer gleich so lala, und wie ich Dir schon gesagt habe, man arbeitet, vielleicht nicht genug, aber das hat mit der tatsache zu tun, dass wir uns im august befinden. in kürze geht alles weiter. ich bin, in grosser einsamkeit, in einer äusserst angst- und schmerzerfüllten periode, betrogen und getäuscht, **wieder mal dem fehlläuten der nachtglocke gefolgt**[4], aber das macht nichts, ein bisschen zusätzliche bitterkeit.

die Neunte von Mahler höre ich oft. es ist eine musik, die wenige verstehn, Du wirst mit sicherheit das ziel sofort erreichen.[5]

wenn Du mir eine musik mitbringen magst, die mich anrührt, vielleicht »Così fan tutte«, man sagt, dass es in den USA sehr billig ist, aber ich möchte keine englische version, und dann weiss ich nicht, ob es eine gute aufnahme gibt, vielleicht ist die aus Glyndebourne immer noch die beste. oder: Brahms vierte symphonie dirigiert von Toscanini. aber ich sage Dir, dass es nicht nötig ist. – in Paris haben sie geschrieben »ein grosser musiker unter uns« (das bin ich), und sie nennen mich einen orphischen musiker, daher schreibe ich jetzt ein konzert für harfe[6]. tatsächlich möchte ich, so wie ich glaube, dass Du die schönsten gedichte des jahrhunderts schreibst, die schönste musik von heute schreiben, und das finale des »HIRSCHS« will ich mit der grössten zärtlichkeit für dieses leben komponieren, das uns ständig eins auf den kopf gibt[7].

ciao, und benimm Dich gut, wenn Du kannst.
komm bald wieder!
hans

29 *An Ingeborg Bachmann*

Ischia, 4. September 1955

4. Sept. 55

liebste Inge

willkommen in Italien!

ich weiss nicht, wann Du zurückkehrst, aber ich hoffe, dass es sehr bald ist, vor allem weil ich Dir wünsche, dass Du noch ein wenig von dem herbstlichen glanz dieses jahres beschreibst und dann, weil Du Dich unverzüglich an die gestade Partenopes[1] begeben solltest. da ich von dem 20. september an in dem grossen und weiten palazzo Walton wohne, wird Dein aufenthalt sehr angenehm sein und äusserst geeignet für unsere zusammenarbeit, die inzwischen dringend geworden ist. man schreibt mir jeden tag und fragt nach dem stand der dinge, und unsere erste oper wird mit gewissheit am 14. oktober 1956 in Donaueschingen aufgeführt werden[2]. ich habe noch kein sujet gefunden und hoffe sehr, dass Du die erfinderin eines solchen phänomens bist, vom dem es schliesslich abhängt, ob das projekt gelingt oder misslingt. ich hatte nur ein paar formale ideen und habe nach wie vor eine vage vorstellung vom charakter der oper. es gibt zwei möglichkeiten:

eine alte, ein wenig bukolische pastorale, im stil der oper des italienischen achtzehnten jahrhunderts, sujets wie »Polyphem«, »Ariadne« etc., oder eine lyrische oper mit einem heutigen sujet, aber romantisch und ziemlich verrückt.

aber auch die pastorale könnte völlig verrückt sein, vielleicht sogar noch mehr.

wir können eine wunderschöne zeit verbringen, uns ganz entspannt illusionen über die prunkvollen wolken des freien und weit geöffneten lebens hingeben, und Du wirst mir von Deinen amerikanischen abenteuern erzählen, von denen ich hoffe, dass sie alle angenehm, ehrenhaft und erfreulich waren.

am 12. dieses monats fahre ich nach Venedig, wegen des festivals und geschäftehalber. Gigi und Nuria haben mich in ihr haus[3] eingeladen. von Dir schreibt er folgendes: »kannst auch inge bachmann mit dir nach venedig fahren?? ich brauche Sie! wo ist sie? ich muss mit ihr sprechen weil meine opernzeit ist fast jetzt! nicht mehr warten – aber sofort arbeiten. mit inge bachmann wo ist sie? ihre adresse? kann Sie nach venedig in september fahren??! etc.«

also, wenn Du willst, dann komm auch Du. lass mich wissen, wann Du eintriffst und wie Deine pläne sind. komm vielleicht nach Venedig.

in ehrerbietiger erwartung Deiner hochgeschätzten nachrichten

mit gezogenem hut
die schon entblätterte rose in der hand
die schon gefrorene träne auf der nase
hans

N.B.
das meisterwerk KÖNIG
HIRSCH ist vollendet
und scheint schön zu sein,
bewegend, gewitzt, schrecklich
und tröstlich wie alles.

30 *An Hans Werner Henze*

Wien, Anfang Oktober 1955

Wien, hauptpostlagernd
Klagenfurt, Henselstraße 26

(Caro heißen hier die Hunde, also nicht »caro«) Liebster Hans,

hier im »Griechenbeisl«* spielen sie grad Offenbach, wofür ich immer eine horrible Schwäche gehabt habe.[1]

Mein Lieber, diesmal ist die Schwäche noch größer, denn ich

bin weg von Italien, senza casa, und in ein paar Tagen muß ich nach Klagenfurt (HENSELSTR. 26) zurück, von wo ich eben herkomme. Aber eigentlich von N.Y. (Aber das ist schon so weit, und ich hatte am Ende überhaupt kein Geld mehr, also kein Kaugummi und keine records!)

Mir tut der ganze Körper weh, so arg ist mir's, nicht in Italien zu sein. Ich glaub, ich werd hier eingehen oder sonstwie sterben, aber es gibt (ich sag es zum ersten Mal nicht mit Überzeugung) noch die Arbeit, und ich werde sie tun. Ich muß Dich also um noch einen Aufschub bitten, und bete, daß mir was einfällt und daß ich das überstehe. Ich werde dann diese Oper[2] schreiben bis Weihnachten und in Klagenfurt, und ohne Zuspruch, aber ich werde sie schreiben.

Ich habe nach Klagenfurt müssen wegen zuhause, und jetzt geht es schon garnicht mehr anders. Es ist wohl das Ärgste, was mir passiert ist.

Ich tue hier, zwischen dem, was ich tun muß, nichts anderes als mir vorstellen, wie carciofi aussehen und ein blauer Himmel, im Kino habe ich »Tre soldi nella fontana«[3] gesehen, oder auch nicht, denn ich habe die 2 Stunden lang so geheult, daß die Cinemascope auch nichts gewirkt hat.

Wie gern wär ich bei Euch gewesen in Venedig! Und wie gern in Waltons Haus! Ich darf nicht dran denken, sonst verwandle ich mich selbst in eine fontana.

Bitte schreib mir bald, ich werde jetzt in die Klagenfurter Stadtbibliothek gehen und dort die Traviata und alle die Dinge lesen, die mir nottun.

Ich werde auch wieder Gedichte schreiben und sie Dir schikken. Und noch viele Sachen. Ich werde überhaupt nur mehr schreiben.

Bleib mir gut und schreib mir zur Oper alles, was Dir einfällt.

Ich hoffe inständig, daß es Dir gut geht!!

Hab einen schönen Winter!

Sono sempre il tuo amico, sai! Sono molto funny, ma infelicissima come tutte le young girls!

Die Oper wird sehr gut werden. Ich schreibe Dir diesmal nicht so bald aus Klagenfurt. Nur der September war zu schwierig mit all dem Herumgeziehe.

Die Ratten kommen hier wieder aus den Häusern. Die Boulevards sind sehr solitude und die Musik ist dissonant und gelichtet, wie ich in jungen Jahren so trefflich schrieb[4].

O, mein Lieber,

also beten und arbeiten, tu's auch und manchmal etwas für mich beim San Francesco oder beim Rochus, der auch gelitten hat[5].

Ich umarme Dich. Und die ganzen Cesottas[6] und das ganze Land und alle Zikaden und das ganze Alles.

Tua
Ingeborg

*[*li. Rand:*] Wiener Lokal, Art Trattoria.

... come tutte le young girls!] Du weisst, dass ich immer Dein Freund bin. Ich bin sehr funny, aber sehr unglücklich wie alle young girls!

31 *An Ingeborg Bachmann*

Neapel und Ischia, 12.–13. Oktober 1955

Napoli
nacht von montag
auf dienstag

liebe ingeborg

als ich in rom ankam und Du warst nicht mehr da, bin ich gleich weitergefahren in der hoffnung in ischia post von Dir zu haben und damit eine nachricht was mit Dir passiert ist etc. ich habe eine furchtbare angst.

wenn ich nun auch Dich verlieren müsste, was sollte ich dann tun. das leben ist so entsetzlich zu mir Du kannst es nicht ahnen. I told you I'm going to hell, but maybe I am in hell already. und da ist nichts was mich hält kein christus und kein trost und kein anzeichen von güte.

forio, 13. 10. 55

und hier ist keine nachricht von Dir! ich bin sehr unruhig, und bitte Dich von herzen, mir sofort zu schreiben.

sekundär, und doch sehr wesentlich, ist der plan unserer zusammenarbeit. was soll daraus werden? lässt Du mich im stich? ich habe den gedanken dass Du vielleicht zu viel zu tun hast, es einfach nicht schaffen kannst, und infolgedessen eine flucht unternommen hast. wenn es so ist, wäre ich sehr traurig. aber es soll zwischen uns nie ein missverständnis geben. ich müsste dann einen anderen mitarbeiter finden. aber die ganze schöne idee wäre zum teufel. ich muss aber bis zum dezember das exposé haben, und im januar müsste ich mit der arbeit anfangen. die aufführung ist für donaueschingen oktober 56 festgesetzt.

Du könntest hierher kommen, wunderbar leben, es ist viel platz in diesem schönen luxuriösen haus, und Du brauchtest keinen pfennig auszugeben. ausserdem hättest Du vollkommene ruhe, und nur höchstens $^{1}/_{3}$ des tages würden wir an dem libretto arbeiten. Du könntest Deine laufenden arbeiten in aller ruhe erledigen, wie auch ich zwei aufträge zu machen habe, und den rest der zeit könnten wir der oper widmen. ich glaube eine idee zu haben: Afrodite und Anchise[1], eine pastorale deren handlung Dir jede freiheit der erfindung erlauben würde.

mit wem ausser Dir könnte ich das werk schreiben?

mein leben ist sehr voller angst und traurigkeit und die zeit mit Dir die Du mir versprochen hattest war meine grösste hoffnung.

hans

FORIO D'ISCHIA, Casa Cirillo

... in hell already.] ich sagte Dir, dass ich zur hölle fahre, aber vielleicht bin ich schon in der hölle.

32 *An Hans Werner Henze*

Klagenfurt, 19. und 20. Oktober 1955

Mein Lieber,

nun soll man ja eigentlich nicht klagen, besonders nach der Lektüre so vieler reizender libretti, aber eine durchwachte Nacht liegt mir noch in den Gliedern. Weisst du, dass das Nachdenken über ein Libretto, notabene auch über ein Stück und überhaupt über Figuren, Menschen, die irgendwo hingestellt werden müssen, aus einer Türe kommen und sich dann vor uns verbeugen müssen, an ganz bestimmte Konditionen gebunden ist?

Das berührt einen ganzen grossen Komplex und hängt sogar mit meinem »Wien-Versuch[1]« zusammen, ich meine, mit dem Versuch, mich in Wien niederzulassen, wenn es nur irgendeinen Sinn hätte. (Ich fürchte, es hat keinen! Aber versteh's, ich würde mich dort niederlassen trotz der grössten Abneigung, wenn es nur irgendeinen Sinn hätte.) Die Tragik Hofmannsthals ist hier von Interesse, denn ich vermute, dass er, trotz dem grössten Widerwillen, in dieser Welt gelebt hat, um die »gültigen Bindungen«[2] herzustellen. Weil wir von den libretti reden, denke ich nur an den »Rosenkavalier« und noch einiges andre Bewunderungswürdige, das er dem Strauss in den Rachen geworfen hat. Ich vermute auch, dass er nicht nach links geschaut hat beim Schreiben, sondern nur nach rechts, denn sonst hätte er keine »Gesellschaft« auf die Bühne bringen können, überhaupt nichts, was eine Verbindlichkeit gehabt hätte. Übrigens ist eine solche Gesellschaft auch in der »Traviata« vorhanden; man kann überhaupt nichts motivieren in einem Stück, wenn nichts Verbindliches da ist und sei es noch so fehlerhaft und eines Angriffs wert. Die »Traviata« ist nicht möglich ohne eine herrschende Moral, der »Rosenkavalier« nicht ohne eine fiktive herrschende usf.

Ich schreibe Dir diesen Brief, nicht nur um Dir, sondern auch um mir etwas klarer zu machen, und er bedeutet nicht, dass ich aufgebe. Ich frage mich nur, wo man ansetzen kann; das Märchen geht übrigens noch immer, aus begreiflichen Gründen.

In jedem Fall hast Du Recht gehabt, an die »Traviata« zu denken[3], sie war damals ein »Zeitstoff«, die Kostüme waren modern und haben im Fenice das Publikum richtig entsetzt; man war ja an historische Stoffe gewöhnt.

Ich wende mich nicht eigentlich um Hilfe an Dich, denn ich muss wohl selbst herausfinden, was zu machen ist, aber vielleicht kommt Dir unversehens etwas in den Sinn, wenn ich Dir von diesen Schwierigkeiten schreibe.

Sonst gibt es wenig Bewegendes, ich darf nicht mehr rauchen oder muss es doch so sehr einschränken, dass man von »Rauchen« schon nicht mehr reden kann. Und an Stelle des Weins ist der Nebel das tägliche Getränk geworden.

Wenn man von der Marter absieht, die mir das Denken bereitet, und dass ich keinen Ausweg sehe oder einen Weg zu einem verbindlichen Schreiben, müsste ich mich wohlfühlen. Ich wünsche keine Änderung bis Weihnachten oder zum Vorfrühling. – Übrigens können wir noch am ehesten in der Musik und im Gedicht etwas tun. Ich halte es für keinen Zufall, dass mir in jedem andren Fall Stoffe einfallen und akzeptabel erscheinen, in denen Menschen am Rande der Gesellschaft und der Geschichte erscheinen; es ist aber natürlich ein »Eingeständnis«; eine Dimension fehlt – und wie könnte man sie wieder schaffen?
Schreib mir alles von Dir
Ti saluto di cuore!

Deine
Ingeborg

P.S. am 20. Oktober
eben kam ein Telegramm von H. Strobel[3] aus BadenBaden, er bittet mich am fünften und sechsten November in Wien zu sein wegen unserer Oper. Das will ich gern tun, denn bis dann kann ich mich sicher wenigstens auf ein zwei Tage fortbewegen; aber schreib mir doch bald oder gleich, 1. ob bis dahin schon etwas von dem libretto fertig sein muss oder das Sujet at least, und wie und woraufhin ich mich verhalten soll. Was soll dort besprochen

werden? Nun, Du verstehst schon, was ich wissen will. Ich möchte jedenfalls nichts versäumen.

Deine
Ingeborg

Glücklicheres PS.
Klagenfurt, Henselstrasse 26 ist also die Adresse. Und es geht. Man heizt schon, aber zu Mittag blinzelt die Sonne eine Stunde lang. Wann ist der äusserste Termin für das Libretto? Und sage denen, dass ich teuer bin, ja? Ich habe schon die Ärmel aufgekrempelt, allerdings noch für etwas andres, das vornweggeschrieben werden muss.[4] Ich bin krank und mache eine Kur, man sticht mich jeden Tag mit Nadeln, die bald Nr. 1 bald Nr. 5 oder sowie gerufen werden. 2 Monate wird diese Zumutung dauern.

Ich denke, wir werden gegen Weihnachten drüber zu reden anfangen, wo, an welchem Ort, wir einander treffen könnten für eine grosse Opernbesprechung. Vielleicht Venedig. Oder Rivi (Kosename für die Rivieren).

Natürlich ist es wahnsinnig schwer, eine Oper zu schreiben, !!!!!!

Verstehst Du? Ich werde mir heute vor dem Einschlafen wieder Deinen Brief vornehmen mit Deinen Vorstellungen. Ich würde auch gern Hofmannsthals Briefwechsel mit Strauss lesen. Vermutlich gibts den in der Stadtbibliothek, oder weisst Du noch andres, wo er sich über die Libretti ausgesprochen hat?

Venedig wäre schön zum Wiedersehen, mit Gigi und leichter Bogenführung der Tage.

Mach Dir keine Sorgen, ich bin jetzt ganz ruhig und geniesse es, keine Möglichkeit zu haben, mit jemand zu reden. Wirst Du den ganzen Winter in Ischia bleiben? Oder gehst Du nach Paris. Oder London? Auch dort wärs hübsch, sich die weissen Nelken ins Knopfloch zu stecken.

Addio, stai mi bene!
Ingeborg

33 *An Ingeborg Bachmann*

Ischia, 24. Oktober 1955

forio
24
X
55

meine liebe

Dein ernster brief hat mir freude gemacht schon wegen seines ernstes, und auch hoffnung. denn ich glaube, ich weiss eine antwort auf Deine zweifel wegen der »gültigen bindungen«:

das problem ist richtig erkannt.

»A. + A.«[1] wäre ein bisschen eine flucht ins märchen,
aber das hängt von Dir ab.

ein mediterranisches fischerdorf ist eine gesellschaft, die noch intakt ist. (weswegen wohl lebe ich hier? und möchte italiener sein?)

und selbst wenn die menschen in einer oper »aus der tür« treten und nicht nur »am rande« leben müssen, bliebe – soviel vertrauen haben wir ja noch in Dich, nicht wahr? – uns doch die sehnsucht, sie aus der tür kommen zu lassen, eine nicht geringe anstrengung, die uns bevorsteht ... mit viel liebe und phantasie uns eine wahre geschichte ausdenken.

ich denke dass Du auch den konflikt in Anchises und Aphrodite deutlicher siehst als ich, der ich ihn nur spüre ... auch das ist meine hoffnung, dass Du ihn klar herausfindest, heraus stellst ...

es ist gut, dass Du Strobel persönlich sehen wirst. es wäre auch gut, wenn Du ihm schon ein exposé zeigen könntest.

inge ich habe soviel vertrauen und hoffnung! es wird wunderbar sein, musik zu Dir zu machen! und wir werden ganz glücklich sein mit unserer sehnsucht nach communication.

alles gute und liebe
Dein hans

34 *An Hans Werner Henze*

Klagenfurt, Ende Oktober 1955

Lieber Hans,

neben mir liegt die Borchardtsche Übersetzung des »Aphroditenliedes« aus den altionischen Götterliedern unter dem Namen Homers mit einem bedeutenden Nachwort[1], und da lag sie schon seit einer geraumen Zeit, und Dein Brief kommt an und macht mir mit einem Schlage klar, dass »man« also das Naheliegendste und Schönste nicht ergriffen hat.

Ich schreibe Dir in grosser Eile, will nur, dass Du den Brief kriegst und meine demütige Begeisterung. Jetzt weiss ich, dass ich es können werde. Ich gehe noch heute in die Bibliothek, um alles zusammenzuholen, was daneben von Wichtigkeit sein kann – Du verstehst: nicht um es zu verwenden, sondern um völlige Klarheit zu haben.

Ein wirklicher Fund,[2] begnadet wie Du bist! Der Stoff ist wunderbar. Und alt wie er ist und jung und losgelöst von allem, und verbunden mit uns.

Die Wünsche, die gestammelten, sind mir sehr recht; die Beschränkung macht immer erfinderisch. Der Bruder ist heute von der Schule nachhause gekommen, hat auf dem Tisch das Kouvert gesehen mit dem Stempel von Porto d'Ischia und konnte sich der Bemerkung nicht enhalten: »Vermutlich von Henze. Da wird sie froher sein.« Was scherzen wir doch, es ist wahr, und ich fühle mich stark.

Aber ich bitte dich, mir sofort per Express zu schreiben (weil es dauert), ob ich Strobel von unserem Sujet erzählen kann! Wahrscheinlich will er schon etwas wissen. Oder ist es ein Geheimnis? Am Freitag breche ich nach Wien auf, das ist sehr bald, Du verstehst!

Ich umarme dich!

Inge

Grüsse Gigi und seine Frau vielmals von mir; ich hoffe, die beiden auch bald zu sehen! Was wird gearbeitet auf dem Nonoschen Theater? Und grüsse das Hirtenvolk, für das ich in der Ferne die allerschönsten espressioni zu finden hoffe! Ich schreibe Dir bald mehr, auch wegen den weihnachtlichen und nachweihnachtlichen Treffpunkten.

Schreib bitte sofort wegen Strobel!

Karte genügt, aber express.

35 *An Ingeborg Bachmann*

Ischia, 28. Oktober 1955

28 X 55

Carissima,

während ein unerwarteter regen gegen die fenster schlägt und während im kamin das kalabresische eichenholz brennt, während ich den 2. satz der »Sinfonischen Etüden«[1] beendet habe und während der Gigi immer noch hier ist und schuftet,

sage ich Dir:

WIE SEHR ICH MICH FREUE, dass der Homer[2] mit Deinem unzweifelhaften geschmack übereinstimmt!

Strobel weiss alles über das projekt. ich habe auch versucht, ihm zu beschreiben, wie ich mir die handlung mehr oder weniger vorstelle.

mit ihm musst Du auch über Deinen preis reden.

die neue komposition, an der ich arbeite, ist sehr traurig. als ich heute anfangen wollte, drehte sich mir der kopf. dunkelheit, angst. ich schloss die augen, und dann erschien mir die Madonna, wunderschön, voll licht und gold, und danach ging die arbeit gut, ich war ruhig und empfand freude und den sehr seltenen wunsch, ein braver junge zu sein. dann ist auch noch Dein brief gekommen. was habe ich für ein glück, mit Dir arbeiten zu können! denk bald darüber nach, wann Du kommen kannst: nach weihnachten, mit mir im auto vom norden herunterfahrend?

denk nach, arbeite gut und schreib an Deinen

hans

P.S. ich denke so viel an Dich, ganz oft, wenn mich meine dämonen rufen und ich eine hand haben möchte ... die arbeit mit Dir: es ist nicht nur wegen Deiner hohen künstlerischen würde, auf die ich mich stützen möchte, es ist auch die rein menschliche hoffnung. wie schwach und elend ich doch zuweilen bin, mutlos und schutzlos! wenn wir uns sehen werden, wie das letzte mal in Rom, werde ich immer mehr mut bekommen, mit Dir zu reden. ich hoffe, es wird bald sein, dass wir uns sehen.

schau, ich weiss nicht, ob ich Dir helfen kann – vielleicht nur das gegenteil, vielleicht könnte meine wahrheit bei Dir nichts als angst und ekel hervorrufen. der 2. satz, den ich heute beendet habe, ist so traurig, so verzweifelt ...

ich weiss, dass ich so nicht weitermachen kann.

wenn die Nonos nicht da wären, wüsste ich nicht, was ich verrücktes täte. denn es ist das wirkliche leben, die arbeiten, die mir verbieten, verrücktheiten zu machen, während die ganze seele unbehaust und ungeschützt durch die lüfte fliegt – jede stunde eine neue idee, ein neuer einfall. schon heute abend habe ich die Madonna beleidigt, die mir heute morgen zugelächelt hat! o entschuldige, Inge – vielleicht wirst nur Du auf dieser erde mich eines tages verstehen können. und doch, wie wenig höre ich auf das, was Dich betrifft. auch das hier ist eine schrecklich egoistische, kalte sache ... entschuldige!

hans

36 *An Hans Werner Henze (Briefentwurf)*

Klagenfurt, 1. November 1955

Klagenfurt
Henselstraße 26
il 1 novembre 1955

Lieber Hans,

Diesen Nachmittag ist Dein Brief eingelangt, und es berührt mich sehr, dass wieder eine Zeit gekommen ist[1], die die Notwendigkeit unserer Freundschaft, oder wie man diese Merkwürdigkeit nennen will, hervorkehrt. Ich denke, dass ich Deine Dunkelheit gut genug fühle – auch ohne die gegenwärtigen Gründe zu wissen und die Details – und sind sie nicht weniger wichtig? Ist es nicht immer dasselbe Übel, das Leid erzeugt, verborgen oder offen? Aber bevor ich Dir Mut mache, lass mich etwas anderes sagen, das ein wenig in Beziehung steht mit diesem Problem. In einem Deiner Briefe schreibst Du, dass ich nicht die ganze Wahrheit über meine Situation gesagt habe; das ist wahr, aber ich spreche nicht, weil ich weiss, dass ich diesen Zustand besser ohne Sprechen überwinden kann. Es ist kein Mangel an Vertrauen. Versteh: wir haben wenig über mich gesprochen in diesen letzten Zeiten, und es war auch wenig nützlich, wenig notwendig, weil Du dort gelebt hast und ich da, es war auch gut, um eine freiere Basis zu finden. Doch ich fühle mich – auf dieser freieren Basis – nichtsdestoweniger Dir näher und bereit zu was auch immer.

37 *An Ingeborg Bachmann*

Neapel, 12. November 1955

meine liebe, ich bin dabei, Dir einen guten brief zu schreiben. ich denke viel an Dich in der hoffnung, dass alles gutgeht.

hans

Tanti cari saluti.
Francesco d'Avalos

38 *An Ingeborg Bachmann*

Ischia, 16. November 1955

16. NOV. 55

meine liebe – ich vermute, dass sich auch dieser brief von mir mit dem Deinen kreuzen wird. ich denke viel an Dich und hoffe, dass mein letzter dich nicht zu sehr erschreckt hat.

ich habe den Deinen bekommen,[1] der von Wien erzählt, ich freue mich, dass alles so gut gegangen ist, und ich möchte Dir danken. für den moment kann ich nicht sagen, wie die idee mit dem Vater und der Mutter[2] ist – da es für mich eine so fixe idee war, die mehr ins milieu der hirten und fischer gehört … ins heidnische milieu. ausserdem hast Du mir nicht gesagt, was diese drei personen tun sollen. jedenfalls kann ich nichts zu diesem vorschlag sagen. sicher ist, dass fünf personen allein nicht viel sind für eine geschichte, die so wenig handlung hat, und sicher ist auch, dass eine oper handlung braucht. meiner meinung nach kann es ohne weiteres eine person mehr geben – wir können uns schliesslich nicht nur nach dem richten, was der Strobel wünscht. ich bitte Dich, schick mir so rasch wie möglich eine art exposé, das mich klarer sehen lässt. wenn dagegen die eltern und was sie hervorbringen nymphen etc. wären … kämen mir sicher mehr ideen …

ich glaube nicht, dass es sehr wichtig ist, dass Du nach Baden-Baden gehst, aber wenn Du willst – warum nicht, unnütz ist es bestimmt nicht. in jedem fall, dachte ich, nach weihnachten oder nach neujahr wieder nach Italien zu fahren. ich dachte, wir treffen uns in München oder an irgendeinem anderen ort, der für Dich bequem ist. ich schreibe Dir in kürze, wann ich mich genau in Baden-Baden befinde. ich habe viel zu reisen, unter anderem muss ich auch nach Berlin fahren.

ich bin dabei, einen genauen reiseplan vorzubereiten.

ich habe noch viel arbeit vor mir – und bin unglaublich nervös, träume nur von diesen arbeiten und verpflichtungen, und es scheint, als ob es nichts anderes mehr gäbe – der hirsch hilft mir freundlicherweise, dass er mich nur an die künstlerischen dinge denken lässt. dazwischen denke ich dann an Dich und an das, was ich Dir in meinem letzten brief vorgeschlagen habe. das und dann Dein kommen, daran zu denken, darauf zu hoffen, das macht mir freude … schreib mir bald. ich glaube, in Neapel zu leben ist eine schöne sache, denn es ist nicht eine sache von Schiffbrüchigen[3], es ist etwas richtiges und normales, ausserdem in einem volk der zukunft, der hoffnung! und wir werden bestimmt wunderschöne wohnmöglichkeiten finden.

denk gut über alles nach, was ich gesagt habe!

und denk an die oper … lass mich bald wissen, was die drei neuen personen tun wollen … ich weine, dass ich meine hirten nicht mehr habe … sie werden nicht die Berceuse singen, nichts dergleichen wird geschehen. das ist für die zugabe, wer weiss – A. und A. liegen auch nicht im weissen zelt …

also geduld. vielleicht genügt es, in Baden-Baden festzulegen, welche sänger man nimmt, und dann, dass man weiss, wir haben z. B.

einen sopran
einen mezzo
einen alt
einen tenor
einen bariton

wir können entsprechend handeln. und es macht auch nichts, wenn wir uns zwei tänzer mehr nehmen. die kosten wenig. und die personen können verschiedene rollen singen – hast Du noch nie an diese möglichkeit gedacht?

für heute ciao und küss die Hand
hans

39 *An Ingeborg Bachmann*

Ischia, 24. November 1955

24 XI 55

meine liebe inge

zuallererst möchte ich Dir sagen, dass ich überhaupt nicht im geringsten »enttäuscht« war von Deinem zögern. ich kann es sehr gut verstehen, und ich gebe Dir auch recht, dass wir diese Dinge reiflich überlegen müssen und a voce durchsprechen. So sehen wir uns denn also hoffentlich am 14. in baden-baden und nehmen uns viel zeit zu allem.

ich danke dir aus vollem herzen für die güte, die aus Deinem brief spricht. es ist wirklich so, wie Du ja auch gleich verstanden hast, dass ich nicht aus der gleichen richtung her an die frage herangegangen bin wie einmal früher. dies sind aber mehr dinge für die mündlichen gespräche. (seltsam, erst jetzt merke ich, dass Dein brief auf italienisch ist – in meinem kopf kam er mir deutsch geschrieben vor. und so kehre auch ich zu diesem ausdrucksmittel zurück, dessen ich mich eines tages mit grösster vollkommenheit bedienen können möchte.)

Du sagst, dass Du nach Griechenland fahren möchtest. ich sehe nicht ein, warum Du das nicht tun könntest. vielmehr, wenn wir verheiratet sind und Du nicht mehr diese sauarbeit für die auslandspresse[1] machen musst, wirst Du viel eher in der lage sein, solche dinge zu unternehmen. natürlich wäre es mir nicht gleichgültig, wenn Du für lange zeit weg wärst. ich weiss nicht, für wie lange Du gedacht hast, dorthin zu fahren. doch im allgemeinen darf es nie eine frage sein, wenn einer etwas für sich machen will! schau, ich dachte auch, wenn Du hierher kommst und wir hier in derselben wohnung leben, dann werden wir zwei lange wintermonate hindurch sehen, wie uns unser beisammensein behagt, dieses »herbstmanöver«[2]* – und daher … ich reise um den 1. dezember herum von hier ab, wenn ich es mit der arbeit schaffe, und bleibe etwa 3 tage in Neapel, um eine wohnung zu suchen. dann, wenn Du mitkommst, zeige ich sie Dir, und natürlich mache ich alles von Deiner entscheidung abhängig. ich habe auch einen neuen auftrag angenommen, von Radio Frankfurt[3], damit wir mehr geld haben. auch in Venedig, im september, dachte ich schon an meinen vorschlag und kaufte alte stiche für unsere wohnung, eine englische jagdszene, fünf gemälde und drei venezianische veduten. ich stelle mir vor, welches vergnügen es wird, möbel auszusuchen, und wir werden Mario[4] als koch haben, er macht grosse fortschritte in diesem metier, Du wirst sehen. für mich ist der gedanke an eine gemeinsame zukunft mein ganzer lebensinhalt, und wohlgemerkt nicht erst seit gestern, ich habe schon lange daran gedacht, und jetzt ist dieser gedanke gereift. auch das arbeiten steht im zeichen dieser zukunft. ich bin immer noch mitten in der orchestrierung der »Etüden« und komme nicht gut voran, weil ich erschöpft bin, immer noch beim »König Hirsch«, und oft dreht sich mir der kopf, und auch die sendung ist noch nicht fertig. doch diese sendung wird mir viel geld einbringen … ich dachte, dass Du vielleicht annimmst, dieser gitarrist, der Fausto[5], sei ein liebhaber, und ich beeile mich, Dir zu sagen, dass das nicht zutrifft. – dann denke ich, wie schön es sein wird, in Neapel zu leben, einer so charmanten, so alten, geheimnisvollen stadt, und ohne diese stupide gleichgültigkeit, wie sie das kennzeichen des römers ist. hier ist alles griechisch, elegant, höflich … oh, ich glaube, dass unser leben wunderschön werden wird. ich habe mich erkundigt: wenn wir ein abonnement fürs San Carlo nehmen, brauchst Du mindestens fünf abendkleider! und für die konzertsaison mindestens drei kostüme … ich will Dich sehr elegant haben und werde einen haufen geld dafür ausgeben. auch unsere wohnung will ich wahnsinnig gemütlich und schön, mit einem dienstboten oder zwei (einem jungen und einer haushälterin, das ist vielleicht die beste lösung), mit einem weissgekleideten diener. alles sehr schön. ich weiss nicht, ob ich Dir gesagt habe, dass ich ein neues auto[6] gekauft habe, das die leute auf der strasse stehenbleiben lässt. Du wirst es in Baden-Baden sehen. Deine sorge, dass ich immer noch ein kind bin, stimmt zwar ein wenig, doch ich glaube, dass in diesem jahr etwas mit mir geschehen ist, das uns zu denken erlaubt, dass ich vielleicht nicht mehr gar so verrückt, so voller »grillen« bin – und sei es auch, dass mein herz gebrochen ist. aber das bedeutet nicht, dass das der grund wäre, weshalb ich Dich gebeten habe, mich zu heiraten. im gegenteil, ich denke, wenn ich Dich zur gattin habe (wie seltsam und auch ein wenig peinlich ist es doch, solche ausdrücke zu verwenden!) hätte ich etwas im leben, für das ich lebe, für das ich arbeite, eine hochgeschätzte freundin, für die ich vieles tun und der ich, aus dankbarkeit, das leben schön machen kann. ich weiss nicht, ob ich nicht vielleicht die Rechnung ohne den Wirt gemacht habe, aber das wird man sehen. es gibt noch sehr viele einzelheiten zu klären, vor allem die äusserst wichtige frage der freiheit und rücksichtnahme. vielleicht wird das ganze leben ruhmreich, prachtvoll sein … verstehst Du, das ist vielleicht der punkt, an dem man noch das kind sieht, nämlich dass ich denke, dass alles ganz toll werden wird …

den brief an Francesco[7] habe ich aufgegeben. er und seine eltern sind treue und liebe echte freunde geworden. – das wetter ist sehr merkwürdig. blauer himmel, sonne, blaues meer, aber ziemlich kalte winde. gestern ist hier in S. Francesco ein grosses schiff gesunken. die armen mussten an land schwimmen. das ganze meer ist weiss geworden, weil die ladung kalk war. es sah aus wie das blut des schiffes. es war jammervoll zu sehen, wie die wilden wellen den kadaver mehr und mehr auseinanderbrachen. die letzte woche war schrecklich mit unaufhörlichem regen und der dunkelheit, die mir so angst macht. ich gehe fast nie fort. vielleicht habe ich Dir nicht erzählt, dass Luigi Nono hier ist und Nuria Schönberg, seine frau. sie ist es, die Mario unterrichtet. daher arbeite ich auch ziemlich viel, weil auch Gigi arbeitet. sie haben uns für einige zeit nach Venedig eingeladen, ehe sie nach Neapel fahren. wenn Du willst, können wir hingehen. seit Gigi hier ist, hat er noch nichts zuwege gebracht, alle versuche landen im papierkorb. das ist die insel, auch wenn er es nicht weiss. hier zu arbeiten, heisst bekennen. ich arbeite mit zärtlichkeit am zweiten satz der »Etüden«, die eine art resümee dieser drei jahre auf Ischia sind. ich würde gern die erste aufführung mit Dir hören[8]. es ist eine sehr anspruchsvolle arbeit, äusserst schwierig zu realisieren auf dem papier und dann mit dem orchester. die arbeiten für Boulez und für Frankfurt[9] werden studien für die art, in der dann die oper gemacht wird. ich habe sehr viele einfälle, und es ist absolut richtig und gut, dass wir die arbeit zusammen machen. – denk gut nach über das, was ich Dir schrieb, ich glaube, dass man mit der idee, sich des stils der sizilianischen pupi zu bedienen, eine menge guter und unterhaltsamer sachen machen kann. ich werde auch ein buch darüber mitbringen. es lässt mich vor freude in die luft springen, dass wir uns endlich wiedersehen. Du musst telegraphieren, wann Du in B.B. ankommst, damit ich Dich mit meiner luxuslimousine abhole. telegraphiere an Strobel, er wird es mir dann sagen. es genügt, wenn ich hier am 1. dezember abfahre.

grüsse mir die alten und meinen kleinen neffen.

K.D.H.

und tausend grüsse

hans

*[*li. Rand:*] jetzt sehe ich, dass das ein gedichttitel von Dir ist, aber ich benutze das wort im sinn von dem manöver, das man zum training für das militär veranstaltet

40 *An Ingeborg Bachmann*

Neapel, Ende November 1955

liebe Inge,

ich weiss nicht, ob es mir heute morgen, im hotelzimmer, gelingt, Dir in der richtigen weise auf Deinen wunderschönen brief zu antworten. für jetzt vor allem eins: ich danke Dir. das, was Du geschrieben hast, hilft mir sehr, und ich versichere Dir, dass ich mich nicht wegwerfe. es ist merkwürdig, dass auch ich spüre, dass der zustand »kind« vielleicht zu ende ist – und doch, wer weiss, ob nicht gerade die hoffnungen auf eine neue ordnung auch »kindlich« sind … jedenfalls, wenn Du sagst, zu allem bereit zu sein, kann ich Dir folgendes versprechen, und das meine ich aufrichtig: ruhe, frieden und die möglichkeit, Dich völlig, ohne irgendwelche anderen verpflichtungen, Deiner schöpferischen arbeit zu widmen. und vielleicht ein schöneres leben, als Du es je hattest. das wäre ein pakt gegen die bedrohlich dumme welt, gegen die angst und um einer keuschen und reinen idee vom künstlerleben ausdruck zu verleihen. ich kann in diesem pakt bestimmte dinge versprechen in bezug auf grösstmögliche gegenseitige achtung, da auch du deinerseits ähnlich empfindest. ein leben in ordnung, optimismus, schönheit, frieden. ich wüsste nicht, was ich mir mehr wünschte. und ich bin so besessen von der idee … dass ich sie Dir schon jetzt andeuten möchte. inzwischen erscheint alles ziemlich klar. Du hast bis weihnachten zeit, darüber nachzudenken. danach hoffe ich, dass Du mit mir hinunter in den süden fahren kannst, gleichsam mit Deinem ganzen gepäck. – ich möchte, dass wir zusammen leben, in einem grossen schönen haus zu füssen des Vesuvs. wir werden zwei dienstboten haben, und Du brauchst nur das zu arbeiten, was Du willst. keine auslandskorrespondenz und ähnlichen blödsinn. ich habe an alles gedacht. alles zusammen wird sehr schön werden, und Du wirst eine hochelegante dame sein, ausgeruht, gepflegt und angesehen. das leben wird einen gewissen sinn bekommen, weil man einen pakt gegen die angst manifestieren kann. so in einem brief geschrieben, klingt es dumm, aber ich weiss nicht, wie ich mich besser ausdrücken soll. im februar oder märz können wir schon in Neapel heiraten, mit zwei der adeligsten spanier als trauzeugen. und vom ersten moment an werden wir so schön, stolz, ruhig und glücklich sein, wie es nur möglich ist. ich möchte, dass Du ja sagst. es ist nicht gerade das paradies, das ich Dir bieten kann, aber ich denke, wenn ich Dir alles vom hals schaffe, was Dich bis heute mit äusseren schwierigkeiten belastet hat, wird es bereits eine bestimmte freiheit für Dich geben und mehr als ein morgen und übermorgen, und das heute wäre eine ganz klare und schöne sache. auch für mich. mehr kann ich im augenblick nicht sagen. ich beschwöre Dich, glaub an meine äusserste klarheit und an meine äusserste hochachtung, der diese idee entspringt.

ich habe in Neapel schon ein wenig herumgesucht, und es hilft mir die fürstin D'Avalos[1], die richtige wohnung zu finden.

Eure karte war für mich eine grosse freude und vielleicht auch das zeichen, dass die begegnung mit Strobel gutgegangen ist. ich brenne vor neugier, um mehr und genaueres zu erfahren. die »Sinfonischen Etüden« sind eine arbeit für orchester in drei sätzen, die miteinander verbunden sind.

(Sinfonische Etüden)

die skizzen sind bereits fertig, ich habe begonnen das zeug zu orchestrieren. erster satz: neun zeichen, in horizontaler manier angeordnet, werden verformt, verwandelt und ständig zueinander in neue beziehungen gesetzt. zweiter: ein rhythmus, eine melodie aus vier noten und zwei klangfarben werden hinzugefügt, und unmittelbar lösen sich ihre echos, in denen sich der ganze entstehungs- und ausdrucksprozess manifestiert. dritter: ricercare zu fünf stimmen.

soweit das technische. über das, was sich in dieser arbeit ausdrückt, kann ich Dir nichts sagen. kurz, es ist all das, was Du schon weisst und was auch in jenem brief gesagt wurde. ich habe im dunklen gesungen.

jetzt mache ich die sendung für die gemeinschaftsproduktion Stuttgart–Hamburg über die neapolitanische Canzone[2]. ich hoffe, dass es mir gelingt, auch weil die bezahlung gut ist und einen grundstock für unsere wohnung darstellt. ende des monats kann ich dann (denke ich) auch mit der arbeit für Paris anfangen: »Concerto per il Marigny« für klavier und sieben instrumente. ein kammermusikstück, das gefehlt hat. es war Boulez (!!!)[3], der mich darum gebeten hat. ich bin sehr froh, es gibt keine missverständnisse etc. mehr, sondern hochachtung und freundschaft. wahrscheinlich mache ich danach wieder etwas anderes, »five Neapolitan Songs«[4], die Peter Pears auf der tournee singen wird, die er mit Benjy Britten vorhat, und vielleicht eine erste aufführung in orchesterfassung in Frankfurt, im mai, gut bezahlt. für die wohnung.

im januar möchte ich jedoch schon mit der oper beginnen. was für ein jahr der freude, des triumphs! 1956!!

für heute möchte ich schliessen. ich grüsse Dich und küss die hand –

schreib bald!
hans

abends am mittwoch, letzter november:

liebe Inge,

in dem buch über die oper der sizilianischen marionetten gibt es ein liebesgedicht, aus einem theaterstück der pupi herausgenommen, mit dem ich Dir mut machen möchte in Deiner arbeit:

Spiegel meiner Augen, einzige Liebe,
Leben, das Leben schenkt meiner Seele,
leb nicht zwischen Zweifel und Argwohn,
leb zufrieden, ohne Eifersucht …
Es haben manche tausend Herzen in der Brust:
Ich hab nur eins, und das gab ich Dir …
Ich kam, um an dieser Straßenecke zu singen,
wenig weit von Deinen Stufen entfernt:
da sah ich eine Frau wie eine Fahne,
die Sonne und Mond verdeckte …
Sie hatte die Flechten einer Magdalena,
ihr Kopf war einer Krone würdig:
In ihrem Haus gibt es kein Licht,
die Lampe bist du, Morgenstern!

ich hab' das eben gefunden und bin ganz geschlagen ... besonders von dem 6. und 7. letzten vers. möchte dass es auch Dir freude macht, meine liebe inge. ich bin sehr froh, dass wir uns sehen werden. schreibe mir!

Dein hans

41 *An Ingeborg Bachmann*

Neapel, 5. Dezember 1955

LIBRETTO[1] WUNDERBAR DANKE KOMPLIMENT BEWUNDERUNG AUFWIEDERSEHEN BADEN 10 ABENDS HERZLICHST = HANS

42 *An Ingeborg Bachmann*

Bielefeld, 25. Dezember 1955

25/12/55

meine liebe inge

herzlichen dank für telegramm, weihnachtslicht und die bücher! habe die ganze zeit an Dich gedacht und konnte doch nicht eher schreiben, weil das reisen so ermüdend war und man an nichts anderes denken konnte. fausto ist in frankfurt abgesprungen, während francesco noch mit nach berlin und hamburg kam. dann sprang auch er ab, und nun habe ich niemand mehr mit dem ich italienisch schwatzen kann. ausserdem – gestern nachmittag flog ich von Hamburg nach Frankfurt, aber wegen des nebels konnte das flugzeug dort nicht landen und flog nach Stuttgart. von dort im autobus nach Frankfurt. dann mit dem wagen nach Bielefeld. endlich ein bisschen ruhe und dann die freude, meinen kleinen bruder[1] zu sehen, der stark gewachsen mit allem fertig bin, Dich in klagenfurt abholte, und wir fahren dann zusammen nach italy? so würdest Du auch die nerven zerreissenden bahnfahrten ersparen.

praktisch sieht es folgendermassen aus, verheerender weise: am 15. märz wird in paris mein "concerto per il marigny" uraufgeführt, und ich habe noch keine note davon komponiert.
aber wir können erst am 18. januar in naples sein.
evtl. kann ich vorher die komposition schon anfangen. wir müssen es beide so einrichten, dass wir die ruhe zum arbeiten finden.
deswegen möchte ich alle februar-termine absagen.
ich glaube, das ist das beste, so würde man erst mitte märz wieder auf reisen müssen.
ist das für Dich möglich?
für mich bedeutete es folgendes:

1. nichterscheinen bei der urauff. der sinfonischen etüden in hamburg (am 15.)
2. absage des fernseh-termins in baden baden am 27. II (presen
3. " " feature-sprechens in stuttgart in der gleichen periode.

ich versuche, diese dinge (2. und 3.) auf ende märz zu verschieben.
warte aber ab, dass Du mir telegraphisch an meine hiesige adresse und 2. an adresse schott (am weihergarten, mainz) Deine meinung kundgibst.
ich weine vor schwäche. bitte sei d'accord mit den verschiebungs-versuchen, denn ich muss ein gutes stück für paris machen.

--- ← 5f

schliesslich sind wir keine seiltänzer sondern leute mit verantwortung.
ich könnte bischoff persönlich um die verschiebung bitten, dergl. andersch
ich könnte auch auf beides verzichten, wenn die verschiebung
unmöglich ist, und auf das geld pfeifen.
im grunde bin ich so frei, dass ich ganz auf deutschland besuche
verzichten könnte. man muss sich das nur klar machen. denn ich
benötige absolute freiheit und ruhe, liebe meine musik zu sehr, und
sie ist wie mein körper so zart, und ich zerspringe sobald etwas
verlangt wird, was das mass übersteigt.
lieber arm als sklave.
ich denke Du verstehst mich schon und bist d'accord. wenn keine appuntamenti
für februar unaufschiebbar sind, könntest Du ja reisen, aber schön wär's nicht.
ich kriege die sache klar, das ist ganz einfach. Du warst ja dabei als
ich sagte es könne märz auch sein, und sie sagten, wie ich wolle.
also jetzt ist es noch nicht zu spät zur vertagung. und ich muss
einige sachen im rheinland noch erledigen.

* * *

nun genug davon. dies sollte eigentlich ein weihnachtsbrief sein, in
meinem kopfe war er ganz klar. aber das deutsche wieder wirkt
hinein und reisst mich heraus aus den vorstellungen von zampognari-
klängen und von guten dingen, güte, guten menschen

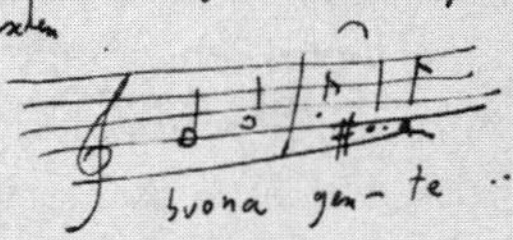

Du musst mir glauben und vertrauen als
einem freund, Du mein freund. der kleine hirsch hat dem grossen hirsch
sehr geholfen, und berlin war für mich ein grosser persönlicher erfolg,

und hübsch geworden ist. er hat nur einen defekt: ihm fehlt ein zahn, das ist hässlich. vor dem venezianischen König Hirsch muss er ihn eingesetzt bekommen.

da ich allein bin, träume ich von unserer wohnung in Neapel, und ich träume von unserem gemeinsamen leben, das herrlich werden kann, wenn Du willst.

Ernesto hat mir einen wunderschönen tiger geschenkt, der mir sehr gefällt. wie Du siehst, wird der zoologische garten immer reichhaltiger. ausserdem hat mir mein brüderchen einen prächtigen floh gebastelt, der mich zum lachen brachte, Du wirst ihn ja sehen. was für eine idee, einen floh zu schenken!

ich habe hier eine unmenge post vorgefunden. wann kann ich mich wohl ein bisschen ausruhen? ich bin schwach und nervös, fast zittrig, und auch müde.

ich muss Dir eine nachricht bestätigen: am 12. oder 14. januar findet in Mailand eine äusserst wichtige zusammenkunft in sachen »König Hirsch« statt, und daher kann ich nicht vorher nach Neapel fahren.

was nun? ausserdem habe ich bisher nur die hälfte der besuche hier geschafft. muss noch nach essen und wuppertal, nochmal nach mainz, dann nach stuttgart, münchen. wie wäre nun folgendes: wenn ich, sobald ich mit allem fertig bin, Dich in klagenfurt abholte, und wir fahren dann zusammen nach italy? so würdest Du auch die nervenzerreissenden bahnfahrten ersparen.

praktisch sieht es folgendermassen aus, verheerender weise: am 15. märz wird in paris mein »concerto per il marigny« uraufgeführt, und ich habe noch keine note davon komponiert.

aber wir können erst am 18. januar in naples sein.

evtl. kann ich vorher die komposition schon anfangen. wir müssen es beide so einrichten, dass wir die ruhe zum arbeiten finden.

deswegen möchte ich alle februar-termine absagen.

ich glaube, das ist das beste, so würde man erst mitte märz wieder auf reisen müssen.

ist das für Dich möglich?

für mich bedeutete es folgendes:

1. nichterscheinen bei der urauff. der sinfonischen etüden in hamburg am 15. II.
2. absage des fernseh-termins in baden baden am 27. II. (presentazione di Fausto)
3. – " – feature-sprechens in stuttgart[2] in der gleichen periode.

ich versuche diese dinge (2. und 3.) auf ende märz zu verschieben. warte aber ab, dass Du mir telegraphisch an meine hiesige adresse und 2. an adresse schott (am weihergarten, mainz) Deine meinung kundgibst.

ich weine vor schwäche. bitte sei d'accord mit den verschiebungs-versuchen, denn ich muss ein gutes stück für paris machen.

schliesslich sind wir keine seiltänzer sondern leute mit verantwortung. ich könnte bischoff[3] persönlich um die verschiebung bitten, desgl. andersch[4], ich könnte auch auf beides verzichten, wenn die verschiebung unmöglich ist, und auf das geld pfeifen.

im grunde bin ich so frei, dass ich ganz auf deutschlandbesuche verzichten könnte. man muss sich das nur klar machen. denn ich benötige absolute freiheit und ruhe, liebe meine musik zu sehr, und sie ist wie mein körper so zart, und ich zerspringe sobald etwas verlangt wird, was das mass übersteigt.

lieber arm als sklave.

ich denke Du verstehst mich schon und bist d'accord. wenn Deine appuntamenti für februar unaufschiebbar sind, könntest Du ja reisen, aber schön wär's nicht. ich kriege die sache klar, das ist ganz einfach. Du warst ja dabei als ich sagte es könne märz auch sein, und sie sagten, wie ich wolle. also jetzt ist es noch nicht zu spät zur vertagung. und ich muss einige sachen im rheinland noch erledigen.

* *
*

nun genug davon. dies sollte eigentlich ein weihnachtsbrief sein, in meinem kopfe war er ganz klar. aber das deutsche wunder wirkt hinein und reisst mich heraus aus den vorstellungen von zampognari-klängen[5] und von guten dingen, güte, guten menschen.

Du musst mir glauben und vertrauen als einem freund, Du mein freund. der kleine hirsch hat dem grossen hirsch sehr geholfen, und berlin war für mich ein grosser persönlicher erfolg, und ich habe alles durchgesetzt, was ich wollte.

der gedanke mit Dir nach neapel zu fahren, und für Dich zu leben und Dir freude zu machen, erfüllt mich mit sicherheit. Auch die sache mit dem zeitgewinn, scheint mir, sollte Dir freude machen.

ich komme gern nach klagenfurt, denke nicht, es sei ein sacrificio. aber lass mich auch gleich wissen, ob es Dir recht ist oder nicht. kannst Du Dir ein abendkleid machen lassen für die Scala? denn es ist am 12. die première von walton's oper,[6] und da müssen wir ja hin. oder wir kommen so zeitig an, dass wir eines im laden kaufen können, ich dachte ein schwarzes weites aus taft, mit sehr einfachen linien. vielleicht in venezia oder in milano liesse sich das machen, besser als in klagenfurt, ohne dass ich damit der stadt zu nahe treten möchte.

im leben ist es wichtig, zeit zu haben und ganz ruhig zu sein. das ist meine klare erkenntnis. deshalb eben taugt deutschland nichts, weil sie alle ihre leere mit hast ausfüllen müssen. wenn man aber nicht still hält, können ja gar nicht die guten geister kommen, sie verfehlen den eingang zum herzen, und zielbewusst nach vorn gerichtete münder, von energie geschlossen, sind nicht der platz wohinein die guten geister wollen. ach komm inge, lass uns nach neapel fahren und ruhig sein und singen, aber nicht aus angst im dunkel, sondern sonnenhymnen und canzoni. und wir werden einen barockpalast finden an dem ruhigsten platz, und es wird der ort guter und glorreicher schöpfungen sein. ein palast errichtet zum ruhm unseres sieges über menschliche unzulänglichkeit.

eine liebe umarmung dein freund

hans

[*li. Seitenrand:*] P.S. lege 3 gedichte von einem mailänder freund[7] bei, sage mir wie du sie findest.

43 *An Ingeborg Bachmann*

Bielefeld, 27. Dezember 1955

27. 12. 55

meine liebe,

eben hab ich zufällig die landkarte angeschaut und gesehen, dass Du ja fast in italien wohnst! so scheint es mir doch besser, dass wir uns, wie geplant, in venise sehen, gegen den 10. herum. näheres nun nicht mehr an schott, sondern an k. a. hartmann[1], franz joseph str. 20, münchen 13.

ich bin nun fest entschlossen, alle deutschen engagements für februar abzusagen, und womöglich auch für märz. sodass ich ganz in naples bleiben kann, und Du auch, so käme ich erst im august dann wieder, zu den proben vom »hirsch«[2] in berlin und da könnte man bis dorthin unentwegt gut arbeiten, ohne hast. c'est ça. werde selbst sehr diplomatisch an bischoff rantreten.

bin völlig mit den nerven herunter, aber was mich rettet, ist der gedanke: Du und Neapel!

alles wird klar und wunderschön,
wobei ich nicht die probleme, Deine probleme, übersehe.
Ci parleremo ancora.
liberta!
bellezza!
cantare! non per paura, ma per vita!
also ich geb Dir bald wieder bescheid.
di cuore
hans

…ma per vita!] wir sprechen noch darüber. / freiheit! / schönheit! / singen! nicht aus angst, sondern für das leben!
di cuore] von herzen

44 *An Ingeborg Bachmann*

Bielefeld?, 30. Dezember 1955

30/12/55

Mon chèr ami

wenn Du mir was mitteilen musst, tu es bitte c/o K. A. Hartmann, Franz Joseph Str. 20, München 13. nun noch einen tag, und 1955 ist vorbei. doll.

ich warte dass ich fort kann. muss noch mehreres erledigen, bin aber fest entschlossen, deutschland erst wieder zu den proben meines »hirsches« zu betreten, etwa im august.

was macht Deine frisur? mach bitte nix dran, man kann es in mailand herrichten lassen.

ich freu mich (da wir's ja doch wohl sind) sehr darauf Dich zu sehen, und dann napoli… bin sehr zuversichtlich, fast sowas wie glücklich, obwohl Du ja nur in umschriebener form zugesagt hast, aber das ist mir egal. Du wirst schon sehen wie schön es ist in einem feinen grossen appartment zu wohnen und bedient zu werden und man ist eine Signora. und man kann frei sein und arbeiten soviel es spass macht.

so gegen den 10. kann ich in venedig sein, evtl. auch schon 8. wart's ab.

best love, and a glorious, georgeous 1956. hans

45 *An Hans Werner Henze*

Klagenfurt, 31. Dezember 1955

Mein lieber Hans,

ein praktische Dinge betreffendes Post scriptum, das hoffentlich leicht wie Reif in die Frühlingsnacht fällt.

Ich habe gerade auf einem Zettel herumgerechnet und nachgedacht, wieviel Geld ich für Italien habe, es sind ca. 90.000 Lire, also an sich genug für die ersten vier spartanischen Arbeitswochen und hier und da eine kleine Erfreuung am Sonntag.

Aber nun kommt ja Mailand, und wie ichs auch drehe, ich komme nicht darum herum, dass das mit dem Abendkleid und der Oper unmöglich ist. Da schon hier die grauslichen Roben 50.000 Lire kosten wird unten auch eine hübsche nicht weniger ausmachen, und wenn dann noch die Handschuhe und etwaiger andrer notwendiger Putz zur Vervollkommnung dazukommen, ist alles fast weg. Bitte, Lieber, sei weder bös noch traurig, ich glaub, es ist drum besser, wenn ich erst am 13. nach Mailand komme und mich bei den Waltons herzlich entschuldigen lasse. Bitte sei auch vernünftig und lass es Dir nicht einfallen, mir das Kleid von dem Concerto per il Marigny oder den Etuden kaufen zu wollen, denn ich werds mir nicht nehmen lassen, Dich jetzt vor Wahnsinnsanfällen zurückzuhalten. Das ist <u>ganz</u> ernst und <u>kein</u> Scherz.

Ich versuche, noch viel aufzuarbeiten, der Quantität nach ists eigentlich nicht ganz so viel, aber lauter Sachen, die mich Mühe kosten, und die Zweifel beim Schreiben verschärfen sich manchmal so, dass ich kaum weiterkomme an manchen Tagen. Man muss nur in solchen Zeiten über die Zeit hinausschauen und an einem vorgestellten Ganzen festhalten, damit man die Teile fertigbringt, die unzulänglich erscheinen. Denn vielleicht gehören sie dann dazu zu dem Ganzen.

Der skandinavische Huldigungswalzer[1] hat mich sehr erfreut. Was für ein gelungenes moderiertes Tonstück!

Die Gedichte von Deinem Mailänder Freund[2] studiere ich noch, wenn ich italienische Poesie lese, merke ich doch, wie unsicher ich im Italienischen bin. Ob die Gedichte wirklich was wert sind, kann ich noch nicht sagen, aber sie haben bestimmt einen Reiz und sind mit Intelligenz geschrieben. Betrachte das aber nicht als ein Urteil, ich könnte mir wirklich keins anmassen. Wir lesen sie noch einmal miteinander unten, ja?

Den Walzer können wir vielleicht einrahmen lassen und als Wohnungssschmuck verwenden; ich denke da an die fünfte Wand in Deinem studio.

Hast du es gut? Oder besser? Denk an das Konzert[3] und halt alle Kräfte zusammen! Ich möchte so gern, dass es ein sehr gutes Konzert wird!

Heute ist der letzte Tag in diesem Jahr, und ich fühl mich diesmal ganz komisch vor dem neuen. Die Jahreswenden haben mir immer etwas bedeutet. Man macht die Tür in einen unbekannten Raum auf, eigentlich tut man es ja immer, und drum mach ich sie auch in das Unbekannte mit uns auf, mit der Hoffnung, dass wir das Richtige tun und sehr miteinander arbeiten und gut zueinander bleiben.

(Von Cramers ist Post gekommen, ich hab drüber nachgedacht, von mir aus will ichs gern vergessen, dass ich mich manchmal gekränkt habe, denn oft ist ja mehr in der Ungeschicklichkeit als in Absicht der Grund dafür zu suchen. Sei nett, ich meine, Ihr arbeitet auch miteinander und es war doch oft schön. Allora, aber es soll in keine Einmischung ausarten.)

Ich möchte den pulcio sehen von Deinem fratellino. Meiner (der Bruder) war dezenter und hat mir ein Gesichtswasser verehrt, das die Hälfte seines Taschengelds verschlungen hat.

Hier sonst nichts Neues vom Tage. Gestern ein Gedicht beendet, das den schlichten Titel »Heimweg«[4] trägt und von einem Vampir handelt, von dem ich Dir schon erzählt habe. D. h. ich habe Dir von einem Wesen erzählt, das man auf der Schulter hat und das immer lacht, wenn man etwas tut, ein Männchen oder ein Tier, weiss Gott. Bei mir ist es etwas anders im Gedicht, denn in unsren balkanesischen Gegenden geht auch die Rede von dem Vampir, der einem das Blut aussaugt, niemand weiß, wie er ausschaut, ich denke, er nimmt die verschiedensten Gestalten an.

Das andre Gedicht wurde zu Weihnachten fertig, ist aber schon viel älter und war eigentlich die Arbeit vieler Monate. D. h. beide waren es.

Viel Leben!

Deine Ingeborg

46 *An Ingeborg Bachmann*

Wuppertal-Elberfeld, 2. Januar 1956

= GANZ LIEBE GRUESSE = HANS

47 *An Ingeborg Bachmann*

München, 9. Januar 1956

ABENDKLEID UNVERMEIDLICH SCHON BESTELLT TELEGRAFIERE FAHRPLAN ANKOMME GEGEN ABEND 11 JANUAR ADRESSIERE SANZOGNO[1] CORSO ITALIA 15 MILANO GEDICHTE[2] WUNDERBAR DANKE BIS BALD = HANS

48 *An Hans Werner Henze*

Essen, Ende Februar/Anfang März 1956

Amigo,

es ist spät, und ich liege schon im Bett. Ich habe Blumen und ein paar Komplimente bekommen. Vor der Lesung war ich beim Friseur, er hat mir die Haare schön gemacht. Es geht mir ausgezeichnet. Kurz und gut, was für ein Leben! Meine Reise war sehr abenteuerlich. Der American Express in Nabule[1] hatte alles falsch gemacht. Und auch dieser Zug kam nicht pünktlich an. Und in Köln gab es keinen Anschluss. O Gott. Wenn ich zurück bin, erzähle ich Dir diese grauenhafte, sehr »affige« Geschichte, aber was soll's. Hier ist ein Wetter! Eine Hundekälte!

Morgen bin ich in Bochum!!! Wie schön. Deshalb will ich … nein, ich will nichts.

Was treibst du? Habt Ihr alles geputzt? Fenster? Wäsche gewaschen? Das sind keine rhetorischen Fragen! Wie geht es Dir?

Du Schöner!

Wie fühlst Du Dich allein im Haus?

Wie sind die Abende? Gehst Du viel fort?

Hör zu! Ich bin müde. Jeden Tag in einer anderen Stadt lesen. Wie ein Zirkuspferd komm ich mir vor. Leer, ein wenig traurig, ein wenig lustig, ein wenig wie ein Nichts.

Lass mir die Post nachschicken.

Schick mir Gedanken wie ein anständiger Bürgerknabe. Arbeite was, aber nicht zuviel.

Ist Geld da? Schreib mir alles.

Deutschland ist sehr hässlich. Und sehr bequem. Heute abend ist mein Zimmer ein Traum. Heisses Wasser, herrlich funktionierendes Bad, weisse Laken. Traumhafte Heizung. Draussen die Wüste. Komisch. Magst Du – 10° Außentemperatur?

Nein.

Lieber Freund, paysan, ich wünsche Dir eine sehr gute Nacht!

Ingeborg

Grüße mir meinen Francischiello! Einen Sonntagsgruß!
(Aber auch Grüße ans Personal. Hast Du einen Kammerdiener gefunden?)

P.S. Essen:
mir ist schon ganz schwindlig vom Herumfahren und immer neuen Leuten. Zwischendurch muß ich essen und schlafen.
Du Ärmster! Was bin ich doch für eine Frau!
Hier gibt es viel Kohle und viel Tristesse.
Aber es ist überall warm in den Zimmern. Ich habe mir einen helleren Lippenstift gekauft und den Mantel putzen lassen. In Düsseldorf war es, glaub ich, ein ganz guter Erfolg. Bochum war sehr nüchtern und lauter Studienräte und Militärs ehemalige, aber ein paar Abiturienten, die mich zu einer Literaturstunde in ihre Schule eingeladen haben, das war wirklich commovente. Sie waren auch alle klug und jung und mit Frische in den Köpfen. Sie wollen mich alle besuchen kommen. Denk bloß!

49 *An Hans Werner Henze*

Wuppertal, Anfang März 1956

Caro Hans,

ich war ein bisschen traurig, keine Post von Dir in Wuppertal vorzufinden, andrerseits war es ein bisschen erleichternd für mein Gewissen, weil ich doch auch solang nicht geschrieben hatte. Aber es ist wirklich sehr schwierig zu schreiben, wenn man immer die Koffer packen muss. Heute abend fahre ich nach Bremen – für zwei oder drei Tage. Dann nach Frankfurt. (Schreib jedoch schon an den Piper-Verlag, Georgenstrasse 4, Mü 13). Dann nach München. In Wuppertal habe ich für eine halbe Stunde Walter und Wendel[1] getroffen, die sehr sympathisch waren, aber einer musste weg und so haben wir nicht viel Zeit gehabt, um miteinander zu reden.

Ausserdem war ich gleich nach meiner Ankunft bei einem gewissen Gebhard[2], der voll Begeisterung von Dir sprach. Die Leute, die den Abend veranstalteten, hatten mich zu ihm mitgenommen.

Das Rhein-Ruhr-Gebiet hat mich sehr beeindruckt, seine ungeheure Traurigkeit. Was für ein merkwürdiges Land. So viele grosse Städte, so viele Menschen ohne Wurzeln.

Hier ist es ziemlich warm, aber in der Zeitung steht, dass man schon bald wieder Kälte erwartet. Ich fühle mich nicht sehr wohl. Nervös, gereizt.

Ich bräuchte jemanden, der mir alle Störungen vom Hals hält.

Gestern wollte ich Dich anrufen. Dann dachte ich, dass Du abends vielleicht nicht zu Hause bist. So habe ich der Versuchung widerstanden. Vielleicht, wenn Du willst, tu ich es einmal von München aus.

Wie geht es Dir und wie geht's überhaupt? Ich kann mir nicht viel vorstellen. Vielleicht hat der Frühling schon begonnen, und ich weiss es nicht. Vielleicht denkst Du in anderer Weise, und ich weiss es nicht. Hilf mir, in richtiger und angemessener Weise zu denken. Das Leben gibt und nimmt, und man weiss nicht viel über seine geheimen Organisationen. Da schau … Es beginnt zu regnen, und es ärgert mich, dass ich nicht den ersten Zug nehmen kann, sondern, aus Freundlichkeit den anderen gegenüber, erst den zweiten. Ich fühle mich dermassen »draussen vor der Tür«[3], dass ich keine Wiedervereinigung mehr brauche.

Doch ich wollte Dir einen vergnüglichen Brief schreiben. Immer passieren mir außergewöhnliche Dinge, fast jeder Tag hat bereits seine recht amüsante »Geschichte«.

Wo bist Du?

Ich grüsse Dich. Mit einem Kuss auf Deinen lieben Kopf, auf dem sich Deine Haare, blond und fein, im neapolitanischen Wind vergnügen.

Dein Vagabund I.

50 *An Hans Werner Henze*

Bremen, 3. März 1956

Lieber, trag doch bitte gelegentlich (am besten noch heute) meinen Schirm zum Schirmmacher, und laß ihm einen schwarzen Seidenanzug machen. 2.) Brauchst Du's Geld bzw. ist das Geld von Schwitzke angekommen? 3.) Laß um Himmels Willen die Fenster putzen. 4.) Die Angellina soll nicht nur die andre Wäsche, sondern auch meinen Schlafrock waschen. 5.) Hast Du einen cameriere gefunden? 6.) Iss keinen Knoblauch. 7.) Spare! 8.) Wirf das Geld nicht zum Fenster hinaus! 9.) Wie geht es Dir?

Ich umarme Dich!
Ingeborg

51 *An Hans Werner Henze*

Bremen, 7. März 1956

Bremen, 7. III.

Heute habe ich das erste Silber gekauft, weil es in Wuppertal nicht billiger ist. Und in Wuppertal hatte ich keine Zeit. Ich bin stolz wie eine Tigerin (ich habe schon 18 Teile gekauft, und wenn sie mir in Frankfurt Geld geben, kaufe ich noch weitere). 18 klingt nach viel, aber man braucht so viele Sachen, und es reicht noch für nichts.

Doch es ist bereits ein Fortschritt. (Kauf nicht das Zeug für das Salz, denn das habe ich schon!)

Für den Fall, dass Du etwas gekauft hast, musst Du mir das noch nach München schreiben. Sonst haben wir etwas doppelt!

Zum Beispiel: Denkst Du an die Teekanne oder ich? Hier gibt es wunderschöne Dinge, glaub mir, und nicht so teuer wie in Italien. Vor allem in Düsseldorf oder hier in Bremen sieht man einen grossen Luxus. Ich hoffe, dass Du das Opfer zu würdigen weisst. Ich habe mich für das Silber anstatt für ein Cocktailkleid entschieden. Welche Seelengrösse! Findest Du nicht?

Grüss mir Francesco!, Federico und Adriana, und Gianni und Annamaria Eminente.[1]

Auch hier regnet es. Ich fühle mich besser. In Köln hatte ich den Tiefpunkt erreicht. Aber ich stehe jetzt mit grösserer Freude und weniger Zigaretten auf.

Ciao!

Ingeborg

Bremen, vor der Abreise:

Gestern in einem Bremer Haus hat man zufällig, o stranezza, canzone nabuletane gespielt, auf einem Plattenspieler, die von dem Sizilianer gesungenen, dem guten[2].

Ich habe an Dich gedacht und an alles, dann habe ich viel getrunken und bin so spät zu Bett gegangen, dass ich meinen Zug nach Frankfurt verpasste. Sonst wäre ich schon dort.

Hier recht viel Erfolg, aber ich habe nicht die Zeit, viel mitzubekommen. Ausserdem ist es nicht so wichtig. Morgen bin ich in Frankfurt.

Keine Neuigkeiten.

Ich habe mir einen sehr schicken Pullover und eine strenge kleine Bluse gekauft. Das war dringend nötig, weil ich nicht ohne auskomme.

Ich hoffe sehr, in Frankfurt oder München von Dir Post vorzufinden. Bis heute gab es nichts.

Bremen ist hübsch. Es war die Frau von einem aus dem Ballett in Bielefeld da, sie heisst Rotraud Döppke, ein hübsches Mädchen, das einmal in Bielefeld von Dir erfahren hat. Sie lässt Dich grüssen. (Sie ist beim Ballett – nicht er!) Ich habe wenig Zeit für mich. Immer so viele Leute, die mich auffressen. Zwischen den Zügen denke ich nach, aber wenig.

Im Grunde sind alle diese Dinge ein grosses »Missverständnis«.

Mein Privatleben fehlt mir sehr.

Wie geht es Dir, mein Schatz?

Schreib wenigstens! Was machst Du? Du bist so fern. O lontano[3]. Ich bin müde. Es ist spät. Annina, gib mir die Kleider[4].

WAS MACHST DU?

Ingeborg

52 *An Hans Werner Henze*

München, 15. März 1956

Monaco 15 – III – 56

Lieber Hans,

ich bin hier mit Verspätung angekommen und wusste nicht, dass Dein Konzert bereits am Freitag stattfindet. Deinen ersten Brief fand ich in Frankfurt vor, aber auch mit einer wenig genauen Angabe über Deine Ankunft in München. Mir tut es sehr sehr leid, dass wir uns verfehlt haben – doch es ist zu spät – und dass ich Dich allein und ohne Trost und Stütze lassen musste. Es ist auch zu spät, um Dir eine Nachricht für de la Grange[1] zu geben, denn Du schreibst, dass Du nur bis zum 15. in Paris bist.

Ich hoffe, Du hast Dich in Paris ein wenig erholt und kehrst glücklich nach Neapel zurück.

Mein Programm ist immer noch »reich« – ich bin ein bisschen müde, aber guter Dinge; am Samstag muss ich noch in Ulm lesen, bei Inge Scholl[2], dann hier in München, dann wahrscheinlich noch einmal nach Frankfurt fahren und nach Oberbayern, um Ilse Aichinger[3] zu sehen. Daher kann ich vermutlich nicht vor dem 3. April zurückkommen. Aber ohne andere Verpflichtungen – und nur mit der Oper im Kopf.[4] (Denn zum Schluss brauche ich auch noch zwei Tage zu Hause in Klagenfurt, um andere Kleider und sonstige Dinge zu holen.)

Ich bin sehr glücklich über Deine neapolitanischen Neuigkeiten, nur diese Tage ohne Geld und ohne seelischen Beistand finde ich schrecklich. Mein Armer ... aber jetzt ist es vorbei. Ich kann mir das Haus mit den geputzten Fenstern und dem neuen Diener (dem des Kapitäns?) gar nicht vorstellen, aber es macht mir Spass, daran zu denken.

Ich hätte diese 200 Mark nicht gebraucht, denn ich hatte genug, um die notwendigen Dinge zu kaufen, sei also beruhigt. Mit mir kommen Anfang April auch 1.000 Mark an, so dass es auch für eine Weile weitergehen kann. Du musst mir noch mein erstes langes Schweigen verzeihen, aber Du weisst ja, wie es hier zugehen kann, so viele Menschen, jeden Abend in einer anderen Stadt, das lässt einem keine Zeit zum Luftholen.

Grüss mir alle Freunde von Herzen. Ich hoffe, in einem fröhlichen und zufriedenstellenden Zustand zurückzukommen, ich umarme Dich!

Ingeborg

53 *An Ingeborg Bachmann*

Neapel, 6. Mai 1956

ABREISE VERSPAETET WEGEN ARBEITSKOMPLIKATIONEN KOMME VIELLEICHT DIENSTAG ARBEITE GUT LASS ES DIR GUTGEHN GRUESSE DIE SCHALLPLATTEN SEHNSUCHTSVOLL = HANS

54 *An Ingeborg Bachmann*

Mailand, 16. Mai 1956

LIEBE PUPETTA HABE AUTOUNFALL GEHABT[1] ABER GLUECKLICHERWEISE EINE SCHULTER GEBROCHEN DIE MORGEN EINGEGIPST WIRD MUSS EINIGE TAGE HIERBLEIBEN EHE ICH NACH NEAPEL ZURUECK

KANN WERDE DIR GENAUERE EINZELHEITEN GEBEN VERZWEIFLE NICHT WEGEN ARBEIT SEI BRAV UMARME DICH MIT EINEM ARM HANS BEI BALESTRINI[2] AURELIO SAFFI 28 CLINICA SALUS VIA RUGGERO DILAURIA 2 TF

55 *An Ingeborg Bachmann*

Como, 2. Hälfte Mai 1956

meine liebe ingeborg,

ich sitze auf der terrasse bei den Balestrini und tippe mit einer hand einen gruss an Dich. ich möchte Dir so viele dinge sagen, die mir durch den kopf gehen, aber ich bin zu schwach. der gips um meinen brustkorb herum schnürt mich entsetzlich ein und drückt mir immer mehr aufs gemüt. trotzdem hoffe ich, dass wir uns in nicht allzu ferner zeit wiedersehen können. in Deinen briefen schreibst Du nichts über das libretto[1]; ich habe solche angst –

Fellegara schreibt die nicht fertige instrumentierung des balletts[2] weiter; und jeden tag rufen sie mich aus berlin an, es ist alles sehr chaotisch – vielleicht kann Ebert[3] die regie nicht machen. statt Sanzogno dirigiert vielleicht Scherchen[4]; das ist auch gut, und dann gibt es ein wenig hoffnung[5], dass Luchino mir die regie macht.

hier bietet sich eine möglichkeit, aufs land zu gehen in ein haus der Balestrini (mit personal), das wäre nützlich, denn ab 6. juni

(Nanni schreibt weiter)

– – – also, vielleicht könnte man es so machen, dass ich hier, auf dem land, bleibe und Du könntest auch kommen. später werde ich Dir ausführlicher über diesen vorschlag schreiben. es ist sonntag, heute morgen bekam ich Deinen so freundlichen brief vom donnerstag. ich freue mich, dass Du in ruhe arbeitest, und ich wünsche Dir, dass es so weiter geht. Gutheim[6] ist gekommen, und es scheint für mich unmöglich zu sein, zu akzeptieren, dass die oper in Berlin gemacht wird, ohne einen guten dirigenten oder einen guten regisseur. mir macht dieses ganze absagen nichts aus, ich bin bereits so reduziert … es scheint, dass dieser unfall wirklich eine sehr erzieherische bedeutung gehabt hat, doch ich habe noch nicht begriffen, welche. schreib mir, wie es der oper geht. Du fehlst mir sehr. jetzt sehe ich, dass Dein eilbrief vom samstag war. die krankenschwestern leiden sehr, weil ich so schwierig bin, aber sie sind tüchtig. eine gibt mir immer schöne drogen, wenn ich schmerzen habe.

umarmungen und sei brav, schreib oft!

hans

[*li. Rand, hs.:*] ganz viele grüsse – Nanni

56 *An Ingeborg Bachmann*

Como, Ende Mai 1956

liebe inge, ich habe jetzt die maschine von nanni am bett, also kann ich Dir mit einem finger was tippen – es geht etwas besser, die schockwirkung ist verschwunden, und auch hoffentlich ein bisschen die traurigkeit und die hilflosigkeit – und die schmerzen. zum weinen habe ich die nacht benützt. nun denke ich schon an das kommende. also wenn Du willst, wir können bis zum 6. in Villa Guardia bei Como[1] bleiben – dann 2 bis 3 tage nach lugano bzw. gravesano, dann nach paris, dann nach neapel zurück. Du kriegst auch noch geld geschickt, evtl. genug, um die miete für juni schon zu bezahlen, denn meine reise nach paris wird ja ersetzt, also ist es nicht so schlimm. das auto wird voraussichtlich mitte juni wieder hergestellt sein. ich schrieb Dir wohl noch nicht, dass ich glücklicherweise unschuldig an dem unfall bin. es war aber furchtbar, weil wenn ich nicht so ein guter fahrer wäre und selbst in einem schreckensmoment noch die geistesgegenwart behielt, mehrere personen unter meinen wagen gekommen wären.

mein armes huhn, ich stelle es mir sehr nett vor, zusammen im lieben Como zu sitzen, und ein kleines viaggio zusammen zu tun. zumal Du Dich ja auch ein bissel ausruhen musst. nimm auch die hübschen gewänder mit!

ich liege stundenlang da und schaue das stück grauen himmel an, das man von meinem fenster aus sieht, und da denke ich so manches … und dabei werde ich immer trauriger, besonders wenn ich an die kinderzeit denke, die so schrecklich war, und dann an meinen traum: in neapel sein, auch in einem weniger grossen haus, ein schönes ottocento bett, und ein salotto mit musik, und wir zwei ganz ruhig und still, und nicht mehr von verträgen blutig gehetzt. darin besteht meine ganze zukunft: im juli wo ich genug zeit habe, während Du in griechenland bist[2], eine neue wohnung finden. werde immer ruhiger und bescheidener, hauptsache man kann in ruhe das tun was schön ist, gedichte schreiben, oder langsam komponieren, wo jede note sitzt.

die première[3] in paris ist am 18. juni, wir wären also mehrere tage vorher da, was sehr gut wäre. schreib mir sofort ob es Dir alles passt. am 15. juni wird mir auch der gips abgenommen. bis dahin muss ich noch diese blöde demütigung, die an den nerven zehrt, erdulden. es gibt keine position in welcher es erträglich wäre, und es ist ein unausgesetztes martyrium. man hat mir kleine erleichterungen versprochen, darauf hoffe ich nun immer. bitte liebe kleine, lass es Dir recht gut gehn im lieben neapolis, wo alles viel schöner und viel besser ist, auch die menschen, und wo das schöne meer ist, und wo der himmel weit ist. wenn ich wieder dort bin, werde ich nie mehr weg gehn. und eine schöne oper schreiben. ohne hast.

nun muss ich schliessen.

alles gute mein liebes ingeleinichenli, schreibe brav
hans

P.S. habe eben nachricht von der versicherung bekommen, dass sie nichts zahlt, weil die prämie nicht bezahlt war. so kommt eines zum andern.

eben erhalte ich auch Deinen brief. am comersee wärest du völlig ungestört. ob die luftveränderung Dir was macht oder nicht, musst Du selbst wissen. Ich möchte nicht daran schuld sein mit meiner idee, dass Du wieder in schwierigkeit kommst. aber ich glaube es nicht. komme am nächsten sonntag, montag fahren wir dann hinaus. reise nicht am samstag, weil es sehr voll sein wird wegen der wahlen, alle welt fährt in die respektive geburtsstätte. das telefon von nanni ist 463095. AM COMERSEE WIRD NUR NANNI SEIN UND EIN DIENSTBOT.

zahle ruhig mario was er haben muss, dann schliesse alles ab. wenn das geld für die miete noch nicht angekommen ist, dann zahle sie halt nicht.

lass mich schnell wissen, ob Du kommst. warum hast Du mir nicht die kopie des opernexposés geschickt? bringe mir bitte eine partitur von apollo et hyazinthus[4] mit. viele grüsse an francesco und federico.

freu mich affenartig wenn Du kommst

hans

[*li. Rand:*] Moltissimi saluti, arrivederci a presto. Nanni

57 *An Ingeborg Bachmann*

im Schlafwagen nach Paris, Ende Mai 1956

mein kleiner armer engel,

ich hoffe, dass Dich die arbeit nicht ganz verrückt macht – wie mich, ich bin im schlafwagen nach Paris und ich habe geschlafen und gearbeitet, geschlafen, und ich bin betrübt. ich denke an Dich, und ich denke an die oper, die ich mit Deiner hilfe so gut und wirklich machen möchte. ich segne den tag, an dem diese ganze eilige arbeit fertig sein wird. Luchino ist bei mir, er hat mich viele dinge ändern lassen,[1] jetzt sieht es jedoch so aus, als würde es etwas bedeutendes werden. aber ich bin verzweifelt. ich hoffe, Dir geht es besser. ich habe eine wut auf alle. nur nicht auf Dich. verpfuschtes leben. wo ist der rote sessel? ich will ausruhen. der mond über S. Martino. die sterne, das blau. es blaut die nacht[2]. ich schätze Dich aus vollem herzen.

ich umarme Dich

hans

58 *An Ingeborg Bachmann*

Mailand, 21. Juli 1956

MAILAND 21. VII. 56

liebe Sapphetta

ich bin noch in Mailand, auch hier spricht man einen dialekt, aber der von Náppuli ist schöner, es ist heiss hier zwischen den dicken mauern, und ich trage die kleinen schmerzen mit mir herum. Deutschland hat mich sehr geehrt, aber auch erschreckt. es ist ein trauertag, das parlament hat (21:17) das gesetz über die wiederbewaffnung angenommen.[1] alles fängt wieder von vorn an. vielleicht fahre ich montag ab, oder dienstag, es wird eine schöne scheisse werden, denn es ist eisenbahnerstreik, möglicherweise kann ich deswegen noch nicht kommen, auch weil der flugverkehr, obwohl verstärkt, überlastet sein wird. hier lässt mich alles an Luchino denken, und gestern abend habe ich »Bellissima«[2] gesehen, von dem ich Dir erzählen werde. vielleicht könnte »Bravissima« ein titel für unser meisterwerk sein. ich habe über Deinen letzten brief nachgedacht. da ich heute etwas klarer sehe, kann meine antwort kurz ausfallen: auch wenn ich freundlich etc. bin, in momenten, in denen ich keine lust habe, es zu sein, und damit zu einem unaufrichtigen akt der verstellung gezwungen bin, fühle ich mich gleichzeitig schuldig und unschuldig und verspüre in mir ein gefühl heftigsten protests. dazu kommt, dass Du in der letzten zeit, als die – natürlich auch für mich lästigen – deutschen besuche da waren, mir gegenüber schwierig warst, mich wegen kleiner dinge etc. etc. beschuldigt und kleine bosheiten etc. gesagt hast und das hat mich wütend gemacht. ich weiss wirklich nicht, was ich sagen soll, aber es ist klar, dass das nie etwas an dem ändern wird, was ich Dir an jenem abend sagte, als meine mutter abgefahren war, alles schien so klar und rein, doch kurze zeit darauf hat sich Dein verhalten geändert, ist völlig anders geworden als das, was man nach diesen abmachungen hätte glauben können. seit damals habe ich ein wenig angst, dass es nie anders sein kann, eben weil es keine normale beziehung ist. wir sind beide äusserst komplizierte und komplexe wesen, ich vielleicht weniger als Du, aber jedenfalls haben wir das bedürfnis, unsere verrücktheiten zu pflegen, jeder für sich. ich sehe mich ein wenig geschlagen, da ich begriffen habe, dass man sich selbst erkennen muss und dann handeln, ohne seine besten werte oder kräfte zu vergewaltigen, und man muss wachsam sein.

ich kann Dich nicht leiden sehen. es tut mir sehr weh und macht mich wütend, vor allem gegen mich selbst. daher habe ich noch nichts beschliessen können, ausser dass ich gleich nach meiner rückkehr mit Dir reden will. ich habe vielleicht die möglichkeit, mir in Neapel ein appartement zu kaufen, und ich denke an ein bescheidenes, ruhiges leben, aber das sind träume. ich dachte auch über Deinen gast nach (ich weiss seinen namen nicht), der mir gegenüber ein etwas komisches feindseliges verhalten an den tag legte und sich Dir gegenüber als beschützer aufspielte, aber er scheint ein netter kerl zu sein und, wenn ich mich nicht täusche, auch intelligent. ich weiss nicht, ob es sehr geschmackvoll war, als er Dich in meiner gegenwart streichelte und Dir ins ohr flüsterte, aber was macht das schon, sicher, ich habe nie in Deiner gegenwart mit jemandem geflirtet.

vorgestern habe ich im Albergo d'Inghilterra[3] angerufen, aber Du warst nicht da, und heute in Neapel antwortete niemand. ich weiss immer noch nicht, wann ich zurückkomme, ich habe mit Scherchen telefoniert, und vielleicht fahre ich morgen abend oder montag abend hin, wenn ich ein flugzeug nach süden finde. ich werde auch Gigi sehen. am ersten august möchte ich nach Ischia gehen, weil es mich wenig kostet, dort kann ich fangopakkungen machen. der kampf zwischen kühlschrank und schallplatte ist mittlerweile entschieden, gewonnen hat die symphonie in es-dur von Mozart. ich habe auch ein kleines geschenk für Dich. sei brav und schreib die oper, ich habe schon grosse lust zu komponieren.

liebe grüsse hans

59 *An Ingeborg Bachmann*

Ischia, 12. August 1956

FORIO
12 VIII 56

liebe Ingeborg

danke für die vielen telegramme, postkarten und briefe, die mir bestätigen, dass Du gut angekommen bist[1] und dass es Dir gutgeht. hier lässt man sich ebenfalls nicht lumpen. es ist San Vito und zum glück hat die hitze etwas weniger kraft aufgrund einer tramontana. alle stürzen sich in die wellen. Ashton, »der türkin« (sagt Auden), geht es gut und wir haben bereits viel miteinander gearbeitet. vielleicht glaubst Du mir, wenn ich Dir sage, dass die nacherzählung der »Undine« nicht konventionell ist[2], denn da bin ich mit im spiel, um sehr beachtliche verwandlungen vorzunehmen, die die türkin verblüffen, die es aber dann zulässt. mein personenkraftwagen ist in Mailand fertig. Partsch[3] hat mir ein telegramm geschickt, in dem er mir bestätigt, dass es eine telefonrechnung von sage und schreibe 60 000 lire gibt – ich bleibe hier, um auf geld aus Deutschland zu warten, am 20. fahre ich dann nach Mailand, um oben genanntes fahrzeug zu holen, nicht ohne es bar zu bezahlen, dann lenke ich es in nördliche gefilde. in Berlin lautet meine adresse: bei Prof. Carl Ebert, Städtische Oper, R. Wagner Str. 13, BERLIN W 15, denn ich weiss noch nicht, wo ich wohnen werde. siehst Du die Nonos? ich schrieb auch an sie. grüss mir Deine geschwister, wenn Du willst.

ich mache mir viele gedanken (und bin in sorge) wegen der oper, aber ich hoffe noch immer. ich hatte diesbezüglich auch einige neue musikalische ideen, und es wird etwas grosses und schönes werden, wenn nur Du etwas grosses und schönes machst. ich werde noch viele materialien studieren, vor allem spanische musik, lieder und stücke für gitarre.

ich wüsste gern bald etwas von Dir und dieser arbeit. leider hast Du noch immer nicht begriffen, wie schön es ist zu arbeiten, und wie nichtarbeiten viel mehr ermüdet als arbeiten. ich weiss es, ich glücklicher, und das ist auch der grund, warum ich mich nie beklage, obwohl es bezüglich meiner menschlichen und damit privaten situation viel zu sagen gäbe: was selbst die steine zum weinen bringt, aber wen kümmert das, wenn nicht mich selbst?

schreib, arbeite, dance, and all that sort of things …

h a n s

cordiali s
a
l
u
t
i

60 *An Hans Werner Henze (Briefentwurf)*

Venedig, 16. August 1956

Venezia, San Marco, 16-VIII. 56

Lieber Hans, heute habe ich Deinen Brief erhalten, und ich verstehe, dass Du bekümmert warst, weil bis jetzt von mir kein Brief da war. Ich hoffe freilich, dass der größte Teil Deiner Verbitterung mir gegenüber aus dieser Tatsache entspringt. Zuerst wollte ich schreiben und dann habe ich nicht können, – es ist schwierig nach einer ungewöhnlichen Abreise die richtigen Worte zu finden, und ich fürchte, dass es mir auch gestern nicht gelungen ist, mich gut auszudrücken. Eben diese Nacht habe ich viel überlegt und dann gedacht, nach Klagenfurt zu fahren, und jetzt bin ich entschlossen, einfach weil es die beste Lösung für die Arbeit ist, ein ruhiges Zimmer, das Essen von der Mutter, keine Leute, und es kommt auch niemand in diese grauenhafte Stadt. Ich habe nicht vor, mich von zu Hause fortzubewegen bis Berlin[1]. Jetzt fühle ich, dass ich mich gut entschieden habe. Auch gestern am Nachmittag habe ich an so viele Dinge gedacht, sofort nach Griechenland aufzubrechen oder auf den Mond (»lüna«)[2] – aber, auch wenn nicht die Arbeit wäre – ich bin so müde, leer und verletzt wie ein Tier im Wald, das den Schatten sucht und sich versteckt, bis es geheilt ist. Es kommen Augenblicke im Leben, wo die Idee zu flüchten sich verkehrt in das Verlangen, sich in irgendeinen Winkel zurückzuziehen. Italien lädt überall und immer ein, die Augen zu öffnen, die Ohren, und ich will jetzt nichts andres sehen als mein Papier, die Schreibmaschine und eine Mauer davor.

Du solltest mir nicht so viel vorwerfen, auch wenn vielleicht meine Art zu arbeiten verschieden ist von der Deinen, aber es ist ein Missverständnis, wenn Du meinst, dass ich den Dingen, die von mir verlangt werden, davonlaufe. Nur war die letzte Zeit, und vielleicht dieses ganze Jahr, für mich so schwer. Ich erinnere mich sehr klar an all die schönen Tage in Neapel, aber ich bin nicht fähig, in mir die andre Seite zu klären, die des Scheiterns, trotz Deines guten Willens und des meinen – der immer da war, das musst Du glauben.

61 *An Hans Werner Henze (Briefentwurf)*

Klagenfurt, 17. August 1956

Klagenfurt, Henselstraße, AUSTRIA
17 – 8 – 56

Ich habe unterbrechen müssen. Das Schiff brachte mich zur Giudecca und in die Mitte der Nonos, die ich von Dir gegrüßt habe. In der Früh bin ich heute aufgebrochen, um 6 Uhr. Venedig war schön – Morgenröte. Ich habe Zattere[1] gesehen und alle diese wenig bekannten Plätze, wo gearbeitet wird. Die Mutter war hier auf dem Bahnhof, aber sie fährt morgen weg, und ich bleibe noch zwei Wochen in dem kleinen Haus allein. Auch das ist schön und gut für die Arbeit.

Du weißt, dass Du mir alles sagen oder nicht sagen kannst, nur, ich bitte Dich, versuch zu verstehen, dass eine Anspielung wie jene im Hinblick auf Deine menschliche Situation, das »sich nicht scheren« – das ist für mich schwer zu ertragen. (Und ich weiss nicht einmal, ob ich der Grund bin oder etwas anderes.) Ich weiss nicht, ob ich mich gut verständlich mache. Wenn ich nicht wüsste, dass ich Dir angst mache, würde ich Dir noch einmal sagen, dass ich Dich liebe. Aber diesmal dürftest Du keine Last und keinen Zwang empfinden. Ich sage es, um Dir dieses bel niente zu geben, das ich Dir noch geben kann, wenigstens, um einen Gedanken zu zerstören wie Deinen letzten.

Ich fürchte, dass es zu unsicher ist, diesen Brief nach Ischia zu schicken. Also nach Mailand. Pass auf die Strassen auf, auf die Autos ohne Bremsen und schreib mir bald! Wenigstens ein Wort, wie es Dir geht, wie es geht.

Venezia, San Marco, 16 - VIII . 56

Caro Hans, oggi ho ottenuto la tua lettera, e capisco che sei ~~stato~~ rimasto dispiaciuto per la mancanza d'una mia lettera fin'ora. Spero però che la maggior parte della tua amarezza riguardandomi risulta di questo fatto. Ho voluto scrivere prima e poi non ho potuto, – ~~[illegible]~~ è difficile dopo una partenza insolita di trovare le parole giuste, e temo che anche ieri non sono riuscita a esprimermi bene. Già stanotte ho riflesso molto e poi pensato di andare à Klagenfurt, e ora son decisa, semplicemente perchè è la migliore soluzione per il lavoro, una stanza tranquilla, i pranzi della mammina, nessuna gente, mentre passa qualcuno per questa città atroce. Non intendo di muovermi di casa fino Berlino. Ora sento che ho deciso bene. Ancora ieri nel

pomeriggio ho pensato a tante cose, di partire subito in Grecia o sulla luna ("lüna") - ma, anche se non ci fosse il lavoro, - non così stanca vuota e ferita come un animale di bosco che cerca l'ombra e nascondersi fin'è guarito. Ci vengono istanti nella vita dove l'idea del fuggire capovolta nel desiderio di ritirarsi in un angolo qualsiasi. E l'Italia d'apertutto invita sempre a aprire gli occhi, gli orecchi, e non voglio vedere altro ma che ~~tro~~ la mia carta, la macchina e un muro davanti.
Tu non debbi rimproverarmi tanto, anche se forse la mia maniera di lavorare è diversa della tua, ~~una~~ ma è un malinteso se tu pensi che io esco delle cose dette a me. Soltanto ~~il~~ l'ultimo tempo,

« forse tutto quest'anno, era per me così difficile. Ricordo molto chiaramente tutti i giorni belli a Napoli, ma non sono capace di chiarire in me l'altro lato, la fallita malgrado la tua buona volontà e la mia – la quale c'era sempre, questo debbi credere.

Ich verspreche Dir, Dich nicht mehr so lange warten zu lassen, und ich hoffe, dass Du mir die erste Unsicherheit vergibst.

Ich werde hier etwas Gutes machen,

Ingeborg

62 *An Ingeborg Bachmann*

Trient, 24. August 1956

24 VIII 56

liebe Bachmanita

in dem funkelnagelneuen TV[1] nähern wir uns den österreichisch-deutschen grenzen. Ischia & arbeit mit Freddie war heiss, erhebend und gesalzen, hier tut die kühle nun gut. danke für Deine briefe, ich schreibe bald aus Berlin. ich flehe Dich an, arbeite, arbeite. küsse

hans

[*von Fernandos Hand:*]
Ich habe mit Hans gewettet, dass Sie diesen Monat fertig werden – Lassen Sie mich nicht verlieren! Ich hoffe, Sie bald wiederzusehen

Fernando[2]

63 *An Hans Werner Henze (nicht abgeschicktes Telegramm)*

Klagenfurt, Ende August 1956

Destinario H. W. HENZE
Destinazione KOENIGREICH DER MUSIK ERDE

WAS HAELTST DU VON »DIE GÖTTLICHE« ALS TITEL. DAS WAERE AUF ITALIENISCH »LA DIVINA«, DENN DAS VOLK HAT IN DER UEBERTREIBUNG VON EINST DIESE WOERTER FUER DIE SCHOENE GR. GARBO VERWENDET: WAS DENKST DU? WENIGSTENS MEINE ICH, DASS DAS BIS JETZT DER BESTE TITEL IST.

NOME E INDIRIZZO DEL MITTENTE
LA Bachmanita, Lago di poche parole (Wörthersee)

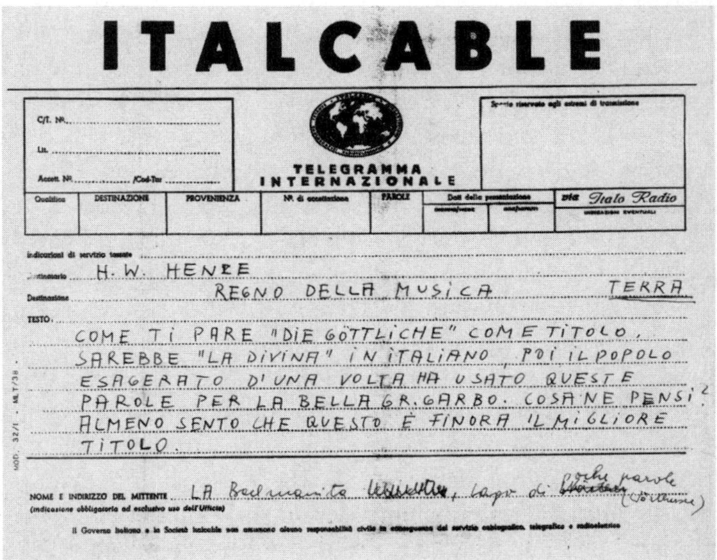

ITALCABLE

C/T. Nº
Lit.
Accett. Nº /Cod-Tar
TELEGRAMMA INTERNAZIONALE
Qualifica | DESTINAZIONE | PROVENIENZA | Nº. di accettazione | PAROLE | Dati della presentazione
via Italo Radio

indicazioni di servizio tassate
Destinatario H. W. HENZE
Destinazione REGNO DELLA MUSICA TERRA
TESTO
COME Ti PARE "DIE GÖTTLICHE" COME TITOLO,
SAREBBE "LA DIVINA" IN ITALIANO, POI IL POPOLO
ESAGERATO D'UNA VOLTA HA USATO QUESTE
PAROLE PER LA BELLA GR. GARBO. COSA NE PENSI?
ALMENO SENTO CHE QUESTO È FINORA IL MIGLIORE
TITOLO.

NOME E INDIRIZZO DEL MITTENTE LA Bachmanita, Lago di poche parole (Wörthersee)
(indicazione obbligatoria ad esclusivo uso dell'Ufficio)

64 *An Ingeborg Bachmann*

Berlin, 30. August 1956

Berlin-Wannsee
Terrassenstrasse
Haus Walterstein
30 agosto 1956

liebe Ingeborg

in Berlin angekommen, schreibe ich Dir sofort, um Dir zu sagen, dass die reise sehr gut gegangen ist, dass ich einen passierschein der demokratischen republik brauchte, um ihre zone passieren zu können, dass ich heute vormittag die Stalin-Allee und andere dinge besichtigt habe, dass ich mir ganz oft die vorstellungen von Brecht ansehen werde, dass es hier kalt ist, die pension aber luxuriös ist, die dinge an der oper[1] laufen sehr gut, dass Scherchen den ganzen tag arbeitet, dass ich hier mit dem ballett anfangen will, dass mir scheint, ich könne auch hier das neapolitanische leben führen, indem ich nur ins theater gehe und ansonsten zu hause bleibe, dass ich mir vorstelle, dass Du sehr viel arbeiten musst, dass ich hoffe, dass es Dir gutgeht und Du arbeitest, dass Du bei bester gesundheit bist und arbeitest, dass ich viele ideen für unsere oper habe, die ein riesenerfolg werden muss, dass es hier eine terrasse mit blick auf den see gibt und dass es eichhörnchen gibt, die in den bäumen spielen, aber dass ich denke, wie schön Italien und vor allem Neapel ist, dass es in Ischia jedoch sehr heiss war, dass mir am strand von S. Francesco eine biene in den fuss gestochen hat, dass ich mir am tag darauf beim ausrutschen auf einem felsen am selben fuss eine zehe gebrochen habe, dass Freddie A. schwierig war, weil seine ideen zu sehr neunzehntes jahrhundert waren,[2] dass aber ich gesiegt habe, dass J. P. Ponnelle nett ist und Margit[3] in Hamburg einen heimatfilm dreht und daher nicht da ist, dafür ist Fernando da, also spricht man italienisch und mich freut seine gegenwart, der TV ist mit 140 stundenkilometer über die autobahnen gerast und hat sogar mercedese überholt, Deutschland ist hässlich und es regnet ständig, man braucht einen wollpullover, auch die deutsche rasse ist hässlich, mir geht es jedoch gut und ich hoffe, dass es Dir gutgeht und Du arbeitest, das büchlein[4] wird inzwischen fertig sein. ich schliesse, indem ich meinen grüssen auch die von Fernandez und J. P. P. hinzufüge.

umarmungen
hans

[*li. Rand Mitte:*] S C H R E I B !

65 *An Ingeborg Bachmann*

Berlin, 31. August 1956

Freitag
(31. 8. 56)

liebe ingeborg

man sieht, dass sich unsere briefe gekreuzt haben, trotzdem schreibe ich Dir noch einmal. wegen des abendkleids mach Dir keine sorgen, es genügt das, das Du hast, nämlich das turiner cocktailkleid, denn die vorstellungen beginnen früh, gegen 19 uhr.

Du hast recht, spät zu kommen, aber es wäre gut, wenn Du zur hauptprobe kämst. heute habe ich mit Scherchen gestritten, weil er mir die schönste arie[1] zerstückelt hat. im übrigen bin ich etwas traurig wegen der vielen streichungen, doch man muss sich daran gewöhnen. bis jetzt habe ich noch keinen richtigen eindruck, weil ich zu wenig gesehen und gehört habe. Ebert[2] ist sehr sehr nett mit mir.

Du schuldest mir überhaupt kein geld, also reden wir nicht mehr darüber. ich möchte jedoch, dass Du mir eine schöne oper schreibst, denn mein ganzes herz hat den wunsch, Deine dichtung in musik zu setzen, und am liebsten würde ich gleich heute damit beginnen. alle meine traurigkeiten und alle meine neuen erfahrungen werden darin sein, und alles in guten proportionen und ohne grosse schwierigkeiten. die Steckels[3] schicken Dir ihre grüsse.

ich bin äusserst begierig, das »libretto« zu sehen – ich habe viel sympathie für Tommaso[4], aber auch für sie, so muss es auch das publikum empfinden. quasi des Meeres und der Liebe Wellen.

jetzt muss ich mit dem tenor telefonieren, damit auch er darauf besteht, diese arie zu singen. Scherchen ist schrecklich, er ist preusse, und das bekommt im grunde dem König Hirsch – halb neapolitaner, halb deutsche blaue blume – nicht allzusehr. geduld, es ist noch zu früh. ich brauche jedoch viel freundschaft für die kommende zeit und viel glück und selbstdisziplin. alles gute für Dich, ich habe Deinen rosenkranz neben dem bett. grüsse an die sizilianer von der eisbar. ciao hans.

66 *An Ingeborg Bachmann*

Berlin, 8. September 1956

Berlin 8.9.56

Liebe Inge – ich glaube wirklich, dass ich die Wette verloren habe[1] – Aber wenn dieser Aufschub notwendig war, um die Oper noch großartiger zu machen, freue ich mich, verloren zu haben –

Ich bin sicher, dass Ihre Gedichte[2] den Erfolg haben werden, den sie verdienen, nämlich einen großen; ich bedauere nur, dass ich sie nicht lesen kann, aber ich habe beschlossen, Deutsch zu lernen – Auch wegen dem Hirsch von Hans bin ich unbesorgt – er ist großartig – Wir erwarten Sie – Viele liebe Grüße

Fernando

liebe Puppetta
ich schreibe Dir in eile
ich habe die wette gewonnen
hans
über den rest reden wir hier

67 *An Hans Werner Henze (Briefentwurf)*

Mitte September 1956

Lieber Hans, Du siehst mich erröten, weil es nicht gegangen ist, wie ich so sehr wollte. Das Libretto ist aber im Grunde fertig[1], nur die Korrektur und die Maniküre jeder Szene nimmt mir, würde ich sagen, für jedes Kapitel noch einen ganzen Tag. Ich schicke Dir heute zwei korrigierte Szenen, die anderen werden in den nächsten Tagen folgen. Ich habe wie eine Irre gearbeitet, aber dann sah ich, dass auch die zusammenstellung und diese Korrektur und Säuberung der Szenen zu tun gibt. Nur dass ich mich nun leichter fühle, weil ich den ganzen Text habe. Ich hoffe, von Dir bald eine Antwort zu erhalten – wie Du den Text insgesamt findest, ob Du diese Worte komponieren kannst, ob es ein wenig ist, wie Du es Dir vorgestellt hast.

Das Flugzeug, das ich am 21. nehmen wollte, ist bereits voll, so muss ich eines am 20., einen Tag früher, nehmen, um nicht die Generalprobe zu versäumen.

Ich bin zufrieden, dass die Arbeit an der Oper gutgeht, dass Ebert so nett ist. Was Scherchen angeht, würde ich sagen, die notwendigen Kompromisse zu machen; ich stelle mir vor, dass die Länge des Werks Schwierigkeiten macht, denk ein wenig an mein Kapitel über die menschlichen Ohren, die nicht die besten und geduldigsten sind, sondern schwach[2].

In Neapel haben sie eine Revolution gemacht, weil der Preis der Straßenbahn erhöht wurde, der Fahrscheine. Sie haben Steine geworfen und zwei Strassenbahnen demoliert. Im Europeo habe ich die folgende Notiz gefunden, die Dich sicherlich interessieren wird. Auch ich war gerührt:

> LUCKY LUCIANO hat das Geschäft für elektrische Haushaltsgeräte schließen müssen, das er vor einem Jahr in Neapel aufgemacht hat. Es gab wenige Kunden, und die Ware, schwedische Importe, war zu teuer.

Hier ist die Familie zurückgekehrt. Mit dem Vater spreche ich auch Italienisch, aber er ist ein wenig langsam, er hat viel vergessen.

Die Träne der Rose ist jetzt befestigt, es ist eine sehr sublime und feine Träne und von einer Farbe, die mich immer mehr fasziniert.

Ich denke viel an Dich und den König Hirsch. Und verzeih mir ein wenig meine Langsamkeit, ich bin nicht gefühllos, es gibt Stunden, in denen ich zittere, weil ich die Sorge spüre, die von Deinem Warten hervorgerufen wird, aber Du weisst, dass auch das Warten im Arbeiten, im Finden des richtigen Worts, kein Scherz ist. Ich muss so aufpassen, im Stil nicht vom Weg abzukommen, dann ist dieses »sich nicht wiederholen«! ein schrecklicher Imperativ für mich.

Für heute grüsse ich Dich von Herzen. Ciao

Inge

68 *An Ingeborg Bachmann*

Berlin, 16. September 1956

CARISSIMA STOP DANKE WUNDERSCHOENEN TEXT TELEGRAFIERE FAHRPLAN CIAO = HANS

69 *An Ingeborg Bachmann*

Berlin, 20. September 1956

20/IX/56

meine liebe arme kleine Allergrösste

entschuldige, dass ich Dir diesen so deprimierten brief geschrieben habe. ich bin rücksichtslos gewesen. Dein band[1] ist jetzt auch für mich angekommen, und es ist wunderschön, ihn bei sich zu haben. ich lese aufmerksam darin. alles ist so schön und ernst, und das was mir hilft ist die strenge und die härte die man darin spürt, zuerst ist man so entsetzlich und unendlich unendlich traurig, es kommt auch immer wieder, aber dann schickt man sich drein, weil wie's eben ist so ist es gesagt, aber mit kunst und meisterschaft und so hilft es einem doch weiter. manche gedichte kannte ich gar nicht, die studiere ich mit besonderer aufmerksamkeit. ist auch der tod dem augenblick verschworen, bist du die scheibe, die ihm blendend naht[2].

bitte schicke auch 3 exemplare an die herren[3]

dr. ludwig strecker
willy strecker — alles mainz am weihergarten 4
heinz schneider-schott

aber vielleicht gibt Dir Dein verleger[4] nicht so viele exemplare. am montag beziehe ich vielleicht die wohnung.[5] es sind keine möbel da, aber das macht nichts. das viertel ist alt, barock und heruntergekommen. vielleicht hättest Du angst, den hof meines palazzos zu betreten, so dunkel ist er.

ich denke den ganzen tag an Dich und wie es Dir geht. ich habe sehr gelitten nach Deinem letzten brief, aus dem ich endlich begriff, in welchem zustand Du Dich befunden hast. ich hoffe und ich bete darum, dass alles gut vorbeigeht und dass Du danach ein prachtstück von gesundheit bist, so dass man sagen könnte, es habe sich gelohnt.

ich denke, dass Du jetzt in Klagenfurt bist. in mir ist sehr viel traurigkeit und viel mehr schwäche als in Dir. aber ich habe lust, das leben bei den hörnern zu packen. man muss sich durchschlagen, das ist alles.

ich bewundere Dich, ich bewundere Deinen starken charakter, Dein immenses genie, und diese absolute aufrichtigkeit, mit der Du arbeitest. –

Du musst gut in form sein, damit Du mit weniger erschöpfung arbeitest. ich möchte, dass es Dir gutgeht, immer besser. das ist notwendig.

Schade dass ich nicht mit Dir über die gedichte reden kann, schriftlich ist es ja doch nicht gut zu machen. aber es ist wirklich schön, alles das so säuberlich schwarz und weiss zu sehen, so meisterlich und so unendlich schön und gross und weise und ernst und aristokratisch.

Je t'embrasse

hans

denk an den schluss von »Belinda« und mach es, wie Du es willst. ich finde, dass eine »moral« zum schluss schlecht wäre. die erste idee: wahnsinnsmonolog ist das beste.[6]

schreib mir noch per

VILLA D'AVALOS

70 *An Ingeborg Bachmann*

Berlin, 22. September 1956

SEHR BETRUEBT DEIN UNFALL[1] DEINE ABWESENHEIT WUENSCHE AUFRICHTIG ALLES GUTE HIER ALLES BESTENS TOITOITOI DENKE AN DICH SCHREIBE SOBALD RUHE = HANS

71 *An Ingeborg Bachmann*

Berlin, 29. September 1956

29 IX 56

liebe ingeborg

herzlichen dank für Deine zeilen und danke, dass Du für mich gebetet hast. vielleicht haben Dich einige zeitungen erreicht, inzwischen ist in der ganzen welt über die sache[1] ziemlich und sogar zu schmeichelhaft geschrieben worden, aber was soll man machen. heute ist sonnabend, ich war mit Strawinsky beim mittagessen, und abends müsste ich ins New York City Ballet gehen, aber ich kann nicht mehr, ich bleibe zu hause und arbeite beziehungsweise mache ein wenig ordnung in meinen papieren. Fernando ist abgereist, weil er sich für die prüfungen im oktober einschreiben muss. er war sehr nett und hat dem alten maestro viel geholfen, der nach »le monde« ein meisterwerk komponiert hat.[2] das libretto ist von vielen kritisiert worden, das heisst, die qualität des textes[3]. – die szenen unserer oper (»Belinda« wäre ein möglicher titel), die Du mir geschickt hast[4], gefallen mir sehr. es könnte sein, dass man in der ersten szene kürzen müsste, aber nur wenig und vielleicht auch gar nichts, denn ich werde mit rezitativen arbeiten, die den text voranbringen, und ich werde mit einem sehr kleinen instrumentalensemble arbeiten, damit man jedes wort versteht. wie in der Traviata, plum plum plum im orchester. die worte sind sehr schön und auch einfach, ich finde, dass das gleichgewicht zwischen dem realistischen und dem poetischen wirklich gut (und offensichtlich mit viel arbeit) gelungen ist. wenn es so weitergeht, wird es ein schönes libretto, aber auch ein schönes poetisches werk. ich bin sehr zufrieden und möchte sehr bald alles sehen. ich bin auch äusserst geehrt und glaube, dass wir eine schöne arbeit haben werden. Baruch[5] vom SWF war da, geschickt von Strobel, um mit mir über die oper zu sprechen, und ich sagte, dass der schluss gut sei, so wie wir ihn im treatment[6] geschrieben haben. das einzige, was mir durch den kopf ging, ist folgendes: vielleicht könnten die personen am ende, wenn Belinda verrückt ist, wie visionen ihres wahnsinns erscheinen und könnten Belinda huldigen und vieles andere ... aber ich bin nicht sicher. vielleicht genügt auch der epilog, wie er jetzt geplant ist. sie sind ein wenig besorgt, weil man auf dem bildschirm keinen langen monolog zeigen kann. oder aber, man könnte auf Deine idee von früher einmal zurückkommen: den wahnsinnsmonolog machen, und danach, mit szenischer überblendung, einen epilog im dorf, Belinda, die törichte, sitzt da, und das leben der leute um sie herum, und sie ist alt, mit grauen haaren, und erzählt immer dieselben geschichten, als sie königin war und von Tommasos tod usw. usw. das erzählt sie den kindern. es könnte ein ganz kurzes und erschreckendes finale werden mit einer musik, die selbst uns zum weinen bringt. was sagst Du dazu?

der König Hirsch ist nach Paris eingeladen, und Herbertl[7] hat ihn nach Wien eingeladen, und auch Covent Garden will ihn. ausserdem hat die direktion dieses letzteren mit mir die details für das ballett Undine festgelegt.

viele fragen nach Dir: und es ist hier auch mehrmals angerufen worden, von herren, die ihren namen nicht nennen wollten ...

grüsse von der Gsovsky, von Jean-Pierre, von den Steckels, letzterer war als regisseur grauenhaft, von Fernando, von der (dummen) M. und von Pilz[8] und von den Fischer-Dieskaus.

ich habe viel mit dem zahn zu tun (nervenentzündung), aber es wird vorbeigehn.

für die kommende zeit habe ich viel mut gesammelt, und von diesem mut kann ich Dir ein gutes stück abgeben: für Deine arbeit, für das erscheinen des buchs (wann?),[9] und vor allem für das körperliche, das, so hoffe ich, völlig und für immer wiederhergestellt sein wird.

ich muss noch 2 tage hier bleiben, dann fahre ich ab, zuerst Bielefeld, dann Mainz, München, Toskana, Neapel. ich werde mich sofort an die arbeit machen und rühre mich nicht mehr vom fleck bis dezember (wenn ich nach Zürich fahre wegen des konzerts), danach wieder Neapel, arbeit, meer, kleinstbürgerleben und viel arbeit mit disziplin. nach diesem triumph braucht es die demütigste bescheidenheit. ich will wirklich die musik studieren und ihre zahlreichen erscheinungsformen.

ich umarme Dich und sende Dir einen haufen wünsche, zuneigung und toi toi toi, grüsse auch an den bruder.

ciao
hans

adresse in Neapel
zunächst
VILLA D'AVALOS
Posillipo 47

72 *An Hans Werner Henze*

Klagenfurt, 2. u. 4. Oktober 1956

2-10-56

Lieber Hans,

ich habe Deinen Brief heute morgen erhalten und sehe mit Traurigkeit, dass Du das andere Telegramm und die Gardenien nicht bekommen hast. Denn ich hatte zwei Tage vor der »Premiere« am Kurfürstendamm diese herrschaftlichen Blumen telegraphisch für Dich bestellt, für Deinen Abend. Aber was soll's – das Wichtigste ist Dein Sieg. Ich habe von den verschiedensten Freunden die Gazetten bekommen, auch »Le Monde«, und so erfuhr ich alles, wie schön, und habe so ein wenig das schreckliche Gefühl verwunden, dass ausgerechnet ich nicht in Berlin dabei sein konnte. Ich hoffe jedoch, den »Hirsch« in Paris und in London zu sehen.

Was »Belinda« (der Titel wäre zumindest keine ganz unwürdige Lösung!) und ihren Schluss betrifft, so finde ich Deinen letzten Vorschlag sehr gut, nämlich die alte Idee aufzunehmen, aber anders in Szene gesetzt, mit den Stimmen, basierend auf dem jetzigen ersten Bild,[1] poetisch und liebenswert, menschlich. Es hätte einen grossen Vorteil: nicht abstrakt zu schliessen, nicht allein aus künstlerischer Sicht, sondern menschlich, stark. Ich denke, dass ich es so machen könnte, und im Endeffekt haben wir für dieses letzte Bild immer noch die Möglichkeit, es während der Arbeit zu ändern, wenn es uns nicht gefällt.

Ich frage mich bereits, wo und wann wir uns während der Arbeit treffen könnten. Da man mich vor dem 10. November nicht aus der Klinik entlassen wird – werde ich, wenn alles gutgeht, am nächsten Tag nach Paris fahren. Denn länger als einen Tag in Österreich zu bleiben lässt mir das Blut stocken. So könnte ich, wenn Du einverstanden bist, nach Zürich kommen – im Dezember. Wann aber geben sie den Hirsch in Paris? Im Winter?

Ich habe noch 5 Tage, mehr konnte ich den Ärzten nicht abluchsen. Außerdem musste ich einen Platz in der Klinik reservieren lassen. Ich zittere ein wenig, denn mir wird gesagt, dass sie vielleicht gar nicht operieren, sondern alles mit Radioisotopen machen, die so etwas wie die Atomkraft der modernen Medizin sind. Mir machen sie angst. Ich will ein antikes Messer, möglichst ein griechisches. Einen Moment lang dachte ich, dass ich vielleicht Krebs habe und sie es mir nicht sagen, aber jetzt denke ich das nicht mehr. Alles Unsinn. Man wird sehn!

Ich mache mir Sorgen wegen Deines Zahns. Ich bitte Dich, lass daran noch etwas in Deutschland machen, und zwar schnell. Besser, Du bleibst jetzt ein paar Tage länger und bist dann in Neapel gesund und frei für die Arbeit! Es ist ein beträchtliches Hindernis, körperlich nicht auf der Höhe zu sein.

Ich bin verzweifelt, weil ich nicht weiss, ob es sinnvoll ist, Dir diesen Brief noch nach Mainz zu schicken! – Was tun?

Weisst Du, dass die Sachen im Manager-Milieu[2] die schwierigsten sind. Für mich wenigstens. Denn wir müssen aufpassen, dass wir keine Parodie schreiben. Diese Welt muss ebenfalls stark sein, nicht nur lächerlich. Ernsthaft. Denn alle glauben daran.

Für viele, zu viele, ist es wie eine Religion. Im Grunde auch für uns bis zu einem gewissen Grad, nur dass wir es noch wissen; ausserdem: mir ist in den Sinn gekommen, dass in Wirklichkeit diese beiden Welten gar nicht getrennt sind, sondern beide zu unserem Leben gehören. Nur nehmen wir, um sie besser zu zeigen, diese Aufteilung vor.

Zum Beispiel habe ich gedacht: Wenn Du zum vierten Bild kommst, wo wir eine nicht authentische Musik vorgesehen haben (Filmszene), wäre es noch besser, die Instrumente und Stimmen so zu führen, dass sich das Authentische mit dem Nichtauthentischen mischt. Zum Beispiel: Belindas Stimme: nicht authentisch, das Orchester dagegen schon. – Entschuldige, vielleicht ist es dumm, was ich sage, und vielleicht für Dich gar nicht realisierbar, aber ich will Dir im Grunde nur meine Ansicht darlegen und vielleicht die eine oder andere Anregung, denn man kann sicherlich dieses Libretto auf verschiedene Weisen behandeln. Aber für Dich und mich ist nur der Aspekt »Scheinwelt«[3] ein Problem.

Donnerstag, den 4. Oktober 56

Heute morgen ist ein Brief aus Mailand zurückgekommen, schon die zweite Sache, die Du von mir nicht bekommen hast. Ein wenig zögernd habe ich den Brief geöffnet, aber trotz des Zögerns schicke ich ihn Dir jetzt doch, vielleicht um deine Meinung zu ändern, dass ich weder geschrieben noch an Dich gedacht habe, vielleicht auch aus keinem Grund, einfach nur so. Doch dieser kleine Vorfall hat mich durcheinandergebracht, und ich habe stundenlang über die Vergangenheit nachgedacht. Mir ist völlig klar, dass die Freundschaft mit Dir die wichtigste menschliche Beziehung ist, die ich habe, und das soll sie auch bleiben. Ich habe immer an Dich geglaubt, und an Dich werde ich glauben bis ans Ende meines Lebens. Und wo und wann sich unsere Wege auch immer kreuzen werden, es wird ein Fest sein. Grüsse mir die Schallplatten. Ich habe eine neue Idee für ein Buch, Gedichte, die ich vor mir sehe, nur dass ich sie noch nicht lesen kann. Ich werde schreiben. Könnte man doch für immer in ein Reich aus Schönheit, Klängen und Worten treten. Ich bin verrückt nach Schönheit. Seit ich in Neapel war, haben sich meine Ohren verändert. Ich frage mich, wo Du bist. Noch in Deutschland oder schon auf Reisen, das Silber der Ölbäume sehend? Gib mir Nachricht. Ich wünsche Dir, dass Du bald eine Wohnung in Neapel findest.

Ingeborg

P.S. Tu mir den Gefallen und schick den Brief durch Paco[4] an die richtige Adresse! Ich kenne sie nicht.

73 *An Ingeborg Bachmann*

Wuppertal, 6. Oktober 1956

6
okt
56

liebste Ingeborg

ich bin auf reisen, gestern Bielefeld, vorgestern Berlin, morgen Köln, übermorgen Mainz, dann in einer tour (hoffe ich) Mainz – Mailand über die Schweiz. Wuppertal ist ein ziemlich erbärmlicher ort, wie Du weisst, und widert meine schönheitsdurstige, vom golf und vom südlichen barock verwöhnte seele an. in Berlin ein zunehmender erfolg von König Hirsch, ich habe vier vorstellungen gesehen, die immer besser wurden als aufführung und als einnahme.

ich sah Holthusen[1] an einem abend, als Strawinsky (schlecht) dirigierte. H. sprach mit grosser sympathie von Dir. ich gab ihm recht. ich denke viel an Dich, denn ich mache mir etwas sorgen, wie es Dir geht und was Du machst etc. hin und wieder möchte ich geradewegs nach Kl. fliegen, um Dir in Deiner krankheit beizustehen. aber es ist besser, direkt nach Neapel zu gehen, sich häuslich einzurichten und dann mit aller kraft zu arbeiten und ein einfaches leben zu führen, rasch essen und viel schuften. vergiss nicht: sobald ich den golf erreicht habe, will ich mit meiner arbeit anfangen, das heisst mit der oper.

ich habe mit Ebert gesprochen, und er könnte vielleicht die inszenierung machen. es war sehr schade, dass Du nicht da warst, auch um den ROI CERF zu sehen und um Dich über die galerie zu amüsieren, die einen riesenspektakel veranstaltete, wodurch wir viele vorhänge hatten. Fernando ist schon vor einiger zeit abgereist. eine traurige sache ist, dass mein alter lehrer Fortner[2] anfängt, gegen mich zu intrigieren. aber macht nichts. mein erfolg inzwischen ... die neapolitanischen lieder werden auf schallplatte aufgenommen, und das Monte Carlo Ballett wird »Maratona« machen und dann kommt Sadler's Wells und danach unsere oper, die auch in Glyndebourne aufgeführt werden wird und in vielen, vielen theatern. man muss nur gut arbeiten. ich habe mit dem »König Hirsch« viele neue erfahrungen gemacht, z.b. die sache mit dem libretto,[3] das nicht wenig geschadet hat. daher die grosse hoffnung auf eine tüchtige und qualifizierte schriftstellerin.

die deutsche provinz ist schrecklich. schon seit Bielefeld und Wuppertal bin ich krank, es sind furchtbare orte. ich denke an Deine reise in diesem winter ... wie hast Du das nur ausgehalten?

ich bitte Dich, mach keine dummheiten!! denk an Deine arbeit. bring deine gesundheit gut in ordnung und dann nichts wie arbeiten! versuche jede unnütze anstrengung zu vermeiden! es ist notwendig, ruhig zu bleiben und sich abzumühen. ich bitte Dich.

ich[4] grüsse Dich, pass auf, kurier Dich!

ciao ciao ciao tausendmal und eine menge glück!

hans

74 *An Ingeborg Bachmann*

Neapel, 13. Oktober 1956

Napoli, 13 ott 56

meine elsa,

ich erhielt Ihr geschätztes schreiben aus Wien. endlich, denn schon seit langem hatte ich keine nachricht mehr.

auf dem tisch in der villa Davalos liegend: »Anrufung des grossen Bären«,

buch einer dichterin, die auch ich kannte, die mich jedoch vergessen hat, wie die tatsache beweist, dass sie mir dieses so sehnlich erwartete buch nicht geschickt hat.[1]

und vom libretto wollen wir gar nicht erst reden.

ich bin auf wohnungssuche. es ist amüsant. viele möglichkeiten, auch schicke, aber nichts definitives.

liebe Frau Bergmann, ich bedauere Ihren hospitalaufenthalt, aber er freut mich auch, weil Ihr bestimmt gesund werdet, sobald die strahlen[2] das ihre getan haben. mut und gute laune sind in einem solchen fall die besten bettgenossen.

ich müsste ernstlich sagen, dass mir Belinda fehlt. Ich hatte eine andere idee, das heisst, eigentlich hatten sie die Streckers: dass an stelle einer verrückten alten Belinda der blinde bettlerfreund, der geiger, der immer mit Tommaso herumläuft, im dorf ist und die geschichte erzählt und dann noch seinen eigenen text sagt, nämlich dass der himmel immer da ist und dass bestimmte menschliche werte nie zum teufel gehen, weil wir gute menschen sind, ganz besonders die blinden, für die ein spiegel nichts bedeutet, und eine moral, weisst Du, die einen begreifen lässt, dass Belinda falsch gehandelt hat, als sie ohne Tommy wegging, und dass es ewige werte anderer art gibt. ich weiss nicht, ob ich mich klar genug ausdrücke. denkt darüber nach!

ich will das buch![3] und ich will, dass Ihr ganz brav seid und Euch nicht beklagt, denn danach ist alles in ordnung und dann wird die freude gross sein, auch für Papa und Mama und Heinz und den

ganz lieben
schönen und guten
hans

[li. Rand, Klammer von »der blinde Bettlerfreund« *bis* »die einem begreifen lässt«] aber recht kurz!

75 *An Ingeborg Bachmann*

Neapel, 17. Oktober 1956

17. ott. 56

liebste ingeborg

nun bin ich schon mehrere tage hier und habe noch nichts geeignetes gefunden, sitze also noch im hotel und werde immer saurer.

gestern hat mich Madame la Princesse[1] angerufen es sei ein päckchen da, absender pieper, also ich danke Dir sehr, nun hab ich doch was zum auswendiglernen, zum schärfen des gedächtnisses, zum verstehen meiner teuren und wunderbaren bachy. ich freu mich sehr. liest Du die guten rezensionen in den gazetten oder ist es Dir egal? ich muss Dir leider sagen dass Du mir masslos fehlst, so sehr dass ich vielleicht nicht hierbleiben kann. nun habe ich keine rapporti umani mehr die mir kraft geben und die mir freude machen und niemand mit dem man sich versteht im ehrlichen sinne. plötzlich merke ich was für ein armes ding ich bin (das gern heiter wär) ohne Dich. Le ciel est bleu mais vide. es könnte sein dass ich plötzlich alles aufgebe und nach paris gehe. meine geliebte ingeborg, nie habe ich einen teureren und schöneren menschlichen kontakt gehabt als den zu Dir und ich küsse Deine hände mit einem heissen und sehr sehr traurigen dank. La vita, non appena cominciata, già deve finire. als Du hier warst, hatte ich die follia einer kraft, selbst in einer absurden sache wie villa Rotondo[2] ein schloss zu sehen, etwas ideales, eine zwingburg gegen die unbeständigkeit und die kälte und gegen die härte eines lebens, für das man vielleicht nicht stark genug ist. aber auch die flucht ist kein ausweg. wo sollen wir denn noch hin? weiss man nicht im voraus, wie es einen graust auf den cocktails in london, paris, oder berlin? weiss man nicht im voraus, wie man sich fürchtet vor dem schnee und vor dem kalten wind auf dem boul. de montparnasse? das alles sage ich Dir nur so, weil Du es ja auch weisst. wenn Du nicht zuviel schmerzen hast, wovor gott Dich behüten möge, dann lass es Dir gut gehen in der anonymität der klinik wo Du ruhst und wo Du geheilt wirst und wo Du kraft eingestrahlt bekommst. – ich vergass Dir zu schreiben, dass heute vor acht tagen in karlsruhe auf der autobahn mein fiat vor die hunde gegangen ist, erbarmungslos zerschmettert von einem jeep americano, nur ich bin heil heraus, aber nun ohne auto und noch ohne geld. dies nur am rande. ich möchte dich um eines bitten: schreibe doch an fernando g., fermo posta, oder vielleicht besser: c/o Henze villa D'Avalos, etc. – schreibe ihm, er solle sich etwas um mich kümmern, weil ich doch jetzt ohne Dich bin, er soll daran denken dass hier sonst kein mensch ist su cui posso contare e con cui mi piacerebbe parlare. weil man es doch nicht persönlich für sich verlangen kann, ecco. ich kann ihn ja nicht darum bitten.

hast Du Deine gedichte an nabokov geschickt? wenn nicht, tu es doch, er ist doch sehr gut und nett und er verehrt Dich sehr. adresse:

Manoir du Boulanc
Verderonne
par Liancourt / Oise

alles ist hart und böse. es ist noch früh am morgen, nachher geh ich zur villa D'Avalos und hole die post dann hab ich Dein buch. Du könntest, wenn Du genug freiexemplare hast, auch eines an den blöden p. schicken, Consolato tedesco, Via Crispi 67, und meine mama würde sich sehr freuen, sie wohnt äbtissinnenweg 14, Bielefeld. – hoffentlich kann ich alles überstehen. bin sehr angstvoll und very sad and I know why. aber dies ist kein klagebrief. so ist es nicht, also nein wirklich, so ist es nicht, dass ich mich beklagen würde, nein also wirklich nicht, nein, nein keine klage o nein. sowieso soll man ja, laut george, den schmerz nur den winden sagen und nicht den brüdern.

ich muss nun aufbrechen, das leben affrontieren.

Ormai non dormo più da quando ho capito quanto è vuoto tutto qui e quanto paura ho. Se almeno potessi lavorare, ma …

also nun grüss ich Dich, millionenmal nicht allein, ciao ciao und alles gute und sei ein braves mädchen. und ein schickes mädchen. alles gute und herzliche, nur mut! coraggio! courage! courage. karridtsch.

Ciao hans

… già deve finire.] das leben, noch nicht einmal angefangen, soll schon zu ende gehn.

… mi piacerebbe parlare.] auf den ich zählen kann und mit dem ich gerne reden würde.

… Se almeno potessi lavorare, ma …] nun schlafe ich nicht mehr, seit ich begriffen habe, wie leer alles hier ist und wieviel angst ich habe. wenn ich wenigstens arbeiten könnte …

76 *An Ingeborg Bachmann*

Neapel, 27. Oktober 1956

27 oct 56

liebste ingeborg

schönen dank für den brief. fernando ist in rom, ich erwarte ihn immerfort. bin in der neuen casa, die adresse ist via Generale Parisi 6, app. 15.

die ist in einem schlechten zustand, aber montag kommen maurer, tischler und maler. geld ist nicht vorhanden. Ich bin immer traurig und seelisch in einem sehr schlechten Zustand.

möchte anfangen zu arbeiten, trotz allem. mir fehlt dazu Dein libretto, wenn ich so sagen darf. mir fiel noch ein dass »Belinda« eigentlich so was ist wie ein modernes »des meeres und der liebe wellen«[1] – vielleicht kommt das heraus.

schone Dich und pass auf. ich finde es ganz falsch, dass Du jetzt schon wieder auf reisen gehen willst.

mir fehlt ein wenig der mut in diesen tagen, muss ich zugeben. ich weiss nicht einmal, was ich Dir schreiben soll. alles ist eingeschlossen in der angst und im warten.

ti saluto
hans

77 *An Ingeborg Bachmann*

Neapel, 2. November 1956

2 NOV 56

VIA GENERALE PARISI, 6

Ingeborg

guten morgen. mir fehlen Deine nachrichten. ich hoffe, dass es Dir gutgeht, dass Du dabei bist, gesund zu werden. bei mir laufen die dinge in keiner weise wünschenswert, überall gibt es unannehmlichkeiten, aber was willst Du, man muss schliesslich leben, wird behauptet. Du fehlst mir mehr als sonst, weil Du in jenen vergangenen zeiten auch mein schutzengel warst und es nicht einmal wusstest.

vor zwei tagen wollte ich sterben, statt dessen habe ich mich lediglich besoffen. gestern dann eine leichte besserung, und heute habe ich sogar gearbeitet.

man muss wissen, ob es möglich ist oder nicht, ohne, sagen wir, ein gewisses mass an menschlicher zuneigung zu leben. jetzt mache ich mir notizen für das ballett in London, aber auf dem schreibtisch liegen die fünf blätter unserer oper[1] – wann werde ich mehr davon bekommen? ich kriege allmählich angst, dass ich es nicht rechtzeitig schaffe. denn ich muss alles haben, ehe ich anfangen kann.

F. benimmt sich mir gegenüber schrecklich. aber meine theorie ist, dass alle gut sind und dass man die grösse haben muss zu verzeihen. er hat mir nie gefallen, aber ich studiere ihn. hauptsache, ich kann ungestört arbeiten. schreib mir, Deinem onkel.

wenn Piper nicht ärgerlich wird, kannst Du mir einen gefallen tun: den Bären auch schicken lassen an Prof. Carl Ebert, Winklerstr. 4, Berlin-Grunewald, und an Monsignore Joseph Kunstmann, Parco Margherita 26, Neapel.

schreib, ich bitte Dich. von zeit zu zeit ein gebet für mich, wenn es Dir nichts ausmacht …

Ingeborg, meine alte, ciao, ich hab Dich lieb. ciao
hans

78 *An Ingeborg Bachmann*

Neapel, 5. November 1956

5 NOV 56

Naples
v. Generale Parisi, 6

meine allerliebste Kleine

danke für Deinen brief, in dem Du Deine pariser adresse erwähnst. ja, es wäre schön, wenn Du statt dessen hierher kommen könntest, und ich brauche Dich so sehr, aber da kann man nichts machen. ich sitze in der klemme und lache nicht mehr. ich danke Dir für alles, was Du sagst, vermutlich hast Du recht.

die wohnung hier wird in einem monat schön sein, wenn das wetter (das wieder strahlend und klar geworden ist) wieder schlecht ist. maurer und maler sind da, und ich hause kläglich, gequetscht in einen winkel. cashmere-pullover habe ich noch keinen gefunden. mein fehler, von den mitmenschen alles und uneingeschränkt zu konsumieren, erklärt sich vielleicht aus meiner angst vor der einsamkeit. gestern abend brachte mich Francesco nach hause, und dann hatte ich angst, allein hinaufzugehen, so dass wir noch einmal fortgegangen sind, und erst nach 6 wodka konnte ich hinaufgehen. dann habe ich geschrien, geheult, geflucht in dieser schweigenden leere um mich herum. ich arbeite nichts. Deine pariser adresse[1] habe ich in mein notizbüchlein geschrieben, nicht unter B., sondern unter I. – Deine idee, dass Paulo mit dieser sache etwas zu tun hat, ist falsch, es ist etwas anderes, keine person, nur er, der »unabhängig« und »frei« sein möchte, geht jetzt für viele tage fort, und man weiss nicht, wann er wiederkommt, und so weiter. über Deinen brief sprach er nicht.[2] er sagte, die handschrift sei schwierig. er sagt, er

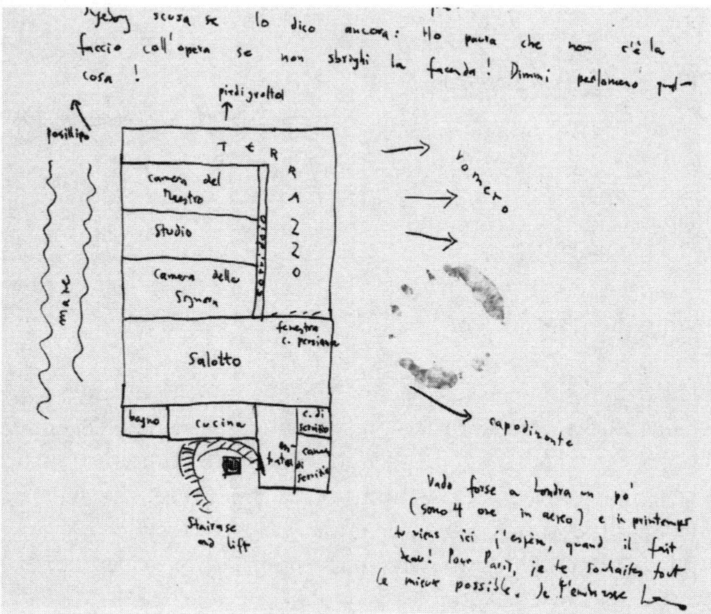

liebe niemanden. überdies habe ich noch einen fall von erpressung erlebt, aber das ist eine zu hässliche geschichte, damit will ich Dir keine angst machen. übrigens, Dein brief von heute morgen, montag, ist der erste, der mich unter der neuen adresse erreicht. jetzt mache ich Dir eine zeichnung von der wohnung. ich darf hinzufügen, dass es eine riesige terrasse gibt, von der aus man die dächer der kirche und der akademie Nunziatella sieht (alles in rot und weiss, wunderbarer barock), dann sieht man S. Martino, Capodimonte, den Posillip, die Mergellina, die Villa Communale, den ganzen Vomero (nachts besonders schön), dann das meer, den Vesuv, Castel dell'Ovo, Capri. zu fuss ist man von hier in 4 minuten am San Carlo. trotzdem höre ich keinerlei lärm, kein auto fährt hier vorbei. wie ich Dir schon sagte, gibt es ein zimmer für Dich. mit einem öffentlichen aufzug fährt man direkt an die uferstrasse via Partenope. ich könnte hier überglücklich sein, aber wie soll ich, mit all diesen unannehmlichkeiten? Paco macht eine italienreise mit den eltern, dann kehrt er nach paris zurück. vielleicht kommt er heute oder morgen hierher.

Ingeborg, entschuldige, wenn ich es noch einmal sage: ich habe angst, dass ich es mit der oper nicht schaffe, wenn Du Dich damit nicht beeilst! sag mir wenigstens etwas!

vielleicht gehe ich für eine weile nach London (mit dem flugzeug sind es 4 stunden), und im frühjahr kommst Du hoffentlich hierher, wenn es schönes wetter ist! für Paris wünsche ich Dir das bestmögliche. ich umarme Dich

hans

79 *An Ingeborg Bachmann*

Berlin, 15. November 1956

15. NOV 56

BL.-WILMERSDORF
c/o Geitel
Livländische Str. 10

Carissima

ich bin nach Berlin gefahren. die letzten tage in Neapel habe ich vor verzweiflung geheult, schon am frühen morgen, wenn der hahn kräht. ich bin geflohen. hier ist es besser, aber ich bin dennoch vollkommen deprimiert. doch ich arbeite. heute morgen habe ich Dein so liebes geschenk von hundert mark erhalten: ich danke Dir vielmals, aber das hättest Du nicht machen sollen. ich würde am liebsten den ganzen winter in Berlin bleiben (ich wohne im haus von Ebert), aber anfang dezember dirigiere ich in Zürich, dann muss ich besuche machen. Donaueschingen hat abgesagt,[1] ich lege den brief bei. für mich ist es die rettung, denn das erlaubt mir, das ballett für Ashton mit mehr ruhe zu schreiben. jetzt ist es an Dir zu entscheiden, ob Du glaubst, dass es sich lohnt, mit dem libretto weiterzumachen – oder ob Du Dich besser fühltest, wenn wir es nicht machten. wir müssen darüber ein wenig nachdenken.

im frühling – kommst Du ein bisschen zu mir nach Neapel?

weihnachten fahre ich nach Bielefeld[2].

in mir ist alles verhärtet und düster, fast als fühlte ich nicht mehr den schmerz, betrogen, verlassen, verraten, belogen zu sein.

ich wünsche, dass Du in Paris viel erfreuliches erlebst. Paco wohnt im Hotel Continental, 3 Rue de Castiglione (OPERA 18.00) – oder: Ambassade Argentine. grüsse ihn von mir.

ich umarme Dich
hans

80 *An Ingeborg Bachmann*

Berlin, 15. Dezember 1956

15 dez 56

liebe ingeborg

gestern abend brachten fischer-dieskau und die philharmoniker Deine lieder[1] welche einen tremenden eindruck machten und calorosi applausi hervorriefen. die interpretation war hervorragend, und heute abend wird dieses werk auf schallplatte aufgenommen. ich denke an Dich in dieser dichtbesiedelten wüste. mit einer ungeheuren verspätung fand ich in einem paket nudeln, das mir das dienstmädchen aus Neapel schickte, zwei briefe von Dir, und ich danke Dir sehr für Dein gedenken und Deine ermutigungen. so beendete ich den abend: zuerst die lieder, die einen zum weinen[2] brachten, und dann »zu hause« Deine briefe, die mich, ohne tabletten, ohne übermässigen alkoholkonsum ruhig schlafen liessen. es stimmt, was die letzten zeilen des »Grossen Bären« sagen[3] und was Du über die arbeit schriebst, die uns rettet. manchmal ist sie nicht einmal bitter. ich denke auch viel an Neapel, als ich in Mailand war, hörte ich eine canzone und danach wollte ich sofort hinfahren, aber die vernunft – stell Dir vor! – war stärker, ausserdem konnte es auch sein, dass es in Neapel regnete. ich danke Dir auch sehr, dass Du nach Zürich gekommen bist, es war eine schöne und sogar ein wenig heitere woche.

Claude Rostand schrieb mir, dass Henry-Louis aus New York zurück gekehrt sei, sein telefon ist Littré 6265. in Mailand habe ich wenig leute gesehen, aber ich habe den kadaver des TV für 300 000 lire verkauft, von denen wenig geblieben ist, da ich geld für die wohnung nach neapel schickte, und der rest wird für den möbelkauf verwendet. wenn man wüsste, dass es in Neapel nicht kalt ist, und wenn ich ein auto hätte, könnten wir auch versuchen, den winter dort zu verbringen. Ernesto schrieb, dass er den januar sehr arbeitsam in Paris verbringen will, und fragte mich, warum ich nicht auch hinkäme. aber ich muss jetzt nach London fahren.[4] ich möchte nicht, dass Du ein unerfreuliches weihnachten in Paris verbringst und daher dachte ich, Dich nach Bielefeld einzuladen, zumindest sähen wir uns dann ein wenig – aber mach Du, wie Du denkst, mir würdest Du eine grosse freude machen, wenn Du kämst, aber ich möchte Dich keineswegs nötigen, da die reise doch anstrengend ist. wer weiss, wie wir diesen winter verbringen werden. womöglich fahren wir im februar verzweifelt nach Neapel, wenn es dort schneit, etwas, was seit menschengedenken nie passiert ist. der Monsignore schrieb mir, dass die rosen zu blühen beginnen, und Francesco sagte mir am telefon, dass die leute in hemdsärmeln auf der Chiaia spazierengehen. weil wir nicht da sind. wenn wir da wären, würde es bestimmt regnen. erinnerst Du Dich an den film mit Rita Hayworth?

ich trinke zum andenken eine coca cola darauf. erinnerst Du Dich an das ginger ale in Zürich? a propos: am morgen nach dem konzert war ich pünktlich am zug, verstaute das gepäck, aber Bentley kam nicht. ich kaufte mir eine zeitung, dann drehte ich mich um, und der zug war ohne mich abgefahren, aber mit meinem gepäck. telefonate, herumgerenne, dann erwischte ich einen zug danach und fand meine sachen in Chiasso. es fehlte nichts! ein wunder! ein weiteres wunder: die RAI produziert im juni den König Hirsch. und noch viele andere erfreuliche dinge. Francesco Albanese singt Deine lieder[5] (die wirklich schön sind

Gozzi: seht Prinz, zwei hirsche!
– potztausend, sind die schön![6])

in Rom, am 22. (am Foro Italico)

liebe Ingeborgalina, ich denke sehr viel an Dich. es war schön, Dich zu sehen, vor allem weil Du in guter verfassung warst, das hat mich sehr gefreut. im grunde ist vielleicht alles gar nicht so dumm, vielleicht retten wir uns alle beide auf die eine oder andere weise. so denke ich. es war auch schön, in Zürich zu dirigieren und zu wissen, dass ich Schubert für Dich mache. Deine anwesenheit hat mir viel auftrieb gegeben. warum machen wir uns keinen schönen frühling von märz an in Neapel? friedlicher frühling. ich komme ein bisschen vor Dir, und Du kommst dann ins ganz bequem gemachte nest. und bis dahin arbeiten wir, schlagen uns irgendwie durch – ich mache viel geld! alles neu, ein schönes grosses auto, nicht zu schnell, mit vier sitzen, und schöne möbel à la Nunziatella.

wusstest Du, dass die ichthyosaurier auf italienisch MAMMIFERI heissen?[7] was für eine schmucke, niedliche, elegante sprache, schühchen von Valentino undsoweiter!

ich bin ein mammifero
du bist eine mammifera
er ist ein mammifero
wir sind mammiferi
ihr seid mammiferi
sie sind mammiferi

[*re. Rand: Zeichnung eines Mammuts. Aus dem Rüssel kommt ein Pfeil heraus:*] → punt'e mes[8] / auf der basis von artischocken – der älteste bodenschatz des südens
[*unterhalb des Sauriers:*] meine mammiferina! ich umarme Dich / meine brave kleine gute schwester!

herzlichst
Dein alter hans

jetzt grüsse ich Dich und geh zu Ebert zum essen.

81 *An Ingeborg Bachmann*

Bielefeld, 24. Dezember 1956

24 12 56

meine liebste inge, eben ist Dein telegramm gekommen und Du sitzt jetzt wohl schon im zuge nach Rom. vielleicht bist Du sogar schon angekommen. hoffentlich scheint die sonne. ich beneide Dich ein bisschen, aber für mich wird auch bald der tag kommen, wo ich nach süden geh. wirst Du nun wieder in piazza della Quercia gehn? oder was hast Du für pläne? ich wage es nicht, Dir mein Monte di Dio anzubieten (es ist inzwischen fertiggestellt) und möchte an nichts schuld sein. aber Du weisst, es gibt immer das Ingeborg-zimmer. ich bin so traurig. der monsignore hat mir in schönschrift Dein gedicht: »die fahrten gehn zu Ende«[1], zu weihnachten geschickt. ich möchte Dir sagen dass Du mir der liebste mensch auf der welt bist und ich möchte Dich beschützen, und von allen bahnhöfen der welt Dich abholen, aus allen lagerfeuern der welt die glühenden kohlen für Dich herausholen. das darfst Du nie vergessen. auch kann ich körner sammeln auf allen äckern der welt, für Deinen vogel[2]. die schönsten erinnerungen aus dem jahr das jetzt vergeht, sind die abend- und morgenstunden (morgens all'alba) quando parlavamo. mein Undinchen, mein liebes ingetier. hoffentlich krieg ich noch Deinen brief, bevor ich abreise. ich dachte auch wir hätten das neue jahr irgendwo im schwarzwald begrüssen können. das leben ist sehr schwer. ich habe Deutschland gründlich satt. wer weiss, wie bald ich nach London gehe. bin schon 2 tage hier und arbeite am ballet. am 29. muss ich in baden-baden, am 2.1. in stuttgart sein – Dieses sinnlose herumreisen wegen des bisschen karriere! schreib mir nach London (c/o Ashton, 25 Yeomans Row, London SW3), was Du in Rom zu tun gedenkst. triff Deine entscheidungen, wie sie Dir richtig und logisch erscheinen. ich nehme an, dass Du vorhast, in Rom zu bleiben. wie auch immer: ich wollte, und sei es im sintflutartigsten regen, vielleicht anfang märz nach Neapel zurückkehren, alles schön herrichten und

Dich dann einladen, einen frühling frei von widrigkeiten in Neapel zu verbringen. es liegt an Dir zu entscheiden, ob Dir das gefällt oder nicht. ich kann auch früher kommen, das geld ist da. es gibt auch eine etagenheizung, die funktioniert. für das neue jahr alles Gute, mein sanftmütiges reh, viel schönes, viel Ruhe und frieden und freude. ich möchte, dass wir viel gute zeit miteinander verbringen, bei cognac Napoleon und bei musik, friedliche abende auf der terrasse. Herzlichst wünsche ich Dir alles das.

Dein bruder hans

82 *An Ingeborg Bachmann*

Bielefeld, 24. Dezember 1956

HERZLICHSTE WUENSCHE BRIEF FOLGT = HANS

83 *An Ingeborg Bachmann*

London, 5. Januar 1957

January 5th, 1956[1]

LONDON SW 3
25 Yeomans Row
c/o Ashton

Carissima

am kamin sitzend schreibe ich Dir die antwort auf Deinen netten brief aus Rom, der mich mit einer grandiosen verspätung erreicht hat. ich hoffe, dass es Dir gutgeht und dass es nicht zu kalt ist; ich hoffe auch, dass sich die wohnungssuche nicht zu schwierig gestaltet. jedenfalls hoffe ich, dass alles erfreulich verläuft. was das geld betrifft, so bitte ich Dich, es nie mehr zu erwähnen, ehe Du nicht Deinen eigenen wagen in sonderausfertigung besitzt und einen palast in irgendeinem land.

gesehen habe ich: Andersch und Kaiser[2] in Stuttgart, es war viel die rede von Dir und dem Bären[3], und es war sehenswert, wie Kaiser ihm die qualität von »an die sonne«[4] erklären musste, das sie nicht verstanden hatten.

ich bin mit dem flugzeug hergekommen und wohne vorläufig in einem sehr schicken zimmer bei Ashton. das wetter ist unfreundlich, aber nicht kalt. Covent Garden stellt mir ein studio zur verfügung, in dem ich arbeite. Ashton zeigte sich sehr zufrieden mit dem ballett, das heisst mit dem, was ich bis jetzt gemacht habe. sobald ich diesen brief beendet habe, werde ich einen spaziergang machen. wir sind hier in Kensington. ich fühle mich sehr seltsam, das heisst eigentlich fühle ich mich überhaupt nicht, der kopf dreht sich mir nicht und ich bin ruhig und entspannt, beinahe faul, aber natürlich werde ich arbeiten, ab montag.

gestern ging ich auf einen ginger ale in ein pub, und Alex Grant[5], ein freund von Freddie, stellte mich einigen leuten als italiener vor. so sagte einer von ihnen: o ja, die italiener, kultivierte leute. sie füllen die opernhäuser.

merkwürdigerweise habe ich nicht die geringste lust, in den süden zu fahren, da es dort kalt ist und ich kein geld habe, um meine wohnung einzurichten. besser auf den frühling warten, dann habe ich hoffentlich auch die »mittel«, und die versicherung wird endlich bezahlt haben. so werde ich mir dann mein heim einrichten. man hat mir mitgeteilt, dass die arbeiten fertig sind, alles ist schön und sauber, jetzt müssen die sachen hinein.

Deutschland ist mir zum schluss wirklich etwas zuviel geworden, es widerte mich allmählich an. mein herz ist leer, alles tot, alle tot[6]. ich bin immer traurig. daher habe ich in den flugzeugen keine angst mehr – wenn man die tiefste traurigkeit erreicht hat, die der idiotie gleicht, sieht man noch klarer die unwandelbarkeit unserer beziehungen in ihrer grossen traurigkeit. man sollte lernen, darüber hinaus zu sehen. warten wir's ab.

bitte schreib mir bald und erzähl mir alles

hans

84 *An Ingeborg Bachmann*

London, 12. Januar 1957

c/o Ashton
25, Yeomans Row
London SW3

12
I
57

Liebe ingeborg

danke für den brief. zu guter letzt hast Du offenbar eine wohnung gefunden,[1] die all die tendres plaintes von vorher zunichte macht, aber es muss nicht unbedingt so sein. ich war sehr traurig über Deinen brief, und er hat mich sehr berührt, vor allem weil mir genau das gleiche passiert: gestern morgen, als ich endlich aufstand, völlig durchgefroren und deprimiert, wollte ich heute noch aufbrechen, aber dann fragte ich mich: wohin? und wusste keine antwort. die arbeit läuft bisher gut, und ich schreibe gerade die stretta des ersten aktes und habe einige ideen für den zweiten – aber leider deprimiert mich die stadt zur zeit ziemlich (teilweise hat diese depression, wie in Paris, politische ursachen[2], kein öl etc.).

gerade habe ich mir am Picadilly einen eleganten haarschnitt verpassen lassen und mir bei Floris eine flasche Cuir de Russie gekauft, aber das war kein rechter trost. die u-bahn stinkt, und taxis sind furchtbar teuer.

ich werde wohl hier bleiben, da ich nicht weiss, wohin ich gehen soll, aber ich glaube, dass ich die einladung von radio Köln annehme, bei der erstaufführung der musik für Maratona 8. II (Rosbaud) anwesend zu sein, und dann werde ich in die bayerischen berge gehen (Mittenwald oder so was) wo es schnee und sonne gibt und wo alles gut geheizt ist. so kann man eventuell in ruhe und frieden abwarten, bis die unerträgliche kälte in Italien vorüber ist. willst Du mitkommen? aber komm nicht, wenn Du Dich in der via Vecchiarelli wohl fühlst.

ich habe ein bisschen geld zur verfügung, um die wohnung in Neapel einzurichten, aber es lockt mich nicht, solange es dort regnet und ich ohne auto sein muss. ich warte immer noch, dass die versicherung endlich das geld ausspuckt, dann kaufe ich mir den neuen englischen jaguar (viersitzer, schöner als der alfa) und dann kann ich auch nach Neapel gehen, aber nicht ohne auto. zumindest scheint es mir so, weil man sicher sein sollte, nicht von der öffentlichen gnade abzuhängen und von den öffentlichen verkehrsmitteln.

die tinte ist zu ende.

bei der kälte (den sehr schlecht geheizten häusern) kümmert man sich auch nicht besonders um seine kleidung etc. ich habe eine rote nase und rote wangen, was niedlich aussieht, aber nicht würdig. ich weiss nicht, was ich tun soll. ich sehe ein paar leute, arbeite, aber es begeistert mich niemand, es interessiert mich nichts. so weit ist es mit mir gekommen. ich hoffe, dass Du Dich in Deinem appartement wohl fühlst. Dann kommst Du wohl nicht mehr nach Neapel, auch nicht für kurz? für wen mache ich mir dann eigentlich gedanken wegen der wohnung? das traurige ist, dass ich nicht weiss, für wen ich dasein soll.

was für bücher hast Du gelesen?

Fernando geht es schlecht, das heisst, alles ist ihm missglückt, aus geldmangel wohnt er in San Fili Calabria und hat die nerven, mich zu fragen, ob er nicht nach London kommen könnte. oder ich soll ihm eine arbeit in Rom finden. anscheinend hat der onkel aufgehört, ihm die universität zu zahlen, und ihm den lebensunterhalt entzogen. so dass Fernando nun bis zum äussersten geht und mich um diese hilfen bittet. zuerst hat mich der ungeheure, plötzliche und überraschende mangel an würde betroffen gemacht, und danach hat er mich natürlich noch mehr deprimiert und gekränkt, aber letzteres spielt keine rolle.

ich weiss nicht, was ich ihm antworten soll.

unser Paco dagegen ist in Mailand, weil er vielleicht mit Strehler arbeitet, wenn er nicht nach Paris zurückfährt.

sag Du mir: wohin soll ich gehen?

auf Italien pfeife ich ein wenig, doch es ist halt die schönheit der natur (deretwegen man eben den jaguar braucht), und ich stelle mir den schönen frühling vor, das meer und diese bewegende campagna, die ich so liebe. aber die italiener interessieren mich nicht mehr.

Weep weep willow, weep for me[3].

gestern wurde das Sadler's Wells zum Royal Ballet erklärt.

nun füge ich sofort zwei trompeten mehr in die Undine-partitur ein.

kommst Du mit mir in die alpen? ich werde mich erkundigen, wo es angenehm, nicht teuer und gut geheizt ist (letzteres versteht sich von selbst) – ich glaube nicht, dass ich zerstreuungen in form von dschungeln nötig habe, und was hat das jetzt damit zu tun?

das gleiche gilt für Neapel. die einzige freude, die noch in mir existiert, ist, danach zu trachten, gut zu leben, eine hübsche und ruhige wohnung zu haben, in der man arbeitet. und der jag, mit dem man auch hinaus aufs land fahren kann.

ausserdem würde ich Dir so gern eine freude machen. wie soll ich das anstellen? sag Du es mir.

Man könnte auch nach Neapel fahren, aber ich fürchte, dass es kalt ist. ich habe eine etagenheizung, aber ich weiss nicht, ob das genügt. hier hat sie niemand, alle begnügen sich mit elektroöfen und mit dem sense of humour.

Lovely day, isn't it Sir?

ich sollte in den ersten märztagen in Brüssel und auch in Berlin dirigieren, aber vielleicht sage ich diese verpflichtungen ab, denn die anstrengung ist zu gross für die bezahlung. reisen in diese hässlichen länder, bei der kälte etc., den hässlichen menschen, das ist zuviel.

ich sollte jedoch Cocteau[4] sehen, ehe ich nach süden fahre.

also, wenn Du willst, können wir nach dem 8. februar in die bayerischen alpen gehen oder nach Neapel (land der sonne), aber ich sage wir können: nicht ich kann, denn allein habe ich nicht mehr genügend kraft, irgend etwas zu unternehmen.

auf der andern seite gibt es die sache mit uns beiden, die wirklich das letzte ist, nicht wahr? wie werden wir uns jemals verstehen können? aber ich verehre Dich, und es ist wunderbar, mit Dir zu reden, Dir zuzuhören, mit Dir ins kino zu gehen, in die campania zu fahren und all das, aber nicht, wenn Du traurig bist. ich möchte Dich lächeln sehen, Dich glücklich sehen. da sind wir schon wieder.

bitte schreib mir bald wieder!

hans

85 *An Ingeborg Bachmann*

London, 28. Januar 1957

28
I
57

liebes mädchen, liebliche doktorin

der tag neigt sich, der unterzeichnete hat ziemlich geschuftet, und ehe er sich ins zentrum von Soho begibt, um eine komödie mit dem titel *»the boy friend«*[1] anzuschauen, setzt er sich hin, um Dir ein paar zeilen zu schreiben.

ein seltsames geschick hat gewollt, dass Du nie mein schreiben von vor zwei wochen erhieltst, in dem ich viel missmut und unwohlsein zum ausdruck brachte, die in dem wunsch mündeten, rasch diese insel zu verlassen und mich an die parthenopeischen gefilde[2] zu begeben, oder auch in die alpen mit der geschätzten anwesenheit Eurer Hoheit. in anbetracht dessen, dass Ihr jedoch jetzt all Euren unmut[3] preisgegeben habt, ist es vielleicht viel besser, dass Ihr dieses blatt nie erhieltet. ich bin sehr froh, dass Ihr dieses gleichgewicht gefunden habt, und die arbeit wird es Euch danken. ausserdem freue ich mich sehr, dass Ihr diesen preis[4] bekamt mit den immer willkommenen d-mark. ich zögere nicht, Euch meine herzlichsten glückwünsche auszusprechen.

mittlerweile geht es auch mir besser auf diesem fremden boden. ich habe mich an die kalten füsse, das schlechte essen, die schmutzigen hemdkrägen und an den gin gewöhnt, den ich lieber mit ginger ale als mit tonic trinke. er ist mir ein lieber freund geworden. ich gehe nicht viel aus, nur abends spaziere ich da oder dorthin. ich bleibe zu hause und komponiere. ich habe mich in den zweiten akt begeben[5], den ich so schön wie möglich machen will. ich habe keine angst vor dem schönen. ich habe sie nicht mehr, und meine kleine hand zittert, wenn ich die schönen töne aufs papier schreibe.

am 8. fahre ich nach Köln zu einem konzert (um die Maratona-musik zu hören) und dann kehre ich zurück. die Nobili kommt übermorgen hierher wegen des bühnenbilds für das ballett. ich freue mich, diese wunderbare bühnenbildnerin im Royal Opera House einzuführen. hoffentlich machst Du Dir bewusst, dass ich jetzt ein königlicher kompositeur bin.

die Callas sehe ich am samstag, wenn sie die »Norma« singt. Du weisst nicht, wie ich mich freue zu sehen, dass es Dir viel besser geht.

anfang märz fahre ich nach Neapel, und dann sehen wir uns endlich in Rom. dann richte ich Dein zimmer her, und dann kommst Du wenigstens für ein weilchen zu mir, um das panorama und meine so erheiternde und erfrischende gegenwart zu geniessen, nicht wahr? wir werden wie ein geschiedenes ehepaar sein, sie wohnt in Rom und er in Neapel. über letzteren punkt muss ich Dir jedoch etwas sagen: dass diese stadt mir wirklich guttut für die musik. sonst weiss ich nicht. ich bin in Portobello Road gewesen, wo es die billigen antiquitätenhändler gibt, und habe einigen entzückenden englischen kitsch gekauft, für die wohnung. vielleicht gelingt es mir mit des himmels hilfe, in dieser woche den 2. akt zu beenden. es ist möglich, wenngleich sehr mühsam. bleib mir gut, arbeite gut, benimm Dich gut, erkälte Dich nicht und sei nett zu Dir selbst. schreib mir bald und erzähl mir alles. noch wenige wochen, dann sehen wir uns und speisen ruhmreich zusammen. I am looking forward to that.

ich habe den kopf voller noten, und daher weiss ich nicht, was ich Dir noch erzählen soll. hauptsache, dass es uns beiden einigermassen geht. weisst Du, dass die Waltons in Rom einen autounfall hatten und übel zugerichtet in einer römischen klinik liegen? es war viel schlimmer als bei mir. es ist schrecklich. vielleicht kannst Du sie besuchen. ihre fotos waren hier in den zeitungen. ich grüsse und umarme Dich

mein engel ciao!

hans

86 *An Ingeborg Bachmann*

London, 21. Februar 1957

London 21rst February, 57

mein Liebes,

es tut mir leid, dass ich Dir so lange nicht geschrieben habe. ich habe es die ganze zeit vorgehabt, aber die zeit war gegen mich. ich komme gerade vom land zurück (davor war ich in Köln und Paris) und habe drei wunderbare briefe von Dir vorgefunden, die mich zutiefst beglückt haben. bei dem kalten und düsteren wetter hier machst Du mir lust, ziemlich bald nach Italien zurückzukommen, ich denke, wahrscheinlich in der ersten märzhälfte. ich bin sehr stolz auf Dich und Deine arbeit und den preis und all die guten besprechungen. also ist Deinem neuen band doch zu guter letzt gerechtigkeit zuteil geworden.[1] ich hoffe, Du gehst ruhig Deinen weg weiter und lässt Dir gute neue sachen einfallen.

ich denke sehr oft an Dich und kann es kaum abwarten, Dich wiederzusehen. es gibt so viel zu erzählen! so viele neue ideen … findest Du es nicht auch hilfreich, über dreissig zu sein?

»Maratona« in Köln war ein grosser erfolg, wunderbar gespielt von Rosbaud[2] und einem ausnehmend guten orchester. Du weisst ja, dass Stockhausen in Köln lebt – aber glaubst Du, er wäre vorbeigekommen, um mich zu begrüssen? er bemühte sich nicht einmal, zum konzert zu kommen. aber er hat einen assistenten geschickt, den ich noch von früher ganz gut kenne, und der schrieb eine elende besprechung in der örtlichen presse. aber in den grossen deutschen zeitungen soll es grossartig gelaufen sein. ich weiss es nicht, weil ich dann nach Paris fuhr. dort war es furchtbar, aber ich traf Lila De Nobili, die schon einige bezaubernde entwürfe für »Undine« gemacht hatte, und Cocteau, der mich ermutigt und mich für »La voix humaine« auf viele gute ideen gebracht hat, das hoffentlich von Zeffirelli[3] inszeniert wird. und »Maratona« wird bei den Berliner Festspielen gegeben werden, unter der regie von Luchino, getanzt von Babilée, choreographiert vielleicht von Roland Petit, bühnenbild von Vespignani[4].

letzte woche hat Lady Ashton angefangen, »Undine« zu üben, und 14 seiten klavierfassung sind schon erarbeitet worden, mit Fonteyn[5] und Somes[6]. ich stelle gerade die orchestrierung für den ersten akt fertig und arbeite an der letzten szene im zweiten akt, während mir der dritte akt im kopf herumgeht. ich will versuchen, das ganze im entwurf fertig zu machen, bevor ich aufbreche, und es dann in Neapel orchestriere. zum glück scheint dort alles in ordnung zu sein, und man freut sich mehr oder weniger auf mich. Fernando jagt wölfe in Kalabrien, und seine briefe sind traurig, er will, dass ich ihn zurückhole, was ich auf keinen fall tun werde. der alte knabe hat mir schliesslich das leben zur hölle gemacht.

London ist nicht mehr besonders anregend. mein leben ist sehr einfach und reduziert, ich verabscheue das essen und liebe die drinks. die hässlichkeit der bevölkerung ist manchmal regelrecht abstossend, und es gibt überhaupt keinen trost. wenn du mich an den bushaltestellen anstehen sähest, oder in den u-bahnen, oder wie ich ganz allein die wäsche zum nächsten waschsalon eine meile entfernt von hier schleppe, nachdem ich die wäschestücke gezählt und eine liste gemacht habe, und dann ist der laden zu, und man hockt sich auf ein bier in ein pub und wartet, bis er wieder aufmacht … wenn man in sein taschentuch niest, ist man überrascht, dass es ganz schwarz ist, weil natürlich die luft nicht nur neblig ist, sondern auch sehr dreckig. ich habe noch kein einziges gut beheiztes zimmer ohne zugluft erlebt. aber ich versuche, mich anständig zu benehmen – immerhin sind die leute freundlich, und niemand beschwert sich jemals – und viel schönheit zu papier zu bringen, um keine zeit zu verschwenden. ausserdem führe ich ein tagebuch, zur abwechslung nicht über persönliche dinge, sondern über die arbeit[7]. ich telegraphiere Dir, wenn ich ankomme (vielleicht nehme ich von hier einen direkten flug nach Rom) – ich hoffe, das frühjahr wird für uns beide angenehm. freue mich auf Dich! bitte schreib mir bald wieder!

Gott segne Dich
hans

87 *An Ingeborg Bachmann*

London, 5. März 1957

March 5th, 57

Dearest Sweetie,

es ist so lieb von Dir, mich dahaben zu wollen, und bald bin ich wirklich bei Dir. am donnerstag breche ich nach Frankfurt-Mainz auf (geld abholen) und dann nach Mailand (einen tag), dann nach Rom (solange Du willst). ich kann dieser stadt nicht mehr viel abgewinnen, aber sie wollen mich noch nicht gehen lassen. ich habe wunderbare proben mit Fonteyn gesehen, aber ich verliere so viel zeit, ich muss nach hause und arbeiten bis zum umfallen. lieb von Dir zu sagen, Du würdest gern nach Neapel kommen. wir könnten zusammen fahren (da ich mich ziemlich davor fürchte, allein dorthin zurückzukommen, wäre ich sehr froh, wenn das ginge), oder ich könnte ein paar tage die wohnung vorbereiten, soweit möglich, und Du kommst, wenn alles in ordnung ist.[1] auf jeden fall telegraphiere ich Dir von Mailand aus, vielleicht nehme ich den schönen pullman, der in Rom gegen 20 uhr ankommt. – ich freue mich so über Deinen brief und auf Dich, bin ganz glücklich. tausend sachen zu erzählen, oder? wir werden uns schon zu amüsieren wissen, so Gott will.

das ballett habe ich natürlich noch nicht fertig, zwei akte sind geschafft, aber der dritte ist wahrscheinlich eine ziemliche tour de force. Willy Walton ist wieder da, ich treffe ihn heute. ich bin froh, dass Du Dich zur abwechslung gesund und munter fühlst. ich dachte, wir könnten unsere zeit diesmal ganz gut einteilen, Du könntest die wochenenden mit mir verbringen und so weiter, das wäre doch schon mal etwas, was meinst Du?

der tisch, auf dem ich komponiere, macht viel lärm, und ich habe es auch geschafft, gegen das klavier, das mir Covent Garden hat schicken lassen, zu stossen und es dabei völlig zu verstimmen. ein ordentlicher erfolg. in Neapel sollte ich vielleicht tennisstunden nehmen, damit ich nicht zu fett und steif werde. vielleicht dirigiere ich im juni »Maratona« hier bei einem jazzfestival in der Festival Hall, und ich möchte, dass es attraktiv aussieht. und wenn ich das ballett in Covent Garden selbst mache, muss es grossartig aussehen (und klingen), in der Met natürlich auch.

ich werde Dir alles über meinen besuch bei Cocteau erzählen, und über Strobels dummheit und dämlichkeit, verfluchter idiot.

Deine gedichte haben mich sehr berührt, mehr als ich sagen kann. »Exil«[2] ist absolut grossartig und von einer traurigkeit, die einen verstummen lässt. seltsam, dass ich nun seit zwei monaten in einem zimmer mit einer rosenlast lebe, die immer tiefer fiel, und nun sind die wände beinahe weiss. auch dass der riegel sich vor den tod schiebt.

mein schatz, ich sollte es nicht verraten und schäme mich furchtbar, aber ich habe etwas schreckliches getan: das hörspiel[3], von dem ich Dir in Zürich erzählt habe, ist fertig, und ich habe mir herausgenommen, es Andersch zu zeigen, der es sehr mochte, und es wird produziert. Bitte hau mich nicht! ich schicke Dir nun eine kopie, bitte vergib mir. ich hatte keine andere möglichkeit, all das schreckliche auszudrücken, das ich erlebt habe, es liess sich nicht in musik fassen. es ist vielleicht ziemlich schlecht geworden, aber ich musste es tun. ich habe versucht, alles zu abstrahieren, es hat nichts mit realen personen[4] zu tun – aber Du wirst ja sehen. zum beispiel bist Du auf keinen fall lady hamilton (wenn Du so willst, höchstens ich), aber ich bin auch der prinz, insofern es nicht F. ist – aber im grunde geht es um einen künstler, der seine muse verlässt und dann probleme mit den interpreten bekommt, so sollte man es verstehen. wenn Du die kopie erhältst, bevor ich ankomme, sei bitte nicht wütend, und bitte komm trotzdem zum bahnhof Termini, um einen armen kerl abzuholen! bitte (mit rotem kopf und 80 i's) – ich erlaube Dir auch, mich zu hauen.

Rosbaud[5], der Maratona in Köln dirigiert hat, lässt Dich herzlich grüssen. er war reizend und hat seine arbeit wunderbar gemacht.

ich bin sicher, wir haben ein herrliches frühjahr vor uns, sogar ohne auto. autos sind für das glück nicht unbedingt erforderlich.

Dich wiederzusehen ist das einzige schöne, das ich habe.

bye-bye mein schatz

hans

88 *An Ingeborg Bachmann*

Mailand, 13. März 1957

KOMME DONNERSTAG UM 20.20 AN = HANS

89 *An Hans Werner Henze*

Rom, 16. März 1957

KOMME SONNTAG IN MERGELLINA[1] UM 12.28 AN
INGEBORG

90 *An Ingeborg Bachmann*

Neapel, 26. März 1957

Dienstag 26 III 57

liebste ingeborg, dank Dir für Deinen brief. die sache mit Nabucco war so: verdi hatte seine frau und beide kinder verloren und war auf dem tiefpunkt der depression, durch nichts mehr zu ermuntern. der intendant der scala (che tempi!) traf ihn in der galleria und drängte ihm das libretto zu »nabucco« auf, ihn versichernd, dass er es noch in dieser saison geben würde. verdi lehnte ab, und wollte es gar nicht erst lesen. zu hause warf er dann dieses libretto auf den boden, voll wut, dass sie ihn mit neuen aufträgen sekkierten, weil er, wie er dachte und sagte, völlig am ende war und nie mehr etwas schreiben würde. zwei tage später, als er noch verzweifelter war, fiel sein blick unversehens auf das nach wie vor am boden liegende libretto. als er sich bückte, um es aufzuheben, sah er den text eines chores, der mit den worten begann: »flieg gedanke mit goldnen flügeln« – und beinahe unbewusst setzte er sich ans klavier und komponierte diesen chor, der heute eine art nationalhymne ist und der bei Verdis beerdigung von tausenden von mailändern auf dem domplatz gesungen wurde.

dank für den vorschlag zu der »revolte«[1], wenn ich mir das ganze noch mal so ansehe, habe ich ja denn doch starke bedenken das ganze überhaupt zu tun. diese werden hoffentlich mittels phlegma schwinden. habe mich nach Deiner abreise sehr in die noten gestürzt und bin schon tief drin im sturm[2]. wenn ich erschöpft bin, instrumentiere ich das der zähen materie abgerungene rasch, so steht es in reinschrift da und kann nicht mehr entwischen. es ist ruhig hier, selbst am abend kommt keiner, seit mindestens 4 tagen gehe ich allein ins kino. die 2 architekten waren eines nachmittags hier und haben einige gute ratschläge von sich gegeben, der grösste teil der dialoge allerdings ging wie folgt:

Du bist ja verrückt!
danke, und du bist dämlich!
darf ich vielleicht auch eine kleinigkeit sagen?
usw. usw.

aber mein bedroom z.b. wird recht schick in kürze, und auch im salotto tut sich einiges. man muss nur geduld haben (wem sagen Sie das?) – mein hasenherz ich muss in ca. 8 tagen nach rom kommen, wegen maratona u.a. vielleicht hast Du dann lust auf ein paar days here, so you come with me. How about this? I hope you're seriously working. I think it's quite funny that you run off to do the hörspiel[3] which must be finished because they need it and you need the money, and then you sit down and write poems, penniless poems! da habt ihr den künstler!

ich bin ein wenig in meiner ruhe gestört durch den bôche Strobel, aber das wird auch vorbeigehen[4]. wie gut, dass ich mit dem ballett vorankomme – und mit der wohnung. jede kleine neuheit macht mir freude. merkst Du etwas? ich merke viele dinge, unter anderem, dass mir die einsamkeit nicht mehr so weh tut. anscheinend habe ich sie bis zur neige kennengelernt, habe diesen ganzen dunklen raum ausgetastet, so dass er jetzt bekanntes terrain ist …

arbeite, arbeite, disziplin!!

ciao hans

91 *An Ingeborg Bachmann*

Neapel, 15. April 1957

BITTE DICH ZU KOMMEN AUCH NUR FUERWENIGE TAGE = HANS

92 *An Hans Werner Henze (Briefentwurf)*

Ende April 1957?

C. H.[1]

wenn Du diesen Brief haben wirst – so beginnen oft die Briefe vor dem Selbstmord, aber der meine ist nicht einer von dieser Art, vielleicht sogar einer zu leben, und etwas sagt mir, dass Du mich verstehen wirst, diese ungewöhnliche Entscheidung, die mich ich weiss nicht wie viele Kilometer von hier wegführt. Es sind viele, viele, und es ist das andre Ende der Welt.

Es ist nicht nur Leidenschaft, die mich zu dieser Entscheidung treibt, sondern viel mehr, und wenn Du willst, mehr als Leidenschaft, aber in sich ein Begreifen der Leere, die ich erlitten habe und die ich künstlerisch erleide. Wenn ich heute gehe, bitte ich Dich nur um eine Sache, im Falle meiner Rückkehr mich nichts zu fragen und für mich dazusein und mich zu fragen, ob ich den Tee nachher oder später trinken will. Und mir die Zyklamenfarbe aufzubewahren. Ich liebe Dich noch, aber ich werde das immer tun, aber es ist eine andere Liebe, eine, die Zweifelssorge nicht kennt, rein und brüderlich – und da gibt es etwas anderes, das zerstört und zerstörerisch ist, alles oder nichts in sich dazu angetan, mich einmal wissen zu lassen, was ich wert bin und was ich nicht wert bin, und ich bin es, Hans, ich allein, die die Dinge so auf die Spitze treibt, denn die Männer sind Feiglinge,

Es ist merkwürdig, dass ich vor kurzem etwas über diesen dunkeln Erdteil[2] geschrieben habe, und nun gehe ich wirklich dorthin, und ich fühle diesen alten starken Mut

93 *An Ingeborg Bachmann*

Neapel, 29. April 1957

unter dem schirokko des 29. april

carissima vecchiarella[1],

wie geht es Dir?
ich erhielt Deine karte der ich entnommen habe dass Du
noch lebst und vielleicht sogar gut
aber Du sagst nichts über eine rückkehr
vielleicht ist das ein zu bürgerlicher gedanke
ich möchte Dich darauf hinweisen dass ich dabei bin
das ballett zu beenden und dass ich in zehn tagen
für eine zeitlang nach Rom gehe wo ich bei einem
gewissen Bill Weaver ebenfalls schriftsteller wohnen werde
vielleicht mache ich einen film in Rom[2]
nach ostern hat mich ein ungeahntes wohlbefinden erfasst
ich habe schöne sachen geschrieben

nach einem traum den ich Dir erzählen werde denn er hat
mit der schwierigkeit zu leben und zu schreiben zu tun
im übrigen ist mir Neapel lieber denn je
vielleicht weil diese wohnung so schön ist wer weiss
ich schrieb als wäre ich in ferien
etwas sehr unterhaltsames und nicht modernes
ich habe begriffen dass das wichtige im leben UNGEHORSAM heisst
Dein schrank ist gekommen
und daher ist das zimmer komplett
ausser den zyklamenfarbenen vorhängen
und den bildern von Lila De Nobili
wer weiss was Du treibst
aber ich hoffe dass Du ungewöhnlich schönes erlebst
schau es ist frühling
hier ist ein nie gesehenes licht
und man fühlt ein starkes bedürfnis
gut zu sein nichts als gut
also vielleicht sehen wir uns in Rom
ich habe immer den verdacht dass Du mir eines tages plötzlich
den bereits unter vertrag stehenden gatten präsentierst
ohne dass Du mich um erlaubnis gefragt hast
wenn dem so ist dann grüsse mir den armen kerl
und vergiss mich nicht sondern lass von Dir hören und mach's gut

jetzt muss ich den tee trinken
also dann ciao
hans

Neapel, April 1957

mit grossem missfallen habe ich Deine nachricht erfahren
aber abgesehen von allem persönlichen, es ist ein wahnsinn, sich

heute bin ich auf der strasse fast umgefallen vor schwäche, als ich
vorzustellen, dass Du jetzt wieder die koffer packst und Dich auf eine

den rest der partitur der »undine«[1] wegschickte, und jetzt bin ich daheim und
dieser reisen begibst, die nur schwächen und die nichts einbringen.
bin ohne die verrückte, die irre, die närrin, die hexe, die Du bist
stattdessen solltest Du für Dich ganz allein, nur im interesse Deines

– ich habe begriffen, dass Du es nicht mit mir aushältst und dass ich mich an

Seins, die disziplin aufbringen, Dich ruhig zu verhalten und zu arbeiten,
diese einsamkeit gewöhnen muss, die für mich so grausam ist wie für Dich.

regelmäßig und wie in einem métier, nicht mehr dieser pennylesse
auch ich bin unschuldig. Deine ständige flucht ist mehr als natürlich,

wahnsinn. Es ist furchtbar geradezu, Dich so zu sehen, in diesem lärmigen
aber für mich ein grosser bitterer und tiefer schmerz.

appartement ohne soldi, in dieser irren situation. sollte ich damit
o mistress mine where art thou roaming? o come and stay!

irgend etwas zu tun haben, und hinge es davon ab, mich nicht zu sehen,
wie der alte William sagte am ufer des Avon[2].
um sich besser zu fühlen, dann will ich Dich gern nie mehr sehen.

oft bin ich aber auch wütend auf Dich, aber mach Dir nichts draus.
irgendwas muss jedenfalls geschehen, und es ist geradezu eine schande,

inzwischen …
Dich in diesem zustand zu sehen, während Du finanziell abgesichert und

ich wollte mit Dir noch einmal über geld reden, jetzt, wenn Du dahin gehst,
ruhig und normal und gut organisiert sein sollst, und jemand soll sich um

wo alle sich vor der grossen österreicherin des XX. jahrhunderts verneigen
Dich kümmern. ich wäre glücklich gewesen, dies zu tun, und das, ohne etwas zu verlangen

werden und keiner zahlt. wenn Du nicht schlau bist, ist alles vergebens.
aber ich werde wirklich wütend, wenn ich daran denke, dass Du diese ganze

wir haben mehr trost nötig als die andern, und den müssen wir uns

verrücktheiten machst, nur weil ich schwul bin, das ist der punkt, wo ich

beschaffen mit einer schlauheit, die zumindest denen gleicht, verletzt bin und mich aufrege und mein stolz sich regt gegen diese reaktion.

die uns ausbeuten. man muss einfach viel, schon sehr viel mehr fordern.
dass Du Dich weigerst, meine gastfreundschaft in anspruch zu nehmen, was

es ist ja kein almosen. diese weisen worte auf die reise. Und viel glück
eine gewisse sicherheit für Dich bedeuten könnte und was ich nur anbiete

und erfolg. vielleicht hast Du recht und es ist besser, dass Du es so machst, wie Du es machst.
weil ich Dich anbete, ist erniedrigend, nicht weil es eine frage der

ich kann weder hilfe sein noch refugium, ich tauge zu nichts.
einstellung ist, sondern weil ich dadurch klar verstehe, dass Frau B. es mit

ciao und sei gut und brav und versuche ein bisschen ausgeglichen zu sein
mir nicht aushält, weil ich schwul bin. sie leidet. also gut. wenn sie leidet,

– stell Dir vor, in Deinem alter!
verletzt mich das auch.

bye bye

hans

95 *An Ingeborg Bachmann*

Neapel, 18. Mai 1957

es ist verrückt, dass Du nicht kommst – verstehst Du, dass das bedeutet, dass wir uns ganze monate lang nicht sehen. ich breche am 19. von hier auf und komme nicht nach Frankfurt, sondern ein paar tage nach Stuttgart, danach sofort London, danach hierher. ich wünsche Dir eine gute reise und viel glück. schick mir das Gewitter der Rosen. das will ich mit Rosen Schatten rahmen lassen, und vielleicht das neue[1]. Strobel hat mir telegraphiert, dass die Davy nicht deutsch kann, aber vielleicht kann sie es trotzdem lernen. ich umarme dich. hans

96 *An Ingeborg Bachmann*

Neapel, 2. Hälfte Mai 1957

ERKLAER MIR NICHTS ...[1]

funny piece what you are.

hope at least you have a nice trip. If the Piper people try to be cute, don't let yourself be fooled Please!!!

habe keine hemmungen alle finden es ja sehr nett und reizend, mit der bachmann in einer echt römischen trattoria einige aphorismen über das sein auszutauschen, aber wer zahlt??

please!!! be wise, sage Dich unter umständen von piper los, bitte ihn mit scheuer skurrilität den vertrag zu lösen, der ja sowieso nur ein vorvertrag ist. denke an die callas, Dein grosses vorbild,[2] die war auch nur ein armes griechisches hirtenmädchen, na und jetzt da ist sie halt reich, und warum? weil sie clever und kalt war, und wer nimmt es ihr übel? wer findet es unpassend oder taktlos? niemand! wer hat ihr was geschenkt? niemand!

die monatliche zahlung von piper ist please!!! mit äusserster vorsicht zu geniessen!!!!!!!!!

buon viaggio.

Grazie delle rose[3], ora la forma si sta sviluppando nella mia mente:

1) Aubade I

2) Recitativo ed Aria (gewitter der rosen, rosen schatten. ist das erlaubt?)

3) Aubade II

4) Aria II (das andere mir noch nicht bekannte[4] das ich hoffe noch zu kriegen)

5) Aubade III

davon verstehst Du ja nicht viel, weil die Aubaden[5] bei Dir der mezzogiorno sind, während der strebsame pausbäckige westfale ja nun abends die windows auflässt um sich von der rossignol und vom frühlicht wecken zu lassen, damit das licht ihm die ideen für aubade III eingibt. aubade I ist wie der schluss meiner rivolta di san nazzarro[6], und aubade II wie die gelegentlichen cognacescen aubaden in villa rotondo.[7] aubade III soll strahlend und versöhnlich sein.

che altro? ieri sono venuti 2 palme e due alberi con fiori dall'orto del vasto, e 16 cassonetti con dei belli fiori, soprattutto rose fra poco in fioritura.

saluti dal marchese di pescara, e di Don Giulio[8]. Anna sempre brava ma un po'dittatore.

tornate presto e siate prudenti e ragionevoli e precisi!

Ciao hans

... Please!!!]
Du bist schon ein komisches ding.
ich hoffe wenigstens, du hast eine gute reise. wenn die piper-leute clever daherkommen, lass dich nicht reinlegen. bitte!!!!!

... nella mia mente] gute reise.
danke für die rosen, jetzt entwickelt sich allmählich die form in meinem Geist.

... ragionevoli e precisi] was noch? gestern sind 2 palmen gekommen und zwei bäume vom garten del vasto und 16 kisten mit schönen blumen, vor allem rosen kurz vor der blüte.
grüsse von marchese di pescara und von Don Giulio. Anna ist immer tüchtig, aber ein wenig diktatorisch.

kommen Sie bald zurück und seien Sie vorsichtig und vernünftig und genau!
Ciao hans

97 *An Ingeborg Bachmann*

Neapel, 29. Mai 1957

illustre jahrhundert-närrin

ich empfing Dein reizendes letztes schreiben mit grosser rührung, denn es enthielt beherzt eines der schönsten gedichte der welt[1] bei dem es mir fast leid tut es durch töne zu ruinieren die vielleicht gar nicht gefallen aber was soll ich Dir sagen also hier scheint die sommersonne und daher sind die ersten zwei rosen aufgeblüht und auch andere pflanzen tun desgleichen und wenn man bedenkt dass Du noch nicht einmal die beiden originallandschaften der Posillip-Schule ende achtzehntes jahrhundert gesehen und auch die gardenie noch nicht bewundert hast die blüht und einen unsagbar schönen geruch verströmt aber was soll ich Dir sagen die terrasse ist jetzt möbliert sogar zu bequem und man arbeitet nicht mehr denkt nicht mehr vernünftig aber der titel freies geleit gefällt mir und eine arie daraus zu machen wer weiss wie schön das wird und Du hast nicht begriffen dass ich wissen wollte ob Du mir erlaubst im Gewitter der Rosen als rezitativ zu verwenden und dann mit Rosen Schatten Rosen[2] fortzufahren da gibt es so viele schöne vokale zum verrücktwerden also erlaub es mir denn die form habe ich bereits vor mir und es würde wunderschön werden wie alles und dann fahre ich für zwei tage nach Rom um mit Risi zu sprechen und dann nach Mailand um mit meiner anwältin zu reden denn ich kann einen jaguar bekommen snobistisch mit englischem kennzeichen versehen und für wenig geld muss ihn aber bar bezahlen und ich habe doch noch die schulden aber die beeindrucken mich wenig denn ich weiss nicht wen das jetzt noch kümmert und die negerin* sagte mir sie könne auf deutsch singen also alles in ordnung alle brav alle gut jedoch weniger gut alle diese idioten die uns auf die nerven gehen aber was soll ich Dir sagen mein fräulein so ist die menschheit und dann erzähle ich Dir noch folgende neapolitanische geschichte in der zwei arme schlucker von den maltesern zur herzogin von Presenzano geschickt werden und der der sie schickt hat tatsächlich den genialen namen Angelo de La Morte also die zwei gehen zur herzogin und sagen guten abend herzogin uns schickt der advokat de La Morte mit grüssen an sie doch jetzt lasse ich Dich vielleicht aber wissen dass ich um den 25. Juni aus England zurück bin da ich den famosen flug London–Neapel in sage und schreibe 4 stunden mache aber was soll ich Dir sagen das gehirn ist leer und ich habe keine musikalischen einfälle und ruhe mich einmal richtig aus alles ist mir egal und ich fühle keine gewissensbisse nur wohlbehagen jesusmaria und hör mal danach hoffe ich dass Du Dich hier meldest nichts vergessen hast und lange hier bleibst denn trotz meiner queerness bin ich ein braver junge und erholsam und grüsse mir die Eichs und die zwei kinder[3] nicht aber Piper ich glaube dass ich Dir alles gesagt habe also sei brav und schreib mir und wisse dass meine adresse vom 12. an bei Ashton ist do something pretty 25 Yeomans Row SW 3 ciao meine schöne addio und sei brav

hans 29 V 57

*[*li. Rand:*] Gloria Davy (sopran)

98 *An Ingeborg Bachmann*

Neapel, 5. Juni 1957

5 June 57

Carissima

in diesem moment habe ich die nachricht vom fliegenden blinddarm erhalten und ich bin darüber sehr betrübt. da mir Don Lattmann[1] jedoch schrieb, es ginge Dir schon wieder besser, bin ich etwas weniger wütend auf München, das eine stadt zu sein scheint, in der Du jedesmal krank wirst, sobald Du den fuss in sie setzt. Lattmann sagte, ich solle bei Dir in München vorbeischauen, aber wie schaffe ich das????? die ganze reise ist organisiert, mit zügen, ankunft und abfahrt etc., damit ich rechtzeitig nach London komme – also, wenn nicht ein wunder geschieht, schaffe ich es wirklich nicht!!! am 12. werde ich in Stuttgart sein und von dort aus lässt sich dann vielleicht ein abstecher nach München machen, aber versprechen kann ich es nicht.

um den 25. kehre ich nach Italien zurück. wenn Du nicht weisst, wo Du hin sollst, oder wenn Dir der gedanke behagt, dahin zu kommen, wo es sonne, meer, kühlschrank gibt, dienstboten, ruhe, schallplatten, gute gute freunde und eine terrasse mit schattigen liegestühlen und blumen und die canzoni und überhaupt alles – brauchst Du nur eine postkarte an Anna zu schreiben und zu kommen. Giulio wird hocherfreut sein, Dich zu sehen, sein telefon ist 21 592 und das von Francesco 84 483 – alle fragen immer nach Dir, da sie Dich gern haben.

morgen fahre ich los. heute war ich noch einmal am gericht, wo mir der richter viele hässliche geschichten über dieses individuum vom vergangenen jahr erzählt hat. Gianni Eminente hat einen sohn gehabt, aber der wurde todkrank geboren. Luchino und die anderen haben es akzeptiert, Maratona in Berlin zu machen, die premiere ist am 23. september. Sacher[2] hat mir die summe für die streichersonate[3] verraten, und ich war sehr zufrieden (4000 schweizer franken), und jetzt stehe ich in verhandlungen mit radio Köln, wenn die mich wollen, müssen sie schon was ausspucken. alles für die wohnung!

ich hoffe, Du warst gewitzt und wirst jetzt, ohne blinddarm, noch gewitzter. war vielleicht der blinddarm die feierliche entscheidung, die Du treffen wolltest?

schreib mir, wenn Du kannst, c/o Andersch, bis zum 15. danach c/o Ashton, 25 Yeomans Row, London SW 3. mein konzert in der Festival Hall findet am 23. statt, und danach fliege ich zurück.

jetzt muss ich Dich verlassen, also gute wünsche und viele schöne dinge, und kurier Dich aus und ich hab Dich lieb

hans

99 *An Ingeborg Bachmann*

Neapel, 2. August 1957

2. august

liebe inge

bin gerade aus mailand zurück wo es nicht sehr schön war. Dein scheck war schon da, sehr lieb, und ich danke Dir. wenn ich nur genau wüsste, dass Du das geld nicht benötigst, denn ich mache mir ja schliesslich sorgen. in der versicherungsgeschichte in m.[1] nichts, ich muss den prozess machen, weil es irrsinnig wäre, die vielen millionen aus dem fenster zu schmeissen, nur weil ich jetzt die 2 mill. gern gehabt hätte. also nix auto. dafür häuft sich hier die arbeit. es ist zum verzweifeln. aber man muss halt immer ruhig was machen, so wird es von tag zu tag weniger.

über Deine nachtstück idee werde ich noch viel nachdenken. man wird sehen. im grunde habe ich nichts dagegen dass es mit dem lied aufhört[2].

benimm Dich anständig, schmeisse nicht mit dem bisschen geld um Dich, schreibe das stück zuende[3] und lass nicht locker

Dir selber gegenüber. habe in M. viele stunden in der galleria gesessen, wo zwischen den friseuren auch die touristen flanierten. entschieden die friseure vorgezogen.

die rosen haben in meiner abwesenheit einen dollen sforzo gemacht und sind alle unwahrscheinlich in blüte. Deine abwesenheit ist sehr seltsam da so plötzlich, nun bin ich ganz allein in diesen hallen und gehe darin auf + ab. arbeite und relaxe, nehme die brom medizin und verhalte mich ruhig. in meiner abwesenheit ist ein guappo von santa lucia von einem ägyptischen frachter umgebracht worden, ein zigarettenguappo, es war ein dolles funerale mit 2000 guappi der pallonetta[4] und vor dem ägyptischen konsulat drei häuser von hier hat es krawall gegeben und die polizei war auch da. das eindrucksvollste laut giulio muss die 2 tägige stille auf der pallonetta gewesen sein, keine kinder auf den strassen, alle menschen nur im flüsterton, dann später die klageweiber und all das, schade dass wir das nicht erlebt haben. communque …

nun muss ich mich wieder den noten zuwenden.

in bocca lupo e che crepa! schreib mir!

Best love
hans

… che crepa!] Hals- und Beinbruch!

100 *An Ingeborg Bachmann*

Neapel, 7. August 1957

7 agosto

liebe ingeborg,

bombardiert von telegrammen wegen der nachtstücke bin ich schon ganz des wahnsinns fette beute, und weiss nichts mehr.

aber habe die nachricht bekommen, dass ich am 15. august

schon in berlin sein muss, um bei den ersten proben zu maratona[1] anwesend zu sein wegen der tempi und der sonstigen langweiligen geschichten.

aber sonst den rest der zeit in berlin zu verbringen non mi dispiace perché riposante perché bell'aria e non troppa gente, e per i Berlinesi non sono mica come gli altri tedeschi.

fahre morgen kurz ins weekend, und dann am 15. von hier by air nach frankfurt–berlin.

wenn Du aber hierherkommen willst zum arbeiten, und auch freunde oder bunte brüder[2] mitbringen, so tue es nur, anna ist ja da, und Du hast die terrasse und all das, also biitte sehr und solang Du willst, na was denn mein sohn[3].

entschuldige die kürze aber ich muss arbeiten.

schreibe!!!! CIAO

presto!

hans

…gli altri tedeschi.] das macht mir nichts aus, weil es erholsam ist mit guter luft und nicht zu vielen leuten, und weil die berliner nicht so sind wie die anderen deutschen.

101 *An Ingeborg Bachmann*

Neapel, 13. August 1957

13 August

liebe Ingeborg

bin völlig soffocato in der arbeit (instrumentierung des 2. nachtstücks – die arien und das 1. nachtstück sind schon bei den kopisten, während das 3. und letzte wohl erst in berlin fertig wird.) 'sti fetenti drahten und eilbriefen unentwegt ma io me ne frego, und habe ein schönes sorgenloses weekend an der südküste mir erlaubt, worauf mir ja dann sofort was eingefallen ist).

aber nach rom kommen ist ganz unmöglich. werde am 15.

also übermorgen von hier nach frankfurt fliegen, nur falls ich keinen platz im aereo von hier kriegen kann fliege ich ab rom. in dem falle lasse ich es Dich wissen damit wir uns dann sehen können. andernfalls na also good-bye na was denn mein sohn und dann sehen wir uns in berlin, adresse c/o städtische oper, kantstrasse, berlin-charlottenburg.

wenn Du hierherkommen willst, wie gesagt, es wäre meinem hause eine ehre und ein vergnügen, Du brauchst nur an signora Anna D'Onofrio zu schreiben oder zu telegrafieren. damit sie alles vorbereitet. männer, brüder, etc. können auch in meinem bett schlafen.

vielen dank dass meine noten Dein stolz sind, ich richte mich danach. Deine verse sind ja altrettanto der meine auch. hoffentlich kommt alles ganz schön hin. der schlussatz wird nicht depressiv, wie Du wolltest, sondern hingegen schön und so als wäre ja denn soweit alles in ordnung, obwohl man fühlt, dass es eine idee von schönheit und frieden ist, die jeden moment erschüttert werden könnte. es ist aber voll mit schönen ideen, z.b. der 2. gedanke ist eine variante, seine kraft daher nehmend, des horns das die sache mit dem blatt das uns auf den wellen folgt[1] ausdrückt.

gutes gelingen des manhattan stückes[2] und sei brav und komme nach berlin!

Je t'embrasse
hans

... soffocato] erstickt
... 'sti fetenti] diese stinker
... ma io me ne frego] aber ich scher mich nicht drum

102 *An Ingeborg Bachmann*

Berlin, September 1957

BERLIN-WILMERSDORF
Livländische Str. 10
c/o Geitel

Sonntag

liebe ingeborg,

Giulio kommt heute abend in Rom an, sollte er Dich verpassen, wird er dieses billet mit der post schicken. vielen dank für das Deine, und für die auguri, bisher ist noch alles ganz friedlich und lässt sich gut an,[1] Sanders ist ein sehr musikalischer choreograph, und Babilée macht seine ersten sprünge in die luft, wo er dann für eine weile bleibt, aber auch wenn er nur so da steht, ist er der mittelpunkt des Ganzen. der capriziöse graf[2] kommt erst nach der venezianischen première der »notti bianche«. es ist kalt und regnerisch hier, aber ich werde nun viel arbeiten nach der abreise von Don Giulio, die nachtstücke beenden und das stück für Sacher schreiben[3]. meine adresse ist oben. halte mich auf dem laufenden. hier in Deutschland zu sein, ist after all nicht so schlecht, weil italien ja doch nun für einen schon ein unauslöschlicher hintergrund ist, in den man sich jeden augenblick frei wieder zurückziehen kann. deshalb ist Deine münchener zusage[4] keine tragödie, sondern eine vernünftige handlung. ich würde mich ähnlich verhalten, wenn es die situation erforderte. alles Gute für Dich, und schreibe bald und komm bestimmt zu »maratona«!

Je t'embrasse
hans

103 *An Ingeborg Bachmann*

Berlin, 26. September 1957

30 MINUTEN BATTAILLE[1] SIEGREICH EINGESCHUECHTERT HERZLICHE GRUESSE = HANS

104 *An Ingeborg Bachmann*

Neapel, 7. Oktober 1957

neapolis, montag 7. okt. 57, carissima pupa, danke für den eilbrief – natürlich kann ich dieses wort alten[1] noch ändern lassen, aber findest Du das hässliche wort nächsten wirklich schön? »der nächste bitte« – erlaube mir, dass ich Dir offen meine ehrerbietige meinung kundtue, die mich drängt, Dir zu sagen, dass es mir viel schöner vorkommt, von der alten schönheit zu sprechen, die nie stirbt, trotz des wandels der zeiten. es ist auch mutiger und richtiger, es so zu sagen. wenn es Dir unbedingt nötig erscheint: wie wäre es, wenn ich neue schönheit sagte – vielleicht wäre das ein mittelweg. dazu kommt, dass ich das wort alten mit einer klangfarbe ausgestattet habe, die dazu passt, während es überhaupt nicht schön sein kann, nächsten mit diesen (hohen, langgezogenen) tönen zu singen – verstehst Du also meinen kummer?

lass mich also bald wissen, wie die veränderung aussehen soll oder überhaupt Deine entscheidung, damit ich handeln kann. es eilt. wenn Du mit dem alt oder dem neu einverstanden bist, dann telegraphiere an Schott und an Strobel. letzterer wird den text beider sachen von Dir verlangen, da mein exemplar schmutzig und voll anmerkungen und daher nicht vorzeigbar ist.

gestern bin ich aus Turin zurückgekommen, wo es eine schöne aufführung des König Hirsch gab, ungekürzt, mit hervorragenden sängern. leider hatte der hauptdarsteller halsschmerzen, weshalb man seine arie noch einmal aufnehmen muss. doch diese arbeit ist schön, alle waren begeistert. zu meiner grossen zufriedenheit wurde in der gesamten partitur keine einzige note verändert, was noch mehr lügen straft die geschmacklosen dinge, die sich Scherchen in Berlin erlaubt hat.

vom ausgang der Visconti-unternehmung[2] hast Du sicher in den zeitungen gelesen – es war ein sehr stürmischer abend, und ich kann Dir nicht verhehlen, dass meine vorahnungen, die mich dazu veranlassten, Dich zu bitten fern zu bleiben, mich nicht getrogen haben … aber trotz all dem blödsinn, der über diese perfekte und präzise arbeit (erfüllt von der alten schönheit, die gut herauskam) gesagt und geschrieben wurde, eine aufrichtige und starke arbeit, sind wir als beste freunde geschieden, die sich sehr gern haben und sich nicht scheren um den mangel an geistiger beweglichkeit, der die deutschen so oft auszeichnet … und ich wünsche mir, dass ich als nächste arbeit eine oper mit dem Conte mache.

heute morgen bin ich mit starken schmerzen an den mandeln aufgewacht, ein typisches symptom der asiatischen grippe, die sich so ankündigt. hoffen wir nicht, denn nächsten montag muss ich in Frankfurt sein, um »Undine« aufzunehmen –

in Deinem kurzen schreiben hast Du nichts verlauten lassen, wie es Dir geht, was Du machst usw … ich hoffe ganz fest, dass Du nach Donaueschingen kommst und vielleicht samstag früh oder freitag nachmittag nach Frankfurt, um die Undine zu hören.

hier ist alles in ordnung, vor allem seit ich die liebe Annarella hinausgeworfen habe, die während meiner ganzen abwesenheit keinen freien moment gefunden hatte, um die wäsche zu waschen oder die wohnung zu putzen, da sie zu beschäftigt war, ihre nächtlichen kavaliere hierher zu bringen und dancing parties auf der terrasse zu veranstalten.

jetzt erscheint es mir hier schöner, denn sie war mir eher eine last als eine gute dienstmagd, die etwas arbeitet und schweigsam ist.

telegrafier mir, welches wort Du zu setzen beschlossen hast.

wenn Du mich gern hast, dann sage nicht »der nächste bitte«, denn das ist scheusslich. schönheit bleibt sich immer gleich, und es gibt keinerlei steigerung. addio

hans

105 *An Ingeborg Bachmann*

Neapel, 28. Oktober 1957

28 ott 57

engelhafte Ingeborg

danke für Dein schreiben, das ich in diesem augenblick bekommen habe. denk nicht, dass ich Dich je vergessen könnte! wir werden uns bald sehen, und Du kehrst selbstverständlich nach Italien zurück. inzwischen haben auch wir hier winter; und wir wissen ja nur zu gut, dass der nicht mit sich spassen lässt, bei den zugigen fenstern, eisigen fussböden, regen und stürmen.

arbeite gut, mach mir ehre. schreib mir, sobald Du das hörspiel beendet hast, und schick es mir. für mich ist das ganze Donaueschingen[1] eine schöne erinnerung, auch die reise danach, unsere ruhe am montag. mir hat es sehr leid getan, dass das billet schliesslich doch da war, ich hatte mich schon auf einen ruhigen abend gefreut.

es ist der geburtstag meines unheils und unglücks vom vergangenen jahr, aber dieses mal bin ich ruhig, vielleicht gereift, erwachsen (wer weiss), und ich lasse mich nicht mehr von all den dingen um mich herum beeindrucken, ich habe gelernt zu wählen und zu schweigen und ganz brav zu sein. langsam finde ich jetzt wieder zur ruhe der arbeit zurück und hoffe mit der schönen streichersonate[2] so glücklich zu sein wie mit den »Nachtstücken«. auch ich habe keine zeitungskritiken über D.[3] gelesen oder bekommen, aber sie gehen mir nicht ab, dagegen erhielt ich verschiedene briefe von leuten, die dort waren und die mir sagen, mein stück sei das einzige gewesen, das gültigkeit hatte etc.

ich habe eine einladung der königin Marie-José von Italien, an der aufführung meines quartetts in ihrem haus in Merlinge teilzunehmen.[4] ich weiss nicht, ob ich hingehen soll, aber man sagt mir, dass es aus vielen gründen notwendig sei. also dann vielleicht doch. es wäre am 5. nov. soll ich mich geehrt fühlen? sie ist die gemahlin von Umberto di Savoia, und die Savoyer sind nicht gerade mein fall. aber vielleicht nützt es …

ich habe, zusammen mit Giulio, ganze tage damit verbracht, nach jemandem zu suchen, der noch marionetten anziehen kann, insbesondere sizilianische krieger. Schliesslich haben wir einen seltamen typen gefunden, der mit seinem karren durch die provinz zieht. im moment macht er eine vorführung in Aversa, die drei monate dauert!!! sie heisst »Napoleon« und ist auf neapolitanisch. er sagt, das stück komme besser an als das »Befreite Jerusalem«, denn letzteres sei auf italienisch. er hat versprochen, in meiner wohnung eine episode aus dem »Rasenden Roland«[5] zu spielen, gegen weihnachten.

ich habe mich auch auf die suche nach einem guten klavier gemacht. es gab einen wunderschönen neuen steinway, der 2 millionen kostet, also nichts damit (oder später), aber es war im grunde das einzige, das mir wirklich gefallen könnte. ein präziser ton, der der hand gehorcht und der einem das sensationelle vergnügen bereitet, musik zu machen, ein vergnügen, das man aus anderen klavieren mit den fäusten herausschlagen muss?!

daher also an die arbeit, die ein vergnügen ist, eine ehre, das leben. die freude. lass es Dir gutgehen. arbeite. sei fröhlich. ruhig. ganz ganz brav.

ganz viele umarmungen
hans

106 *An Ingeborg Bachmann*

Neapel, 12. November 1957

12 nov 57

liebe nachtigall

seit wenigen tagen bin ich aus Genf zurück,[1] wo dieser empfang bei der königin von Italien stattfand (sehr hübsch, würdig und für mich sehr schön), und hier ist alles, wie es war. ich arbeite noch nicht, weil ich noch kein klavier habe. freitag kommt es, dann werde ich ernsthaft arbeiten, das blondköpfchen ist voller ideen. ich habe einen fiat spider gekauft, mit dem ich endlich die möglichkeit habe, ein wenig herumzukommen – heute war schöne sonne & blauer himmel nach vielen tagen mit regen und wind (etwas beängstigend hier oben). ich habe die zentralheizung ausprobiert – sie funktioniert wunderbar, aber im moment ist sie noch nicht nötig. heute war ich auf den phlegräischen feldern, wo auch wir waren. das spanische kastell ist noch da, und auch Cumae gibt es noch.[2] ich habe ein paar teppiche gekauft, um an den goldfüsschen die kälte nicht zu spüren. sie sind hübsch (aus dem Rinascente, aber das sieht man nicht). auch die sizilianischen pupi sind endlich bekleidet mit rüstung und roter seide, einer ist ein sarazen und der andere ein italier, eine wonne. die wohnung ist sehr ruhig, ein bisschen leer, es ist nie jemand da ausser Giulio, der immer von Dir spricht, liebevoll. ich nehme an, dass Du den dicken mantel aus dem gepäck hervorholen musstest, stimmt's? wenn sie Dir das appartement[3] nicht vor dem 1. dezember gegeben haben. ich erinnere mich, wie reizend Du in Donaueschingen warst und danach. die kritiken über die »Nachtstücke« haben mich wegen ihrer dummheit ein wenig sprachlos gemacht, vor allem, wenn sie durchaus schmeichelhafte dinge sagen wollten. verwirrend. wie allein man doch ist auf der welt! ich habe grosses verlangen danach, bald Dein stück[4] zu lesen, schick es mir, sobald es fertig ist. ich komme am sechsundzwanzigsten november nach Baden-Baden und bleibe bis zum 30., was ein samstagabend ist. könntest Du nicht auch kommen? ich dirigiere meine 2. sinfonie, die »quattro poemi« und eine suite aus »Undine«, also drei sachen,[5] die Du nicht kennst. weihnachten kann ich in diesem jahr nicht nach Bielefeld fahren, weil die reise zu teuer ist, vielleicht lass ich die mama nach B.B. kommen, um sie ein bisschen zu sehen. Nanni schrieb mir von seiner idee, neujahr in München zu verbringen – aber wie macht man eine solche reise ohne geld? natürlich hätte ich lust dazu, aber es ist nicht realisierbar. ich versuche, meine sachen in ordnung zu bringen und keine schulden mehr zu machen. der neue anwalt scheint mir sehr tüchtig zu sein, es ist ihm gelungen, der Armuzzi, die zu seinem ärger von mir die kleinigkeit von 800 000 lire verlangt hat, über die anwaltskammer in Mailand mehr als die hälfte abzuziehen. eine angst weniger, und dann hat sofort der prozess begonnen, das heisst die anklage.[6] ich suche verzweifelt nach einem guten opernstoff, aber ich schwöre Dir, das ist schwierig. im frühling will ich unbedingt anfangen. ich lese oft Deine gedichte und kann Dir gar nicht sagen, wie wertvoll sie für mich sind wegen ihrer schönheit und grossartigkeit … Du bist ein anbetungswürdiges geschöpf. so bin ich immer ein wenig in Deiner umgebung, wenn je eine solche übereinstimmung möglich oder zulässig ist. wenn Du nicht nach B.B. kommst, komme ich danach nach München, aber ich möchte so gern, dass Du in B.B. dabei wärst, denn ich würde besser dirigieren. ausserdem könnten wir dann zusammen nach München fahren, wo ich ein bisschen bleiben könnte, so dass wir die zeit hätten, ins kino etc. zu gehen oder buttercremetorte bei den Hartmanns zu essen. oder den kleinen Ponnelle zu taufen oder die neuen fotos von Margit zu begutachten. also. mit diesen hoffnungen grüsse ich Dich. sei brav und ärgere Dich nicht, sei ganz ruhig, Du bist es, die die welt dirigiert, und Du hast alles in händen. ich bete Dich an.

hans

107 *An Ingeborg Bachmann*

Mainz, 29. November 1957

DANKE FUER LIEBEN BRIEF BIN ZUERICH HOTEL NEUES SCHLOSS 4. DEZEMBER TELEGRAFIERE DATUM DEINER ANKUNFT SEHR GLÜCKLICH DICH ZU SEHEN INNIGE FREUNDSCHAFT = HANS

108 *An Ingeborg Bachmann*

Neapel, 6. Dezember 1957

6
12
57

allerliebste Zerbinetta[1]

erst gestern bin ich nach Neapel zurückgekehrt, nach verschiedenen aufenthalten, aus geschäftlichen gründen, in Mailand und Rom.

ich bin sehr betrübt, dass jemand die Stirn gehabt hat, ausgerechnet die lieder auf der flucht[2] zu machen. ich kann nichts dazu sagen, weil ich ja kein recht habe, aber ich finde es schon sehr sehr traurig und irgendwie insultierend. Am liebsten würde ich Dich bitten, ihm die erlaubnis nicht zu geben, denn wenn man diese lieder überhaupt komponieren darf, dann nur mit einer erfahrung und einem respekt den kein sterblicher so leicht aufbringt. also ich reagiere leider sehr betrübt darauf. will die musik nie hören.

was sich solche leute wohl denken!?

– unsere reise war für mich etwas sehr angenehmes und unterhaltsames. ausserdem hat mich der Gute Gott der eichhörnchen[3] sehr beeindruckt. zum sterben schön. Du bist grossartig, und ich will, dass Du auch glücklich und wunderbar und strahlend und tüchtig und ein engel bist.

für Dein ganzes jetziges leben wünsche ich Dir alles glück dieser erde.

flieg ganz hoch hinauf
Dein hans

109 *An Ingeborg Bachmann*

Neapel, 20.–22. Dezember 1957

Napoli, 20.12.57

Carissima

unendlichen Dank für Deinen so freundlichen brief. auch ich denke so über die vergangenheit und bin Dir sehr nahe, wie immer, jetzt mit den aufrichtigsten souhaits, die ich Dir schicke wie einer grossen schwester, auf die ich sehr stolz bin. ich bitte Dich, mir immer zu schreiben und mich auf dem laufenden zu halten, ausserdem zu wissen, dass Du hierher kommen kannst, wann Du willst. es ist jetzt schön hier, strahlende sonne und kalt, aber die ganze umgebung erwärmt sich gut, und für mich ist es eine absolut neue erfahrung: im winter im süden zu sein, ohne zu frieren.

ich arbeite sehr viel, immer mit dem gefühl des unglücklichseins. den schluss Deines briefes, in dem es heisst, »schreib schön und aufsässig«, habe ich als ermutigung aufbewahrt, obwohl ich nicht genau verstanden habe, wogegen ich aufsässig sein soll.

ich war für ein paar tage in Rom und sah die inszenierung des »Impresario delle Smirne«, die Visconti gemacht hat[1], auch das bühnenbild und die kostüme waren von ihm. alles rundum zauberhaft, wunderbar, zum sich-verneigen. was für ein grosser künstler! aus dieser nicht sehr bedeutenden Goldoni-posse hat er eine zutiefst menschliche und verliebte sache gemacht.

ich sprach lange mit ihm über die oper. er schlägt mir den »Prinz von Homburg« vor ... jetzt lese ich ihn. er sagt, das sei genau die neunzehntes-jahrhundert-oper, die ich »machen wolle«

(wie er sagt: »was du machen willst, ist der Prinz von Homburg«.) ich bin mir noch nicht sicher.

jedenfalls lasse ich auch »Motke«[2] vorbereiten (was der Conte noch nicht gelesen hatte.)

in wenigen tagen ist weihnachten, und ich besitze nicht eine lira. zum glück habe ich freunde, die mich einladen.

heute kam ein brief aus Hamburg von einem Francesco Davalos, der hoch erfreut ist über seine sinfonie, die man dort am rundfunk gespielt hat[3]. ich hoffe, damit hat er genügend inspiration, um mehr zu arbeiten und sich angezogen zu fühlen von der musik …

ich weiss nicht, ob ich Dir geschrieben habe, dass Giulio promoviert hat. aber jetzt geht er in kein büro, ich habe mit dem vater gesprochen, sie geben ihm das geld, um musik zu studieren.

Carissima, ich wünsche Dir ein sehr glückliches neues jahr, mit der erfüllung vieler träume, mit neuen gedichten, mit sehr viel geld, mit allem, was ein menschenherz begehrt.

denk immer an mich und gib mir immer nachricht von Dir.

hans

P.S. ich bekomme soeben einen brief von Strecker, in dem er mir sagt, dass die Gsovsky ihn angerufen und ihn gefragt habe, ob sie eine tournée mit dem »Idioten« machen könne – aber sie wolle einen anderen, für das publikum »verständlicheren« text verwenden. sie bitten mich, es zu erlauben. ehrlich gesagt, ich weiss nicht, was ich antworten soll. vielleicht könnte man sie es einfach machen lassen, wie sie wollen, die prozente gehen trotzdem an uns, und den text kann man inzwischen in der partitur lesen. im übrigen muss man bald eine fernseh-version[4] mit Deinem text machen. wie auch immer, ich überlasse Dir die entscheidung und bitte Dich, sie dem alten Strecker mitzuteilen.

ciao. hans

Viele herzliche Wünsche
Für ein glückliches neues Jahr.

Frohe Weihnachten!
Giulio

P.S.

22. 12.

in diesem augenblick erhalte ich Dein päckchen. Du weisst gar nicht, wie sehr mir der ganze inhalt gefällt! das foto, das wirklich hübsch ist, habe ich sofort in einen rahmen gesteckt, und jetzt habe ich eine lächelnde pupa vor mir anstatt dieser seltsamkeit von vorher, eine menschlichere pupa, die mehr den tatsachen entspricht. das foto ist hervorragend.

dann die sachen zum baden, so mondän! wirklich todschick, ich muss gestehen, dass ich regelrecht verblüfft war und nicht weiss, ob ich sie nur zur dekoration verwenden soll oder auch, um darin zu baden.

dann der solide und seriöse schlüsselring: Du musst wissen, dass ich nur ein stark beschädigtes und unordentliches ding dafür hatte. so beginnt für mich eine neue etappe in meinem leben!

viele dankesküsse! ich, der ich ausgerechnet jetzt, dank des hauses Schott, ohne geld dastehe, muss beschämt gestehen, dass ich Dir nichts anderes schicken kann als aufrichtige wünsche. es wird auf ein andermal verschoben.

addio, auf wiedersehen
hans

110 *An Ingeborg Bachmann*

Neapel, 1. Januar 1958

1 Gennaio 1958

liebes ingelchen

vorrei che trovi'sta lettera quando torni aus den Samtlanden[1]. gestern war es hier sehr schön, das mitternächtliche geisteraustreiben zum weinen: auch die ärmsten noch haben knallfrösche und raketen und es schiesst + knallt + zischt und leuchtet bis die ganze stadt, deren lichter immer rötlicher immer orangener wurden, ganz im Rauch verschwand.

Fui solo con Giulio ma era bello perché la prima volta che a Capodanno non sto dischperato. haben auch ein festmahl gemacht und so. – ich hoffe Du hast es schön gehabt, wir haben viel von Dir gesprochen und geschwärmt + bedauert dass Du nicht da warst, aber das ist ja wohl zu egoistisch und dumm. jetzt beginnt die zeit, wo man in den briefen immer die jahreszahl trompt[2]. weihnachten hier war auch ganz schön, sehr rührend und wie in der bibel ging es auf den strassen zu. am tage ist herrlichste sonne und blaues meer und himmel, per forza si sta sereni. weihnachten war ich in der Giulio-familie, fast zuviel, möchte ich sagen. nerve-wracking, after all. am 2. christmas day machte ich hier einen cocktail, mit fürstenkindern bis runter zu den bürstenbindern, auf dessen culminationspunkt eines der sizilianischen pupi von seinem standort runterfiel und fast alle gläser und drinks zerstörte, dazu laut das radio mit den neuen platten, und alle versuchten es noch zu übertönen. das wäre nichts für Dich gewesen. ich habe das 1. tempo meines streicherstücks nun endlich von mir gestossen, und das 2. begonnen. da mir das 3. nun klar ist, glaube ich dass es bald ganz zu papier kommen wird.

von der bezaubernden aufführung des »Impresario delle Smirne« die der Conte in Rom gemacht hat, habe ich Dir wohl schon erzählt.

der Conte hat mir den Kleist'schen »Prinz von Homburg« als oper vorgeschlagen, ich glaube das ist eine tolle idee, habe es inzwischen gelesen. es eignet sich sehr, formal und ausdrucksmässig, für das was ich suche. es muss nur gut gecuttert werden. lies es bitte mal rasch (Du wirst Dich nicht mehr dran erinnern[3] aus der obersekunda) und schreibe mir Deine opinion, auf die ich höchsten wert lege. Auch möchte ich erfahren wie weit es mit dem lieben Gott in Manhattan ist.[4]

Adorabilissima, nun fängt das schöne Jahr 1958 also an, ich

wünsche Dir dafür noch einmal alles Glück dieser Erde. bleibe mir nah.

Dein hans

... torni aus den Samtlanden.] ich möchte, dass Du diesen brief vorfindest, wenn Du aus den Samtlanden zurückkehrst.
... non sto dischperato] ich war allein mit Giulio, doch es war schön, weil ich zum ersten mal zu neujahr nicht verzweifelt bin.
... si sta sereni.] notgedrungen ist man heiter.

111 *An Ingeborg Bachmann*

Neapel, 6. Februar 1958

6 II 58

liebe pupa

bin gut und nach einer ganz schönen und bequemen reise wieder hier eingetroffen, wo unter einem kristallenen himmel ein kühler märziger wind weht. habe nochmal kohlen kaufen müssen. bis heute (donnerstag) konnte ich nur briefe schreiben, aber ich hab es jetzt hinter mir, nur noch unwichtiges gibt es noch, was ich so langsam mit der zeit amalgieren werd. heute, falls giulio's nonna gestorben ist und er deshalb nicht kommt, sonst morgen, beginne ich mit meinem neuen stück, das im holzköpfchen, wo die kleinen biester nagen, schon ganz zersägt daliegt. es soll wohl den titel »3 dithyramben«[1] kriegen, weil es doch so was von vergil hat, unserm nachbar schräg gegenüber[2]. ausserdem hat es konzertierende instrumente. aber das verstehst Du nicht.

habe eine grosse ruhe und stille und bin friedlich und freue mich. ach wenn ich doch auch von Dir derartiges hoffen dürfte! Du hast mich mit dem roman Deines lebens zwar etwas amüsiert, aber schliesslich nicht nur. aber dass Du eine seltsame pflanze bist, ist Dir hoffentlich klar. ich habe viel darüber nachgedacht.

und bitte Dich, vor allem eines zu tun: dem instinkt folgen, und dem prinzip der grösstmöglichen schwere- und sorgenlosigkeit. nur so kann man arbeiten, wozu man ja schliesslich da ist. habe es auch noch mal scharf überlegt: alles was ich über neapel sagte, hat seine gültigkeit und seine bleibende bedeutung für Dich. in anderen worten, das telegramm kann jederzeit ungeniert eintreffen. das nur zur sicherheit für Dich. es soll kein drängen sein, sondern nur ein unterstreichen des von mir gesagten. ich würde mich natürlich sehr freuen. habe giulio das mit dem heiraten auch gesagt, aber er hat es wohl nicht so ganz verstanden, was ja auch sehr schwer ist. nun hat es damit ja eh noch viel zeit. wisse nur, dass an dem immer von mir gesagten sich nichts ändert.

habe einige leute (einen ami-dirigenten) zum tee erwartet, aber das dumme schwein scheint nicht zu kommen. so ist dieser brief ein 5 o'clock mit Dir. giulio's nonna liegt seit 3 tagen in der agonie, ich nehme an dass sie heute erlöst worden ist. muss nachher mal anrufen.

liebe ingeborg, eine bedingung hätte ich dann vielleicht doch noch wegen neapel: dass Du mir versprichst, nie unglücklich zu sein. aber dies dürfte ja vielleicht nun auch, nach dem neuen stand der dinge, nicht mehr in frage kommen. sonst im übrigen kann ich mir die sache sehr seren und gut und still vorstellen.

wir gehen beide auf die 40!

let's face it.

bitte schicke mir eine kopie des hörspiels. und schreibe mir genau hinein, wo Du was sonores willst, und was Du willst. ich möchte sehr gern mit dabei sein, wie Du Dir denken kannst und etwas ganz besonderes machen, kein teutonisches klischee, sondern etwas was dem ernst der sache entspricht, auch wenn es nur wenige töne sind. oder nur ein immer wiederkehrendes symbol oder wie man sowas sonst nennt. lass es mich also bitte genau wissen[3].

wenn ich hier immer allein wäre, ich meine jetzt, ohne giulio, dann wäre ich doch wohl schon leicht gaga geworden, ich merke es jetzt wo er nicht kommt. es legt sich dann so eine ziemlich kalte, unheimliche einsamkeit auf einen, und man irrt so im hause umher, greift ein buch, legt es wieder weg, spielt eine romanze auf dem leicht verstimmten piano, lässt es, etc. werde jetzt gleich diesen brief spedieren gehen und dann später werde ich dann vielleicht ins kino gehen und dann nach hause und mit der musik anfangen. ach, mein täubchen.

wenn Du noch mal im »homburg« liest: ach bitte, meint der dichter Nathalié oder Nathaalie? hoffentlich ersteres, denn nathaalie ist doof. während ich nathalié vertonen könnte. das muss sich nach dem rhythmus der verse feststellen lassen? meinst Du, ich könnte Nathalié komponieren? das ist recht wichtig für mich. bitte schreibe mir darüber.

nach den dithyramben will ich noch die »liebliche bläue« von hölderlin vertonen[4], und dann den »homburg«. na bitte.

Heyworth[5] kommt kurz vor ostern auf ein paar tage, und seefehlner[6] vielleicht ostern. wenn nicht, fahre ich vielleicht nach sizilien.

will jetzt manchmal solche dinge mir gestatten.

lieber engel, hoffentlich geht es Dir nun bald wieder ganz gut. pass schön auf Dich auf und sei brav und klug und lieb. was Du ja auch bist.

es umarmt Dich
Dein hans

112 *An Ingeborg Bachmann*

Neapel, 12. März 1958

12 III 58

liebe ingeborg,

heute morgen um 7 kam Dein telegramm. also weisst Du ich glaube nicht, dass ich unbedingt nach berlin[1] muss – ich sprach darüber vor meiner abreise mit blacher[2], und er meinte, wenn es soweit wäre dass ich eine einladung bekäme (bisher habe ich eine solche noch gar nicht erhalten) dann solle ich einen dankesbrief schreiben und sonst nichts, denn die verleihung des preises findet ohnehin ohne zeremonien statt.

dann muss ich unter uns auch noch sagen, dass ich keine lust habe zum reisen, und nochmal nach berlin zu eilen! wenn Du aber dort sein wirst, dann versuche doch bitte unbedingt den re cervo zu sehen oder maratona oder beides. und rufe meinen freund klaus geitel[3] an (87 53 75, tagsüber in der »berliner stoffdruckerei« 46 33 34) – er ist ein sehr netter mensch und hat ein auto und kann Dich nicht nur spupazzaren, sondern auch sonst divertieren.

am 21. muss ich in zürich sein, wo mein neues werk »sonata per archi« gegeben wird, dir. sacher. da bist Du wohl unglückseligerweise gerade in berlin? sonst wie wäre es wenn Du kämest? ich bin c/o Langbein, Oberdorfstrasse 23.

arbeite viel und habe den 1. satz eines neuen stücks »3 dithyramben« beendet. habe viele schöne ideen und gute laune und alles ist fein.

Waiting for mail from you.

Do hope everything is well and lovely!

Addio
hans

113 *An Hans Werner Henze*

München, 23. März 1958

23. März 1958

Franz Josefstrasse 9 a
München 13

Lieber Hans,

vor einer halben Stunde bin ich nach München zurückgerollt (das ist noch der Berliner Jargon, der sich eingenistet hat), und eben haben Klaus und Blackie aus der Livländerstrasse angerufen, die sich vergewissern wollten, ob ich heil und mit allen Schirmen, Bären und Blättern den bayerischen Boden erreicht hätte. Die beiden haben sich auf das Allernetteste um mich gekümmert, Black ging sogar vor seiner ersten Dichterlesung eigens zum Friseur, und wir haben viel gelacht miteinander.

Ich war bei Deiner Preisverleihung[1] Ehrengast des Senats, und sehr feierlich war es zwar nicht, aber gut gemeint, und die Hauptsache ist, dass es keine Verstimmung gibt –

eben habe ich nämlich Deinen Brief geöffnet, der mich vor der Abreise nicht mehr erwischte und in dem Du alles erklärst.

Schreibe mir bald, wie es in Zürich war!

Berlin war sonst sehr merkwürdig, auch deprimierend, kalt und durchlöchert von Schnee und der üblichen Dichterlesung mit geselligem Beisammensein danach.

Aber nach diesen Präliminarien möchte ich endlich auf die Hauptsache kommen, nämlich auf den Re Cervo. Er war so schön und so überzeugend und besonders der zweite Akt und die erste Hälfte des dritten von solcher Genialität, dass überhaupt nichts dazu zu sagen ist als »In Staub mit allem sonst«[2], was es heute noch an Musiken gibt, und ich war bald stolz und bald ergriffen. Und noch vieles mehr, nur gehts in keinen Brief. Maratona konnte ich nicht sehen, weil ich genau an dem Abend selbst lesen musste, aber die Livländer[3] haben mich getröstet und mir gesagt, es tanzte leider nur mehr die zweite Garnitur mit Auflösungstendenzen.

Und jetzt bin ich zurück und überlege mein Leben im Hinblick auf die Arbeit, denn ich sehe immer mehr, wie wenig noch getan ist, und der Re Cervo, den Du schon hast und einiges mehr, haben mich nachdenklich gemacht, e mi sono vergognata, pigra e indolente come sono stata spesso.

Meinen Brief, den ich nach dem Telegramm abschickte, wirst Du nun wohl auch bekommen haben. Und vielleicht schreibst Du mir ein Wort dazu, falls eines dazu zu sagen ist.

Ich möchte jetzt anfangen, ein Theaterstück zu schreiben[4], meine ganze Kraft zusammentun.

Und vergiss bitte nicht, mir ein paar Notizen zu machen über Musik und Worte, Musik und Gedichte und so[5]. Eh Du die Rosen giesst.

Addio.

Ingeborg

… come sono stata spesso.] und ich habe mich geschämt, faul und träg, wie ich oft war.

[*zu diesem Brief gehörig auf einem eigenen Blatt:*]
Mit schlaftrunkenen Vögeln und winddurchschossenen
Bäumen steht der Tag auf …[6]
und ich komme wieder
weil Du lieb bist

114 *An Ingeborg Bachmann*

Neapel, 24. März 1958

24 III 58

liebe ingeborg

bin gerade aus zürich zurück und schlage Dir schnell ein bisschen was einsames in die maschine. es war in z. schön (DU wurdest sehr vermisst) und meine sonata per archi hat vielen leuten gefallen[1], wenn auch nicht allen, dazu ist sie wohl zu »einsam« und zu wenig kommunikativ, wie es halt die kammermusik so an sich hat. es war viel applaus, doch hinterher sprachen mir mehrere leute ihre perplexität deutlich aus, in schwytzerdütsch. ich finde hier nun bei der rückkehr die post vor, die recht monoton und dumm ist, mit vielen dingen, die mich annoiieren. dann legte ich eine schöne platte auf »serenade für tenor, horn und streicher« von benjamin britten die mir wirklich sehr gefiel, dann das klavierkonzert von schönberg, das mich sehr deprimierte. also der schöne britten den muss man verachten, weil er doch nicht atonal schreibt, und dieses scheusslich klingende schönberg-stück muss man verehren ...?? ... ?? ich bin sehr deprimiert. dann öffne ich einen brief von andersch: ihm ist der »motke« zu unmodern! hast Du noch töne? ausserdem sagt er noch was ganz dummes: das stück spiele unter ostjüdischen kriminellen, und da würde der deutsche spiesser dann sagen: na ja, wir haben es ja immer gesagt! das ist nun ganz dumm, weil es erstens ja gar nicht unbedingt bei den ostjuden spielen muss, sondern es kann überall woanders auch spielen, und zweitens ist die kriminelle seite man nur sehr unerheblich und leicht transformierbar. es sei ja klar dass man aus der sache ein schönes opernlibretto machen kann, gibt er zu, aber es sei halt nicht seine tasse de thé. nun bitte. das ist also andersch, der den »jonas« film[2] so stark verehrt (kennst Du das schnöde produkt?) und dessen frau so malt, wie sie es tut. das moderne! es ist zum auswachsen.

nun könnte ich Dich fragen, liebes täubchen, ob Du es noch

mal mit mir versuchen willst und mir das libretto machen, oder ob ich mich an patroni griffi[3] wenden soll. da ich Deine schwierigkeiten terminen und ähnlichem gegenüber kenne, zögere ich mit der frage, obzwar es natürlich das einzig richtige wäre, Dich um den text zu bitten. es ist ja nicht so viel arbeit wie ein hörspiel … aber immerhin wollen wir doch der wahrheit ins auge blicken, und dem umstand, dass während der homburg komponiert wird, der motke ganev schon fertiggestellt werden muss. ich lasse Dir das deutsche buch schicken, oder vielleicht besser ich schicke Dir das italienische. und dann fackeln wir nicht lange und machen ein treatment und Du puttest die dialoge hinein, oder? und wann tun wir das? ach liebes häschen Du ahnst ja nicht wie trostlos alles ist. Du warst in berlin bei geitel, haben mir meine sbirren berichtet, und es soll auch alles sehr nett gewesen sein – gib zu es sind nette und gute menschen.

das meiste von dem was ich sagen möchte kann man gar nicht in die maschine hämmern, aber es dreht sich immer um das gleiche, dass man halt künstlerisch sehr unglücklich und heimatlos ist und so oft falsch verstanden wird und es einem so kalt wird a cause de la solitude – et c'est pour ça que je te pense beaucoup und weil Du an mich glaubst so wie ich an Dich glaube, und weil ich auch an mich glaube und nicht anders tun und handeln kann als ich es tue. aber oft ist es halt kalt.

adorabile piccola. eben war ein priester da um das leere haus zu benedieren. für 100 lire.

der motke muss natürlich sehr frei bearbeitet werden und seiner exzessiven giallo elemente[4] enthoben werden, aber das ist ein pappenstiel. worauf es ankommt, ist die »moral« der geschichte, die tragödie die darin liegt, das melodramma.

nach ostern sehe ich luchino zwecks zusammenstreichen des homburgs, und evtl. müssen ein paar neue verse auch hinein. soll ich Dich damit belasten? der alte dr. strecker schlug mir vor mich an richard hey[5] zu wenden, der sei ein neues licht. Chi è? Tu lo conosci? Fammi capire.

von ashton ein sehr lusinghierer brief[6] über die »undine« musik, er übertreibt wohl ein wenig, wenn er schreibt, the second act is better than Tristan. er ist ja kein fachmann also können wir ihm verzeihen.

dass herbert die nachtstücke dirigieren will habe ich Dir wohl schon mitgeteilt.

schöne grüsse von Giulio, von Brenton Langbein[7], von beiden Sachers die sehr reizend waren und von frau hürlimann if you remember her.

I miss you.

hans

... je te pense beaucoup] aufgrund der einsamkeit – und deshalb denke ich viel an Dich

... Fammi capire.] wer ist das? Du kennst ihn? lass mich verstehen.

115 *An Hans Werner Henze*

München, 30. März 1958

= BITTE TELEGRAFIERE MIR SOFORT OB DU WIE ICH UND ALLE ANDEREN ARTISTI PROTEST GEGEN ATOMBEWAFFNUNG[1] DEUTSCHLANDS UNTERZEICHNEST JA GENUEGT AFFETUOSAMENTE = INGEBORG

116 *An Ingeborg Bachmann*

Neapel, 31. März 1958

AM 31 März

liebe wildente, und liebe ingebach borckmann[1]

beiliegend ein brief für Dich, den ich vor 8 tagen schon schrieb,[2] aber nicht abschickte, weil Dein post-berlines schreiben eintraf und ich darauf auch antworten wollte. es freut mich sehr, dass es Dir bei geitel so gefiel und dass er sich Deiner so angenommen hat. er ist wirklich ein dicker guter baltischer engel. Es gibt halt ein paar nette menschen doch noch, das was man gli amici nennt.

dass der re cervo Dir gefallen hat (ti piaceva) das ist für mich sehr herrlich. hai visto che violenza e che tristezza e che speranza?

heute kam auch Dein telegramm das ich morgen früh natürlich mit ja beantworte, obwohl ich fürchte, dass es nur demonstrativen und keinen praktischen zweck hat. gegen adenauer und all das könnte man nur eine aktive widerstandsbewegung machen – aber es gibt ja nicht mal mehr »alliierte« »draussen« die einem hoffnung machen würden. das ist unser altes geliebtes europa das in asche fällt, und wir mit ihm.

sto lavorando assiduamente sul nuovo pezzo[3] – il secondo tempo ora, ma c'è Peter Heyworth che è difficoltoso e presuntuoso, e che vuole sempre avere compagnia – figurati la perdita di tempo. Ma I put my foot down, though.

was kann ich Dir über das alte text-musik-verhältnis-problem sagen?[4] es ist für jeden anders, denke ich. für den einen ist das wort etwas, das hinanhebt, seiner musik flügel macht: der braucht eine gute schöne lyrik (z.b. strauss, daher hofmannsthal) andere müssen einen nüchternen alltagstext haben, etwas realistisches, denn sonst wissen sie nicht mehr, was die musik tun soll, die für ihn da ist, den hintergrund, die überhöhung zu geben. typen wie strawinsky würden am liebsten nur in alten sprachen komponieren, die nicht mehr umgangssprachen sind, damit möglichst wenig »alltag« hineinkommt. für mich persönlich ist es z.b. so, dass ich eine sprache vorziehe, die bildhaft ist, in der man dinge sieht, die seltsame gefühle suggerieren (wie im »freien geleit« oder in meiner theatermusik im allgemeinen, wenn ich auch darin bis jetzt textlich nicht glücklich war) – und diese gefühle komponiere ich dann. die worte müssen gerade den raum lassen, den die musik braucht ... es gibt natürlich auch jungens, die ein von bildern u n d gefühlen volles poem vorziehen und es dann mit der musik interpretieren, die also gewissermassen das was das gedicht tat, noch einmal musikalisch nachmachen. (trotzdem kann man dann nicht sagen, dass eines das andere aufhebe, es besteht nur die gefahr dass oder musik oder wort das svantaggio bekommen.) ich bestreite jedoch, dass es literatur gibt, die »so musikalisch« sei, dass man sie »nicht vertonen« könne, das sind theoretische phrasen, die der wirklichkeit fern liegen, denn die literatur ist eine wort-kunst, während die musik eine ton- und klangkunst ist, abstrakter, mechanischer, ungreifbar, während doch literatur aus worten die täglich gebraucht werden, besteht, worten, die jeder versteht (wenigstens bis zu einem gewissen punkte).

die beiden künste können sich vereinen,[5] ohne dass die andere oder die eine dabei ihre eigenart verliert. dadurch, dass eine lyrik komponiert wird und dann gesungen und von instrumenten umspielt und begleitet, kommentiert, illuminiert, dadurch wird musik noch nicht literatur, und umgekehrt.

schwierigkeiten sind u. a. die rhythmische faktur des textes in eine musikalische zu übertragen.

oder: den spannungsverlauf des gedichts musikalisch mitzumachen. da liegt auch eine grosse freiheit: man interpretiert komponierend das gedicht, komponierend enthüllt man wie man es empfindet.

das wort kann von verschiedener wichtigkeit sein, verschieden stark in betracht gezogen werden. bei bach wird es bis zur unkenntlichkeit (durch koloraturen und kontrapunkte) entwertet, bei schubert steht es an erster stelle, die singstimme deklamiert es nahezu, und die klavierbegleitung, oft nur gitarrenhaften charakters, unterstreicht ein wenig den sinngehalt. bei einigen modernen scheint es wieder ganz entwertet, wenn kontinuierliche intervallsprünge seinen sinn weit vom »sprechen« von der deklamation wegführen und der wort-linie abbruch tun. (s. webern*, nono u. a.)

einige moderne lehnen es ab, worte zu komponieren, weil sie finden dass der gebrauch von worten der reinheit der musik abbruch tue.[6]

in der canzone napoletana ist nur das wort wichtig, die musik ist da nur eine unterstützung dessen was gesagt sein will, beinahe nur wie eine hilfe zum auswendiglernen, aber wiederum auch sehr stark eine exaltation des worts, wie überhaupt (meines erachtens) die musik gewissermassen einsetzt, wenn das wort** sich bis in ihre höhe erhebt (bitte dies nicht als bosheit auslegen, sondern als bild.)

liebes engelchen, das ist in kurzen worten was ich Dir so sagen könnte. wenn wir uns sähen, könnte ich Dir natürlich viel mehr sagen und Deine fragen beantworten und so. hoffentlich kannst Du dieses aber doch irgendwie verwenden für Deine arbeit (um die ich Dich nicht beneide)

es ist spät und ich muss jetzt schlafen. morgen arbeite ich wieder viel, damit mir die österliche sizilienreise schmeckt.

lass von Dir hören!

sei umarmt von Deinem alten und müden
hans

*[*li. Rand, hs.:*] bitte Namen nicht nennen
**[*li. Rand, hs.:*] die erregung

... e che speranza?] hast Du gesehn, welch eine gewalt und welch eine traurigkeit und hoffnung?

... down, though.] ich arbeite ständig an dem neuen stück – jetzt am zweiten tempo, aber es ist peter heyworth da, der schwierig ist und eingebildet und der immer gesellschaft haben will – stell Dir den zeitverlust vor! doch ich habe mich durchgesetzt.

... svantaggio] Nachteil.

117 *An Ingeborg Bachmann*

Neapel, 3. April 1958

JA GEGEN ATOMARE RUESTUNG = HANS

118 *An Ingeborg Bachmann*

Neapel, 17. April 1958

17 april 58

liebste ingeborg,

dass ich nun auch noch in Deiner sorgenvollen lage nicht schreibe, ist schlimm: aber ich hatte eine vena creatrice oder besser, eine woge, die aufgefangen werden musste! daher erst jetzt mein brief. sizilien ist ins wasser gefallen, buchstäblich, denn es regnete ja ununterbrochen. mein neues stück, die 3 dithyramben, ist fast fertig, es fehlt nur noch ein abschluss, den ich heute schreiben wollte, aber es scheint nichts draus zu werden ... (einen besseren titel als 3 dithy. habe ich dank Deiner abwesenheit auch noch nicht gefunden, das stück scheint mir aber trotzdem sehr schön sozusagen.)

ich muss Dir auch noch den »motke« schicken. meines erachtens, und meines begehrens, müsstest Du den text schreiben, aber Du dürftest mich, einmal akzeptiert, dann auf keinen fall sitzen lassen. wir haben ja wirklich in dem asch ein gutes »handfestes« gefüge und es kommt nun nur darauf an, etwas schönes, wildes, uns zugehöriges daraus zu machen. da Du wirklich in Deinem brief Dich anbietest und mich damit glücklich machst, bitte ich Dich, dabei zu bleiben. hey, was eine notlösung gewesen wäre und ein versuch war, Dich nicht zu belasten, sollte helfen an dem »homburg« zu drehen, aber nach der hinter mir liegenden lektüre seiner dramen scheint es mir nicht opportun, obwohl der alte ludwig strecker mich damit plagt, dass ich diesen

»theaterfesten« menschen näher in betracht ziehe.[1] ich werde ihn denn wohl auch pflichtgemäss treffen, ende mai wohl, aber vom »motke« gar nichts sagen, und über den »homburg« nur so sprechen. mit letzterem sitze ich ein wenig in der tinte, weil luchino, mit dem ich nach der (triumphalen) callas-revision in »anna bolena« arbeiten wollte, nach paris musste und dann nach london, wo er zur zeit sitzt, und den »don carlos« am covent garden inszeniert.

nun bin ich also immer noch nicht weiter mit dem »homburg« libretto, aber könnte mir denken, dass wir beide es sportsmässig schon allein schaffen könnten. ich muss auch ein paar neue verse dafür haben. wenn es fertig ist, zeigen wir es dann diversen herren, wie felsenstein, luchino, schuh,[2] um sicher zu sein, dass es gut ist.

wann können wir das tun?

dunque, ich bin bis ende mai–anfang juni ununterbrochen hier, d.h. für eine woche muss ich, anfang mai, nach london, um die proben zur »undine« mir anzusehen. die sache ist nun auf november verschoben ...

im juni, und davon möchte ich keinesfalls ablassen, möchte ich mit klaus geitel, blacky (Deinem verehrer, der bei Deinen versen weint) und giulio nach griechenland (in geitel's auto) aber im juli und august und september werde ich wohl immer hier sein und schon am »homburg« arbeiten, wenn's beliebt. nun sehe ich, dass Du im mai noch in münchen sein musst. muss das wirklich sein? denn es wäre natürlich ravissant, wenn Du schon im mai hier wärest, wenigstens in der 2. hälfte, damit wir schon homburgeln können.

aber auch im juni kannst Du hier sein, wenn ich fort bin, vielleicht würde Dich das amüsieren? vielleicht fällt Dir irgendwelche gesellschaft ein, damit Du nicht allein bist. es ist auf jeden fall sehr schön, dass Du kommen willst, und mach es wie Du willst, hauptsache, Du kommst. Dein zimmer ist schon sehr viel schöner geworden und wird noch schöner werden, alles in regency stripes, und nicht wie früher mal geplant, in cyclamin. es ist schon sehr viel schicker jetzt alles, aber bei weitem noch nicht so wie ich es möchte. da aber jetzt der liebe sommer naht, ist es nicht mehr so wesentlich. ich habe jetzt spesen mit vestiti, schuhen, etc. perché da anni non più presi in considerazione …

also ich wäre ravi, übrigens giulio auch, wenn Du kämest. gerade gestern sprachen wir mit viel wärme von Dir, wie wir ja auch viele storielle über Dich wissen und in imitation wetteifern, mia adorabile matta!

hoffentlich geht mir jetzt im endspurt der dityrambe III nicht die puste aus! es wäre arg traurig. invece plane ich schon noch ein anderes werk, für kammermusik und gesang,[3] weil ich doch seit 8 jahren keine kammermusik mehr geschrieben habe.

ich habe mit dem motke viele wilde schöne ideen.

ach bitte liebe kleine, lass mich nicht allein mit meinem homburg. es muss da vieles geändert werden, ein schlusschor* muss hin, und die ganze anfangserzählung muss natürlich weg z.b. (»der prinz von homburg, unser tapfrer vetter« etc.) chi se ne frega di quel racconto? und dann: der titel der oper sollte vielleicht wirklich »der schlafwandler« oder »der nachtwandler« oder besser noch »der traumwandler« heissen.

ach bitte komm doch recht bald, damit wir operln können!

Du wirst sehen, es ist nicht so schwer!

– mein schüler giulio komponiert sein opus 1 gerade. alles ist milde und friedlich, und die sonne scheint auch. nur Du fehlst, aber Du wirst ja denn wohl auch bald erscheinen, hoffe ich, mein affentier, und mit mir operln und Dein stück schreiben und all das, in lieblicher bläue[4] und nicht von unbehagen entstellt.

bitte bitte

und sei hart und egoistisch mit Deinen entscheidungen und komme bald her. aber behalte, wenn es finanziell irgendwie geht, die münchner wohnung, die ist ein gioiello das man nicht verlieren darf, und ein pied-a-terre von hohem niveau. z.b. habe ich mein ballet »undine« doch an der münchner oper im nächsten winter, da könntest Du doch denken, wie schön es da wäre, statt eines hotelzimmers so was zu haben – und vielleicht muss ich mal im sommer für 8 tage nach salzburg, das sind nur 100 km; auf der autostrasse von münchen. man könnte also immer am abend zurückfahren, kosten und menschen scheuen. am tage müsste ich dort herbie v. k. den hof machen, nämlich eine gelegenheit benutzen, an seinen proben teilzunehmen und ihn dann freundlich zu behandeln und ihm den »homburg« darzubieten, der bis dahin allerdings wenigstens schon in** fragmenten vorhanden sein müsste.

aber genug nun von diesen dingen. in diesem brief ist es so dass ich von fall zu fall wieder aufspringe, gebannt auf die noten starre und dann wieder davoneile, dem briefe für Dich entgegen, um damit keine zeit durch affanni zu verlieren. aber morgen muss es gelingen, heute scheint es mir schon spät, auch muss ich bald zum schneider gehn.

wüsste Dir noch viel zu erzählen und zu berichten, ideen, träume, ernstes und besinnliches aus des deutschen biedermanns hauspostille – aber es muss alles aufgespart werden, bis wir uns sehen.

meine liebe inge, also Du weisst nun, wie die dinge stehen. pack den kanarienvogel ein & komm.

es wird herrlich werden.
je t'embrasse
my fair lady.
Dein
hans

*[*hs. li. Rand:*] oder quintett
**[*hs. li. Rand:*] textlichen
[*hs. li. Rand:*] P.S. Claude Rostand ti chiederà delle 2 Poesie da me usate nelle »Nachtstücke«, ed una traduzione se è possibile, pel festival di Aix-en-Provençe. Aiutagli per favore.
[*unterer Rand, hs. von Giulios Hand:*] Cara Ingeborg,
spero di vederla presto qui a Napoli: Hans mi dice che ci sono speranze! Qui ora, in verità, non fa troppo bel tempo, ma per il suo arrivo le promettiamo tanto sole. – Io sono alle prese con il

mio primo lavoro musicale. (Hans le avrà detto che sto studiando composizione.) Spero che mi vada bene. A lei tante belle cose e a presto – Giulio

… non più presi in considerazione] weil seit jahren nicht mehr in betracht gezogen
… mia adorabile matta!] meine anbetungswürdige irre!
… invece] jedoch
… gioello] Juwel
… affani] Sorgen
… chi se ne frega di quel racconto?] wer schert sich um jene erzählung?
… Aiutagli per favore.] Claude Rostand fragt Dich um 2 gedichte von den von mir in den »Nachtstücken« verwendeten und eine übersetzung, wenn es möglich ist, für das festival von Aix-en-Provençe. hilf ihm bitte
… cose e a presto – Giulio] Liebe Ingeborg, / ich hoffe, Sie bald hier in Neapel zu sehen. Hans sagt mir, daß es Hoffnungen gibt. Hier ist das Wetter wahrlich nicht das schönste, aber für Ihre Ankunft versprechen wir viel Sonne. – Ich bin mit meinem ersten musikalischen Werk beschäftigt (Hans wird Ihnen gesagt haben, daß ich Komposition studiere). Ich hoffe, daß es mir gut dabei geht. Für Sie alles Schöne und auf bald –

119 *An Ingeborg Bachmann*

Neapel, 18. April 1958

18 april 58

liebe ingeborg,

hatte soeben einen kleinen incubus, denn der gärtner war da, der bisher nie was nehmen wollte, mir aber heute denn doch klar zu verstehen gab, dass es ganz gratis nicht ginge (no, maestro, per carità, fatte a piacere vostro … tu connais le genre) und der schneider wird dienstag fertig und will penunse haben, etc etc. und auf der bank ruhen noch lire 40 000 nur – der rest war für mietschulden und vorhänge etc. – und bis das honorar aus köln kommt, mag noch einige zeit vergehen, und es ist noch recht weit bis zum 1. april. der haupt-incubus ist, dass giulio es merken könnte, dass ich so schnell wieder pennyless geworden bin, und das gäbe einen furchtbaren strindberg, denn ich habe seinen mahnungen, sparsam zu sein, nicht folge geleistet. da dachte ich nun, weil ich nichts besseres weiss, Dich schnell mal anzupumpen, was mir sehr peinlich ist, aber es ist ja nur vorübergehend und bleibt auch in der familie. könntest Du es vielleicht tun, liebe kleine? ca. 30 000 würden genügen. ich fange nun auch gleich mit der hölderlin-kantate[1] an und das gibt auch schon wieder was, ende mai, denke ich.

entschuldige bitte!!!

e grazie

Dein

hans

... tu connais le genre)] (nein, maestro, um gottes willen, eine gefälligkeit für Sie ... Du kennst das genre)

120 *An Ingeborg Bachmann*

Neapel, 24. April 1958

24 april 58

liebste ingeborg,

das war aber sehr lieb und hilfreich von Dir, und ich sende Dir rasch einen ganz herzlichen dankesabbraccio. ich hoffe, auch bald von Dir buone notizie zu haben. das neuste ist dass ich gegen den 22. juni schon aus griechenland zurück bin, nur weiss ich noch nicht, ob ich nicht dann vielleicht von venedig aus direkt nach salzburg fahren sollte, um herbie zu treffen. Das wird sich noch herausstellen in kurzer zeit. ich möchte Dich aber bald sehen und Du sollst kommen. habe meine dithyramben abgeschickt und arbeite nun in 2 tagen die post auf und sinne vor mich hin und streiche dümmlich im homburg rum und bereite die liebliche bläue vor.

sei engelhaft und schreibe mir bald. und was den homburg betrifft: ich werde ihn mal mit der maschine abtippen, mit meinen provisorischen kürzungen, um zu sehen, was dabei herauskommt, und wo was fehlt, lasse ich es offen, da muss dann Deine poetische kraft eingreifen, das könnte doch sehr schön sein, nicht wahr? es hiesse dann: libretto von luchino visconti und ingeborg bachmann. dolle sache.

mein herz, also schreibe mir bald und lass Dich hunderttausendmal grüssen mit hunderttausend auguri

Dein hans

121 *An Ingeborg Bachmann*

Neapel, 30. April–2. Mai 1958

30 April 58

meine liebste ingeborg,

heute kam Dein espresso; der schon durch das telefonat überholt war. ho capito tutto, und finde es wirklich ehrlich richtig, wie Du Dich entschieden hast.[1]

ich habe nur den einzigen wunsch, Dich vorher noch für ein paar tage ausführlich zu sehen. es geht mir sehr um den »homburg« und mir ist ein bisschen bange, nachdem ich wieder darin herumgestochert habe: es ist mehr arbeit, libretto-arbeit, als ich dachte, und bevor ich überhaupt daran denken kann, anzufangen, brauche ich Deines rats, und langer colloquien. was textlich neu sein muss, kann, wenigstens grösstenteils, warten, einiges müsste ich allerdings vor Deiner abreise nach Ispania noch haben (und wissen.) das ist essenziell. wenn ich nicht nach london kann (es hängt davon ab, ob Covent Garden die reise bezahlt oder nicht) bäte ich Dich inständigst, für einige tage doch zu kommen. es geht ja sehr schnell per avion. andere szenische dinge müssen mit luchino besprochen werden. wann ich den kriege, weiss ich auch nicht, besonders, wenn ich nicht nach london kann.

es muss halt aus dem schauspiel, einem dialogwerk, eine oper werden, und das ist nicht leicht zu bewerkstelligen.

arbeite an der »lieblichen bläue« mit merkwürdigen gefühlen und mit bedrängnis.

wenn ich mehr ruhe im herzen haben werde (wenn der hölderlin weiter ist) werde ich den ganzen »homburg« abtippen, und überall leere stellen lassen, szenische angaben, wünsche, textwünsche in knappen worten anzeigen, etc., um schon mal eine erste distanz vom gedruckten reclam-text zu haben.

aber im moment muss ich mit dem hölderlin umgang halten, den ganzen tag.

noch einmal vielen dank für die rappen, sie haben sehr geholfen, und ich hoffe, dass in den nächsten tagen die meinigen antraben werden, sodass die baisse vorbeisein wird, ohne dass es unangenehm aufgefallen wäre.

alles andere mündlich, ich lasse in kürze von mir hören.

sei innigst gegrüsst von Deinem

hans

PS am 2. Mai

göttliche, karfunkelsteinhafte,

eben ist ein cable von covent garden gekommen, worin steht, dass man mich dort erst ende juni sehen will. das ist halb angenehm, wegen meines hölderlins, halb unangenehm wegen des ausbleibenden changement d'air, und der englischen sopramobili, die ich dort kaufen wollte, schottische soldaten auf kanonen schlafend, schäferinnen und rehe aus terracotta und dann angemalt, die ich so liebe. und es heisst für Dich, dass Du wieder mal einen entschluss fassen müsstest. also ich fände es ja todschick, wenn Du Dich in einen avion setzen würdest und hier auftauchen, es wäre göttlich und fabelhaft, und ich möchte es doch so schrecklich gern! Du wirst auch ein köstliches appartement vorfinden, und einen hans, der Dich am bahn oder flughof in einer schnittigen 1100 abholet. und die liebe terrasse und all das, und wir werden uns köstlich amüsieren. wenn Du schnell machst, kannst Du sogar noch das gastspiel der truppe stoppa-morelli mitkriegen, mit luchino's miller-bearbeitung des sguardo dal ponte[2]. köstliche bienenkönigin, erbsenprinzessin, silberliche eglin, korallenengel, vershexe, suvvia non dir di no, venire devi.

vielleicht so ende der woche? oder?
please make me happy!
At least for a week you must stay!
hans

… sopram[m]obili] Nippfiguren
… venire devi.] los, sag nicht nein, kommen sollst Du.

122 *An Ingeborg Bachmann*

Neapel, 5. Mai 1958

5 Maggio

Carissima Adorabile

ich kann nicht zum 30. mai nach München kommen, weil ich in London sein werde. sag es Hartmann nicht, aber so ist es, mir tut es ausserordentlich leid.

also ist es noch wichtiger, dass Du hier zu mir herkommst. ich habe heute meine ersten geistesflüge bezüglich der musik für den Kleist[1] gehabt, ich habe sie mit den händen berührt, und daher pass auf, es ist sehr ernst, und ich könnte es nie vergessen, wenn Du mich in dieser situation im stich liessest, ich würde ein ganzes jahr zeit, arbeit, leben verlieren, wenn Du jetzt nicht zu mir kommen könntest. ich bin ganz nervös bei dem gedanken, Du könntest Dein versprechen nicht halten. es ist eine heilige angelegenheit, ganz im ernst. andererseits, wenn Du kämst und mir hülfest, würde ich Dir das auch nicht vergessen.

könnte ich nach München kommen? nein. dort gibt es nicht das für unsere heilige und wunderbare arbeit nötige, weder ein klavier noch die ruhe, noch den geist, aus dem die arbeit entsteht. ich flehe Dich an zu kommen, meine liebe, wir müssen jetzt diese ersten schritte tun, und ich werde Dir die ersten sachen vorspielen, die mir eingefallen sind.

dank sage ich Dir mit allen kräften meines seins und dass es wunderbar wird, wenn Du jetzt kommst.

hans

123 *An Ingeborg Bachmann*

Neapel, 13. Mai 1958

Napoli 13 May 58

Arme liebe Puppella,

vielen dank für Dein schreiben. Dein absagetelegramm erreichte mich nach der enttäuschten (von vorahnungen begleiteten) rückkehr vom flugplatz, und auch alle anderen hochzeitsvorbereitungen auf dem lande erwiesen sich somit als vertan, aber was tut es schon, hauptsache Du kommst. ich hoffe nun sehr, dass es wirklich beim 21. bleibt, was auch insofern besser ist als ich dann den hölderlin unter dach und fach habe. bei anstrengender täglicher arbeit wird es mir gelingen, so wie bisher auch sehr viel schöne musik hervorgekommen ist aus diesem heissen bemühen. das wetter ist herrlich und wird Dir gefallen, hoffentlich auch dies haus und sein insasse. alles ist schön und gut und heiter. am 23. wirst Du dann auch einen sguardo dal ponte[1] tun können, ausserdem haben wir den ersten und den dritten akt der undine.

der shampoon des giulios heisst SULFRIN

auch ich habe eine grosse bitte; es gibt in deutschland ein

produkt, das einzige, das meine gelegentlichen nervösen bläschen zwischen den fingern beseitigt (es geschieht immer wenn ich preoccupationen und incuben[2] habe) es heisst MYKATOX und kostet eine mark. aber bitte Mykatox flüssig, vielleicht gar 2 fläschchen, nachbarin.

im übrigen bitte ich Dich, badezeug und leichteste kleidung mitzubringen, es ist schon wie im august hier. vielleicht lockt Dich das auch, mehr als alle prinzen von homburg es vermöchten …? …

muss mich nun wieder der arbeit zuwenden.

herzliche abbraccen[3]
(abratschen)
Dein hans

124 *An Ingeborg Bachmann*

Larissa, 13. Juni 1958

4 ATTISCHE GROSSE BAEREN DENKEN AN DICH GRAZIOES GLUECKWUENSCHEND

125 *An Hans Werner Henze*

Paris, erste Julihälfte 1958

Paris, prima della partenza:
Liebster Hans,

es war so merkwürdig, wie in einem dummen Roman, am 5. Juli und dann noch drei- viermal in den darauffolgenden Tagen habe ich versucht, Dich in München anzurufen, und jedesmal hat man mich mit einem wildfremden Mann verbunden, einem Herrn Henze, der aber nicht Du warst, zuletzt legte man das Gespräch nach Frankfurt, weil die Zentralistin sagte, Du seist nun dort unter einer Hotelnummer zu erreichen, und als das Gespräch endlich gegen 2 Uhr früh kam, war wieder dieser ominöse Mensch am Apparat – er muss gedacht haben, dass eine wahnsinnige Lady aus Paris ihn verfolgt.

Ich fahre morgen hier weg, weil es nicht mehr geht, weil ich nicht mehr kann, und weil die Arbeit auch derart unter allem leidet, dass es untragbar ist. Nun wollte ich Dich am Telefon eigentlich fragen, ob ich zu Dir nach Neapel kommen kann über den Sommer, wogegen Du vielleicht nichts einzuwenden hättest, aber ich wollte ja auch wissen, ob Du überhaupt gut aus der Grecia Originale[1] zurückgekommen bist, wann Du wieder in Naples bist und all dies. Und ich könnte Dir jetzt eigentlich mit diesem Brief sagen, dass ich komme, aber ich kann es nun doch wieder nicht, oder jedenfalls erst in etwa zwei Tagen, wenn sich etwas für mich sehr Wichtiges[2] entschieden hat.

Ich fahre morgen über Zürich nach München vorläufig, und ich schreibe Dir entweder sofort aus Zürich oder gleich aus München, wie alles ist, wobei ALLES ein ganzer Komplex ist, den ich so rasch nicht erklären kann.

Und heute schicke ich nur diesen Brief ab, damit Du endlich Nachricht hast.

Über das Telegramm habe ich mich sehr gefreut, andre Post habe ich nicht erhalten, konnte ich auch nicht erhalten, weil ich alles zu Piper leiten liess, um frei zu sein.

Ich habe es recht schwer im Augenblick, viele steinerne Stunden oder lähmende Aufregungen, und ich hätte gern einmal meinen Kopf auf Deine Schulter fallen lassen, und Du hättest mir einen Drink gemacht und mich gestärkt. Ich hoffe inständig, mein Lieber, dass Du eine gute Zeit gehabt hast und dass alles so gut und freundlich und ferial war, wie Du es Dir gewünscht hast, dass Ihr Euch gut vertragen habt und Du gern in die Arbeit zurückgehst.

In Paris war die längste Zeit ein Greuelwetter, aus lauter Regen und Kälte, jetzt ist es warm, aber von dieser Dumpfheit, von der niemand was hat, und die Sonne macht schwüle, verschleierte Blicke. Mein Bruder war ein paar Tage hier und natürlich ganz entzückt von allem, aus der Kärntner Perspektive ist das leicht zu verstehen.

Ich erfrische mich mit Carven for women, habe eine neue herrliche Seife entdeckt, esse gern, gut und viel, wie sich das für seelische Krisenzeiten schickt, zittre der Abreise entgegen, die morgen abend stattfindet, und zittre vor allem der Arbeit entgegen, die auch sofort stattfinden muss, seis in München oder bei Dir oder sonstwo.

Lebwohl, ich gebe Dir rasch Nachricht, grüss Giulio von mir, den Golf und alle guten Geister del sud.

Ingeborg

126 *An Ingeborg Bachmann*

Neapel, 4. September 1958

4. september

Carissima,

endlich Dein brief. was Du nicht alles anstellst, lässt sogar Deine waffe zerbrechen! doch ich freue mich, dass es Dir gutgeht und dass der ort so schön ist – ich hoffe immer alles gute für Dich.

hier ist auch alles in ordnung. morgen beginnt Piedigrotta[1], das erste mal, dass ich es sehe. ich habe mit der dritten szene[2] angefangen, aber bitte schick sie mir jetzt rasch, weil ich ohne das korrigierte manuskript nicht weitermachen kann. ich bin dabei, 4–5 tage zu verlieren! also sei so gut!

nach Österreich fahre ich nicht, danke für die mühe, die Du Dir mit diesem geld gemacht hast, zum glück brauche ich es nicht mehr. nochmals danke.

was ich über den schluss der oper denke, ist noch ziemlich unklar, fürchte ich. vielleicht könnte es gelingen, die gedanken etwas psychologischer zu verteilen: der »masse« oberflächlich fröhliche gedanken geben, aber dem prinzen das, was er sagt, und den damen kurfürstin und prinzessin dieses »o dass empfindung einzig retten kann« – doch ich bin sicher, dass Du das gut herausarbeiten kannst. je mehr ich darüber nachdenke, desto klarer wird mir, dass auch das ziemlich kurz sein kann: alles ist kurz in dieser oper, zum glück! ich bin mit dem libretto sehr zufrieden, bis jetzt gibt es keine schwierigkeit zwischen text und musik: alles entwickelt sich aufs beste. nie ist etwas zuviel. daher glaube ich, dass auch dieser schluss nicht oratorisch werden darf, sondern funktional und damit kurz und »sachlich« …

ich lege Dir noch einmal das dritte bild ans herz: jeder tag ist mir teuer und kostbar. ich flehe Dich an!!!

schreib mir, wie lange Du dort zu bleiben gedenkst, denn ich möchte Dir mein »buch«[3] schicken, das vielleicht in wenigen tagen fertig wird, vor allem wenn Du so zögerst, die dritte szene zu senden … aber es ist jetzt schon fast beendet, und daher fühle Dich bitte nicht zu weiteren verzögerungen ermutigt …

im »Europeo« steht ein idiotischer artikel über mich, ich habe mich sehr geärgert.

gestern habe ich in der via Costantinopoli zwei wunderschöne bilder gesehen, ich kaufe sie mir zu weihnachten, nach der tournée in Deutschland (wenn ich reich sein werde).

gute arbeit und guten aufenthalt

hans

127 *An Ingeborg Bachmann*

Neapel, 8. September 1958

8 SETT 58

meine angebetete tochter,

tausend dank für die abänderungen, mit denen ich wirklich sehr zufrieden bin und für die Du eine umarmung verdienst. vor allem das finale des akts ist jetzt ein absolutes wunder[1]. die rede »ein schöner tag so wahr ich leben atme«[2] bleibt im mund des Hohenzollern, auch weil ich sie schon komponiert habe. Du hast recht, man kann nicht auf alle vorschläge eingehen. morgen nehme ich die arbeit wieder auf, in den letzten tagen habe ich nur am »buch«[3] gearbeitet, mit viel mühe und grosser schwierigkeit. ich schicke es Dir jetzt, nicht ohne das gefühl von grosser scham und dem gedanken, dass das, was ich gemacht habe, keinen pfifferling wert ist. was ich machen wollte (vom buch gesprochen, nicht vom feature), sollte so etwas wie eine leicht verständliche sammlung von ideen, intermezzi, fakten, beschreibungen werden. jetzt fehlt noch der teil über die szenen und über die choreographie, die ich zuerst in London sehen muss, so dass ich den dann später, im november, schreiben werde. vermutlich wird das noch einmal etwa zehn seiten geben. aber ist das, was ich gemacht habe, überhaupt möglich? ist es logisch? hat es sinn? drückt es die dinge gut aus?

ist schönheit darin, wie ich es so sehr wollte? heute abend sehe ich es nicht und vermute es nicht einmal mehr, ich sende Dir dieses zeug im gefühl totaler entmutigung – was Dich um himmels willen nicht daran hindern darf, mich ernsthaft zu kritisieren. nimm einen rotstift und streich alles an.*

glaubst Du, man könnte es auch M. F.[4] zeigen? um eine, sagen wir, objektive stimme zu hören? denn wenn es wirklich ein buch werden sollte, möchte ich, dass es etwas wird ohne leichte angriffsflächen, weder wegen der sprache noch des inhalts wegen. ich hatte vor, etwas zu machen, womit ich mich erkläre, deutlich bestimmte dinge sage, um weitere allzu grobe mich betreffende missverständnisse zu vermeiden.

noch schlimmer: ich möchte, dass Du das bald für mich tust, denn ich brauche allmählich geld und muss auf irgendeine weise (hast Du eine idee, wie?) kopien anfertigen lassen, sobald der text von Dir korrigiert und möglich gemacht wurde (wenn das überhaupt möglich ist), denn dann muss ich ihn sofort an verschiedene typen der rundfunkanstalten in Deutschland senden. so dass nicht nur Stuttgart mir eine sendung macht. glaubst Du, es könnte auch Bremen interessieren?

im übrigen sollte das buch in erster linie interessieren wegen der reproduktionen der ballettfotos, der entwürfe von Lila usw.

sag mir bitte eine menge dinge über meinen text!

das »es heisst er treffe hier in kürze ein« werde ich hinzufügen. die erzählung über Froben können wir uns, glaube ich, aus dem kopf schlagen[5], die lösung ist jetzt schön, da gibt es nichts zu sagen.

ich wusste nicht, dass noch heute ein solches durcheinander möglich ist, wie das des neapolitanischen volkes anlässlich von Piedigrotta, nie habe ich etwas ähnliches gesehen.** ich war mit dem auto in der stadt, und von Giulios wohnung bis hierher habe ich zwei stunden gebraucht, nach denen ich und das auto völlig mit papierschlangen, schnitzel etc. bedeckt waren und ich fast taub vom lärm der hupen und der gesänge etc., die im übrigen bis hier herauf dringen, mit einer deutlichkeit, die vermuten lässt, dass sich dort unten ein pandämonium abspielen muss, mir fehlen die worte, um Dir das zu beschreiben, manchmal war der lärm derartig, dass ich nur einen einzigen musikakkord hörte, wie von einer riesigen orgel in einem dom. schön, dass wir schon wieder einmal geheiratet haben! ich glaube, es ist ungefähr das fünfte mal (das fünfzehnte mal, wie ich gestern jemanden sagen hörte), und die anteilnahme der leute an unseren angelegenheiten ist immer recht rührend …

natürlich würde ich mich sehr freuen, wenn Du noch am 17. september kämst. sag mir, wenn es soweit ist. so könnte ich Dir noch ein bisschen sonne offerieren … ausserdem werden wir, denn Du sitzt dann im spinnennetz, zwangsläufig über Motke Ganev sprechen, unseren neuen freund. Du weisst, dass ich auf dem klavier herumlärmen werde …

lass es Dir gutgehen und vergiss mich nicht. badest Du noch im meer?

ciao.

hans

*[*li. Rand, hs.*:] schreib alles, was Du denkst, an den rand.
**[*li. Rand, hs.*:] wesentlich heftiger als das ende von »Les Enfants du Paradis«.

128 *An Ingeborg Bachmann*

Neapel, 28. September 1958

28 Sept 58

Mein liebes pastellmädchen,

glück und segen für die jetzt für Dich beginnende zeit[1]! ich hoffe, münchen hat Dich mit sonnenschein empfangen, damit der anfang nicht zu schwer war.

Dein armer hans arbeitet sehr angestrengt an der instrumentation – fast sieht es aus, als ob es bis zur abreise nicht zu schaffen wäre. am 1. okt. muss ich auch noch per giunta nach rom, um menotti[2] u. a. zu treffen, was unaufschiebbar ist.

der herbst leuchtet. im Carlo-theater gab es eine herrliche Don-Giovanni-aufführung, dirigiert von Sanzogno, mit jungen italienischen stimmen, bühnenbild, kostüme und regie von Zeffirelli, ein sehr temperamentvoller und nicht abstrakter Don Giovanni. wunderbar.

ich muss rasch wieder an die arbeit. ich umarme Dich und sende Dir meine besten empfehlungen, wünsche, toi toi tois, sei auf draht etc.

bleib mir gut,
wie ich Dir immer gut bleiben werde.
hans

129 *An Ingeborg Bachmann*

Neapel, 13. Oktober 1958

13 OKT 58

Schatz,

morgen breche ich nach London[1] auf. ich würde Dir gern ausführlich auf Deinen brief antworten, um Dir mut zu machen (was das schwierigste im leben ist), aber mir fehlt die zeit. wisse, dass ich immer an Dich denke und dass ich Dir immer nahe bin, voll zuneigung und dankbarkeit und mit massloser bewunderung.

wenn Du nach London kommen könntest, wäre das wunderbar. ich habe eine loge ganz für mich allein, das heisst für meine freunde.

ich glaube, dass es für Dich schön sein wird, in Zürich zu leben, oder wieder in Rom.

wir sehen uns bald wieder, vielleicht ja in London. wenn nicht, dann im november in München.

denk immer an mich, wie ich es tue.

umarmungen
hans

130 *An Ingeborg Bachmann*

London, 6. November 1958

6 Nov. 58

liebe äffin,

Du bist sicher in furchtbaren zuständen mit all der arbeit etc. – my dear es ist mir sehr schlecht gegangen (fing gerade an, als Du abreistest) und ich weiss nicht ob es die indian food war, oder die nachwirkungen der aufregenden first night. die 2. vorstellung war schlecht, aber die 3. war schön und gut, und die 4. gestern abend noch besser. die Queen Mother war da und applaudierte mir etwas mit weissem camoscio handschuh. und Laurence Olivier kam backstage um mir zu sagen dass es ihm so gut gefallen hätte.

nun habe ich leider nur noch 2 vorstellungen und die Gala im Collisseum, dann ist es vorbei, was mir leid tut. es ist eine sehr schöne zeit.

darf ich Dich bitten, beiliegendes auszufüllen und unterschreiben wie ich es vorgemacht habe (musst dann halt den bleistift wegradieren) und an die SARA, Napoli, Via Chiatamone 65 – zu schicken? es ist wegen dem unfall, den wir hatten[1]. Du bist eine zeugin.

hoffentlich geht es Dir gut. behalte nur die ruhe beim packen etc.

Du sahst sehr schön aus, besonders bei der first night, und hattest was sehr De Nobili'sches Romantisches[2].

hier ist das haus jedesmal brechend voll. und die presse ist mit der zeit auch noch ganz gut geworden. heyworth voller windungen und probleme und leider nicht ganz frei von komplexen.

ich als dirigent werde jedesmal besser. wusste nicht, dass man im theater so übertreiben muss. jetzt ist alles forte e drammatico. Assai.

habe eile.
mein vögelchen mein goldenes auf dem zweig.[3]
auf wiedersehen
hans

131 *An Ingeborg Bachmann*

Darmstadt, 28. November 1958

28. Nov. 58

Liebe Ingeborg,

die ganze Zeit konnte ich Dir nicht schreiben – London war noch sehr turbulent – mit Parties, Galas, Royal Family etc., dann seit 14 Tagen Deutschland mit Koffer ein und auspacken, Bahnhöfen, Zügen, Flugzeugen, Proben, Menschen, Applausi. »In lieblicher Bläue« in Hamburg[1] war eine schöne Arbeitszeit und ein schönes Resultat, ebenfalls am nächsten Tag die Dithyramben in Köln,[2] die Dinge stehen gut, sehr viel Respekt und Anerkennung und ehrlicherer Erfolg.

Ich denke viel an Neapel, an Giulio, an die Katze, an meine Wohnung und finde alles hier im Grunde ein bisschen blöd – warum tue ich das? Es wird alles enden wie immer, ich werde in Neapel landen und keine Öffentlichkeit mehr haben wollen, keine Reisen mehr ... etc.

Ich fühle mich sehr erwachsen und sicher. Resultate der Leiden und Schmerzen der vergangenen Jahre ...

Wie geht es Dir? Es ist seltsam, Dich in Zürich zu wissen, mir kommt es wie eine riesige Veränderung vor, die ganze Welt hat ein anderes Gesicht bekommen. Weniger romantisch, weniger phantastisch. Ich weiss nicht, wie ich es ausdrücken soll. Ich erinnere mich, wie bildschön und strahlend Du in London warst. Jetzt scheinst Du völlig aus meinem Leben verschwunden zu sein, wie ein Komet, der vorbeizog. Ist das wahr? Ich dachte nicht, dass Deine Entscheidung, nach Z. zu gehen, so viel bedeuten könnte. – Ich hoffe, es geht Dir gut, und dass sich alles regelt, wie Du es wolltest und wie Du es verdienst.

Ich bin für 2 Tage hier in D. gewesen, um über den König Hirsch zu sprechen, der in Schwetzingen aufgeführt wird, einem Festival, über das fast alle Rundfunkstationen der Welt berichten. Viele grosse Dinge bereiten sich für das kommende Jahr vor: 3 Undinen in Deutschland, eine Tournee mit Undine des Royal Ballet in Italien und in New York, ein Undine-Film in London, und die Aufführungen in London sind bis Ende der Saison ausgebucht, hier in Deutschland habe ich so viele neue Aufführungen und Konzerte etc. – dass es einem angst und bang wird. Hamburg bietet für den »Homburg« die Summe, die Wagner für den gesamten »Ring« bekommen hat, scheint, dass ich annehmen muss, nicht wahr?

Mit geht es sozusagen sehr gut, ich denke nicht nach, sondern arbeite und reise nur. Ich sehne mich nach einer Pause, in ein paar Tagen, hoffe ich. Ich fahre wieder nach München, dann vielleicht ins Tessin zum Andersch, dann nach Frankfurt (Konzert), dann nach Bielefeld und danach endlich nach Neapel. Schreib mir c/o Schott in Mainz, dann antworte ich Dir in aller Ruhe. Ich sollte so viele andere Dinge tun, aber hier ist es unmöglich, es ist notwendig, alle diese Reisen zu machen. Im September werde ich hier die Ferienkurse halten, und da ich die leichte Vorherrschaft der Anderen brechen möchte, sehe ich, dass es wichtig ist. Deutschland scheint es zu brauchen, dass ich hier bin – das ist zum Lachen, Schreien, Zittern – und ich will nicht, aber vielleicht brauche ich es in gewisser Weise auch – das ist zum Weinen –

Ich habe Angst, zuviel zu versprechen, meine Freiheit zu verlieren. Darüber denke ich nach.

Schreib mir bitte von Dir, was los ist, wie Du arbeitest –

Grüsse an M. F.
Umarmungen
hans

132 *An Ingeborg Bachmann*

Neapel, 24. Dezember 1958

– gerade in B. angekommen – die wunderschöne dior-krawatte gefunden, auf die ich ganz versessen bin. ich wollte Dich verschiedene male wegen der konzerte dieser tournee anrufen – aber wer weiss – ich hoffe, es geht Dir gut und Du bist glücklich und dass wir uns bald sehen werden, in gutem einvernehmen wie immer, vielleicht sogar noch mehr! anstatt unter dem stern der einsamkeit zu verweilen, müssen wir jetzt versuchen, nicht zu sehr zu blinzeln, wenn wir uns unter einem anderen wiedersehen, dem der freude und glückseligkeit! eine harte probe ... seltsam, das zu sagen! nach neujahr schreibe ich Dir von Neapel aus wieder und lange. Ich habe viel arbeit, viel erfolg. ich bin ruhig und sehne mich danach, den zweiten akt des prinzen zu komponieren.

gute wünsche an M. F. – ich küsse dich,

hans

133 *An Ingeborg Bachmann*

Neapel, 9. Januar 1959

9. Januar 59

liebste ingeborg,

heute abend habe ich endlich die partitur des ersten akts vom »homburg« beendet – ich atme wirklich auf (es war so schwer) und kann nun auch, am vorabend der abreise nach rom, Dir schreiben. morgen abend dirigiert celibidache in rom meine »trois pas des tritons« aus »undine«,[1] und am sonntagabend dann fahre ich weiter nach münchen, um mit den proben zur dortigen »undine« anzufangen. die first night ist am 25. nun hast Du das stück zwar ja schon mal gesehen, und vieles wird weniger gut sein, z.b. das tanzen, aber es wäre ja schon irgendwie doll, wenn Du kämest, dann sähen wir uns doch endlich mal wieder!?

wie geht es Dir? Deine Dior cravatte trage ich nur bei ganz besonderen anlässen, und alle leute fallen in bewunderung e pensano che io sia un ragazzo perbene. es ist inzwischen so viel passiert (ich habe viel dirigiert in deutschland und erfolge gehabt, besonders mit der »lieblichen bläue«, auch giulio's kammersinfonie hat sehr gut gefallen und einen verleger, schott, gefunden, und man hat ihm schon 2 aufträge angeboten. (aber wir gehen ganz vorsichtig vor, haben jetzt wieder alten kontrapunkt gemacht und auch sonst sehr behutsam indagiert – so öffnen sich langsam die verschlossenen tore, und langsam entdeckt er sich – es ist sehr schön zu sehen.) ausserdem ist jetzt jürgen hier für immer, er konnte es in bielefeld nicht mehr aushalten. hier ist er gleich aufgeblüht und auch dicker geworden, und ist nicht mehr so verhuscht, scheint recht glücklich zu sein. er soll jetzt italienisch systematisch lernen und privatunterricht im akademischen zeichnen kriegen, dann im sommer auf das istituto statale delle arti, um die akademischen dinge gut zu können. habe mir also wieder eine last aufgehalst, aber es ist im grunde mehr ein vergnügen, zumal es doch der bruder ist. mir geht es friedlich und ausgeglichen, bin etwas zu überarbeitet um über mich nachzudenken: aber der zweite akt, den ich anfang februar anfangen soll, soll sehr schön werden, mehr weiss ich nicht. eigentlich bin ich glücklich und möchte von Dir das gleiche hören. Du weisst ja was ich Dir wünsche. liebes usingnolchen,[2] komme doch vielleicht nach münchen, ja? es scheint dass ich in den 4 jahreszeiten wohne, wo Du mich also telefonisch erreichen kannst, vor 9 uhr 30 und nach 13 uhr jeden tag. ich müsste verschiedenes mit Dir besprechen. vor allem benötige ich jetzt die änderungen im 2. und 3. akt des »prinzen« die Du mir noch nicht geliefert hast – bitte mein täubchen, mach das doch rasch, sonst kann ich nicht mehr kreieren! – und das andere ist der opernplan – wie denkst Du darüber? was glaubst Du, wann ich ungefähr damit rechnen kann? in 2 jahren? und garantiert? oder schon eher? it is quite important for me to know. Auden hat mir auch seine librettistenkünste angeboten: aber das für eine kammeroper, während ja der motke ganev etwas grosses werden sollte. hoffentlich kannst Du es machen, dass Du mich nicht im stich lässt.

darüber und über vieles andere möchte ich mit Dir sprechen, und Dich sehen und von Dir hören und ins kino vielleicht gehen? oder tust Du das jetzt nicht mehr? gestern sahen wir »la donna che visse due volte« von hitchcock – sehr aufregend und irre. auch la »maja desnuda« mit ava gardner, das war aber nicht doll. aber in farben.

please lass von Dir hören.

grüsse auch an M.F. Esq.
und alles Gute und Liebe
Dein hans

… ragazzo perbene.] und denken, dass ich ein anständiger junger mann bin.
istituto statale delle arti] staatliche kunstakademie
La donna che visse due volte] die Frau, die zweimal lebte

134 *An Ingeborg Bachmann*

Neapel, 3. Februar 1959

3 Febbraio 59

Grosse liebe Ingeborg,

eben habe ich noch mal Deinen Sonnenhymnus[1] gelesen (auch im anschluss an unser gespräch) und muss sagen, dass ich zwar nicht das recht habe, irgendeines meiner achievements damit zu vergleichen, aber Du auch nicht das recht zu glauben, die hier erreichte grösse und stärke sei auch nur von irgendeiner seite angreifbar. das musst Du nicht glauben. es ist zwar wahr, dass man immer weiter soll. aber man darf trotzdem manchmal mit stolz zurücksehen, jedenfalls Du darfst es bei einem werk wie dem sonnenhymnus, und bei vielen der anderen. das musste ich Dir sagen.

es war wundervoll, dass Du da warst. schade dass der Montag so »gebrochen« war, wir konnten kaum auf den beinen stehen! Ich hoffe, Deine rückreise war erträglich. der Caine[2] ist inzwischen eingetroffen, und ich habe schon die ersten chapters gestern abend verschlungen. leider weiss ich die story schon.

der »prinz« der korrigierte ist invece noch nicht da. obwohl ich doch nun mit dem 2. akt beginnen muss.

habe den eindruck, dass die »lieder auf der flucht« schon ausreichen für einen liederzyklus und habe in dem sinne eben auch an dieskau geschrieben. es sind ja 15 passi![3]

und dann denke ich immer an das neue flammenschwert von opernhandlung und -text den Du mir schreiben musst. es wäre sehr schön, wenn Du ohne qual daran denken könntest. es wird zu 50 prozent eine ehre und Dein merito sein, das weiss ich schon jetzt. ein grosses werk möchte ich mit Dir schreiben, Du musst es tun, und mich nicht verlassen. ich glaube weiterhin dass der motke eine grundlage abgeben könnte. bitte denk an mich, Du musst es tun für mich, ich brauche es ganz notwendig, und wir müssen den himmel und die erde stürmen damit. nur Du kannst mir die kraft und den mut geben. und Du weisst es auch.

es wird schön sein, wenn Ihr nach rom kommt. ich wollte auch noch folgendes sagen: es kommt nur auf das menschliche zwischen wenigen menschen an. darum möchte ich dass max frisch mich kennenlernt, dann wird vielleicht auch manches klarer, non so. ich denke mir es jedenfalls. und dann wird er mir helfen, dass Du mir die oper schreibst.

immer mit Dir – hans

… non so.] ich weiss nicht

135 *An Ingeborg Bachmann*

Neapel, 20. Februar 1959

20 Febbraio 59

Liebes Täubchen,

es war allerdings höchste Eisenbahn, dass Deine news kamen, zumal ich schon den Monolog am Grabe[1] komponiert hatte – da es jetzt mit einer Verwandlung dazwischen gemacht ist, muss ich noch eine Verwandlungsmusik dazwischen erfinden, aber sonst ist alles allright. Habe es mir sehr schwer gemacht, die erste Szene des zweiten Akts ist eine strenge Doppelfuge, und es geht nun auch mit solchem Anspruch auf »Erneuerung« weiter. Heute lege ich aber einen »Posttag« ein, um innere Ruhe zu haben. Frau E. hat viele blöde Stenogrammfehler in das »Undine« MS getan, und sie wird Dir nun auch eine Errata-Liste schicken. Bin neugierig auf das, was Du sagen wirst, habe alle Deine Ratschläge und Befehle befolgt und hoffe, es ist nun einigermassen. Viel besser kann ich es wohl nicht machen. Hier und da ein Wörtlein vielleicht, welches Du mir vielleicht mit dem Rotstiftli suggerieren könntest … es soll eine von Lila dekorierte Ausgabe[2] werden, und nicht in der sog. Piper-Reihe erscheinen, sondern als Einzelausgabe. So Piper und Graf.[3] Ist Piper intelligent? Antworte ehrlich, please.

Die Antworten auf Deine Änderungen[4] habe ich handschriftlich gemacht, und ich denke, so ist es einigermassen richtig. Schicke es bitte bald in Rot und in Schwarz.

Das Wetter ist immer illustre hier, aber wer weiss was der März noch bringen wird. Aber der Ofen heizt gut und ich leide nicht, und jeden Tag versuche ich, was Gutes zu tun. Darf jetzt hierbleiben bis Ende Mai, wenn der König Hirsch in Schwetzingen gegeben wird. Jürgen ist glücklich mit seiner Arbeit, er zeichnet akademisch und macht Fortschritte, auch im Italienischen, oder sagen wir ehrlicher: Napoletanischen.

Auguri für den Schweizer Führerschein, aber passe trotzdem

bitte sehr auf, wenn Du fährst. Giulio hat sein opus 2 beendet, Caprichos für Klavier. Sehr gut geworden.

Bin immer recht unruhig mit und wegen der Musik, aber auch wegen meiner Faulheit und weil das Leben doch so kurz ist, recht nervös hier und da …

Schreibe mir bald, und lass es Dir gut gehen. Schön dass Ihr nach Rom kommt,[5] so sieht man sich.

herzlich Dein hans

[*von der Hand Jürgens:*] viele grüsse auch von Jürgen
[*li. Rand, hs.:*] Cara Inge, spero di vederti presto. Tutti affettuosi pensieri Giulio
Liebe Inge, ich hoffe Dich bald zu sehen. Viele herzliche Gedanken Giulio

136 *An Ingeborg Bachmann*

Neapel, 5. März 1959

5. März 1959

Liebe Ingeborg,

Vielen Dank für Deine schnelle Antwort und die neue Fassung des Textes – ich bin so mit allem d'accord und kann ruhig sein. Heute habe ich das Bild bei der Kurfürstin[1] beendet – ich glaube es ist schön geworden. Mache jetzt eine Pause indem ich das bisherige des 2. Akts instrumentiere, wobei auch wieder Klarheiten entstehen.

Dass Ihr mit dem Auto reingefallen seid, tut mir sehr leid. Das System ist immer dies bei gebrauchten Wagen: Man muss sie von einem amtlichen (ACI) Mann prüfen und schätzen lassen.

Ich bin überladen mit Arbeit, Post und Musik usw. – also ich kann verstehen, dass Du es hasst, einen Namen zu hören, der mit M anfängt und mit e aufhört[2] – trotzdem, sollte ich weiterhin glauben, von Dir ein Libretto zu bekommen, muss ich Dich daran erinnern.

Hast Du mein Undine MS[3] nicht bekommen? Du schriebst darüber überhaupt nichts. Ich will Dich jetzt nicht mit diesen Dingen quälen – aber wenn Du mir wenigstens ein paar Worte dazu sagen würdest, wäre ich Dir schon arg dankbar.

Dass Du den Blindenpreis für das Hörspiel bekommen hast, freut mich ausserordentlich für Dich, und ich gratuliere Dir dazu. Würde gern Deine Bonner Rede[4] irgendwie lesen, wird sie gedruckt? Wünsche Dir dafür eine feste Stimme und ein festes Auftreten, mit dem zu Dir gehörenden Adlerblick a la Ricarda Huch.

Bin heute ziemlich müde durch die Arbeit, daher ist wohl mein Brief nicht so besonders lebendig, entschuldige es bitte. Am liebsten möchte ich schlafen gehen, aber muss noch eine kontrapunktstunde geben. Well well. Herr Graf (von Piper), Moras[5] und Andersch schrieben sehr positiv über mein Undine MS, auch Ernst Schnabel, der in Paris ist. Nur Du hast noch nichts von Dir hören lassen. Auf Wiedersehen mein Girl. Für das Festival in Venedig komponiere ich eine kleine Nummer innerhalb einer Oper für Kinder (aber von Erwachsenen zu performieren): die kleine Seejungfer von Andersen, gewissermassen als Undine Nachtrag[6]. Auch für Spoleto habe ich einen ähnlichen komischen Auftrag, mache was sehr komisches mit Peppino Patroni-Griffi[7]. Aber das nur so nebenbei. Der Homburg wird die nächsten Monate ausfüllen, und ich hoffe, in nicht zu ungezogener Weise, einigermassen habe ich ihn ja nun in der Hand. Der zweite Akt ist der Akt der Ängste etc, viele mir vertraute Gefühle kommen da zum Ausdruck.

Addio liebe Inge, mach's gut, auguri für das neue Haus,[8] und viele Grüsse an Frisch und an Dich, gute Arbeit! Denk an Thomas Mann: jeden Morgen!

hans

137 *An Ingeborg Bachmann*

Neapel, 17. März 1959

17. März 59

Darling Ingeborg,

Fischer-Dieskau sagt er habe die Lieder auf der Flucht mit angehaltenem Atem gelesen, aber nachher dann gemerkt dass es sich ja um eine »sie« handelt die das alles schreibt. Er sagt das könne er nicht einen ganzen Abend lang vergessen machen, er sei auch so altmodisch zu denken dass die »Dichterliebe« von Schumann nicht von einer Dame gesungen werden solle.

Die »Anregung« dass Du nun extra einen Zyklus schreiben sollst, will ich gar nicht erst ernst nehmen, weil ich Dich ja kenne. Aber ich habe mir nun erlaubt, einen Zyklus zusammenzustellen, ich lege ihn Dir mal bei zur Ansicht, zur Stellungnahme, zur Genehmigung.[1]

Oder hast Du Gegenvorschläge, noch unbekannte Verse in der Tasche?

Lass bald von Dir hören.

In diesen Tagen bin ich sehr deprimiert und mit den Nerven herunter very much so, es ist wohl die Arbeit und der blöde Daseinskampf.

Schreibe mir mal gelegentlich.

Alles Gute Dein
hans

138 *An Ingeborg Bachmann*

Neapel, 9. April 1959

9 April 1959

Liebe Ingeborg,

entschuldige dass ich so lange nicht mehr geschrieben habe. Ich glaube ich habe Dir nicht einmal für das endgültige Homburg-Skript gedankt, was ich hiermit nun nachhole. Wollte heute nach Ischia zum Ausruhen fahren, aber es ist scirocco und das Meer ist sehr bewegt, sodass die Schiffe gar nicht fahren. Ich habe ziemliche Schwierigkeiten mit dem Schluss des zweiten Akts, vielleicht bin ich zu erschöpft oder was sonst. Das Leben (das amtliche) spielt mir auch immer wieder recht arg mit, und das andere, das hat viele Stösse erlitten, aber ist jetzt wieder einigermassen zurechtgesetzt.

Klaus hat einen vielleicht guten Vorschlag zu dem Liederzyklus[1] gemacht (welcher ja tatsächlich abendfüllend sein muss!) Er ist mit Dir der Meinung, dass mein Ersatzvorschlag nichts taugt, und schlägt nun folgendes vor: 1. Teil: Lieder von einer Insel. 2. Teil: Lieder auf der Flucht, ausser den Nummern 2, 7, 4, 12 – da bleiben also 11 Lieder für den zweiten Teil. Diese Lösung gefällt mir sehr gut und ich bitte Dich, sie zu überlegen.

Vielleicht kannst Du hier und da auch eines der Flucht-Lieder durch ein anderes Gedicht ersetzen (z.B. Exil, oder Nach dieser Sintflut) besonders das Exil tät mir gefallen.

Ich hoffe, es geht Dir gut, und Du arbeitest gut – schreibe bald wieder einmal! Ich bin müde und erschöpft und abgenutzt wie ein alter Anzug, drinnen auch – nur gut, dass mir einigermassen klar ist, dass das bisherige im »Homburg« schön und, wie Du wolltest, hart geworden ist und streng. So muss es nun auch weitergehen. Die Dissonanzen (was ja praktisch die Härten sind) sind abgenutzt wie alte Anzüge – überall glotzen Dich die Formeln an, das zu vermeiden ist die »vornehmste« Aufgabe des heutigen Künstlers, so scheint es, aber wie anstrengend und unvornehm ist es doch, verglichen mit Leuten wie Catull, Bach und Francisco Goya – non ne parliamo, per carità – Dein Verdienst und Deine Anbetungswürdigkeit liegen ja gerade darin (vielleicht auch die beschränkte Zahl Deines Köchel-Verzeichnisses) den Formeln auszuweichen, vielleicht auch nicht ganz ohne eine gewisse Mühe... nun gut mein Schätzchen, hock Dich nieder und brüte wieder ein paar Verslein aus. Gestern sahen wir la Bohème in der Oper, mit Tebaldi, es war sehr gut und commovent. Auch Sansone e Dalila abbiam visto, con Del Monaco molto bello e bravo.

[*li. Rand, hs.:*] be a good girl and behave yourself. The other night I had a dream in which a crowd of Intellectuals watched the first meeting Bachmann-Frisch-Henze, but they were utterly disappointed as Mr. Frisch liked me at once as one could tell from his slapping my shoulder –

love, hans

Sei ein braves Mädchen und benimm Dich. Vor ein paar Tagen träumte ich, dass eine Menge von Intellektuellen das erste Treffen zwischen Bachmann-Frisch-Henze beobachteten, aber sie wurden absolut enttäuscht, weil man sehen konnte, indem er mir auf die Schulter klopfte, dass mich Herr Frisch sofort mochte. – Alles Liebe, hans

139 *An Ingeborg Bachmann*

Stuttgart, 3. u. 5. Juni 1959

z. Zt. Stuttgart, 3 Juni 59

Liebste Ingeborg,

seit Unzeiten habe ich Dir nicht mehr schreiben können, war und bin noch auf der Reise quer durch dieses Land und bin ziemlich erschöpft und nicht so ganz glücklich. Immerhin viel acclamationen, u.a. in Berlin wo Karajan die Streichersonate sehr schön gespielt hat, und in Darmstadt beim »Hirsch« –

war einige Tage in Schloss Wolfsgarten bei den Hessenprinzen[1] wo ich mich ausgeruht habe ohne jedoch ruhiger dabei zu werden, und was ich eigentlich will, das weiss ich auch nicht so recht. Morgen geht's nach München, wo ich noch 2 Undinen dirigieren muss, und zwischendurch nach Spoleto, wo meine kleine buffo-oper zu hören ist »La forza delle Circostanze«[2] und dann nach London und nach Aldeburgh. den ganzen July verbringe ich in Neapel, den August dann mit Giulio per Auto in den österreichischen und Schweizer Bergen. 2 Akte des »Prinzen« sind fertig in Partitur, am 3. habe ich schon viel getan, aber ist noch lange nicht fertig. Die Verlags-Schwierigkeiten habe ich jetzt in die Hände von Dr. S. gelegt, welcher indeed einige sehr dunkle Punkte aufgedeckt hat, it seems they cheated me.

Habe, wenn auch leider nur auszugsweise, Deine Bonner Rede[3] gelesen, die ich wunderschön fand und sehr wahr und schön und richtig mal wieder.

Sprach mit Sellner[4] über den »Homburg« – er fand (wie eigentlich alle) dass der Schluss eben so doch eigentlich nicht geht. Spielte mir die Szene vor, wonach das ganze nichts ist als das Erwecken des von allen geliebten Prinzen, und es ist ganz leise, und durchaus nicht als Säbelgerassel etc. zu verstehen. Er sagte alles wäre wunderbar gut bearbeitet, aber mit dem Schluss könne man alles kaputt machen. Nun ist ja auch Sellner, wie wir alle, nur ein Mensch und kann und darf irren, aber er hat mich doch nachdenklich gemacht und ich frage Dich ob wir nicht doch den Originaltext nehmen sollten hier am Schluss.[5]

Bitte schreibe mir darüber, und ergreife doch bitte bei diesem Anlass die Gelegenheit mir zu berichten von Dir, wie es Dir denn wohl so geht und all das. Ich hoffe splendidamente, und hoffe Dein Buch[6] ist »geworden« – Deine Simenon-Buchspende war eine sehr gute Idee, ich dank Dir sehr dafür: hoffentlich liest Du diese Bücher auch[7], sie sind z. T. ganz ohne Kriminalität, sehr traurig und trotzdem kurzweilig, jedenfalls schien es mir so, bei »Persiane verdi« besonders –

5. Juni: inzwischen bin ich in Deiner Lieblingsstadt an der Isar angekommen, wo es sehr heiss ist und wo ich sehr allein bin, heute ist Freitag, ich warte auf den Montag, wo ich »Undine« dirigieren soll. Habe allerhand appuntamenti, auch mit Piper, hoffe Moras zu sehen und Hartmanns. Dienstag volier ich dann nach Naples wo der neugestrichene Spyder wartet dass wir nach Spoleto fahren. Bin ziemlich unlustig ob all dieser Reiserei, aber wenn man es nicht tut, wird man von den Mördern und Irren[8] vergessen, was man sich nicht wünschen darf in dieser Welt! –

Meine »Einblicke« sind fast alle solche in Mediokres, Provinzielles, Blasiertes – fast nirgends dass man etwas fände was leuchtete oder wenigstens glimmerte –

stattdessen ist mir aber in Wolfsgarten allerhand Musik eingefallen, noch in vielen Punkten imaginär und unscharf: besonders das »Wie« aber einiges weiss ich auch schon genauer. Ich glaube, meine »italienische Erfahrung« ist so ziemlich abgeschlossen … - das meint auch manches andere, z. B. die Frage wohin ich wohl gehen sollte wenn Neapel mir unerträglich geworden ist – I have no idea, denn Deutschland das kann doch wohl nicht das Endresultat sein!? Wüsste auch nicht, an welcher Stelle man sich da ungeschoren niederlassen sollte, und ausserdem haben sie ja kein Mittelmeer (Nur Mittelmass, das ja, und Exzesse nach unten, was sie »in die Tiefe loten« nennen)

Bevor ich am »Prinzen« weitermachen kann, muss ich 2 kleine Auftragsarbeiten machen, eine für die Biennale, eine für Berlin[9] – habe schon Skizzen – das mach ich im Juli, vielleicht komme ich da auch noch zum »Prinz« – (die Rebellion[10] ist übrigens doll geworden!) und ich freue mich so auf das »nun o Unsterblichkeit«[11] – aber am meisten freue ich mich doch auf die Ferien. – wie ein Schuljunge.

Kann man Dich noch mal irgendwann sehen (bevor Du nach Spanien gehst?) –

Grüsse Max Frisch von mir und lass Dir von mir die Hände und das linke Ohrläppchen küssen und lenke Deine Gedanken manchmal zu mir damit ich nicht so allein bin in all meiner Freiheit und so.

Dein hans

140 *An Ingeborg Bachmann*

Neapel, 5. August 1959

5 Agosto 59

Darling Ingeborg,

morgen früh endlich fahren wir los in die Ferien. Am 15. werden wir in Ascona sein (Casa Hemera, c/o Jockisch-Weil[1], cari amici di Frankfurt) kannst uns ja da mal phonisch oder graphisch aufstöbern. Ich hoffe Du sitzt ohne Unsinn, arbeitend in Zürich. Als Du hier warst in jenen Tagen,[2] war ich leider durch die Musik etwas geistesgestört und konnte nicht so recht achtgeben auf Dich, aber hinterher hab ich noch viel nachgedacht und so manches gedacht. Mündlich. Wäre gut, wenn Du falls Du wirklich ins Hessische übersiedeln willst, die Jockisch-Weil Menage auch zu kennen perché gentilissimi. Aber es gibt auch andere Möglichkeiten. Meine Napoletanität erschöpft sich immer mehr, will jetzt auf der reise mal sehen wohin man sich wenden könnte im Gewitter der Rosen[3]. Tessin? Anschaun muss man es sich ja schon mal.

Habe schrecklich gelitten durch die Arbeit und bin wirklich erledigt davon. Freue mich auf das Nichtstun. herbertel war hier und sprach wegen des Balletts. Ist Dir was eingefallen? Wird Dir was einfallen? Bütte!

Will bergluft. Engel, lass Dich nicht von den Mannsbildern unterwerfen! Hätte dazu noch einiges zu sagen, fühle mich aber nicht befugt. Hoffe das Beste und das Schönste für Dich und adoriere Dich und bin immer für Dich da, wie Du ja wohl auch weisst.

Auf Wiedersehen! Schicke bitte das Ballett nach Ascona!

Love,
Dein
hans

141 *An Ingeborg Bachmann*

Ascona, 27. August 1959

Ascona, 27. August 1959

Liebe Ingeborg,

es war schön, Dich hier zu sehen. Ich hoffe Du bist friedlich in Zürich[1] und hast zur Arbeit zurückgefunden.

hoffentlich gelingt es Dir, Deine Arbeit ordentlich einzuteilen und System in die verschiedenen Dinge hineinzubringen.

Bei alledem wage ich natürlich gar nicht mehr, eine Ballett-Idee von Dir zu erbitten, obwohl Du wohl wirklich die einzige bist, die eine solche haben könnte, eine Idee mit all dem, was ein schönes und richtiges Ballett ausmacht.

Wenn Dir etwas einfallen sollte, lass es mich wissen. Schreibe mir nach Naples, wo ich in den nächsten Tagen wieder sein werde. Und schicke mir bitte (dieses nun allerdings bitte ganz dringend, da ich es benötige) das Auden-Gedicht[2]. Was sagst Du dazu? Ich meine, zum Gedicht?

Lass mich auch nochmal den Termin Deiner Antrittsrede in Frankfurt wissen,[3] ich habe ihn vergessen. Möchte gern dazu erscheinen.

Lass von Dir hören –
herzlichst
(Grüsse auch an Max Frisch)
Dein
hans

142 *An Ingeborg Bachmann*

Neapel, 12. September 1959

12 Sept 59

Liebste Ingeborg am See[1],

herzlichen Dank für Deinen lieben Brief + Auden[2]. Ich bin spät am Abend, morgen früh geht der Zug nach Venedig, ich muss noch packen, wollte Dich nur schnell grüssen, weil ich dazu in den nächsten 3 Wochen nicht mehr komme ......

es ist nicht viel zu sagen, es scheinen sich wieder Dinge mit mir zu verändern, neue Härten, etc. man weiss ja nie so genau.

Anbei ein Joseph Conrad[3]. Wäre die Lösung des Rätsels vielleicht Dir, der Cumanischen Sybille, anzubieten?

– Berzona und der ganze Tessin[4]: unmöglich, leider, für uns, es wurde vor uns schon von anderen entdeckt, aber das sagt nichts gegen Andersch, der hat nichts damit zu tun und wird sich ja auch wohl aus der Künstlerkolonischen Atmosphäre heraushalten.

Buffo: Am 11. Nov. halte ich einen Vortrag in Braunschweig (es wird mir die Stimme verschlagen, sollte ich in dem Moment daran denken, dass jetzt auch Pythia 400 km südwestlicher, spricht – !)[5] aber nachher werde ich kommen Dich zu sehen.

Wohne vom 18. Sept. bis 4 Oct. in Berlin c/o Klaus –

Liebstes, ARBEITE für Dich und für uns alle die wir auf Dich warten – Grüsse an Frisch und Dich
Dein hans

143 *An Ingeborg Bachmann*

Neapel, 14. Oktober 1959

Napoli 14 Ottobre 59

Liebe Ingeborg,

vielen Dank dass Du mir endlich geschrieben hast. Ich bin froh, zu wissen, dass Du ein eigenes heim jetzt hast[1], und das wird sicher Deiner Arbeit sehr gut tun. Wenn Du nur System heineinbringen würdest, früh Schlafengehen, und alles mit viel Disziplin und so. Was die Arbeitskraft betrifft, da möchte ich Dir manchmal ein bisschen von mir abgeben am liebsten, obwohl ich ja auch doch oft sehr leiden muss, aber nicht wegen der Müdigkeit, sondern weil der Geist nicht mitwill bei all dem Körperlichen. Oder so ähnlich. Mit »neuen Härten« meinte ich nicht das Leben, sondern die Klänge in der Musik, ich habe da eine Sonate für das Klavier gemacht[2], die in Berlin wie ein Blitz eingeschlagen hat, und daraus kommen nun noch weitere Dinge für die weiteren Arbeiten, die noch bevorstehen.

In Venedig war jedenfalls eines sehr schön: Meine »Nachtigall« zu arbeiten mit den Mimen vom piccolo teatro di Milano, sie waren so nett und begabt und so ein anderes Italien als das was man hier kennt. Ich spiele sehr mit dem Gedanken, vielleicht in die Landschaft der »promessi sposi« zu gehen,[3] aber es kann auch sein, dass ich Italien ganz aufgeben muss und nach Deutschland ziehen (nach Hamburg wohl) aber es steht noch nicht fest. Nur die Notwendigkeit drängt sich immer mehr auf. Es scheint, man wird gebraucht, und bei allem Protest, man gehört ja doch wohl dazu, und die Musik ist dort so viel besser! Z. B. die »Nachtigall«

war in venedig scheusslich schlecht gespielt vom Orchester, während sie in meinem Konzert in berlin also wirklich divinamente herauskam und ebenfalls einen rauschenden Erfolg hatte. Überhaupt berlin! Na ja. Jetzt bin ich wieder hier (seit 8 Tagen) und arbeite am »Prinzen«: instrumentiere die vorletzte Szene und bereite den Schluss vor, wozu sich eine Verwandlungsmusik gehört, über die ich leider noch gar nichts weiss. Privat ist alles friedlich. Giulio hat ein neues Stück begonnen (er hatte viel Erfolg auf der Biennale mit seinem »Nardiello«) und Jürgen versucht sich in Bühnenbildern und Kostümen für die Bielefelder Inzenierung von »König Hirsch«, es scheint sehr bemerkenswert zu werden, oft muss man jemand einfach ins Wasser schmeissen, damit er schwimmen kann. Leider kann ich am 11. Nov. nicht in Frankfurt sein, weil ich am selben Tage in Braunschweig eine Rede halten[4] muss. Komisch, nicht wahr? Arbeite nur tüchtig an Deinem debut und bedenke mal, wie schön es im grunde doch ist, dass man mit 33 schon soviel Ehren hat – diese muss man dann aber auch respektieren und es so gut machen, wie eben möglich. Aber das Dir zu sagen, ist ja wohl überflüssig.

Hier ist das wetter unglaublich schön und klar, es macht Freude, darin zu sein, in diesem Kristall. Ein bisschen society life ist auch dabei: Strawinsky kommt am Samstag zum dinner (Igor) und in 14 Tagen les ballets Babilée, und dann muss ich schon bald wieder reisen, braunschweig, Hamburg, berlin, Köln, frankfurt auch, ja, da werden wir uns dann ja hoffentlich sehen können. Wenn irgendjemand Deine Adresse wissen sollte. Wahrscheinlich werden die Prinzen von Hessen am 11. auf Dich zukommen, sei dann bitte nett zu ihnen.

Nun muss ich wieder an den Arbeitstisch zurück. Lass es Dir gut gehen mein Hase, und lege nicht immer zu lange Schreibpausen ein. Was macht die Lyrik? Im Dezember wollte ich Dich vertonen, aber wirst Du mir denn wohl die Narrenlieder[5] bis dahin geben? Lass mich wenigstens klar wissen, wie ich dran bin. Denke mal, welch billigen Handel Du doch mit mir gemacht hast: Ich habe nie mehr das Wort das mit O anfängt und mit per aufhört, erwähnt, so wie Du es wolltest, und dafür brauchst Du mir nun nur etwas lyrisches zu liefern, ein bisschen Futter für meine arme Seele. Darüber wollen wir nun nicht feilschen und hadern, bitte schön, sondern uns an die Abmachungen halten, oder?

Auf jeden Fall bitte ich um einen halben Liter klaren Weines. Wenn Du gar nicht kannst, dann mache mir doch aber wenigstens eine virile Suite aus dem Vorhandenen, circa ein Dutzend in verschiedener Länge. Aber preferabler sind natürlich die neuen Narrenlieder, die Du Fischer und mir doch selber angeboten hattest (vielleicht in einer schwachen Stunde, aber doch)

nun genug davon. Lebe wohl, grüsse mir den frisch und gehabe dich wohl.

Herzlichst
Dein hans

144 *An Ingeborg Bachmann*

Neapel, 20. Dezember 1959

20 Dez 59

Liebster Irrwisch,

also hier ist die Sonne sehr betriebsam, ihr langes Ausbleiben in den letzten Wochen wieder wettzumachen. Und eine Segelregatta findet auch gerade auf dem blauen Golf statt. Und es ist Sonntag und ich bin allein, was ich adoriere, und habe eine Zigarette und einen Gin & Tonic (aber keine miese deutsche Imitation) und da sitz ich also & versuche Dich zu trösten.

Kein Trost aber wohl wahr: hättest vielleicht nimmer die Professur da annehmen sollen. Es rubiert[1] doch viel Zeit, und Du kannst nun nicht walten und wägen und wähnen. Aber es geht ja gottlob vorüber.

Abwesenheit von Dienstboten ist horrend. Ich fürchte dergl.

auch immer sehr (habe doch dieses peinliche Staubauge) und nun ziehen wir doch wohl nach Venedig, jedenfalls fahren wir morgen dorthin um auf Wohnungssuche zu gehen, und auch Weihnachten dort zu treiben.

Apropos da ist eben ein sehr entzückendes Buch aus Zürich gekommen, mit schönen Farbtafeln, das ist wohl von Dir? Hast in aller Konfusion auch daran noch denken gewollt? Falls dem so ist, sei vielmals bedankt mein Schatz, armes geplagtes Etwas.

Feire ein friedliches Xmas – vielleicht in einem Hotel, um den Staub nicht zu sehen? Hätte ich Zeit, eilte ich gleich herbei, ihn aufzuwischen etc. weil ich das doch so gerne tu. Aber bin doch auch halt nur ein depperts Mannsbild.

Was immer wir gedacht & gerätselt bei der Kleist Arbeit: Du wirst Dich schon ricordieren, so hoff ich, denn Dein Wort, wie überhaupt Dein ganzer intervento, machen ja die Sache erst valida.[2] Die Regie wird nun Helmut Käutner machen, einer der sonst Filme tut (meist gute, manchmal auch horrende)[3] und der vom Theater abstammt aber nicht von der Prosa, sodass er es vom Schauspiel weit genug abrückt.

Die Anglo-Amerikaner sind doch fleissige Leute: Auden–Kallman haben schon zwei Akte der »elegy« abgeliefert, den ersten auch schon nach meinen Wünschen geändert, ganz planmässig. z. B. ich schreibe an den Rand »statt dieser Cabaletta möcht ich lieber eine Ninna-Nanna von ca. 2 min.« schon kommt postwendend eine Lullaby Deines Oxforder Kollegen die so geht:

> My own, my own, the little planet flies,
> The snow-flake falls through ever colder years:
> My own, upon a human cheek it dies
> Not in its own but in another's tears.[4]

schau, was für ein schönes Ding! und wie gut trifft es die Situation des unterzeichneten Autors dieses Briefs! Jesus und Maria!

Im Moment fange ich jedoch nicht an, diese Oper zu komponieren, dafür mache ich mir Notizen für ein symphonisches Stück für Karajan, das er bei den Salzburger Festspielen dirigieren wird[5]. Ich weiss noch keinen Titel, aber es wird sehr schwarz und schlimm werden. Ich habe das Herz voll davon, eyter und bluth, was soll's!

Wirf Ilonas Gedichte weg.

Was kümmert's Dich?

– Was Du über Neapel sagst und darüber, was Du denkst in der Erinnerung an diese Stadt, das heisst an uns beide darin, ist mir sehr zu Herzen gegangen. Es scheint, dass wir beide geflohen sind zu den einfacheren Orten unserer Existenz, nur um zu leben, und ich sehe mich schuldbefleckt, wenn man von Schuld reden kann. Man möchte mit dem Himmel rechten. Alles Oberflächliche alles Alberne und Eitle ist dafür da, um die Schuld spielerisch wie Asche in alle Winde zu streuen: aber man wird älter davon und schuldbewusster und alleiniger und kälter. Es macht hart sozusagen, wie der Militärdienst der Schwyzer. Oberfläche und dieses gottverdammte falsche Leben. Eines Tages wird es mich umbringen. Und Du wirst auf dem Hügel meines dummen Grabes weinen.

Angenehme Weihnachtsgedanken!

Alles fängt immer so harmlos an. Und ein neapolitanisches Messer, oder wie die Verantwortung in der Welt sonst noch genannt wird, lauert immer im Dunkeln, und Convention und alle anderen Feigheiten auch. Soweit sie nicht bereits absorbiert sind.

Man frisst seinen brodo, has ones' drink, raucht die cigaretten aller Nationen, aber man vergisst dass man fregato ist.

Bitte schreibe die drei oder 4 Verse für den Idiot weil er sonst am 8. Januar nicht in Szene gehen kann. Ich hätte mich so gefreut auf eine Production, die ich selber angezettelt hatte, mit aller theatralischen Wahrheit des Textes und der Musik, aber nun hat die Irre von der Fasanenstrasse[6] sich der Sache bemächtigt, man muss nun nolens volens dazu stehen. Ich zittere für den Abend des 8. denn in berlin einen Misserfolg zu haben, kann man sich nur einmal leisten. Oft denke ich an berlin und ich liebe es so (Du kennst es ja kaum, nur die Oberfläche davon) es ist die Stadt wohin ich in ein paar Jahren doch wohl wohnen gehen werde, nach all dem schi schi des Citronenlandes, das mich kaum versteht e vice versa, und warum das alles. Klima? Entweder ich schwitze oder ich bin erkältet. Leute? Allow me a smile.

Kunst? Da gibt es auch Postkarten. Essen? Das gleiche gibt es in Soho oder bei Schlichter in der Lutherstrasse, sogar besser, abwechslungsreicher. Auch das frische Obst. Jetzt reicht es aber. Die Boshaftigkeit findet immer wieder neue Ausflüchte, daher ist es besser zu schweigen.

Vergiss mindestens 80% von dem, was ich sagte, und schreib mir, wenn es Dir danach ist, und lass Dich nicht von dem Schauder erfassen, den die vergehende Zeit hervorruft, wenn sie mit ihren Flügeln Deine Schultern streift. Auch das geht vorüber.

hans

145 *An Ingeborg Bachmann*

Neapel, 3. u. 4. März 1960

Napoli 3 Marzo

Liebste Inge,

verzeih mir dass ich so lange nicht geschrieben habe, hatte (und habe noch, genau wie Du) zuviel Arbeit, und dabei war ich dauernd krank und musste immer wieder unterbrechen, jetzt liege ich sogar in der Klinik. Man hofft aber dass ich danach dann wieder ganz OK sein werde. Ausserdem (da ich es liebe, Dir zu schreiben) wollte ich erst schreiben nachdem ich alle 3 (drei!!) Aufsätze über »Homburg« die man mir abgeschwatzt hat, fertig hätte.[1] Dies ist nun so ziemlich der Fall, sie gehen Dir zu, damit Du nicht dasselbe schreibst – den ganzen Komplex »how to make a libretto«[2] habe ich Dir überlassen, natürlich, und auch die menschlichen Fragen, nur in einem Aufsatz spreche ich davon kurz, und da auch nur vom Schluss – der dir wohl unbehaglich ist, aber ich glaube, da darf man nicht zimperlich sein, und ich denke, meine »Erklärung« wird schon alles zurecht setzen[3]. Oder? Und nun müsstest Du so lieb sein und auch Dein Scherflein beitragen, Du weisst ja wohl, wie wichtig das ist:

Du musst die Germanisten tranquillizieren. hypnotisieren.

Termin ist der 15. März!!

Mein teures Fräulein. Ich habe ein

4 Marzo – (hier wurde ich gestern unterbrochen, erinnere mich auch nicht mehr an das, was ich in jenem Moment hatte –) – meine Pläne, retour en Allemagne, sind Vergangenheit, seitdem mir Gegenwart und Zukunft der Allemagne bei meinen Besuchen deutlich vor Augen getreten sind. Zwischen den Notwendigkeiten und den Preferenzen wird es nun wohl zu folgendem Kompromiss kommen: werde in Rom ein kleines Appartamentino mieten, und dieses hier in Neapel behalten, zum stillen Arbeiten, denn ich fürchte, wenn ich es aufgegeben hätte, würde ich sehr traurig sein, aber es wäre dann unwiederbringlich. Momentan ist z. B. (seit 14 Tagen schon) ein unbeschreibliches Frühlingswetter mit den herrlichsten Farben und Lichtern, und Strahlungen und Widerschein.

Der arme Giulio hat grösste Sorgen, er müsste heute zum Militärdienst einrücken – die üblichen Bestechungsgeschichten sind fehlgeschlagen, er ist ausser sich. Wirklich wäre es ja schlimm, wenn er 1 ½ Jahre verlieren müsste, ich hoffe, es wird noch alles gut. Der Onkel ist im Verteidigungsministerium, wir hoffen auf ihn.

wovon ich gestern sprechen wollte, das war vielleicht die Nachricht, dass ich ein neues Stück (für Orchester) beendet habe, nur die Reinschrift muss noch gemacht werden. Es ist sehr traurig und böse und entfesselt heisst aber sanft

ANTIFONE

(könnte der Name eines Engels sein) (einer Sekretärin von Apoll) Karajan wird es in Salzburg kreieren. (7. August).

Homburg in Hamburg ist am 22. May
– " – Spoleto (wo ich es selbst dirigiere) am 24 26 28 May

bitte vergiss diese Daten nicht. Dein »Melos« Aufsatz[4] wird natürlich auch im Spoletiner (und im Hamburger) Programm gedruckt. Braucht ja nicht lang zu sein.

Es ist der letzte favore den ich von Dir (vorläufig) chiede[5] (bis dein Buch fertig ist) –

Man wird Dir oder Max eine schweinsschlechte Kopie der Auden'schen »Elegy« geschickt haben, mit ausgelassenen Zeilen, die Verse wie Prosa geschrieben, etc. – Am liebsten möchte ich, dass Ihr es gar nicht lest, weil man nur einen ganz unvollkommenen Eindruck davon haben kann. Wie dumm solche Tippmamsellen doch sein können: wirkliche Schafsköpfe. Falls Ihr es schon gelesen habt, lasst mich Eure Meinung wissen, bedenkt aber dass im Original alles (bis auf die Schlussansprache) gereimt ist, was den Eindruck sicherlich stark verändern dürfte. (Weil eine Form herauskommt und weil die Absicht klarer wird)

– Jürgen macht in diesen Tagen seine Aufnahmeprüfung an der Berliner Kunsthochschule. –

Von mehreren Seiten hörte ich, wie schön Du es in Frankfurt machst,[6] dass alles Dir zu Füssen liegt – wie könnte es anders sein! Trotzdem freue ich mich sehr und bin stolz, zumal die Phrase aus einer Mozart-Arie

»alles fliegt dir zu«

ja nun wirklich nicht auf Dich angewendet werden kann weil Du doch immer so furchtbar arbeiten musst –

Schade, dass Du mich nicht besuchen kannst! Ich bin immer allein hier herinnen!

Sicherlich werden wir uns nicht vor der Homburg-Zeit in H.[7] sehen, aber dort dann doch hoffentlich ausführlich, und mit viel Freude. Liebermann[8] (der jetzt doch Intendant der H. Oper ist) macht alles sehr gut und setzt sehr viel dran, dass es auch gut wird. Er ist sehr freundschaftlich, gentlemanlike, gar nicht deutsch eben. Ich möchte sogar sagen: verehrungswürdig.

Sobald ich hier raus bin, kaufe ich mir ein neues Auto (ich habe den Prozess von vor 5 Jahren gewonnen! –) vielleicht den Giulietta Sprint (Viersitzer) –

Jetzt muss ich Dich lassen. Lass es Dir gutgehen und schreib mir – korrigiere alles in den Artikeln, was Du für falsch hältst etc., vor Deiner Korrektur schicke ich sie niemandem. Aber angesichts der Eile bitte ich Dich, mir rasch alle drei zurückzuschicken.

Salutissimi an Max
Küsse
hans

P.S. für Giulio ist soeben ein
rettendes Phonogramm vom Verteidigungsministerium (lo Zio) angekommen! –

P.S.
Glaubst Du es wäre Dir vielleicht möglich, zum Ausdruck zu bringen, dass für uns (oder doch wenigstens für mich) der Prinz ein erster, oder der erste moderne Held ist, der erste psychologisch interessante, nicht-»klassische« Typ von Protagonist – einer der selbst entscheidet, ohne »Schicksal«[9] – dies alles wäre sehr wichtig, deutlich zu machen – von der militärischen Seite zu sprechen ist dadurch vielleicht ganz unnötig, sie ist ja wirklich nur »Milieu« –

146 *An Ingeborg Bachmann*

Neapel, 12. März 1960

Napoli 12 Marzo 60

Carissima,

meine drei kleinen Artikel sind abgeschickt: du wirst Kopien davon bekommen. Wie Du sehen wirst, habe ich nicht von den Dingen gesprochen, über die Du reden musst. Hier sind einige Anregungen[1]:

1. Warum wir statt des Generals Begräbnis ein Bild des allgemeinen Grauens einer Schlacht gezeigt haben.
2. Gesichtspunkte nach denen geschnitten wurde (Auslassen von unnötigem Lokalkolorit, und unnötigen Militarismen, und wie der Prinz stärker mit seinen pathologischen Dingen in den Mittelpunkt kommt.
3. Über den Schluss (ich habe da in einem Aufsatz drüber geschrieben, weil es ja meine Schuld ist, dass dieser Schluss nun da steht, allerdings mit Deinem »der Himmel hat ein Zeichen uns gegeben«, und dem mit den Wolken nur um sein Haupt[2]) die Worte »in Staub« etc. sind gerade wie ein freudiger Ausruf, und wohl wirklich unschuldig und wirklich in dem Sinne, wie ich es geschildert hab.
4. Was die Persönlichkeit des Prinzen uns zu sagen hat, seine Euphorien etc. etc. warum er uns liebenswert vorkommt.

Dir wird schon genug einfallen. Bitte schick mir eine Copie wenn Du fertig bist. Bedenke: es braucht ja nicht viel zu sein! Hauptsache Du wirst rechtzeitig fertig. 5 Seiten genügen bestimmt.

Wer weiss, wo Du Dich in diesem Moment aufhältst. Ich glaube immer, dass ihr jeden Augenblick hierher kommt – wer weiss -!?!?!?!?

Ciao

hans

147 *An Ingeborg Bachmann*

Neapel, 11. Juli 1960

11 July 1960

Ingeborg Baby

auch ich konnte lange nicht schreiben, wegen des Lehramts (nie wieder!) in Köln[1] und vielen Odysseen, von denen die einzig angenehme Spoleto war[2]. Bin jetzt seit einigen Tagen wieder hier and so slightly feel better. Habe noch viele Verletzungen in der Seele[3], die erst ausheilen müssen bevor ich richtig in die Arbeit komme, muss aber im Juli noch viel tun, im August geht es dann nach Salzburg, dann entweder in die Berge* oder sonst irgendwohin. Hoffentlich können wir uns sehen. In Zürich? –

Dass Du doch fest entschlossen bist, ein Libretto für mich zu machen, liquidiert alle Rivalen, aber wird es denn wirklich sein können? Ich wäre sehr glücklich. Bin im Herzen etwas traurig, infolge des Lebens, Du kannst es Dir ja wohl denken, hoffentlich kommt nun eine gute Zeit.

Gleich wird der Klavierstimmer eintreffen, damit fängt es mal an, besser zu werden. Und frische jungfräuliche Notenblätter werden eintreffen. Und ich fange nochmal ganz von vorn an.

In Deutschland (Köln) war es entsetzlich, es ist ein Land, das man meiden muss. Vulgär und hämisch und hässlich. Möchte Dir zwar nicht davon erzählen, aber doch irgendwie klagen. Es ist auch ein Land, das einen davon abhält, zu etwas Grossem und Schönem zu kommen. Jetzt habe ich alle Hände voll zu tun, es wieder zu vergessen, bevor ich Musik schreiben kann!

Wir müssen und werden uns im August sehen!

Herzlichst Euch beiden

Euer hans

*[*li. Rand:*] Tarasp / aber erst im August –

148 *An Ingeborg Bachmann*

Berlin, 24. Oktober 1960

24 OKT 60

ADORABILE SORELLA

vielen Dank dass Du wieder da bist und dass Du lieb bist und dass Du den Kleist geschickt hast. Muss dazu was Unromantisches sagen was mir einfiel (übrigens habe ich sein Grab hier gefunden, es ist am Wannsee und es steht nur der Name drauf und das Datum und dann die Worte »nun o Unsterblichkeit bist du ganz mein.«) denn wenn einer tot ist, ist das was die Verklärung und Ruhe im Gesicht ausmacht, nicht die Freude nun tot zu sein und Ruhe zu haben, sondern es ist die Entspannung der Muskeln die im Leben doch durch die Qual und all das natürlich verzerrt waren. Das Leben ist entwichen und das Denken und da kommt nun die Leblosigkeit die eine grössere Schönheit zu enthalten scheint. Nun ja.

Habe den ersten Akt fertig[I], und zwar in Partitur und zweisprachig es war eine Hundearbeit, denn Enzensbergers Hilfe ist zwar preziös aber nicht immer brauchbar, er ahnt nicht, wie sehr die Musik die Rhythmen verändert, da muss ich also oft selber an der Feder kauen und mich quälen, aber im ganzen glaube ich sieht es jetzt ordentlich aus und nicht lachhaft und man sieht nun auch auf Deutsch was für ein Meisterlibretto es ist. Der Herr Lernet-Holenia war neulich hier und hat mir auch ein bisschen geholfen und hat dies auch für die Zukunft versprochen. I liked him.

Hier ist es schön, alles golden zur Zeit und gefiltert im Nebel was ich sehr mag. Liebe niemand aber habe eine ganze Reihe lustiger Gesellen die den Abend verzieren und bin nie traurig oder fast nie. Ganz selten nur denke ich an Italien, das kommt wohl auch von der Arbeit, die keine Zeit lässt, das ganze Leben ist sehr matter of fact, und das habe ich nicht ungern. Es ist hier gut sein, und ich werde hier überwintern, wenn nicht in der Akademie, dann in irgendeiner Wohnung, die man mieten kann.

Höre von einem mortificato und reuevollen Giulio, aber nichts direktes, schreibe ihm auch nicht. Am 12. oder 15. Dezember habe ich ein Konzert in Rom (im Teatro Eliseo) wo ich auch Mozart machen darf (sinfonia concertante) und einiges andere, auch neues, bei der Gelegenheit denke ich werde ich eine Wohnung suchen. Hoffentlich kommt G. nicht aus diesem Anlass aus Naples herüber. Dann werde ich im Frühling, wenn die Oper fertig ist, auch nach Rom kommen.

Es war schön in Zürich bei Euch, vielleicht dürfen wir uns in Rom auch öfters sehen und dann viel lachen und Wein trinken (nicht weinen) und sereni sein. Hoffentlich ist Dein Buch[2] nun bald fertig, dann kannst Du auf was zurückblicken und look forward at the same time.

Möchte noch ein bisschen was von Deutschland sagen: Nie hätte ich gedacht, dass es hier so schön sein könnte, man wird geachtet, aber auch in Ruhe gelassen wenn man will, alles ist einfach und klar. Nun sind wir hier nicht in der Adenauerrepublik, sondern in einer besonderen Lage, Euphorie und Hoffnung der ersten Jahre nach dem Ende der Nazis sind hier noch wach und spürbar, und ich bin gern hier und mag es. Eine Grosstadt, stark und muskulös und frei und von einer atemberaubenden Frischluft erfüllt, je länger man hier ist, desto deutlicher spürt man das. Also hier kann ich sogar Deutscher sein. Daher rückt Italien auch so weit – obwohl ich denke dass ich es wiederhaben werde, sobald ich die Grenze überschreite, aber im Augenblick ist alles weg, tutti i biglietti di favore sono sospesi. Wie gut, wie gut!

Und der erste Akt ist vielleicht sehr schön geworden, eine neue Musik, ganz frei, ganz weg von allem Vorigen, auch da sieht man, dass Napoli und all das aufhören mussten, und dass ich vielleicht überhaupt ganz einfach ganz frei sein muss, immer, und ich habe auch keine Angst mehr davor.

Nun habe ich Dir eine ganze Menge Dinge gesagt. Über die Seele auch? Lese doch nun immer Musil[3], den Du mir geschenkt hast – was für ein herrliches Geschenk! – und da weiss ich auch nicht mehr genau, was Du mit Seele meinst, jedenfalls im Moment nicht. Vielleicht ist sie in die Partitur verrutscht.

Aber ich bin lieb (auch gar nicht furchtbar sündig) und still und schick. Mia cara che cento angeli siano intorno a te quando ora termini il libro che sarà certamente una cosa importantissima e bellissima per noi tutti che stiamo aspettando!!

Wie hat Max sein Andorra gefunden als er zurückkam?

Bitte grüsse ihn sehr herzlich

ALLES GUTE UND LIEBE

hans

... sospesi.] alle Freikarten sind aufgehoben.

... stiamo aspettando!!] Meine Liebe, hundert Engel sollen um Dich sein, wenn Du jetzt Dein Buch beendest, das gewiss etwas ganz Wichtiges und Schönes für uns alle wird, die wir darauf warten!!

149 *An Ingeborg Bachmann*

Rom, August 1961

ROMA
VIA MERCALLI, 13

Liebste Ingeborg,

what a pity it was so short! Aber ich war doch froh, Dich so gut in Form zu sehen und so guter Dinge. Und ich freue mich, wenn wir uns bald sehen. Auch hier ist es recht kühl (soll geregnet haben) aber ich bin ganz zufrieden.

Deutsche Grammophon!!! Bitte mach es doch[1], mir zuliebe, bevor die Leutchen ungeduldig werden, denn Du würdest mir auch masslos damit helfen, weil ich doch nichts auf Schallplatten habe von meinen Werken ausser den 5 Liedern!

Danke Dir auch sehr. Bitte schreibe doch gleich ein paar Zeilen hin!

Habe schon alles eingeleitet, um morgen früh wunderbar arbeiten zu können. Hoffentlich gelingt es.

Mach's gut mein Täubchen und ich freu mich über Dich.

Grüsse den Max.

Dein

hans

150 *An Ingeborg Bachmann*

München, 2. September 1961

2. Sept 61

München II
Neustätter Str. 2

Meine liebe Ingeborg,

erst Ende Sept. kann ich wieder nach Roma kommen, also schreib ich Dir schnell ein paar Zeilen. Es war lieb von Euch, nach Glyndebourne[1] zu telegraphieren, und ich hätte mich längst bedanken müssen. Es war lustig und angenehm in England, aber dann, kaum hier angekommen, musste mein Blinddarm heraus (Deiner doch auch hier in M., nicht wahr?) und dann dirigierte ich auch hier »Elegie« mit dem herrlichen F. D.[2], es war ein grosser Erfolg etc. etc. aber ich möchte so schrecklich gern zurück nach Itiland, und am liebsten aufs Land wieder ziehen, vielleicht in die Castelli?[3] Mein Leben ist so »unordentlich« geworden, nun sehne ich mich sehr nach Ruhe, Frieden, friedlicher Arbeit. L'amour bringt alles durcheinander, aber Itiland ist mir jetzt vom Steuerberater verschrieben worden, um dem deutschen Fiskus zu entgehen. Communque, eigentlich hab ich mich hergesetzt, um Dir einen schönen Brief zu schreiben, aber, ach wie typisch für einen der hier lebt, es will nicht so recht. Die auf Flucht bedachten Gedanken fliehen, doch zum Glück ist das in der Imagination ein ganz fester Punkt auf den man derb & direkt zugehen kann; die Arbeit + Herbst mit Weinbergen und Frieden.

Ein schreckliches Land, dieses hier.

Kannst Du meine Verbundenheit spüren, trotz der unkonzentrierten Zeilen? bitte erwarte mich da ich doch kommen werde und sei dann lieb zu mir –

Dein Buch[4], Du wirst es wissen, hat seine Wirkung, in die Menschen hinein, nun begonnen, überall hört man davon, alle lesen es, und immer wieder wird davon con meraviglia, maravegia, gesprochen – es ist eine langsam wirkende Infektion[5] und wird viel ausrichten.

Was tust Du nun?

Grüsse Max herzlich. Ich freue mich auf Ende Sept, oder sind es die ersten Oktobertage?

Love,
hans

151 *An Hans Werner Henze*

Uetikon am See, 4. Januar 1963

4 – 1 – 63

Uetikon am See
Seestrasse, Schweiz
(Tel: 740213)

Lieber, lieber Hans,

Du musst nicht denken, dass das ein Gerede war, dass ich Dir so oft schreiben wollte – ich habe nämlich wirklich oft angefangen, wollte mir ein paar Worte herausquälen aus meiner Stummheit, aber es ist nicht gegangen. Heute wird es gehen, denn es ist jetzt endgültig für mich beschlossen, dass das Leben der letzten Jahre zuende ist. Ich weiss gar nicht, wo ich anfangen soll. Seit vier Monaten geht das schon, seither bin ich hier, so furchtbar allein und abgetrennt von allem, und hier und da hab ich eine Stunde jemand gesehen, so selten, und in der Stunde noch die bella figura machen müssen, ich habe so tun müssen, als sei nichts, nur ein bisschen Krankheit. Aber das stimmte nicht, es war nicht ein bisschen Krankheit, sondern ich musste vor zwei Monaten in die Klinik, weil ich versucht habe, mich umzubringen, aber das werde ich nie wieder tun, es war eine Verrücktheit, und ich schwöre Dir, dass ich das nie wieder tun werde. Ausserdem gibt es jetzt diese Operation,[1] die auch sehr schwer für mich war, mehr psychisch, aber dadurch auch physisch schwerer. Jetzt bin ich aus dem Krankenhaus und stehe auf meinen eigenen Füssen und beginne ein wenig zu hoffen, ich weiss zwar nicht genau worauf, aber ich hoffe einfach, dass es noch etwas gibt, Arbeit, Luft, Meer, ab und zu, später, ein bisschen Fröhlichkeit.

Du denkst vielleicht, es sei meine Schuld, dieses Ende, aber das stimmt nicht. Wenn man überhaupt von Schuld sprechen will, dann ist es die Schuld von Max, sonst wäre es mit mir nicht so weit gekommen. Aber ich will *nicht* von Schuld sprechen, und ich werfe ihm auch nichts vor, manchmal schon, aber nur Kleinigkeiten, nebensächliche Dinge, doch für das Wesentliche nützt es nichts zu reden, weder auf die eine noch auf die andere Weise, über etwas, das geschehen ist und das vielleicht hat geschehen müssen.

Aber ich hätte nie geglaubt, dass alles so schlecht für mich ausgehen würde. Dass es einen Schmerz geben würde, ja – aber nicht so einen totalen und fast tödlichen Zusammenbruch. Das Ganze war wie eine lange, lange Agonie, Woche für Woche, und ich weiss wirklich nicht warum, es ist nicht Eifersucht, sondern etwas völlig anderes; vielleicht weil ich, vor vielen Jahren, wirklich etwas Dauerhaftes, »Normales«, begründen wollte, bisweilen gegen meine Lebensmöglichkeiten, immer wieder habe ich darauf bestanden, auch wenn ich von Zeit zu Zeit gespürt habe, dass die notwendige Transformation mein Gesetz verletzt oder mein Schicksal – ich weiss nicht, wie ich es ausdrücken soll. Vielleicht sind auch diese Erklärungen falsch – doch Tatsache ist, dass ich tödlich verletzt bin und dass diese Trennung die grösste Niederlage meines Lebens bedeutet. Ich kann mir nichts Schrecklicheres vorstellen als das, was ich durchgemacht habe und was mich bis heute verfolgt, auch wenn ich heute anfange mir zu sagen, dass ich weitermachen muss, dass ich an eine Zukunft denken muss, an ein neues Leben.

Aber ich sag Dir das alles nicht nur, um es Dir zu sagen, sondern um Dir begreiflich zu machen, dass das keine Laune ist, wenn ich so sehr, so inständig wünsche, dass Du ein paar Tage mit mir reist, mit mir bist, – ich brauche es so sehr. Ich weiss genau, wie das ist, zwischen soviel Arbeit, wichtigen Dingen – dass es schwer für Dich ist, jetzt eine Fahrt zu machen, dass Du womöglich zehnmal lieber was andres machen möchtest, ja machen solltest. Und das Wetter, der Winter, ist ja auch nicht dazu angetan, um diese Reise Dir verlockender zu machen. Aber bitte, bitte fahr mit mir, und Du kannst sicher sein, dass ich nicht mit einem Hängekopf neben Dir sitzen werde und wie eine Last, wie ein Stein mitreisen werde. Ich muss hier heraus, und sei es nur für ein paar Tage, und ich möchte mit Dir fröhlich sein und mich freuen können an jedem Meter Strasse und an jedem Ort und an jedem Essen. Und ich weiss niemand, mit dem ich das kann und können möchte ausser Dir. Ach Hans, es ist ein unbilliges Verlangen, aber wenns einen Himmel gibt, dann wird er es Dir wohl vergelten.

(Von den Leuten weiss noch niemand, dass wir uns trennen, ich warte noch ein paar Tage, möchte besonders warten, bis Max in New York seine zwei anstrengenden Premieren hinter sich hat diese Woche und nächste Woche. Dann schreibe ich ihm, dass ich auch nach aussen das nicht mehr aufrechterhalten werde, ich kann es dann auch nicht länger, weil es mir jede Bewegung unmöglich macht – und ich brauche jetzt bald Bewegungsfreiheit. Sag also auch vorläufig noch zu niemand etwas; es dauert nicht mehr lang, und ich werde es dann selber sagen, wo es notwendig ist, mit »no comment«.

Jetzt hoffe ich nur, hoffe, hoffe, dass Dir nichts dazwischenkommt, dass Du mir eine gute Nachricht geben kannst am Freitag früh. Neapel möchte ich so gern wiedersehen, das ist ganz kindisch, ich möchte es aber so gern, und die ganze Fahrt denke ich mir aus, die kleinen Strassen und die Autostrada, und es kann sein, dass ich dann gar nicht bleibe – aber das sehen wir – sondern dass ich mit Dir zurückfahre. Weisst Du, das hätte schon genug Sinn. Ich tu jetzt alles Vernünftige, ruhe mich fest aus, damit ich dann ganz fit bin, damit Du mich im besten Zustand bekommst, und Kartenlesen kann ich ja noch immer gut, obwohl wir ja den »sud« schon auswendig kennen.

Hans, bitte!

Ich umarme Dich.

Deine Ingeborg

152 *An Ingeborg Bachmann*

Rom, 7. August 1963

BLEIBE HIER ALLES IN ORDNUNG DANKE DIR AUS GANZEM HERZEN WERDE SCHREIBEN
ICH WÜNSCHE DIR ALLES GUTE = HANS

153 *An Ingeborg Bachmann*

Castel Gandolfo, 19. Juli 1964

Castel Gandolfo, 19. Juli 64

Liebste Ingeborg,

sitze auf der Terrasse am Abend und überdenke so manches, plötzlich kommt mir in den Sinn, dass ich Deinen Geburtstag vergessen habe. wie schändlich! Und eben kommt mir dazu in den Sinn, dass Du auch den meinen unbeachtet gelassen hast. Wie gut! – Aber Dein Telephonieren? Aus Wien? Arbeitest Du nicht in Berlin am neuen Roman[1], und nachmittags am Schauspiel, und abends am TV Film[2]? Wolltest Du nicht reich werden?

Und unsere Korrespondenz?

Bisher kam ich zu nichts, weil ich immerfort an der Oper gearbeitet habe. Das 4. Bild, die deutsche Winternacht, ist nun bei 35° im Schatten so gut wie beendet. Ich habe keine Text-Änderungen gemacht, nur hier und da fehlte mir aus rhythmischen Gründen mal eine Silbe, die habe ich einfach hinzugedichtet, mit Eurer Erlaubnis, werde aber Rechenschaft geben. Es ist ein schönes Duett geworden zwischen Luise und Wilhelm, hat viel Freude gemacht. Dann der Auftritt des Bürgermeisters und seiner Herren, alles wie es eine komische Oper halt will. Vor mir liegt noch der Schluss der Szene, wozu es heute nicht mehr kommt. Aber morgen vormittag.

Zum nächsten Bild[3] nun hätte ich einige Wünsche, und zwar müsstest Du mir diese so bald wie möglich, also heute, erfüllen. Denn in dieser kommenden Woche (heute war Sonntag) werde ich das Zwischenspiel tun und dann in das 5. Bild gehen.

(Bitte schreiben wir uns jetzt wirklich dieses Carteggio[4], denn so haben wir a) Nachrichten voneinander b) Material für das Rowohlt-Buch)

(Muss jetzt hineingehen, da das Licht vom Sonnenuntergang nicht mehr reicht, inzwischen kommt ein ca. 30jähriger Mond herauf, alles fängt an zu schweben. Später höre ich noch Mahler's Dritte[5].)

Also zum 5. BILD

(ich habe dafür schon eine ganze Menge ♫-Material, auch für Barrat. Loren Driscoll[6] war für ein paar Tage hier, wir haben einiges ausprobiert. Während man im 4. Bild ihn aus dem Hause schreien hört, hört man auch schon erste Fragmente seiner späteren Figuren, und dazu eine Art Minuetto, das irrtümlicherweise dem Lichtputzer zugeschrieben werden wird: In der Tat gehört es Lord Barrat. Manche Dinge aus dem 1. Akt tauchen nun wieder auf, natürlich verwandelt (nach den Erlebnissen, die die hatten!) aber manches doch erkennbar. Dennoch ahnen weder der Bürgermeister noch die anderen Herren, noch das Publikum, dass der Sekretär, wenn er über die Studien Barrat's spricht, oft die Töne des Affen Adam aus dem Zirkus in den Mund nimmt.* Nur die Musikologen merken es (vielleicht) aber schön wär's wenn Du und der Wenzel und der Grass und die Hülsenfrucht und Coccolo und unser kranker Nachbar auch es wissen würden und was merken.[7] Auch flicht sich ab hier eine Tuba ein, wortbrüchiger Weise, sollte es doch ein Mozart-Orchester sein und bleiben. Nun, die Tuba muss sein, ist sie doch das obligate Instrument von Barrat im nächsten Bilde. Zu welchem ich Folgendes noch benötige:

Textbuch S. 51–52[8]

die Baronin »diese englische Exzentrik« etc.

hier wäre es gut, liebenswert und wichtig, wenn Du mir noch ein paar Sätzchen für die Frau Oberjust. Hasentreffer und die Hufnagel schreiben würdest.

Dann S. 52 unten, wenn der Sekretär sich an Wilhelm wendet. Hier sollte der Sekr. das Gemeinsame zwischen Sir Edgar und Wilhelm hervorheben, das, wie wir alle wissen, in der Beschäftigung mit Goethe's Farbenlehre besteht. (War die 1830 schon erschienen?[9])

DANN auf S. 53, wenn Wilhelm sich von Sir Edgar die Sammlung zeigen lässt, müsste der Bürgermeister anfangen, Begonia den Hof zu machen. Das sollte parallel laufen mit dem bestehenden Text und seinen Höhepunkt erreichen auf 54 unten bei Wilhelm »dieses unmögliche Benehmen!« (vielleicht könnte Begonia das Gleiche ausrufen, wenn sie alsdann dem Bürgermeister auf die Pfote haut) You see what I mean? Es gibt mir die Möglichkeit zu einem a parte presto parlando-Duett (der Bü. weniger singend als die wortreich ablehnende und korbgebende, kaum geschmeichelte Begonia) was sich sehr gut hier verwenden liesse und mir den Spass noch verdoppelt.

Oh und noch was. S. 53, wenn die Baronin sagt »Sie werden

rasche Fortschritte machen«, hier müssten die Damen Hasentreffer und Hufnagel ebenfalls Einladungen, reichlich zudringliche, an Barrat ergehen lassen.

Bitte mach mir dies alles HEUTE, sonst hältst Du den Verkehr auf. Ich habe eine gute Zeit jetzt, endlich wieder, wie im Februar–März in Berlin, und es geht wunderbar und gewissermassen mühelos voran. ein grosses incoraggiamento wurde mir zuteil, als Massimo Bogianckino[10] vor ein paar Tagen anrief um mir zu sagen, dass das Teatro dell'Opera den ersten ital. »Giovane Lord« in der Saison 65–66 machen würde, und zwar von Zeffirelli inszeniert, und dass Bologna, Florenz, Venedig und Palermo folgen.

Und noch eine Bitte, auch diese urgentissima: Schreibe mir doch eine Inhaltsangabe der Oper, so wie sie im Programmheft stehen würde.(Also ohne zu verraten, wer Barrat ist –) eine halbe Maschinenseite, oder mehr, oder weniger. Dies benötige ich ganz dringend. Es ist vielleicht das letzte Mal, dass ich Dich einstweilen stören muss. Bitte, erfülle mir rasch diese Wünsche. Und schreibe mir, wie es Dir geht, was Du tust, was Du schreibst. Es muss in Berlin jetzt ganz herrlich sein. Auch hier ist nicht zu klagen. Die Farben beim Sonnenaufgang und Untergang sind sehr schön dieses Jahr, und ein leichter Wind weht immer. Die Hunde sind glücklich. Wir lernten Rudolf Nurejew kennen, einen Panther, sehr sympathisch, er ist musikalisch, ungewöhnlich sensibel und feinohrig. Es wurde über Ballett auch gesprochen, ich möchte was machen wie ein Chor-Werk, nichts was man nur mit Füssen tritt. Nurejew hatte auch sogar formale Ideen. Jetzt ist er in Baalbek und tanzt unter den Tempeln, da muss ich gleich an die »Bassariden« denken und einen Whiskey haben.

Der 2. Akt »Lord« ist ein bisschen il rovescio della medaglia des ersten, wie ich feststelle. Das komische Element wird nun zur staccato-Maschine, Sachen beissen sich fest, man ahnt dass das alles nicht zum Totlachen ist. (Hoffentlich nicht zu früh) Die Sägemühle verliert Zähne. Barrat kriegt einen fabelhaften Auftritt (Luise's Arie im Anfang des letzten Bildes habe ich auch schon) aber nun schicke mir schleunigst das Gewünschte.

Ich harre ungeduldig!
Hämmere los! Dein hans

P.S. Hast Du Dich mit Rowohlt in Verbindung gesetzt?

*[*li. Rand:*] vielleicht weiss es auch der Sekretär nicht?

... medaglia] die Kehrseite der Medaille

154 *An Ingeborg Bachmann*

Rom, 2. August 1964

NICHT ANGEKOMMEN VERBINDUNGSTEXTE[1] FUENFTE SZENE HABEN JETZT MEINE ARBEIT BLOCKIERT BITTE TELEGRAPHIERE WANN SIE ANKOMMEN BIN ENTSETZT UND BETRUEBT = HANS

155 *An Ingeborg Bachmann*

Marino, 19. August 1964

HANS WERNER HENZE
Castel Gandolfo (Roma)
Via dei Laghi 18
il 19 di Agosto 1964

Carissima Bimba,

ich erhielt, nach drei Auslandstelefonaten, der Entsendung eines persönlichen Boten und einem Telegramm zum Preis von 3 000 Lire die so sehr ersehnten Texte, die ich brauchte. Eine Woche hast Du mir, in diesem heissen Sommer, von den Ferien geraubt, von denen mich nur die Beendigung des »Jungen Lord« trennt. Wie immer wird Dein Schildkröten-Verhalten zwar hinterher durch die Qualität Deiner Arbeit verzeihlich – aber manchmal kann man wirklich an Dir verzweifeln. Die gewünschte und eindringlich erbetene Inhaltsangabe kam bis jetzt noch nicht und ebensowenig der lange Brief, den Du mir noch am selben Abend zu schicken versprachst. Auf diese Weise, denke ich, wird es nie den berühmten, von Dir selbst vorgeschlagenen Briefwechsel geben.[1]

Was tust Du eigentlich? Ich wette, dass Du nicht an dem Buch schreibst und dass das vierzigste Jahr, das auch für Dich näherrückt, uns ohne ein neues Werk von Dir sehen wird. Was kann denn so wichtig sein im Leben, dass es kein kontinuierliches, diszipliniertes Arbeiten erlaubt, das im übrigen der einzige Ausweg ist, sei es für Krebse, sei es für Künstler, für Priester, für call-boys, Päpste, Präsidenten und Heckelphonspieler.

Der Titel »Der junge Lord« hat sich in den musikalischen Kreisen inzwischen so festgesetzt und ist von mir verschiedene Male in der Partitur komponiert worden, dass es noch verwirrender wäre, ihn wieder zu ändern.

Ich hoffe, genügend Geistesgegenwart zu haben, dass ich den Herrn Heusermann[2] rechtzeitig erkenne, wenn er mir das nächste Mal begegnet. Aber warum so ein mysteriöser Ratschlag? Schliesslich schreibe ich keine Komödien. Oder wird er demnächst Direktor der Wiener Oper? Ich bin zu allen freundlich, und wenn der Herr Heusermann genügend Menschenkenntnis besitzt, hat er sicher begriffen, dass ich ihn nicht aus Arroganz nicht gegrüsst, genauer gesagt: nicht erkannt habe. Ich sehe so viele Gesichter, vor allem nachts!

Auch wenn man neue Menschen kennenlernt, ist es immer gut, die Freunde nicht zu vergessen, vor allem die treuen, die keine anderen Absichten haben als Freundschaft. Solche, die, wie ich es jetzt getan habe, ihren Verdruss mit der gleichen Offenheit ausdrücken, mit dem sie lieben, verehren – und warten:

auf Briefe, Zeichen der Freundschaft (zu denen auch die Pünktlichkeit gehören würde) und dass der andere frei und froh sei. Umarmung.

Dein zorniger, Dir zugetaner, wütender
Hans und 1 (ein) Kuss

Postskriptum: Hans Werner Richter schreibt mir von Hand eine Einladung, die er schon vor ein paar Wochen an mich gerichtet hatte und die Du mir nicht hast zukommen lassen. Und an Rowohlt, hast Du an den geschrieben? Ich hoffe es aufrichtig. Wenn nicht, dann fürchte ich, dass das Buch über den »Lord« nicht erscheinen kann.

h.

156 *An Ingeborg Bachmann*

Rom, 3. September 1964

OPER BEENDET DANKE DIR ABER UM HIMMELSWILLEN SCHREIB = HANS

157 *An Hans Werner Henze*

Berlin (West), 7. September 1964

UMARMUNG FUER DIE HERRLICHE NACHRICHT = DU BIST EIN MONSTRUM = BRIEF FOLGT = VOLLER BEWUNDERUNG – INGEBORG

158 *An Ingeborg Bachmann*

Castel Gandolfo, 31. Oktober 1964

31. Oktober 64

Castel Gandolfo

Meine liebste Ingeborg,

Wenzel hat mir den »Ort für Zufälle«[1] geschickt, und ich habe es eben gelesen und nun hast Du mich also zum Weinen gebracht. Ich weiss kaum, was ich sagen soll. Es ist sehr schön und ist aber auch so unendlich schlimm und einsam und hingefallen und ich verstehe nun, wie schrecklich alles für Dich ist, die Du nicht die Waffen des Zynismus hast und der promiscuity, und ich möchte Dir so gern etwas Gutes sagen und tun. Eines wiederum scheint mir aber klar, dass Du, die Du dies geschrieben hast, nun einen erheblichen Schritt getan hast, weg vom passato und voran, Du bist jedenfalls nun wieder unterwegs, Du hast Dich selber mit Dir selber zum Ritter geschlagen, und kannst Stolz haben und Mut, Sieger-Allüren. Und ich bin stolz, dass Du es geschafft hast. Es ist das Einzige, glaube mir, das sich noch lohnt, es ist auch das Schwerste natürlich. Sodass man sich in ein Zimmer verbarrikadiert, und mit den Noten und den Wörtern sich befasst, Stunden um Stunden, und das Draussen vermeidet. Bitte schreibe mir bald (diktiere es ruhig, im Bett, der Sekretärin) lass mich von Dir hören. Ich wusste gar nichts von dem Büchner-Preis, nur gestern durch Wenzel am Telephon, und heute weiters in einem Brief von M. von Hessen.

Ich habe viel Aufräume-Arbeit, und bereite die »Bassariden« vor und mache noch ein kleines Chorstück[2] zur Übung, ein paar Sätze aus »Les Nègres« – es ist jetzt ganz ruhig hier, und sehr traurig und ernst und tatsächlich wie Totensonntag, und ich weiss diesmal überhaupt nicht, woher ich die Blumen all nehmen soll und Schatten der Erde[3]. Dafne[4] hat 2 süsse Babies, sie heissen Aida und Arabella, Folker[5] wird erst Weihnachten zurück sein, und ich habe nun lange Wochen vor mir, wo ich nichts tun kann als ernsthaft arbeiten. Vielleicht bekomme ich einen Besuch aus Lybien, aber nur für wenige Tage. Es regnet leider recht oft hier, doch wenn die Sonne scheint, denkt man, es habe nie geregnet. Es ist »heimlich« hier, oder »anheimelig«, (die elektrischen Öfchen brummen) und ich hocke im Studio, welches nun schönere Möbel hat und ganz anders aussieht, um die neue Oper beherbergen zu können.

Rowohlt hat abgesagt, weil es zu spät ist, Deine Schuld! Ich ahnte es schon, aber ich bin nicht zornig, weil Du ja so gut gearbeitet hast. Vielleicht kann man es woanders machen. Es gab noch etwas, aber das habe ich jetzt vergessen. Ach so, ja: »Bassariden« gibt es auf Deutsch, es steht im Konversations-Lexikon (Knaur), nur dass Du es weisst. Und Maenaden sind halt nur die Weibsbilder. Ich weiss jetzt alles über diese Dinge, weil ich viele Bücher habe, vor allem den unentbehrlichen Dodds[6].

Die vielen schlimmen Traurigkeiten und Einsamkeiten, die kann man nur ertragen, indem man arbeitet (im Dunkeln singt) und sich selbst weitgehend ignoriert. Glaube mir, dass ich über den »Ort für Zufälle« so masslos betroffen und angerührt war, weil es »fast zuviel« ist, wenn es das in der Kunst gäbe, so wahr, und auch mich betreffend und meine verletzten Stellen anfassend (in Berlin habe ich 1949 mich versucht, selbst zu ermorden[7] und hätte es auch um ein Haar geschafft) und das Offene, Schlimme so aufweisend und die Wahrheit sagend: Alles ist tot und leer, aber das geht nicht, Du darfst nicht sterben, auch ich möchte sterben, aber ich darf nicht sterben. Man muss sich festhalten an den wenigen erträglichen Wahrheiten, keinen der vergangenen Tage zurückwünschen, nichts wiederholen wollen, sondern vorangehen, unter Ausschaltung der alten Fehler. So wird das Gepäck immer leichter, und das eigentliche Tun immer schwerer. Aber es kann auch sein, dass das Schwererwerden leichter wird mit der Zeit.

In all dem Unfrohen ist eben dies eine Gute und Frohe, das bist Du mit Deinem Meisterstück, und das gibt z.B. Deinem

Hans jetzt einen enormen Wunsch, auch so gut zu arbeiten wie Du es da getan hast. Und dann haben wir ja auch eine gemeinsame Première vor uns, und da kann ich Dir vorführen, was ich da am See seinerzeit rasch hingeworfen habe,[8] Fräulein. Du weisst nicht, dass ich in diesem Sommer fast verrückt geworden bin mit dem zweiten Akt. Und nur ich weiss, dass es eine wunderschöne Oper ist. Du wirst das erst ein wenig später merken.

Nun will ich hoffen, dass alles gut geht und dass ich bald Schönes von Dir hören werde. Und wann wirst Du die Zelte hier aufschlagen? Weiss man da schon Genaueres?

Grüsse Deine nette und brave dama di compagnia.

Alles Liebe und Gute von Deinem alten
hans

[*von der Hand Serpas:*]
Ich hoffe, es geht Ihnen gut – Ich würde mich sehr freuen, Sie zu sehen und mit Ihnen zu reden.
Mit Bewunderung und mit Zuneigung
Franco Serpa[9]

159 *An Ingeborg Bachmann*

Marino, 19. Februar 1965

Meine liebe Ingeborg,

durch Folker erfuhr ich, dass es Dir wieder einmal nicht gut geht. Ich bin ganz unglücklich darüber. Hoffentlich erreicht Dich wenigstens dieser Brief, damit Du siehst, dass ich an Dich denke, und hoffentlich geht es Dir inzwischen etwas besser. Wenn Du kannst, schreibe mir. Ich bin übrigens vom 24 – 27 II. in Zürich (Baur au Lac) am 26. ist die Uraufführung meiner »Cantata della fiaba estrema«[1], wenn Du es ermöglichen kannst, hinüber zu kommen, wäre ich sehr erfreut. Es ist ja nicht weit von B.B.[2] –

Wenzel wird auch da sein, und das Pippelchen, und Buchholz, vielleicht auch die Morante.[3]

Man bombardiert mich übrigens mit Briefen, um mich zu bewegen, Dich zu bewegen, einen Aufsatz über den »jungen Lord« zu schreiben, für die Musikzeitschrift »Melos«, es ist eine Sondernummer ausschliesslich dem Lord gewidmet.[4] Wenn Du etwas schreiben könntest (es muss ja nicht viel sein) wäre es fabelhaft. Aber es eilt sehr.

Ich hatte auch wieder schwierige Momente, aber man hat mir ein neues Beruhigungsmittel verschrieben, durch welches man heiter wird und alles herrlich findet. So bin ich nun heiter und möchte die ganze Welt umarmen. (Ha, ha) – mit der Oper geht es jeden Tag etwas weiter, gegen Mitte März, prima di venire a Berlino, werde ich die 1. Hälfte geschafft haben.

Bitte, werde bald gesund, und für immer.

Und komme nach Rom!!! Wir werden ein schönes attico
für Dich finden!

Abbracci, hans

… a Berlino] bevor ich nach Berlin komme

160 *An Ingeborg Bachmann*

New York, 18. April 1965

Auf dem Flug Rom – New York

Liebste Ingeborg,

in Rom habe ich Deinen so lieben Brief vorgefunden mit noch einigen Bemerkungen über Dein Problem. Die beste Antwort hast Du selbst gegeben: dass Du nach all dem, was gewesen ist, besser arbeiten wirst denn je. Das ist der Punkt. Die »Schmach«, von der Du sprichst, mag gewesen sein, was sie war, das hat nichts zu sagen. – Gestern, Freitag, hörte ich in meiner dauernden Quasi-Schmach (mein immerwährender Schmerz ist eben die Schmach, in der ich inzwischen Experte bin) am Radio die Leiden Christi, erzählt-gesungen in griechisch-orthodoxer Liturgie, und ich dachte, Menschen wie wir sollten immer diese grosse Passion vor Augen haben, um viel demütiger zu sein. Auch Du. Keine Schmach dieser Erde kann uns etwas anhaben, wenn wir immer an den Grund denken, weshalb wir auf die Welt gekommen sind. Wir sind da, um kreativ zu sein, das ist die heilige Wahrheit, alles andere ist unwichtig. Deine eigentliche Schmach ist die, glaub mir, viele Jahre lang nicht gearbeitet zu haben. Die Grösse der Gefühle für andere darf nie grösser sein als das eigene Verantwortungsgefühl gegenüber dem eigenen Seinsgrund. Frisch hätte Dir nie irgendeine Schmach antun können, wenn Du ihn zugunsten Deines eigenen Künstlerseins ignoriert hättest. Im übrigen ist es nie eine Schmach, von einem Schwein beleidigt worden zu sein. Und ein Schwein geliebt zu haben, auch das ist keine Schmach. Kein Künstler darf je »so tief« sinken, dass er sich ruiniert – und ich weiss, dass Du jetzt, endlich, aufwachst und die alten Sentimentalitäten hinter Dir lässt. Keiner weiss besser als ich, was Schmerz ist (er ist mein Reisekamerad), nun ja, aber ich, Hans, werde Dich nicht mehr achten, noch möchte ich Dich wiedersehen, wenn Du jetzt nicht damit aufhörst und statt dessen anfängst, Deine PFLICHT zu tun, wie ein Bankbeamter. Briefe beantworten und systematisch arbeiten, wie es Thomas Mann etc. etc. tat, wie alle Grossen, ohne Ausflüchte, ohne weitere Krankheiten etc., ohne Klagen und Jammern. Diese Phase ist vorbei, muss vorbei sein. Ich sage das nicht nur, weil ich weiss, dass es kein anderes Mittel gegen das Unglücklichsein gibt, ich sage es auch, weil der Künstler, wenngleich wehrlos und gerade weil er wehrlos ist, etwas gegen die Wandelbarkeit der Dinge, die Leiden, die Einsamkeiten zu setzen hat, etwas, das die anderen nicht haben: den Triumph des Erschaffens. Dieser Triumph, der ihm auch Refugium ist in den schwärzesten Augenblicken. –

Es wäre mir unerträglich, Dich in Zukunft kraft- und antriebslos zu sehen, denn ich weiss, das ist das grosse Übel, der Teufel, die Scheisse. und ich könnte Dich nicht mehr achten.

Mozart hat in seinem Leben nie mehr als 10 Minuten gehabt, um darüber nachzudenken, wie schlecht es ist – wobei es stimmt, dass es gar nicht so schlecht ist, angesichts der schönen Kreaturen, die es darin gibt, der Gemälde, der Landschaften, der Opern wie der »Junge Lord«, wunderbar gemacht von zwei unserer Freunde[1] –

Wenn dieser französische Knabe[2] Dir wegen der Premiere nicht geschrieben oder telegraphiert hat, was macht das schon? Das bietet noch keinen Anlass, ihn zu verurteilen: es ist Deine Aufgabe, ihm zu erklären, worum es sich gehandelt hat. Im übrigen hättest Du sehr gut daran getan, ihn kommen zu lassen, so hätte er ein wenig begriffen, worum es ging. Man muss die Leute um einen herum immer erziehen. Man darf sich nie etwas erwarten. Wenn etwas Angenehmes geschieht, um so besser, um so grösser ist die Überraschung und um so grösser die Freude. Doch es gibt eine WOHNSTÄTTE DER SEELE, die von niemandem besetzt werden darf, und das ist die Arbeit, diejenige, die das Tageslicht weniger grauenerregend und die nächtliche Finsternis weniger schrecklich macht. In diesem sicheren Bewusstsein erfüllen wir den Willen der Götter. Und die Götter strafen uns, wenn wir uns nicht an das halten, was sie von uns verlangen. Sie schicken uns ihre Gnade mit Wucht, aber wehe, wenn wir sie nicht verstehen, annehmen, gehorchen.

Jede menschliche Beziehung soll im Lichte ihrer Nützlichkeit für die Arbeit betrachtet werden. Andernfalls sind wir verraten und verkauft. Das musst Du begreifen. Jede Entscheidung musst Du zugunsten der Arbeit treffen. Wenn Du den Franzosen heiraten[3] willst, dann tu es, aber mit der Gewissheit, alle Freiheiten zu haben, die die Arbeit erfordert. Du darfst das nur machen mit dem sicheren Gefühl, dass es Dir guttut, und das ist für Dich identisch mit Arbeit. Dein bevorstehender Roman ist wichtiger als die bevorstehende Hochzeit. Das ist alles –

ciao, hans

Ich bin im Hotel St. Regis, 5th Av. 55th Street/N.Y.CITY
bis zum 8. Mai –

161 *An Hans Werner Henze*

Berlin, 26. Juli 1965

26 – 7 – 65

Mein lieber Hans,

ich lege die 10 000 Lire dazu und war sehr froh, dass Du sie mir besorgt hast. Das Ende der Reise war noch sehr konfus, dann aber schön in Frankreich, und ich gehe für den ganzen August dahin (Montigny sur Loing, Seine et Marne, poste restante). Dort ist eine Wildnis, und ich werde arbeiten und Garten roden und gerne dort sein.

Gestern war ich bei Günter Grass[1], der herumreist, um der SPD zum Gewinnen der Wahlen zu verhelfen, und er möchte so gerne, dass Du nach Bayreuth kommst und dort mit ihm redest, weil Willy[2] (wenn er auch nicht immer vor Publikum besteht) sich herausstellt als die einzig mögliche seriöse Figur in diesem Land. Wir haben lang darüber gesprochen. Ich bin also der Diplomat mit Restriktionen, sehe aber ein, dass, trotz allem, was von aussen zu sagen ist, diese Partei endlich die Wahlen gewinnen muss, damit man überhaupt weitermachen kann in diesem Land. Denn sonst wird es wohl vor die Hunde gehen.

Überreden will ich Dich nicht, aber ich verstehe Günters Argumente und sein Bedürfnis, nach Hilfe zu suchen. Von aussen sieht natürlich alles anders aus, aber hier ist nicht mehr zu machen, und wahrscheinlich sollte man es machen.

Es ist jetzt up to you.

Du kannst mir schreiben, noch besser ihm, er ist bis Ende dieser Woche: Niedstrasse 13, Berlin Friedenau. Dann auch in

Frankreich, aber wo, weiss ich nicht, für Ferien. Deine Adresse habe ich ihm gegeben.

In Montigny will ich auch versuchen, ein paar erste Blätter für die neue Oper[3] zu schreiben.

Ach, ich hoffe so, dass es Dir gut geht, dass wir uns durchkrebsen, dass Fedele d'Amico[4] die Uebersetzung gut macht und noch vieles mehr.

Mein geliebter Hans, ich komme bald, wir werden was Schönes machen miteinander und immer. Ich habe eine Karte verloren im Schlafwagen, in der ich soviel Hübsches geschrieben habe, auf die Hinterseite von einem Bild der Pasta, (cantante conosciuta), und ich habe mich gefreut, dass Du meine Schulter einen Moment lang hübsch gefunden hast. Aber es geht auch ohne Schulter.

Deine Ingeborg

[*auf Rückseite des Blatts, hs.:*] Günter sagt eben, Du sollst trotzdem nach Berlin schreiben.

Deine
I.

(cantante conosciuta)] (berühmte Sängerin)

162 *An Ingeborg Bachmann*

Castel Gandolfo, 30. Juli 1965

30. Juli 1965
HANS WERNER HENZE
Castelgandolfo (Roma)
Via dei Laghi, 18

Frau Dr.
Ingeborg Bachmann
Königsallee 35
1000 BERLIN-GRUNEWALD

Liebe Ingeborg,

ich habe Deinen Brief noch nicht erhalten; da ich aber gerade versuche, mit Wolfgang Eisermann[1] die Post der letzten acht Wochen zu bewältigen, finde ich, ich sollte Dir Beiliegendes auch schicken, wenn es auch – wie es im »Fidelio« am Anfang heisst – nichts wichtiges sein wird.[2]

Wenn in dem verschlossenen Brief etwas Unfreundliches stehen sollte, werde ich zwei bravi[3] nach Berzona[4] senden.

Sei brav und fleissig und Deiner Rolle eingedenk, nach welcher Du mich ermutigen musst. Viele Grüsse auch von Coccolo, der zu meinen Füssen schnarcht.

P.S. vorhin hat Günter Grass angerufen –
ich mache das!
hans

163 *An Hans Werner Henze*

Montigny-sur-Loing, 13. August 1965

13 – 8 – 65

Montigny sur Loing
Seine et Marne
poste restante

Mein lieber Hans,

gestern ist Dein kleiner Brief gekommen, mit den sonst nichtsnutzigen Beilagen, und ich habe zum erstenmal keine Reaktion mehr gehabt, sondern meinen petit café noir getrunken und auf den Fluss Loing geguckt und dann bin ich baden gegangen. Also danke schön, und es tut mir leid, dass Du Dich damit hast abgeben müssen, aber es war vielleicht besser so, denn ich wäre sonst womöglich auch in dieser letzten Bagatelle ganz allein gewesen, denn offensichtlich meinen Männer dieser Art, dass man sich eines anständigen Tons nur unter Männern befleissigen muss etc, aber lassen wir das, es ist schon jedes Wort überflüssig.

Ich bin heut abend zufällig in Paris, weil ich zum Coiffeur habe gehen müssen, und nun regnet es leider wieder, aber hie und da gibt es einen schönen Tag auf dem Land, der mich braun macht und wenn auch nicht »glücklich«, weil ich schon nicht mehr weiss, was das ist, so doch fest und einfach, damit all die komplizierten Sachen aufs Papier kommen können, die eine grosse Festigkeit brauchen.

Als Kind habe ich mir immer schöne Sätze aufgeschrieben, die ich nicht verstanden habe, aber die mir ausserordentlich vorgekommen sind, das fällt mir jetzt wegen »Glück« ein, von dem ein vergessener Engländer (von mir vergessen) geschrieben hat: es ist des Geistes schönes Morgen, das niemals kommt. Den Rest wollen wir streichen, aber »des Geistes schönes Morgen«[1] könnte vermutlich in der Arbeit sein; und manchmal ist es auch das schöne Heute.

Wenn Du nach Bayreuth gehst, möchte ich hinkommen, ich komme dann direkt von hier aus, und vielleicht können wir ein paar Stunden vorher Deinen Diskurs ansehen miteinander, weil ich Dir doch immer helfen möchte, und da kann ich es wahrscheinlich – geh übrigens ruhig ein paar Meter über die Sozialdemokratie hinaus, das schadet diesen Schüchterlingen gar nicht. Es ist aber schwer, in einem Brief und bei den geographischen Distanzen was Hilfreiches zu sagen. Du hast ja obendrein die R. Wagnerschriften als Ausgangspunkt, oder sonstwas, denn im Anfang und am Ende bist ja Du es, vor oder hinter Deiner Musik, der zu den Leuten spricht. Ich bin ganz überzeugt, dass Du es kannst und dazu Deine Identität wahrst, das zusammen ist das Wichtige.

Im Moment habe ich, wegen meines Buchs[2], nicht viel an die Oper gedacht, das kommt dann schon wieder, ich bin momentan ganz aufgefressen von meinen Personen und der Grausamkeit dieses Buchs, das im Grund nur der erste Band eines viel umfangreicheren und grösseren Buchs sein wird.

Hier: alles gut, ruhig, heiter, die nutzlosen Pläne sind zurückgestellt, und das erleichtert mich sehr, denn ich fühle mich ausserstande, etwas für die Zukunft zu entscheiden – ich sehe sie einfach nicht, diese »Zukunft«, und ich begnüge mich mit einer Gegenwart, die so kostbar ist nach all dem Dunkel.

Ich habe Dir wahrscheinlich schon erzählt, wie wild es hier ist, wie im Urwald, es gibt nicht einmal die Elektrizität, aber dafür Tonnen von guter Luft, und ich lebe wie eine Wilde und in einem Frieden, der auch meine Nerven bearbeitet, es macht mir alles Mögliche wieder Spass, sogar die Unbequemlichkeit, die das Leben ohne Personal (weil weit und breit nicht vorhanden) und ohne die üblichen Kommoditäten so an sich hat.

Natürlich weiss ich nicht, wie lang ich sowas aushalte, aber jetzt ist es wunderbar und gut für mich.

Ich hoffe, dass es auf eine andre oder ähnliche Weise gut geht, und wir sehn einander bald!

Come sempre
Ingeborg

164 *An Ingeborg Bachmann*

Castel Gandolfo, Mitte August 1965

Carissima Ingeborg,

ich nutze die Gelegenheit einer Stunde ohne »Inspiration« (nämlich wenn ich fühle, dass das, was kommen soll, noch nicht reif ist), um Dir zu antworten. Es muss wunderschön sein dort im Wald, mit dem Fluss etc. und es wird Dir sicherlich sehr gut tun. daher rührt es mich, dass Du nach Bayreuth kommen willst, und ich danke Dir, dass Du die Rede, die ich halten soll, durchsehen willst. Ich habe an dieser Rede sehr gearbeitet[1] und sie an Grass geschickt, damit er sie ändert, wo er meint. – Es wird, fürchte ich, auch dieses ganze Hassgefühl darin sein müssen, das in mir hochkommt, wenn ich an diese dummen, fetten Landsleute denke – jedenfalls hoffe ich, dass man mich auch Dein Gedicht »Alle Tage« vorlesen lässt, das ich hineingebracht habe, und dass auch Du erlaubst, dass ich es lese. – hier herrscht Betriebsamkeit: Dimitri ist abgereist, jetzt bin ich völlig allein mit der Partitur der »Bassariden« – und mit Eisermann, meinem neuen Sekretär, der viel angenehmer ist als S. – Es gibt ziemlich traurige Tage, aber es kommen auch sehr fruchtbare und glückliche Perioden, und ich bin mit der Tragödie schon recht weit[2] – und Du kannst Dir vorstellen, dass es nicht immer leicht ist, den Kopf oben zu behalten, gegenüber von Rom, das hier vor mir liegt und diesen Menschen[3] beherbergt, den ich zu meinem Unglück sogar heute auf der Strasse gesehen habe, aber er mich nicht, und zuerst ergriff mich ein Gefühl der Zärtlichkeit, dann sah ich mit Staunen, dass er keinerlei Empfindung in mir hervorrief: inzwischen gehört alles mir, er existiert nicht mehr und hat nichts mehr, doch dann, nach kurzer Zeit, regten sich ein grosser Schmerz und viele Fragen in mir, und heute arbeite ich nichts, weil meine Gedanken nicht gut sind – aber das wird vorbeigehen. Fortuna hat mir auch einen bildschönen Knaben geschenkt, der mit dem Fiat 500 manchmal abends kommt, um mich zu zerstreuen – hoffentlich auch heute

Abend –, und so sollte ich mich nicht beklagen. Glück gibt es keins, aber in der Musik gelingt es mir hin und wieder, mich zu befreien. Denn ich glaube, dass es Freiheit ist, was man braucht, Freiheit von der Traurigkeit und Freiheit von sich selbst. so gebe ich mich mehr denn je der Arbeit hin, den Tönen, in denen sich alle Ideale der Schönheit und der Vollkommenheit verwirklichen lassen – das schöne Morgen des Geistes – * und ich werde KÖNIG sein, wenn die »Bassariden« gelingen, und über den Tod triumphieren, und der andere, der mich nicht auf meinem Weg begleiten wollte, bleibt hier, blutleer und blass, ein Nichts.

Ich sehe mit Freude, dass auch Du arbeitest: das ist sicherlich nicht nur Notwendigkeit und Therapie, sondern ein heftiger Drang der Gedanken selbst, und ich kann es gar nicht erwarten zu lesen, was sich die kleinen Lebewesen in diesem windischen Gehirn[4] ausgedacht haben. – wenn Du wirklich beabsichtigst, nach Bayreuth zu kommen: ich werde am Abend des 3. September im 4 Jahreszeiten sein. Dort können wir uns sehen und das Manuskript durchgehen. Obwohl ich finde, Du tätest besser daran, mit Deinem Buch auf dem Land zu bleiben. mir ist diese Unterbrechung wenig willkommen, nur dass ich sie als Markstein empfinde, um vorher einen Teil der Oper[5] zu beenden, genau gesagt, die orchestral-chorale Ruhe, die Eintritt, wenn die Mänaden Pentheus jagen.

Immer wieder habe ich Angst vor den schrecklichen Dingen, die in dieser Oper passieren: aber dann will mich das Schicksal immer genau in Harmonie mit der Musik bringen, die ich gerade machen muss …

Wisse, dass ich sehr glücklich wäre, Dich in München zu sehen. so könnten wir tags darauf zusammen nach Bayreuth fahren. am nächsten Tag werde ich wieder nach München zurückfahren, um für die neue Wohnung einzukaufen – und ich nehme dann alles im Schlafwagen mit nach Rom.

Lass es Dir gutgehen und grüsse den Unbekannten, der so tüchtig zu sein scheint!

hans

* [*re. Rand, oben:*] besser: »der schöne morgen«, denn das ist gewisser

165 *An Hans Werner Henze*

Montigny-sur-Loing, 29.? u. 30. August 1965

Mein lieber Hans,

am 1. fahre ich nach Berlin zurück, und ich bin von einigen Dingen und vom Nachdenken sehr geplagt, (aber sonst in der besten Kondition), und mein tormento bist in der Tat Du, bzw. dieses Bayreuth. Es ist schwer, das in einen Brief zu packen, aber ich habe doch interveniert und in dem besten Glauben, aber manchmal bekomm ich das Frösteln, wenn ich alles so überdenke und mir hier, besser als in Berlin, die bürgerlichen und nationalistischen Töne auffallen, die aus dieser Partei heute und seit einiger Zeit kommen. Ich würde keinen einzigen tormento haben, wenn Günter Grass macht, was er macht, denn es gehört zu ihm und er weiss, was er macht. Mir ist ja nur bang Deinetwegen, weil ich nicht möchte, dass Du in eine trappola gehst, »trapolla«, soweit das Deinen Gedanken und Deiner Figur zuwider ist. Sein muss. Ich bitte Dich darum, gegen die CDU, gegen die Bourgeoisie, den Revanchismus, den wieder hübsch aufblühenden Nationalismus zu sprechen, also dagegen, dagegen, mit Deinem ganzen Temperament, ohne Dich zu identifizieren mit einer Partei, die das kleinere Übel ist und über ein paar ehrenwerte Leute verfügt, die zu bedauern sind im Grund, weil dieses Volk keinen Sinn hat für onore, weil es so verdorben ist, dass es seine besten Leute verdirbt, und wenn ich hier lesen muss, ironisch mild, dass Willy Brandt, der eben eine ehrenwerte Vergangenheit hat, sich in Deutschland in einer Weise verteidigen muss dieser Vergangenheit wegen, (er war gezwungen oder hat erlaubt, dass seine norwegische Frau öffentlich aussagte für ihn, dass er nie gegen die Nazis gekämpft hat als Emigrant) denn sonst wäre er erledigt, und hier wird das natürlich registriert als ein témoignage humiliante, und ich finde es auch erniedrigend, sich so rechtfertigen zu müssen, wenn man erwachsen und auf der richtigen Seite war. – Ich rede durcheinander, und ich bin auch nicht gut genug informiert über alles, aber das ist wahr, zu wahr, dass die Sozialdemokraten sich »arrangieren« müssen mit einer Mentalität, die nicht verschwunden ist. Ich habe leicht sagen, dieses Land mit seiner Schuld und seiner Unbelehrbarkeit soll zur Hölle gehen, aber ich schreibe in dieser Sprache und Du bist mir der kostbarste Mensch, (sauf mon amant français, mais c'est autre chose.) Ich glaube, dass wir nicht nur auf der richtigen Seite sein müssen, in einem pragmatischen Sinn, den Grass verficht, und Du weisst, dass ich seine Argumente respektiere und ein »Mann« bin, in den Dingen der Freundschaft und nicht weibisch wie die meisten Männer, die nicht mehr wissen, was die Freundschaft ist. Aber ich glaube doch, dass unsre Ansprüche, Ideen und Forderungen sich über den Tag erheben müssen, wie eine tune – also ich bleibe unbelehrbar, und ich glaube, dass wir diesen Ideen, auch wenn niemand sie verlangt, treu bleiben müssen, weil man nicht existieren kann ohne den Absolutheitswahn, den Grass zum Beispiel mir vorwirft. Ich nehme diesen Vorwurf sehr ernst, aber ich komme, nach allen Prüfungen darauf zurück. Alle meine Neigungen sind auf der Seite des Sozialismus, des Kommunismus, wenn man will, aber da ich seine Verirrungen, Verbrechen etc kenne, kann ich nicht votieren. Ich kann nur hoffen (hoffen, wie man hofft, wenn man weiss, verloren, verloren, für immer verloren), dass im Lauf der Zeit das Gesicht der einzigen Revolution dieser Zeit die menschlichen Züge annehmen wird, die nie ein System annehmen wird. Es macht mir keinen Spass, diese Spässe hier mitzumachen, auch die dort nicht. Ich bin danach ohnmächtig. Ich sehe zu, wie man sich »arrangiert« mit der Sowviet Union, um plötzlich die Chinesen zu Verbrechern zu machen, die sie nicht sind, einen Konflikt zwischen Restauration (in Russland) und Revolution (in China) gegeneinander auszuspielen auf die infamste Weise oder würdig all dieser Dummköpfe, die nicht verstehen, was es heisst, dass Millionen hungern und im Recht sind. Es ist so leicht zu sagen, wir »akzeptieren« diesen oder jenen Kurs, aber die Welt, die erniedrigte, hat nur einen Kurs, der Hunger nur einen, die Unwissenheit nur einen, und wir schmoren in unseren kleinen Wirtschaftswundern und Kunstwundern, aber die Geschichte ist eine Dampfwalze, die stark ist, und wir sind stark, nicht, wenn wir »eingehen« auf das Gegebene, sondern wenn wir weiterdenken. Mein ganzes Bemühen ist: weiterdenken. Und Dein ganzes Bemühen kann nur sein, noch einen und noch einen Ton finden für die Freuden, die Verzweiflungen, die Richtung vor allem. Ich glaube, wir haben nur die Richtung zu exekutieren, das ist es, sie anzuzeigen, wir haben ja nur ein kleines metier, ein sehr schönes, freies, und man muss in seinem metier negieren und dann die Richtung geben. Der grosse Rest ist allerdings der »Pragmatismus«, für den ich keine Verachtung habe, weiss Gott nicht, aber er gehört ins Geschäft und in die Politik, und wir sind hier, um die Pragmatiker in die Schranken zu weisen und ein[ige] wenige würdige Dinge zu vertreten und zu verteidigen. Und die sind absolut, obwohl sie nur unsren Köpfen entsprungen sind, die Konzeptionen der Gerechtigkeit, der Wahrheit, der Freiheit.

Davon geht nur wenig ein in die Parteiprogramme, und in die deutschen besonders wenig.

30 – 8 – 65

Jetzt habe ich Deinen Brief bekommen, ich komme also nach München, gehe auch in die Vier Jahreszeiten, damit wir beraten und rätseln können an dem Vorabend[1]. (Ich werde wahrscheinlich schon vom 1. an dort sein.) Dafür aber nicht nach Bayreuth kommen, sondern am 4. morgens gleich nach Berlin fliegen, weil ich dann nach Prag muss für ein paar Tage. Ich bin froh, dass Du das Gedicht[2] dazunimmst, nicht weil es von mir ist, sondern wegen des Inhalts, und bitte tu es, und lass Dir nicht von den »Interessierten« dreinreden. Ich habe wirklich schlaflose Nächte, aus Angst, dass man Dich missbrauchen könnte. Im schlimmsten Fall ist ein Krach besser als ein Verrat an der Integrität. Alles andre, was mir auch sehr auf dem Herzen ist – toi, ton travaille, ta vie, on parlera de cela.

Ich will nur den Brief jetzt abschicken, damit Du ihn noch bekommst von München und alle meine Gedanken und abbracci. »Il ragazzo che sembra tanto bravo«[3] ti saluto lo stesso e ti vuole bene

trapolla] Falle
onore] Ehre
témoignage humiliante] ein demütigendes Zeugnis
... autre chose.)] (ausser meinem französischen Geliebten, aber das ist eine andere Sache.)
tune] Melodie
... on parlera de cela.] du, deine Arbeit, dein Leben, darüber werden wir sprechen.
... ti vuole bene] Umarmungen. »Der Junge, der so tapfer scheint«, grüsst Dich gleichfalls und hat Dich gern

166 *An Hans Werner Henze*

Rom, 12. Oktober 1965

EINVERSTANDEN ERWARTE DEINEN ANRUF SAMSTAG NACH ANKUNFT
WUENSCHE ERFOLG GLUECK ETC. = INGEBORG

167 *An Hans Werner Henze*

Rom, 12. Oktober 1965

WOHNE JETZT VIA BABUINO 40 BEI FELTRINELLI[1] TELEFON 67 330 =
INGEBORG

168 *An Ingeborg Bachmann*

Rom, 7. Dezember 1965

ALLES IN ORDNUNG KOMM BITTE SCHNELL – GRUSS HANS +

169 *An Hans Werner Henze*

Uetikon am See, 9. Dezember 1965

ANKOMME MORGEN 9.45 MUSS ERST ZUM FRISEUR STOP UNENDLICHE FREUDE WEGEN RUECKKEHR[1] + INGEBORG

170 *An Ingeborg Bachmann*

Rom, 21. März 1966

FUER DIE BEVORSTEHENDEN LESUNGEN DES MANUALE[1] WISSE DASS ICH DIR NAHE BIN MIT ALLEN MEINEN GEDANKEN UND TIEFER BETEILIGUNG
HANS

171 *An Ingeborg Bachmann*

Berlin, 18. Juni 1966

18/6/66

VOSTRA ALTEZZA SERENISSIMA,

per voler di Dea Fortuna ist die Hitze ab heute, Sonntag, gebrochen, und man kann wieder atmen. Lieben Dank für Deine guten und so erfreulichen Zeilen, obwohl Du ja wirklich nicht mit der Metropolitana nach Ostia fahren kannst, das kannst & darfst Du Dir nicht antun! Aber sonst ist ja alles gut, und dafür bin ich äusserst dankbar, 1) DEA FORTUNA und 2) IOVE DIVUS der ja im Aszendenten recht fleissig ist: auch hier in Nordost[1], wo die Musik der Bassariden täglich die Vergangenheit wegfegt und alles sauber macht und schöner und allem Vergangenen seinen (oft recht lächerlichen) Platz anweist. Musik als Platzanweiserin[2], das hat man auch nicht alle Tage.

Bin ich ein ganz guter Musicus? Ich glaub es fest. Bist Du eine sehr gute Scrittrice? Ich glaub es fest. Muss mich jedoch kurz fassen, weil viel Arbeit zu verrichten ist vor Beginn der kommenden Woche, welche eine entsetzliche zu sein sich anschickt. Entsetzlich natürlich nur vom Vergnügen her gesehen, sonst nicht. Die Oper funktioniert auch szenisch sehr gut, und es ist alles unglaublich, dass ich so stark & potent sein kann und solche Macht entfalten konnte und doch noch immer nicht tot sondern noch leb!

Adieu, adieu! Meine Gedanken eilen der Feder voraus!

Herzlichst Dein

hans

Hast Du den armen Fausto[3]
mal besucht oder wenigstens
angerufen? (3070251)

[*am oberen Seitenrand:*] Wenzel, von gestrigen Sause erschöpft (von mir verschuldet) lässt schwachen Atems grüssen –

... SERENISSIMA] EURE DURCHLAUCHTE HOHEIT
... Dea Fortuna] nach dem Willen der Göttin Fortuna
Scrittrice] Schriftstellerin

172 *An Hans Werner Henze*

Rom, 22. Juni 1966

22 – 6 – 66

Mein lieber Musicus,

wenn aus den grossen Hotels der grossen Welt die Briefe hereinflattern, dann errät der Kenner natürlich, von wem die Post sein kann. Da es auch hier heiss ist, weiss ich nicht, ob viel Erzählung aus mir herauszupressen ist, aber ich wills versuchen. Fausto[1] habe ich angerufen, vor einer Woche und heut, er soll morgen aus dem Hospital entlassen werden. Verraten wollte er mir die Adresse absolut nicht und versicherte immer, es gehe ihm sehr gut und er wolle nichts.

Ich habe, nach wie vor, viel gute Zeit, freue mich insbesondere an der Aussenwelt, eine Sache, die mir mirakulös vorkommt, weil die am meisten abhanden gekommen war. Eher konnte ich mich noch an ein paar menschlichen Wesen mit Herzklammern festhalten, aber die unschuldige Freude war ganz weg, darüber dass die Sonne aufgeht, dass lustige Leute auf der Strasse sind, dass [man] [s]ich irgendwo hinräkeln kann und ein Glas trinkt, dass man einen Tausender verdient und zwei Tausender ausgegeben hat. Ich ziehe bunte Fähnchen an und esse Spargel und die ersten Erdbeeren aus den Castelli, bastle an der Wohnung weiter[2], und Mühe macht nur das erste schlimme Buch[3], aber jeden Tag schreib ich eine Stunde was ins zweite, in dem viel Komisches vorkommt, Witziges, Impertinentes, momentan nenn ich es nicht ein Buch, sondern eine Operette, tutto quanto molto viennese, un tributo dovuto[4], bald ein inchino, bald eine Frozzelei – und so fort. Der schreckliche Herr Laiodico, oder wie immer er heisst, wird morgen endlich den giradischi wiederbringen, unrepariert, aber wenigstens kann ich ihn dann weggeben in eine andre Reparatur, denn ich lebe schon seit Wochen ohne einen Tropfen Musik, was schwer auszuhalten ist. Und Du schwimmst in Deiner grossen Oper[5], von der ich keinen Ton kenne, und alles wird am 6. August auf mich herunterkommen auf einmal. Da muss ich mich noch sehr stärken am Meer vorher, vor dieser Gewalttat.

Jetzt kommen unsre Geburtstage, das muss wohl so sein. Ich bin nicht nur gefasst, sondern teils gleichgültig, teils erheitert: und im Ganzen ruhig, weil ich mir denke, sowas Schifoses[6] wie meine Dreissigerjahre ist nicht mehr auf Lager, und heute wüsst ich mich auch zu wehren und es abzuwehren, wenn etwas Derartiges auf mich zukäme. Mit wehmütigem Zurückblicken ists also nichts, im Gegenteil. Fegen wirs also weg, alles Schlechte, mit neuen Seiten, zu zwei und zu vier Händen. Al tuo futuro, al Nostro, al mio, alla saggezza selvaggia!

Ti penso.

Tua Ingeborg

… ein inchino,] alles in allem sehr wienerisch, ein geschuldeter Tribut, bald eine Verbeugung

… giradischi] Plattenspieler

… alla saggezza selvaggia!] Auf Deine Zukunft, auf die Unsre, auf die meine, auf die wilde Weisheit!

Ti penso.] Ich denke an Dich.

173 *An Ingeborg Bachmann*

Berlin, 30. Juni 1966

NACH MEHREREN VERGEBLICHEN TELEFONISCHEN VERSUCHEN ENTBLAETTERE ICH DIR ALTBEKANNTES ZUR NEUEN DEZENNIE[1] DER REST NAECHSTE WOCHE MUENDLICH = DEIN HANS +

174 *An Ingeborg Bachmann*

Salzburg, Mitte August 1966

Carissima, ich muss los!

Ich wollte Dich nicht wecken. Ich wünsche Dir wunderschöne Ferien –

Auf Wiedersehn. Küsse Umarmungen,

hans

175 *An Hans Werner Henze*

Rom, 28. September 1966

NOCH EINMAL TOI TOI TOI UND HALS UND BEINBRUCH[1] DEINE = INGEBORG

176 *An Ingeborg Bachmann*

Hongkong, 18. November 1966

18 Nov 66

Liebe Ingelililili

nachdem ich Dir aus Japan keine Zeile geschrieben und bevor ich mich in das Nachtleben von Hongkong[1] stürze, flink ein paar Zeilen aus der Feder eines alternden Mannes. Viel zu sagen hab ich nicht, weil man ja völlig mit dem Aufnehmen von Dingen beschäftigt ist, Visuelles, Gerüche, – Gefühle kaum, ausser erstmal ein bisschen Heimweh nach Japan, was wohl das zauberhafteste Land ist das ich je gesehen habe. Soviel Liebreiz und Charme und dolcezza – und wirkliche Anmut, ohne jegliche lästige Begleiterscheinung. Hier hingegen ist alles sehr wild, unglaublich, erschreckend, auch die Hitze plötzlich, nachdem es in Tokyo doch nahezu winterlich war. Irgendwie ist aber dies alles auch stellvertretend für »Erholung«, besser vielleicht als ein Sanatorium. »Elegie« war ein enormer Erfolg in T., nun bin ich dort ein berühmter Mann und kann mir manches leisten, hier wieder hingegen anonym, da kann ich mir noch mehr leisten. In solchen Sachen immer noch wie ein kleiner Junge, wenngleich zuweilen auch die Physis selber mich darüber belehrt, (und der Spiegel am Morgen! o je!) dass genügend Schlaf nötig ist etc. etc. Noch nie habe ich eine so schöne Reise gemacht und so viel schöne Dinge gesehen und Inspiration wahrscheinlich wohl auch eingesammelt, wie sich hoffentlich herausstellen wird.

Nun zu Dir: Ich hoffe Du warst brav und hast fleissig gearbeitet, den Unwettern zum Trotz. Habe oft an Dich gedacht und mich gefragt, ob Du wohl auch arbeitest wie ich es erwarte und erwünsche, zumal ich bald ein gutes Buch zu lesen wünsche und gedenke. Also reiss Dich zusammen. Weihnachten muss es fertig sein und schon bei Piper. Und dann die beiden anderen Volumen.[2] Sonst gerätst Du noch nachgerade in Vergessenheit! Also ich bin sehr gespannt und freue mich schon darauf.

In Rom geht ja wohl alles drunter + drüber, der arme Fausto ist in bad shape – aber, wie ich einem Telegramm Eisermanns entnehme werde ich doch Ende nächster Woche, bei meiner Rückkehr, in der Leprara[3] wohnen können. I hope so. I cannot stand chaos any more. Nun muss ich ins Chaos.

Adieu! auf bald
Dein
hans

177 *An Ingeborg Bachmann*

Hanover[1], 23. Juli 1967

23.7.67

Amore mio, ich schreibe Dir jeden Tag in Gedanken, und wenn ich zurückkomme, muss ich Dir viele Dinge sagen! Ich hoffe, dass es Dir gutgeht, dass Du glücklich bist und fruchtbar. Viele Umarmungen von Deinem alten Altersgenossen.

Auch an den Papagei!!!

Love,
hans

178 *An Ingeborg Bachmann*

Gabès, 20. September 1967

Ingibingi, habe natürlich fast nichts gelesen, denn die Sonne und das Meer waren viel zu schön. Es war eine herrliche, wenn auch viel zu kurze Reise. Fausto ist ein Genie, ohne ihn wäre das Ganze nichts gewesen. Wir haben gelebt wie die Fürsten, und uns auch viel amüsiert. Waren auch ernstlich in der Sahara. Zuerst ging es mir nicht so gut, aber jetzt doch eben sehr. See you soon! Arbeite bitte! Tu es! Arbeite! Ich will es!

Alles Liebe Dein hans

179 *An Hans Werner Henze (Briefdurchschrift)*

Rom, 18. Oktober 1967

Rom, 18 – 10 – 67

Darling,

Ich bin so dumm, weil ich unfähig bin, Dir eine sehr dumme Sache zu sagen. Und natürlich werden wir uns am Freitag sehen, aber ich werde wieder ein Idiot sein.

Du weißt wahrscheinlich, dass ich Fausto einen Scheck von 130 000 Lire gegeben habe, und da ich an diesem Tag sehr geistesabwesend war, verstand ich, dass ich das Geld ein paar Tage später zurückbekommen werde. Ich bin sicher, er hat darauf vergessen, aber jetzt brauche ich es wirklich dringend, oder sagen wir, ich wäre auch sehr glücklich, auf mein Konto 50 000 Lire überwiesen zu haben. Es wäre eine große Hilfe für mich. Ich will eben nur nicht darüber sprechen, weil es zu langweilig ist und wir andere Dinge haben zum Reden.

P.S.

Ernesto hat mich heute abend angerufen, und ich habe ihm einfach gesagt, was ich dazu denke, und gerade deswegen haben wir eine sehr gute Idee gehabt, ich unterschreibe zuerst einmal, und er sagt, ich soll danach hier die dpa anrufen und insofern berichtigen – ich hätte sowieso nie die Idee gehabt, etwas bei Springer zu veröffentlichen, also sei es hinfällig.[1]

180 *An Ingeborg Bachmann*

Berlin, 16. November 1967

Meine Begnadete,

aus dem trüben Niflheim[1] grüsst
Dich Dein flüchtiger (fahnenflüchtiger)
Bekannter
hans
fausto

181 *An Ingeborg Bachmann*

?, 2. August 1968

2 Agosto 68

Carissima,

bevor ich in die USA[1] aufbrach, habe ich diesen Brief von Wagner-Régeny[2] bekommen, ich bitte Dich, ihm zu antworten, weil er ein freundlicher und kultivierter Mensch ist.

Hier fühlt man sich merkwürdig wohl, weil es eine Wüste ist und man niemanden kennt; man hat wenig Kontakt miteinander, die eigenen Gedanken sind hier unbekannt und die zerebralen Drangsale und Erschütterungen wollen hier nicht ausbrechen, denn ich bin apathisch und nicht mehr verwundbar.

Ich bin ein gewalttätiger vulgärer Kommunist und, wie die Morante[3] sagt, ein Totalitärer.

Als ich abfuhr, habe ich erfahren, dass Du nach Österreich gefahren bist. Ich hoffe, dass Du wohlauf bist und dass alles gutgegangen ist. Ich hoffe, dass es Dir gelingt zu arbeiten, dass Du die Hemmungen überwindest. Es wäre sehr wichtig, dass jetzt eine Arbeit von Dir herauskäme, die allen hilft, wie Böhmen am Meer[4], die Mut und Klarheit und Solidarität gibt, wenn Du sie hast. Ich glaube, dass die Zeiten des Zauderns vorbei sind. Der Künstler ist nicht schlauer als die Welt –

und der Künstler ist nichts, wenn er nicht den anderen hilft, die noch unterdrückter sind als er. Wenigstens hat der Künstler eine Stimme, was die anderen nicht haben, auch nicht die Theoretiker.

Ich nehme das Schiff am 13. August in N.Y.[5] und komme am 22. in Neapel an.

Sobald ich zu Hause bin, rufe ich Dich an.

Für heute grüsse und grüsse ich Dich –

hans

182 *An Ingeborg Bachmann*

Detroit, 3. März 1969

3 Marzo, 69

Carissima Pupa,

Du müsstest wütend auf mich sein, weil ich 4 Tage in Marino war und wir uns nicht gesehen haben. Es stimmt, dass ich fast immer geschlafen habe, und es stimmt auch, dass Dein Telefon nie antwortet, das heisst, dass Du nicht antwortest, aber nichtsdestotrotz hätte ich Dich gern gesehen. Jetzt bin ich in Detroit[1], einem düsteren Ort, aber selbst hier gibt es ein gutes Orchester, und es macht mir Spass, schöne Töne hervorzubringen – das beste auf dieser Tournee war Chicago, mit ihnen habe ich vielleicht das schönste Konzert meines Lebens gemacht. Christoph Eschenbach hat mein Konzert gespielt, und auch er war sprachlos. Danach habe ich die Londoner verblüfft mit dem neuen Stück »Versuch über Schweine«[2] (Gedicht von Gastón[3]), und ich bekam meine Revanche für die Hamburger Geschichte[4] und all die Schweinereien, die in den deutschen Zeitungen standen. Da jetzt die Engländer und auch die Amerikaner (obwohl

Imperialisten) mich soviel bei sich haben wollen, werde ich vermutlich ab und zu hinfahren: Es ist eine einfache Art und Weise, viel Geld zu machen und Schulden zu bezahlen. Und in die »Bundesrepublik« gehe ich nicht mehr.

Wie immer fragen die Leute nach Dir und ich erzähle ihnen das Blaue vom Himmel herunter, sage ihnen ein wenig meine Dich und Deine Arbeit betreffenden Wunschträume, es ist, als spräche man von einem Gespenst. Doch ich hoffe, dass es Dir so geht, wie ich sage. Und dass Du tust, wie ich sage.

Ich hatte ein rasantes Wochenende in New York – das ist eine Stadt, in der ich sehr bald im Müll landen würde. Nach dem Konzert hier gehe ich jetzt nach Havanna,[5] um mich von allen Sünden zu reinigen. Ich möchte eine Weile dort bleiben, vielleicht zwei Monate oder auch mehr. Das kommt darauf an. Ich hoffe, dort gut zu arbeiten und zu sehen, zu begreifen, zu lernen. Die Wege des Sozialismus sind unendlich …

Ich weiss nicht, ob ich Dir gesagt habe, dass ich auch ein Buch über die heutige Musik schreiben will,[6] in Form von Dialogen und Gesprächen, und darin sollte etwas über die Situation des Künstlers in dieser Zeit zum Ausdruck kommen, über seine Isolierung, seinen Wunsch, daraus herauszukommen, seine Angst und seine Versuche, diese Angst zu überwinden. Auch unter diesem Gesichtspunkt wird Kuba für mich wichtig sein. Und dann erinnere Dich an Gramsci und an den Brief von Engels,[7] diese Dinge werden mir nützen. Ich werde es nach Kuba schreiben, dort will ich mir jedoch viele Notizen machen. Verschiedene Gespräche sind mit Maschine geschrieben (nachdem sie auf Band aufgenommen wurden), und es sind ungefähr 300 Seiten, die jedoch nur zu einem kleinen Teil brauchbar sind.

Wenn ich zurück bin, lasse ich Dich ein Band mit der »Medusa« und dem »Versuch über Schweine«[8] hören.

Das Vorhaben, für das ganze Jahr wegzugehen, ist nicht mehr aktuell: Nach Kuba möchte ich ein paar Monate in Marino bleiben, da es sich dort gut arbeiten lässt, und dann vielleicht im Herbst nach Japan und Thailand.

Fausto wird Dir das Psychodrama erzählen, das sich in Leprara abgespielt hat – inzwischen hoffe ich, dass dort ein weniger verlogener und widerlicher Wind weht.

Meine Kleine, reissn ena zsam[9], ich wünsch Dir ganz viele Dinge, und vielleicht finde ich, wenn ich zurückkomme, ein fertiges Buch vor …

viele Umarmungen
hans

183 *An Ingeborg Bachmann*

Havanna, 23. Dezember 1969

UNS GEHTS GUT WAS MACHT LEPRARA GRUESSE HANS FAUSTO

184 *An Ingeborg Bachmann*

Marino, Anfang Juni 1970

Liebste Ingeborg,

vor 3 Wochen ist in berlin der kleine Nonno Breitenstein, Gastóns freund, an einer fehldiagnostizierten blinddarmentzündung gestorben.[1] dies ist, obwohl ich den jungen nicht mochte (Du ja wohl auch nicht) der dritte der schlimmen colpi der letzten wochen und monate. Gastón benimmt sich sehr »gefasst« (laut H. M. Enzensberger der sich um ihn kümmert) aber es ist trotzdem für ihn ganz schrecklich. Ausserdem waren die beiden in den letzten wochen zum ersten mal glücklich; etwa im sinne des »guten gott von manhatten« ist dann das ganze den weg gegangen, an dessen existenz man sich wohl wirklich gewöhnen muss: »il y n'a pas des amours heureux«

und dem man ausweichen muss und den man durch freundschaft, freundlichkeit, brüderlichkeit, ersetzen sollte für immer.[2]

schreib ihm bitte einen brief oder rufe ihn an? ich gebe Dir die nummer morgen.

VENCEREMOS!

hans

… amours heureux«] »es gibt keine glückliche Liebe«

185 *An Ingeborg Bachmann*

Glasgow, 6. August 1970

BRIEF HEUTE ERHALTEN WILLKOMMEN IN MARINO AB 15 AUGUST VORHER LEIDER VOLL ALLES LIEBE = HANS +

186 *An Hans Werner Henze (Briefdurchschrift)*

Klagenfurt, Anfang 1970

Das schäumende Glasgow kann nicht so arg sein, weil Du ja mit anderen zusammen bist[1], aber stell Dir einmal vor, Du müsstest im schottischen Hochland ganz allein mit Deinem Innenleben auskommen – vielleicht ist Deines aber reicher als das meine, bisher war ich immer des Glaubens, ich hätte eine ideale Veranlagung zum Alleinsein. Vielleicht sind es aber unsere Bielefeld[2], die man nicht mehr aushalten kann, da liegt wahrscheinlich der Hund begraben.

Ich habe schon alles versucht, Spaziergänge, Gymnastik, Diät, Hagebuttentee, andere Askesen eingeschlossen, aber die Wirkung will und will nicht edificante werden.

Schreib mir jedenfalls, wie es Dir geht, was Du machst, und

mach Dir nichts daraus, wenn Du mir nicht zu Marino verhelfen kannst. Es müsste ja auch so gehen, und man weiss ja nicht, ob man nicht eine Woche später die Sache etwas anders sieht. Aber wenn man so gar keinen Ausweg sieht, dann schweift man natürlich bis zum Klagenfurter Hauptbahnhof mit allen Gedanken, wo man einen Zug kennt Vienna Tarvisio Roma und meint, dort fahre die Lösung aller Probleme.

Salutami il caro Fausto e gli amici.

Un forte abbraccio.

Habe grade »Väter und Söhne« von Turgenjew gelesen, un romanzo molto sorprendente, vielleicht gibt es ihn in Schottland als Taschenbuch und in inglese.

... forte abbraccio.] Grüße mir den lieben Fausto und die Freunde. Eine feste Umarmung.
... in inglese.] ein sehr erstaunlicher Roman [...] und auf Englisch.

187 *An Ingeborg Bachmann*

Edinburgh, 17. August 1970

Edinburgh 17 August

Liebe Krebsin,

während der brüllende ferragosto im Süden naht, hock ich hier am Kaminfeuer. Loving Scotland and my work. Es gibt eine wunderbare Elegie-Inszenierung von mir, mit hübschen Kostümen von Fausto[1], am 25. d. M. ist Première. Wir haben einen bulldog erworben, er heisst Digger und ist in Fausto verliebt. In Avignon war das Leben furchtbar. Der Cimarrón[2] ein enormer Erfolg, aber die Stadt voll mit schönen Kindern die einander liebten, wenn überhaupt, und ich ganz isoliert und leidend unter Mistral Sturm und chaleur. Down in the drain, nun aber im heimischen Norden ganz friedlich und erfreut. Finde es gut dass Du an Deinem Platz bleibst und hoffentlich zum Schreiben kommst. Möchte so gern was zu lesen haben. Bin ein Möchtegern. Komponiert habe ich nichts aber bedaure es nicht weil der Apfel noch nicht reif ist und der Cimarrón noch in den Gewölben der Ohren nachhallt, my love song this one, and my perfection song. A propos: ¿habe ich Dir eigentlich gesagt wie fabelhaft die Lord-Aufführung in der Komischen Oper[3] war? Es war eine säubernde Erfahrung und ich habe uns beide an jenem Abend bewundert, besonders Dich deren Text Wort für Wort sogar im Chor verständlich war. Wenn man es so gut macht wie dort, tja DANN versteht man erst warum dieses Stück und wieso es so ist wie es ist. Digger wiegt 40 Pfund und klettert schnaufend auf mir rum was das Schreiben etwas erschwert. Am 10. Sept. etwa komme ich nach Marino zurück. Dann 10 Tage Ruhe, dann Berlin mit Cimarrón und der Sinfonía N. 6. Und Leos Exaedros II[4].

Im Sommer gehört unsereins nach Norden. Oder muss air conditioning einbauen im Süden.

Freu mich dass es Dir gut geht. Keep it!

Love,

hans

188 *An Hans Werner Henze (Briefdurchschrift)*

Rom, Dezember 1970

Nach dieser irrsinigen Arbeit[1] weiss ich so gar nichts anzufangen mit mir, heute habe ich kurz einen sehr lieben freund gesehen, aber nach einer Stunde schon habe ich bemerkt, dass es mit Menschen noch nicht geht, es ist einfach zu viel und zu ungewohnt für mich, nach diesen Wochen.

Am liebsten möchte ich sofort irgendwo weg, aber nicht einmal das kann ich, wegen der Korrekturen etc. und weil ich mich um das Gnadengesuch für diesen deutschen Schauspieler[2] kümmern muss, also noch einmal ein Canossagang zum Botschafter, noch einmal die zerstörte Mutter, deren Sorgen mir natürlich wirklich weitaus grösser vorkommen als die meinen, aber es ist alles so schwierig, wenn man sich nicht gut fühlt.

Es ist also hier auch nicht alles so rasend gut und schön, wie man es sich erwartet, wenn man ein Pensum erledigt hat. Gestern war ich aber wirklich ein paar Stunden lang glücklich, da hätt ich's gern der ganzen Welt gesagt, aber die ist dann natürlich nicht da.

Heute kam die alljährliche Einladung nach Taormina[3] an mich, vom 3. bis zum 7. Jänner, weil [ich] dort nämlich (ich weiss aber nicht warum!) in einer Jury sitze, die einen internationalen Poesiepreis vergibt. Ich würde ganz gern fahren, man wird prächtig eingeladen, muss dafür aber mit hundert Schriftstellern den ganzen Tag zubringen, und das wiederum hat mich schon zwei Jahre abgehalten, den Zirkus, trotz der Schönheit dort, mitzumachen. Aber vielleicht fahre ich diesmal, wenn ich mich kräftig fühle.

Im Horoskop von einer hiesigen Illustrierten steht, dass zumindest für Dich alles Schlimme bald vorbei ist, nur noch ein bisschen pazienza, also nimm es Dir zu Herzen. Man weiss ja nie, auch ein Journal kann manchmal recht haben. Du hast schon recht, die Schmerzen der Nachbarn lindern die eigenen nicht. Oder Heines Mutter hat recht. Jedenfalls stimmt es so sehr, dass ich immer wünsche, den andern möchte es nur um Himmels willen gut gehen, nicht so sehr aus lauter Menschenliebe, sondern aus Egoismus, ich kann viel leichter mit mir selber fertig werden, wenn es anderen besser geht.

Glaub also sofort bitte an dieses dumme Horoskop, damit es recht behält. Denn das möchte ich.

Mille cose, und gib es nicht auf!

189 *An Ingeborg Bachmann*

Rom, 26. März 1971

LEKTUERE MALINA BEENDET SEHR AUFGEWUEHLT VON REICHTUM GROESSE TRAURIGKEIT VERZWEIFLUNG DIESER DEINER ERSTEN SINFONIE WELCHE DIE ELFTE VON MAHLER[1] IST STOP IM BETT MIT GRIPPE SCHREIBE DIR MORGEN ERWARTE DEINE RUECKKEHR WUENSCHE DIR ERTRAEGLICHES DEUTSCHLAND BRUEDERLICHE UMARMUNGEN = HANS

190 *An Hans Werner Henze (Briefdurchschrift)*

Rom, Juni 1971

In Bonn und Salzburg[1] war Andrang grösser denn je, auch das Publikum in diesen so verschiedenen Städten das lebhafteste, das ich bisher gehabt habe.

Über Wien kann man nur schweigen, aber abgesehen davon hat es mir ungemein gefallen, ich habe sogar am Tag vor der Abreise eine herrliche Wohnung angeboten bekommen, für 200 000 Schilling, aber das kam zu überraschend und zu spät, ich kann erst Anfang nächsten Jahres wieder hinfahren und mir dann etwas suchen. So billig dürfte zwar kaum eine sein, aber ich hoffe, dass noch einmal so ein Glücksfall eintritt. Im Vergleich zu Rom oder Deutschland sind die Preise sowieso niedriger, und man findet auch noch etwas. Ich bin immer mehr von Wien [*x-x*] und die Kärntner Einöde habe ich schon begraben und abgesagt, es war ganz richtig, was Du dazu gesagt hast.

Mille cose, herzlich grüßend –
Deine

191 *An Hans Werner Henze (Briefentwurf)*

London, 5. August 1971

Hier herrscht eine Hundekälte (angenehm), und das Leben ist sehr friedlich und britisch, nach der Hysterie, die ich noch vor der Abreise in Fiumicino durchmachen musste. Alle freundlich, ruhig, bizarr, aber es tut gut, ein wenig in einer Stadt zu wohnen, die so groß ist und gleichzeitig so oldfashioned. Es ist auch eine kleine Überraschung, sich quasi zu neunzig Prozent unter Leuten anderer Hautfarbe zu bewegen, ich sehe nur Neger, Asiaten, Orientalen, ich weiß nicht recht, wo die oben beschriebenen Engländer sind. Vielleicht sind sie in Rom.

Nur eine Nacht war schön in Rom, aber der Rest störte mich, und oft verstehe ich nicht recht, warum ich so daran festhalte, in Italien zu leben. Die zwei jungen Leute[1] (noch nicht verheiratet) sind von einer berührenden Höflichkeit, und man möchte fast weinen, wie sie sich verehren – in Rom gibt es so wenig Gefühl, ich denke, dass jeder davor nur Angst hat. Es ist das alles sehr falsch [*x-x*]

192 *An Ingeborg Bachmann*

Marino, 26. September 1972

26 Sept 72

Liebe Ingeborg:

vielen dank für Deine kartoline aus genf. wir hoffen dauernd dass Du zurück bist und anrufst, zumal wir den ganzen oktober über in Hamburg sein müssen, und doch im November und dezember in New York. was machst Du? Ich habe Dein geschichtenbuch[1] erhalten, aber noch nicht darin gelesen, weil ich gerade erst aus kurzen ferien (auf Vulcano) zurück bin. habe die »Rachel«[2] fertig, bin sehr überanstrengt und erregbar, die nerven kaputt kaputt und komme nicht zur ruhe. Bald sinke ich in die truhe.

lass bitte von Dir hören, doch will ich Dich nicht stören

Ciao

hans

193 *An Ingeborg Bachmann*

New York, 16. Dezember 1972

BITTE MELDE DICH/SCHICK TELEGRAMM WINSOR HOTEL NEW YORK 10019 KANNST DU WEIHNACHTEN IN MARINO VERBRINGEN[1]

HANS

Undatierbare Briefe

194 *An Hans Werner Henze*

Du bist sehr verrückt aber sehr lieb!
Danke für Lauvin!
Ich umarme Dich herzlich. (Warum bist Du
so verrückt?)
I

195 *An Ingeborg Bachmann*

Weil es mir Freude macht,
und Du mir Freude machst,
wenn Du gute Laune hast
und weil ich es gerne habe, von Zeit zu Zeit
mit Dir zusammenzusein. Das bedeutet nichts
(für Dich) und wenn ich Dich nicht zu sehr langweile,
Du machst mich sehr glücklich mit Deiner wertvollen
Gegenwart.
h.

196 *An Ingeborg Bachmann*

Meine liebste Ingeborg,

es tut mir leid, dass ich wegfahren muß, ich würde gern hier bleiben – es ist sehr traurig zu sehen, dass man nicht helfen kann, wenn es der ärzte bedarf –

Ich hoffe sehr, dass es Dir bald besser geht. Bitte rauch nicht und trink nicht, du bist noch mehr als rekonvaleszent!

Ich komme bald zurück und hoffe, Dich dann in einem besseren Zustand zu finden.

Sobald Du diesen schwierigen moment überstanden hast, wirst Du sehen, dass das leben für Dich schön wird, wie es immer »danach« der fall ist!

Davon bin ich überzeugt –

Jetzt ist noch die zeit der ärzte, danach wird die zeit der freunde kommen und dann die der liebhaber, genauer: der wahren liebe, die Dich erwartet und Du weißt es noch gar nicht –

Wir werden wieder lachen und von neuem glücklich und zufrieden sein!

Ich denke immer an Dich und umarme Dich –
hans

197 *An Hans Werner Henze*

Mein geliebter Hans,

die Hauptsache sage ich Dir noch heute abend am Telefon. Nur ums festzuhalten: ich habe nicht sehr viel gesagt, das war auch nicht möglich, heikle Dinge oder gar solche, die ich weiss, sind überhaupt nicht berührt worden.

Hingegen habe ich versucht, ihm klarzumachen, er müsse Dir genau sagen, wie es für ihn sei, er dürfe nicht meinen, dass jetzt stilles [*x-x*] bringen und Abwarten von seiner Seite die Situation erleichtern, er müsse jetzt genau soviel zu dieser Klärung beitragen wie Du.

Ich weiss bloss nicht, ob er, im Moment, imstande war, mich zu verstehen. Geklärt kann die Situation ja nur in Hamburg werden. Auch wenn es über Deine Kräfte geht, so wird doch Herr Professor G. Dir helfen, denn sonst bist Du in ein paar Wochen wieder in einer unmöglichen Situation. Ich bitte Dich inständig, jetzt in fondo zu gehen. Du musst ja nicht nur heil herauskommen, sondern auch die Weichen für die Zukunft richtig stellen.

Trotzdem habe ich nicht das Herz, auch nicht das Recht, einiges zu sagen, was ich weiss und vermute, und ein Dritter richtet unweigerlich Konfusionen an, wenn er ein Wort zuviel sagt. Ich kann zwar Dir sagen, was ich denke und fühl, weil ich immer mit Dir gedacht und gefühlt habe, seit so langer, langer Zeit.

Aber ich kann ihm nicht antworten, wenn er immer noch meint, Du könntest womöglich verzweifeln, wenn er die Situation nicht annimmt (die er versteht) oder gar, wenn er Dich eines Tags verlassen würde. Er will versuchen, eine wirkliche, pure Freundschaft daraus zu machen, er scheint nur nicht zu wissen, ob er diesem Vorsatz gewachsen ist, und das ist ja auch begreiflich, wenn noch soviel Emotion da ist,

– aber berücksichtige das. Es ist ein wichtiger Punkt. Es ist der einzig wichtige, den ich herausgefunden habe beim Zuhören.

F. wird den Brief mitnehmen, ich weiss keine Adresse, auch nicht die von Folker, und die gestrige stundenlange Telefoniererei um eine prominente Kliniknummer sitzt mir noch in den Knochen.

Alle meine zärtlichen Gedanken sind bei Dir, Bitte mach es gut, mach es ganz klar, denn es darf zu keiner Wiederholung kommen,

Ich umarme Dich und versuche, den Kopf oben zu behalten, denn abwechselnd müssen wir ihn ja klar haben, weil wir doch noch ein paar Dinge tun müssen, die wichtiger sind als Abstürzen durch Rücksicht [*x-x*] obwohls ohne die Abstürze vielleicht gar nicht ginge, Es ist eben unheilbar, aber und man und Du weiss es selber zu gut.

Italienische, französische und englische Briefe und Briefstellen

12

Ti auguro non solo un buon natale – anche un buon anno. La tua lettera ho ricevuto con grande gioa. Qui tutto sta bene, ed io lavoro come un pazzo per guadagnare il giustificato di vivere in questo mondo. Spero che tu stai bene. Dopo le feste e dopo sapere il tuo indirizzio a Roma ti scrivero più come sopra questa bella bella cartolina. Tanti saluti

hans

14

FORIO

SABATU 24. IV. 54

listen, it is rather hard for me to write to you the letter which must be written. I should feel ashamed very much and I did so when I learnt from most different people what I seem to have done to you. The whole fact can be explained in a few dry words: When I saw you having got those form papers from the embassy and things started to get real, I felt I wouldn't be able to drop into that marriage. One or two days later I came to your place and you will remember I sat in the chair reading the book, pretending to be most interested in it. This was because I could not even speak, so afraid was I to hear from you things concerning this affair. I hoped you would not take my attitude for just bad behavior but for what it was. I was very much preoccupied by all this, but all the theatre business wiped more or less away all the thoughts I had, thoughts of real mourning and helplessness. Now I only can beg you to excuse me. Hope it doesn't really count that you might be offended by me having had told to somebody when I was drunk we would get possibly married. In fact it would have been the hell of a life especially for you, this I found out at once when I looked at the reality. For me there's no hope no rescue, I must continue my awfully lonesome life until it's very end, and you ought to realize, now, that your honour has been less hurt this way than it would have been after having really married me, viziato come veramente sono. Hope you've a better time now. I thank you very much for your trembling when you'd to be present at the scandal of my work: which was so significant for all the dishonour of my existence; people laughing and shouting to even the only thing which makes me a little happy sometimes, and all my music really comes out of my heart. Still I think, in theory, it would be good to be protected by a marriage and maybe to be able to protect a little the wife married. But I don't bring any good luck to anybody, and I must go to hell just like this. So I hope you'll live calmly along now, doing your work, writing good poems, and one day a nice young prince will come, worthy to you, and take you with him, thus protected, you will have no more loneliness and a fair life is ahead of you. You let me just slide away and there we're everyone for himself, and I'll no longer do you any harm. I beg your pardon to what I did, but I'm doing it from a distance and I'm already creeping deeper and deeper into my lonesome time of being. If you are thinking of me, please don't think too badly. I'm eager to read your Ischia poems.

Good luck

hans

15

Roma, sabato, 1 maggio 54

Yesterday I returned from Cap Circeo and here I found your letter. I don't know if I expected it or not. Sure, I had never asked you about this last time, had taken the whole thing like a joke, because in the meantime I found a bit of survey again. But now I have to answer you. Please don't think that I was so hurt because you made up your mind otherwise. I was much more sad and ill because I didn't understand your behavior, silence and coldness. Reading your letter I mean you were only afraid of this marriage-idea, afraid that I could take it seriously. And you put all this on me because you didn't know [how] to get out.

What I regret so much is that it happened in the time of your great troubles with Boulevard Solitude and I in my strange situation couldn't help you – how I wished to do it – to overcome le cose brutte.

You are writing that you thank me for the trembling at that time for your music. There's nothing to thank, I will do it always, that can't change. And it cannot change the worthiness of your person for me. If you are going to hell or to heaven at the last. For all that there was no comment in which I was thinking badly of you and now I am only a little tired and a bit smiling about your good and really wishes. I don't believe in fair life and nice princes. There are many and different ways to go to hell.

I mean we should both forget this affair and make in future the best out of our friendship and our work and the possibilities between both. Take the »Lieder« which I owe you and which are written for you. And take this past Rome-time like an experience which shouldn't destroy hope, you are blessed so much with your writing. One must only pay for it, and our angels are dark.

Please do feel freely, and when we see again we can drink new wine for shy and witty times without harm.

Ingeborg

16

15. maggio

The poems I've read very often. Perhaps I must not say anything about them. They're very good. I thank you so much because I'm glad to see that art has come out of the whole business. They could not be better I must say. But still there's nothing better than the last words of the Idiot. Some passages in the new poems have this atmosphere, too, and still they remain more on the level of humidity and wildness which one does no more see at the end of the marvellous Idiot. I hope I don't say anything wrong and I only say it to make you see that I try to be very sincere. And then, you see, I don't understand very much of poetry at all.

You have in these new poems something alarming, scandalous, bewildering, startling. If you go on this way you'll have the most beautiful scandals too, if you like it or not. You won't mind I hope. Is this what you understand with »aus dem vollen? Is this your »volles«? If so, go on, and you can do things who hurt and bite and upset your readers very much.

You might have misunderstood when I mentioned the golden prince of your future. I was very serious and sincere about it, and I'm convinced there will be one, just because you don't believe in 'em.

Take much time for your work and don't waste it. Don't look to left and right but look up to planets. This is all I can allow myself to say.

Is there much primavera in Rome? Here we have terrible scirocco and I'm not able to go on scoring my 1^{rst} act. This is supposed to be so every year at Santa Restituta's.

hans

18

… ganz klar und präzis.] stupidagine a Napoli non farò perché ci vado per affari, vorrei finalmente essere commissionato di far un balletto per i Sadler's Wells. Pipo non ci sarà, lui sta alla Scuola, mica nel balletto, non può mai entrarci perché non è Inglese, non avrà mai il permesso di lavorare in Inghilterra. Ti rendi conto?

19

1. Dic 54

Cara Quercia

mi trovo nell' »GOLDEN ARROW« treno di lusso fra Parigi e Londra – è molto calmo come rumore e molto fulminante come velocità. Fra poche ore sarò preso della »Bentley« di Walton*. Tutto è molto chique e conveniente.

– Ad Amburgo non c'era quel mascalzone di Schwitzke!!! Proprio non c'era. Però non ero venuto in vano, dissi tutto a Sawatzki. Dissi che ci vuole ancora molto tempo se vogliono che quest'opera bellissima della grande e bellissima Bachmann diventa davvero quello che promettono le prime pagine. Eppure dissi che un genio come lei non si può commandare. Erano tutto d'accordo e vogliono senz'altro spostar la trasmissione, dato che io son riuscito di interessare il Signor Spitz di occuparsi con la produzione musicale (la quale costa parrecchio: orchestra sinfonico, da Jazz ed alla Napoletana) – insomma: Ho fatto il più bene possibile, mettendo il tuo radiodramma in un lato di tutto eccezzionale.

Ora tu puoi continuare in tutta calma senza pensare a qualsiasi minaccia amburgese. Puoi anche adgiungere le cose ed inventare tutto quello che vuoi in tutta libertà.

– Ho voluto scriverti questa lieta notizia subito, ma non mi è stato possibile. Scusami tanto. Mandami presto il testo appena finito ma senza fretta. Farò poi qualche musica con il vano tentativo di equivalenza artistica. Ma forse il tentativo sia già una cosa, vedendo la buona volontà, tu potresti perdonare la mia manchanza di potere.

Finisco, ora, esprimendo la mia più umile ammirazione, legato ad una servilità verso di te senza paragone.

Il mio indirizzo londrinese è il seguente:

LOWNDES COTTAGE
LOWNDES PLACE
c/o. Sir William Walton
LONDON S.W.1
mi auguro di essere presto il felice tenente di qualche tue egregie notizie.
Il VOSTRO umile servo
Enzo

*[*li. Rand:*] at Victoria Station

20

CARA QUERCIA la vostra lettera mi è stata gradita. Non so se sono felice s'è già finita la Cichala. Però la mia fiducia è sempre ci. – Per manchanza di tempo ti mando questa cartolina con un ritratto della Bachmann. Non è stupefacenda la somiglianza? Probabilmente fra pochi giorni sarò di nuovo a Parigi, tentando di inventare la noia musicale da te desiderata. Qui il tempo è brutto, ma mi sento lo stesso pigro e schifoso. Gli affari vanno bene, Walton e consorte ti salutanno, io raggiungo loro, S. Gennaro ti manda bene, stasera vedo e sentiro Ugo Calise con la chitarra qui a Londra. Tanti affettuosi saluti il tuo OLIVIERO

23

MANUSCRIT CHEZ SPITZ HAMBURG REPONDEZ MA LETTRE AFFECTION = HANS

24

Venerdi
1955

Cara fanciulla,

come va la vita?
Cchiù luntana me staie,
cchiù vicina te sento …
Chi sa a chisto mumento
tu a che pienze … che ffaie!
Tu m'è miso 'int'é vvene
nu veleno ch'è ddoce …
Nun me pesa 'sta croce
ca trascino pe' te …

e allora, pechá non ti fai viva? Chi sta u'sul. Potremmo benissimo passare delle giornate insieme. Tengo belli dischi. Ti farò sentirne. Sto componendo una roba per il festival chez les Bôches, a Darmfurt-Frankstadt. Ho finito l'orchestrazione del secondo atto. Mi sento bene insomma. 'A vita a me piace. (Oppure, come dice Lucia: 'A vita a me piace vicino a me.) Figure-toi, hier soir on a vu un film bôche »epilog« de M. Käutner e Stemmle, avec M.mes M.ssieurs Kortner, Hildebrandt, Hörbiger … mais je t'assure, ça ç'etait tres bien de la merde! Affreux ! Il y n'avait que les grimaçes du 1925, les coins mal allumés, et tout d'une attitude tragique tout a fait ridicule.

Perciò ti ripetto che, per la nostra propria salute, non possiamo permetterci di tornare in quel paese di assassini, neofascisti, neoneurotici, ti assicuro qu'è impossibile, e di un livello ben forte sotto la linea internazionale. Hai già visto »Senso« di Visconti? Anche se ora la censura ha tagliato tutto quello ch'era importante, si vede ancora la calligrafia d'un uomo di gusto, coscienza, cultura … Quindi, non solo per quei motivi, bisogna accontentarsi con carciofi, 'a pasta ascuita, 'u uvin', anche mangiando solo pane con pommidori: Sempre meglio che i rehrücken bôches pagati da Eisenhower, con la salza del sangue di giovani stupidi tedeschi, i cari defunti del domani.

Vieni! Scrivi! Affettuosi saluti hans

26

Carissima

ecco la mia lettera promessa. Rimasi preoccupatissimo dopo il nostro breve discorso al telèfono. Ho tanta paura che tu ti rovini con lavori d'urgenza. Non so cosa dire, però ripetto che tu dovresti davvero far una pausa nella creazione poi dopo tutto va meglio. Qui nella quiete assoluta potresti riprendere le forze, e ti consiglio di recarti a queste parti appena il medico lo permette. Nulla ha più valore che la propria salute quindi non esitare più nel far il dovere affronto di te stessa.

… oder madame butterfly.)] Per dire la verità: Qui c'è un masciello!! Ci sono Federico e Francesco, ed anche il principe Ali, comunque pranzi e lunchs, e questi rompascatole non mi lasciano in pace con le loro stupidagine. Spero però che da domani in poi, appena partiti, avrò quello che desidero per creare: tanta gioia di far musica è in me, e tanto bisogno di solitudine. Chi mai ha uno slancio così forte di far mai niente salvo quattro chiacchiere come questi ragazzi per bene?

Inge vorrei che sei felice e buona. Se hai bisogno di qualcosa, telegrafi subito. Anche danaro puoi avere senz'altro. Sto bene in questi giorni.

Ti stringo la mano più forte che mai
e che Iddio ti benedice.
hans

27

12 maggio 55

liebe inge domani parto, e penso con pena che non ti vedrò a Roma, volevo tanto parlarti, soprattutto ringraziarti volevo, per le tre poesie così riuscite e chiare e belle. Poi pensai di ascoltare con te certe cose, »Don Giovanni« e »La Sonnambula« …

parto con un cuore molto pesante, e quando tu leggi queste righe mi troverò lontano da te, e lontano da tutto quello che mi è caro. Incontrai, tre settimane or sono, il vero principe Napoletano che è piu vero che la mia fantasia si permesse di mai pensare. Ti lo posso dire? Tutti amici chi lo han visto sono rimasto stranamente impressionati, è un essere molto diverso di noi tutti. Wer die Schönheit angesehen mit Augen … ora posso pure comprendere perché ti piace quella poesia, e quindi posso contarci un po' che tu mi comprendi. Non ho mai visto una cosa così. Voleva poi il destino che ha un talento di musica straordinario, cioè più di questo, in lui la musica si manifesta come fosse lui stesso questo elemento. Dicevano che lui è Orfeo. Ho avuto l'immisurabile gioia di passar una giornata intera con lui. Enrico d'Assia, per il suo onore dava un pranzo, e di sera eraviamo a S. Angelo per la festa di S. Michele, e lui ci cantava, ed incantava tutti chi erano vicino. Io, stando con lui solo, sentii un dolore molto bello, e mi trovai lontanissimo da qualsiasi desiderio fisico, però dico che, se Iddio mi vuol aiutare di meritare la sua amicizia – cioè se Iddio mi perdona, perché non merito nulla – diventerò cattolico e cambierò la vita, vorrei solo aver il permesso di parlare con lui e di vederlo. Così sono caduto dal piedestalo della mia sovranità artefatta.

Di sera lo portai a casa (era di partenza per Napoli) e c'era un'armonia e c'era speranza che posso diventare puro e buono. Sembra, allora, che dopo ci siamo salutati, qualche persone hanno parlato molto male di me, e lo hanno avvertito che è pericoloso di far amicizia con me. Lunedì lo telefonai, due volte non era in casa. Martedì mattina chiamai di nuovo, e di nuovo c'era uno dei suoi fratelli che dice che lui è fuori Napoli. Avevamo un appuntamento per andare a un concerto insieme per la sera di Martedì. Il fratello disse che non si sa quando torna, e che fosse difficile, quasi impossibile, di trovarlo in casa. E mi consiglia di non tentare più di telefonare.

Ero molto stupito per qualche ore, e poi mi è venuto una grande tranquillità, la quale è ancora in me. Però so che non è buono, è molto vicino alla pazzia. Sono più gentile del solito con tutti, però penso niente, non lavoro, ho la febbre, e nel medesimo momento ho fiducia. Andrò a Napoli, lo troverò e lo dirò francamente tutto ciò che sento e che lui non dev'avere paura, perché non voglio che la sua amicizia. Avevamo anche un progietto assai bello: voglio scrivere, in quest'estate, e con la sua collaborazione, cinque canzoni su di versi di Petrarca. Come potrei migliorare tutta la vita, ed il ruolo che sto facendo! Potrei diventar un messaggero del bello e puro. Pensi che, da quando lo ho conosciuto, scrissi quasi tutto il terzo atto, ed è pieno di idee, e carico di melodie, di tenerezza, di sincerità.

Da giorno a giorno diventa più grande in me l'importanza di cambiare il mio sistema di agire. Dovrei avere più dignità.

Vedi ti scrivo questo anche per dimostrarti che sono sempre molto vicino a te con fiducia e fede, e tu forse sei l'unico essere umano che mi comprende. Ho dovuto dirti che anch'io credo in certe cose più alte. È che mi trovo nel pericolo di perdermi se non sarò graziato.

Conto di vederti quando, verso il 10 Giugno, torno dalla Germania. Tu nella tua lettera non mi dissi gli indirizzi delle tue stazioni di viaggo, quindi questo messaggio non arriva al destinatario, malgrado la sua urgenza.

Ti auguro buon sucesso, ed un presto ritorno.

Tanti saluti

hans

28

giovedi mattina sul terrazzo (ombra) mare calmo e molto irreale,
vigna piuttosto concreta, vento assento. sulla labbra il gusto
del caffè amaro, più dentro quello della Nazionale Esportazione.

cara e bella amica: grazie per la lunga lettera, e per la cartolina ch'era molto come mi immagino la Piazza del Duomo a Milano. La lettera mi ha fatto capire come stai e come sono gli Stati Uniti. Io forse un giorno ci voglio andare pure io, però a S. Louis perché ci sono i negri chi suonano organi sui vapori, organi che sono agitati dal medesimo fumo che fa agire i vapori che portano te ed il organo sollennamente sul vasto Mississippi, mentre il crocodillo ci segue colla bocca aperta.

Spero che stai sempre bene, e che torni presto da quelle parti. Dicesti che vuoi portare qualche bella cosa pe me. Non saprei che cosa perché il mio grammofono è rotto, e non leggo libri. Se mi porti la gioventù eterna, c'est a dire che non voglio ingrassare, perdere cappelli sempre di più, diventare più triste ancora – e mi vogliono bene solo perché sono un noto compositore e perché ho una macchina. Ma questo non si trova forse neanche al Mississippi. Porta molti contratti, così faciamo soldi! Con i soldi si può fare tutto.

Io sto per finire il »RE CERVO« – per il momento non lavoro perché è ferragosto e la luna è finita, ma riprenderò fra poco e poi finisco. Il 13 vado a Venezia per incontrarmi con i managers del festival, forse fino a quel momento lì avrei pure finito tutta la partitura (se faccio una sforza) in copia. Gigi ha messo Nuria Schoenberg nella gabbia celeste del matrimonio. Fra poco il primo bimbo di decafonico, mi immagino.

Ernesto Schnabel ha finito il suo libro che sembra abbastanza discreto. – Se torni ti faccio ascoltare un po' del terzo atto anche se non so suonare. Da quando sono stato al »Excelsior« di Napoli mi sento molto Signore, più di mai anche mi sento Italiano.

Non so narrarti molte cose, la vita qui è sempre ugualmente così così e come già ti ho detto, si lavora, forse non assai, ma questo dipende dal fatto che siamo in Agosto. Fra poco tutto va oltre. Ho passato, in grande solitudine, in periodo anziosissimo e penosissimo, ingannato ingannato wieder mal dem fehlläuten der nachtglocke gefolgt. ma fa niente, un po' di amarezza di più.

La Nona di Mahler la ascolto spesso. È una musica che pochi capiscono, tu sicuramente raggiungerai lo scopo subito.

Se vorresti portarmi qualche musica che mich anrührt, forse »Così fan tutte« si dice che negli S. U. è molto cheap ma non vorrei un'edizione in inglese, e non so, poi, che ci sta qualche buona incisione, forse quella di Glyndebourne è sempre la migliore. Oppure: Brahms quarta sinfonia diretta da Toscanini. Ma ti dico che non è necessario – A Parigi han scritto »un grand musicien parmi nous« (sono io) e mi chiamano musicista orfico, quindi ora scrivo un concerto per arpa. In verità, come credo che tu fai le più belle poesie del saecolo, io voglio fare le più belle musiche di oggi, e il finale del »CERVO« lo voglio fare con la massima tenerezza per questa vita che ci batte continuamente 'u capp.

Ciao, e comportati bene se puoi.
Torna presto!
hans

29

4 sett 55

Carissima Inge

benvenuta in Italia!

non so quando tu torni, ma spero che gia prestissimo, soprattutto perché ti auguro di tracciare ancora un po' dello splendore autunnale di quest'anno, e poi perché tu dovresti recarti immediatamente verso le costiere di Partenope. Dato che in partenza dal 20 settembre abito nel grande e vasto palazzo Walton, tu avrai un soggiorno molto piacevole, ed adattissimo per la nostra collaborazione, la quale ormai è diventata urgente. Mi scrivono tutti giorni, chiedendo come stanno le cose, e la prima della nostra opera avra senz'altro luogo il 14 ottobre del '56, a Donaueschingen. Non ho ancora trovato un soggetto, e spero tanto che sei tu l'inventatrice di un tale fenomeno, il quale poi è essenziale se il progietto riesce o fallisce. Io ho soltanto avuto qualche idea formale, e mantengo una vaga immaginazione a proposito del carattere dell'opera. Ci sono due possibilità

una pastorale antica un po' bucolica, nel senso dell'opera del settecento italiano, soggetti come »Polifemo« »Arianna« ecc.

oppure un'opera lirica con un soggetto d'oggi, ma romantica e piuttosto matta.

Ma anche la pastorale potrebbe essere mattissima, forse ancora di più.

Possiamo passare un bellissimo periodo, assai rilasciatamente lusigandoci sulle lussose nuvole della vita libera e spallancata,

e tu mi racconterai tutte le tue avventure Americane, delle quale spero che erano tutte gradevole, onorevole, e piacevole.

Vado a Venezia, il 12 di questo mese, per il festival e per i affari. Gigi e Nuria mi hanno invito in casa loro. Di te scrive cosi:

... kann Sie nach venedig in september fahren??!« ecc. se vuoi, allora vieni anche tu. Fammi sapere quando arrivi, e come sono i tuoi piani. Vieni magari a Venezia.

Nella rispettosa attesa delle tue gradevolissime nuove
col capello tirato
la rosa nella mano già sfogliata
la lacrima sul naso già ghiacciata
hans

N. B.
È finito il capolavoro RE CERVO
e pare bello, commovente,
furbo, spaventoso, e consolante
come tutte cose.

34

… um völlige Klarheit zu haben.] Una vera trovata, benedetto come sei!

… Da wird sie froher sein.] Che scherziamo, è vero, e mi sento forte.

Mais je t'en pris de m'écrire toute de suite exprès (parce que ça dure, si je peux raconter à Strobel de notre sujet! Probablement il veut savoir déjà quelque chose. Ou est-ce un secrèt? Je partirai vendredi pour Vienne, c'est très bientôt, tu comprends.

Je t'embrasse!
Inge

35

Carissima,

mentre una pioggia inaspettata butta sulle finestre, e mentre nel camino si brucia la legna di quercia Calabrese, mentre ho finito il 2^{ndo} tempo degli »studi sinfoniche« e mentre il gigi sta ancora. faticando

ti dico:

QUANTO SONO CONTENTO che corrisponde il Omero con i tuoi indubbiosi gusti!

Il Strobel sa tutto dello progietto. Ho pure tentato di descriverlo quanto più o meno mi immagino la facenda.

Colui devi anche parlare del prezzo tuo.

La nuova composizione che faccio è molto triste. Oggi quando volevo cominciare mi ha girato la testa. Buio, Paura. Ho chiuso gli occhi e poi mi è apparsa la Madonna molto bella, piena di luce e d'oro, e poi il lavoro è andato bene, sono stato calmo e ho sentito gioia ed il rarissimo desiderio d'essere un bravo ragazzo. Poi è anche venuta la tua lettera. Fortunato io di poter lavorare con te! Pensa presto quando puoi venire: Dopo Natale, scendere con me dal Nord in macchina?

Pensa, lavora bene, e scrivi al tuo

hans

P. S. Tanto penso a te, spessissimo quando i mei demoni mi chiamano, e vorrei una mano ... il lavoro con te: non è solo per la tua grande dignità artistica alla quale mi vorrei appoggiare, è anche la speranza nettamente umana. Quanto sono debole e misero alle volte, senza coraggio e senza protezione! Quando ci vedremo, come l'ultima volta a Roma, avrò più e più coraggio di parlarti. Spero che è presto che ci vedremo.

Guarda che io non so se saprei aiutarti – forse solo il contrario, forse la mia verità non potrebbe farti che paura e dégoût. Il 2^{ndo} tempo che oggi ho finito è così triste, così disperato ...

So che non posso più andar avanti così.

Se non ci fossero i Nono allora adesso non

saprei cosa far di pazzo. Perché è la vita reale, i lavori che mi divietano di far pazzie mentre tutta l'anima senza casa, senza nascondello, vola per l'aria – ogni ora un'altra idea, un'altra immaginazione. Già stasera ho offeso la Madonna che stamane mi sorrise! O scusami Inge – forse solo tu su questa terra potresti un giorno riuscire di comprendermi. Eppure quanto do poco retto a quello che riguarda te. Pure questo è una cosa terribilmente egoista, fredda … scusa!   hans

36

Caro Hans,

Questo pomerigio è arrivata la tua lettera, e mi tocca molto che è venuto ancora una volta un tempo il quale porta fuori la necessità della nostra amicizia o come si vuol chiamare questa stranezza. Penso che sento abbastanza bene il tuo buio – anche senza sapere i ragioni presenti, i detagli – e non sono meno importanti? Non è sempre lo stesso male che fa soffrire, nascosto o aperto? Ma prima di darti coraggio, lasciami dire un'altra cosa, un po in relazione col problema. In una tua lettera tu scrivi che io non ho detto la piena verità sulla mia situazione; questo è vero, ma non parlo perché so che posso convincere questo stato meglio senza parlare. Non è una mancanza di fiducia. Tu capisci: abbiamo parlato raramente su di me in questi ultimi tempi, e era anche poco utile, poco necessario, perché abbiamo vissuto tu là e io là, era anche bene per trovare una base più libera. Però mi sento – su questa base libera – nonostante più vicino a te e pronta per che cosa sempre.

37

Ma chère je suis en train de t'écrire une bonne lettre. Je pense beaucoup à toi avec l'espoir que tout va bien.

38

Mia cara – suppongo che anche questa mia lettera si incrocera con la tua. Io ti penso molto e spero che la mia ultima non abbia fatto un'impressione troppo spaventosa.

Ho ricevuto la tua che racconta di Vienna, sono contento che tutto è andato così bene, e ti vorrei ringraziare. Per il momento non so dire come sia l'idea col padre e la madre – dato che per me è stato un' idea così fissa che ci sia più dell'ambiente pastore, pescatore ... ambiente pagano. E poi non mi hai detto che cosa faranno questi tre personaggi. Comunque non si dice nulla a proposito di quest'idea. Certo che cinque personaggi solo non è molto per una storia così priva di azione, e certo pure che in un' opera l'azione ci vuole. Secondo me ci puo senz'altro essere un personaggio di più – non possiamo mica renderci completamente disposti a quello che il Strobel desidera. Mandami al più presto possibile una specie di exposé che mi mette in grado di veder più chiaro, ti prego. Se invece di genitori e roba del generare ci fossero delle ninfe ecc. ... a me certo verrebbero più idee ...

Non credo che sia molto importante che tu vai a Baden-Baden, ma se vuoi – perché non, inutile non è di sicuro. In tutti modi pensai di ripartire per l'Italia dopo Natale, o dopo Capo d'anno. Pensai che ci incontriamo a Monaco o qualche altre posto che per te fa commodo. Ti scriverò fra poco quando precisamente mi troverò a B.B. Ho molto da viaggiare, fra altro anche a Berlino mi tocca andare.

Sto preparando un progietto di viaggio preciso.

Ho molto lavoro ancora davanti a me – e son d'un nervosismo incredibile, sogno solo di questi lavori e doveri. Sembra che altro non ci sia – il cervello mi aiuta così gentilmente che mi fa pensare solo alle cose d'arte. Nel frattempo poi penso a te e a questo che ti ho proposto nella mia ultima lettera. Questi e poi la tua venuta mi fa piacere pensarci, sperarci ... scrivimi presto. Io credo che vivere a Napoli è una cosa molto bella, perché non è una cosa da Schiffbrüchige, è una cosa giusta e normale, in un popolo poi d'avvenire, di speranza! E troveremo senz'altro delle bellissime possibilità d'abitazione.

Pensa bene a tutto che dicevo!

E pensa all' opera ... fammi presto sapere cosa vogliono far i tre personaggi nuovi ... piango che non ho più i miei pastori ... non canteranno la Berceuse, non succede niente di quel genere. E per giunta – chissà – A. und A. non giacciono neanche nella tenda biancha ...

allora pazienza. Forse basterebbe stabilire, a Baden-Baden, quale cantanti si prende, e poi sapendo che abbiamo p.e.

un soprano
un mezzo
un contralto
un tenore
un baritono

possiamo pure agire bene. E non fa nulla se ci pigliamo 2 ballerini in più. Costan poco. E i personaggi possono cantare diversi personaggi, – hai mai pensato a questa possibilità?

Per allora ciao e küss die Hand

hans

39

... dies sind aber mehr dinge für die mündlichen gespräche.] (strano che ora vedo che la tua lettera era in Italiano – nella mia mente sembrava scritto in tedesco. communque torno anch'io a quel mezzo d'espressione che un giorno desiderei poter usare con la massima perfezione.)

Tu dici che vorresti andare in Grecia. Non vedo perché non lo potresti fare. Anzi, se siamo sposati, e a te non tocca più di far quei lavoracci per la stampa estera, sei molto più in grado di far cose del genere. Certo che non mi sarebbe molto indifferente se partisti per molto tempo. Non so per quanto pensasti andarci.

Ma in generale non è mai una questione se uno vuol far una cosa a conto suo! Guarda, poi pensai anche se tu vieni qui e noi stiamo qui nella stessa casa, vedremo per due lunghi mesi invernali come ci piace quella compania nostra, quel »herbstmanöver«* – e quindi... Io parto da qui verso il 1 Dicembre se ce la faccio col lavoro, e mi fermerò per ca. 3 giorni a Napoli per cercare casa. Poi quando tu vieni con me, te la faccio vedere, e naturalmente faccio tutto dipendere dalla tua decisione. Ho anche accettato una nuova commissione, dalla Radio di Francoforte, per far in modo che abbiamo più soldi. Anche a Venezia, in Settembre, pensai già a quella mia proposta, e comprai vecchie stampe per la nostra casa, una caccia inglese, cinque quadri, e tre vedute Veneziane. Mi immagino quanto sarà divertente cercare mobili, e avremo Mario come cuoco, lui fa molto progresso in questo suo mestiere, tu vedrai. Per me il pensare a un nostro futuro è tutto il contenuto della mia vita, e non da ieri, bada che ci pensai da molto, e che ora è maturata quest'idea. Anche il lavorare è nel segno di quest'avvenire. Sto ancora in mezzo dell'orchestrazione degli »studi« e non vado molto bene avanti perché sono esaurito, ancora, dal »Re Cervo«, e spesso mi gira la testa, e c'è anche il documentario non ancora finito. Però mi porterà molti soldi quel documentario... pensai che tu forse supponi che quel chitarrista, il Fausto, fosse un'amante, e mi sbrigo a dirti che non c'è di che. – Poi penso quanto sarà bello abitare a Napoli, una città così charmante, così antica, misteriosa, e priva di quella stupida indifferenza che è proprio il segno del Romano. Qui è tutto Greco, elegante, cortese... o io credo che la nostra vita sarà bellissima. Mi sono informato che, se prendiamo un'abbonnamento al S. Carlo, tu hai bisogno di almeno cinque abiti da sera! E per la stagione sinfonica, almeno tre tailleurs.... Ti voglio molto elegante, e spendero un sacco di soldi per questo scopo. Anche la nostra casa la voglio pazzamente commoda e bella, con un cameriere o due (un ragazzo e una donna casalinga, è forse la migliore soluzione) con un cameriere vestito di bianco. Tutto molto bello. Non so se ti dicevo che comprai anche una nuova macchina che fa fermare la gente in istrada. La vedrai a Baden-Baden. La tua preoccupazione che io sia tanto bambino, è un po giusta, ma io credo che in me è successo una cosa, quest'anno, che ci permette di pensare che forse non sono più tanto matto, tanto »scapriciatiello« – e sia pure che il mio cuore si è spezzato. Ma non significa che questo sarebbe la ragione per cui ti ho chiesto di sposarmi. Altro che, penso se ti ho come moglie (quanto è strano e anche un po embarazzante adoperare questi termini!) avrei una cosa nella vita per cui vivo, per cui lavoro, un'amica, moltissimo stimata, per cui posso fare molte cose, e, per gratitudine, farla avere una bella vita. Non so se forse non ho die Rechnung ohne den Wirt gemacht, ma questo si vedrà. Ci saranno molti particolari da chiarire, soprattutto quella importantissima questione della libertà e del rispetto. Forse che tutta la vita sara gloriosa, splendida … capisci qui forse è il punto dove si vede ancora il bambino, che io penso che tutto sarà proprio formidabile …

La lettera a Francesco ho spedito. Lui, e i suoi genitori, son diventati fedeli e cari veri amici. – Il tempo qui è molto strano. Cielo blu, sole, mare blu, ma dei venti abbastanza freddi. Ieri qui già a S. Francesco, una grande barca è andata a fondo. I poveri han dovuto nuotare a terra. Tutto il mare è diventato bianco perché il carico era calcia. Sembrava il sangue della nave. Era pietoso vedere come le violente onde spezzavano più e più il cadavere. La scorsa settimana era tremenda, con pioggia infinita, e il buio che mi fa tanta paura. Non esco quasi mai. Forse non ti dicevo che Luigi Nono e qui e Nuria Schönberg, sua moglie. È lei che insegna Mario. Perciò lavoro anche abbastanza molto perché anche Gigi lavora. Ci hanno invitato per qualche tempo a Venezia prima di scendere a Napoli. Se vuoi ci possiamo andare. Gigi, da quanto è qui, non è riuscito di mettere su qualche cosa, sempre i tentativi finiscono nel cestino. È l'isola, anche se lui non lo sa. Lavorare qui è confessare. Io faccio con tenerezza il 2^{ndo} tempo degli »Studi« che è una specie di resumé di quei tre anni Ischitani. Vorrei ascoltare la prima eseguzione con te. È un lavoro molto impegnativo, difficilissimo a realizzare sulla carta, e poi con l'orchestra. I lavori per Boulez e per Francoforte saranno dei studi per la maniera in cui si fa l'opera poi. Ho molti immaginazioni, ed è assolutamente giusto e buono che il lavoro faremmo insieme. – Pensa bene a quello che ti scrissi, credo che con l'idea di servirsi del stile dei Pupi Siciliani si può fare un mucchio di cose buone, e divertenti. Porterò anche un libro su di queste cose[8]. Mi fa saltare di gioia che finalmente ti rivedrò. Devi telegrafare quando arrivi a B.B., così ti vengo prendere nella mia macchina di lusso. Telegrafi a Strobel, lui me lo dirà poi. Basta che parto da qui il 1. Dicembre.

Salutami i vecchi ed il mio nipotino.

K. D. H.
e mille saluti
hans

* [*li. Rand:*] ora vedo che questo è un titolo d'una tua poesia, ma io usavo la parola nel senso di manovero, che si fa per allenamento dell'esercito

40

Cara Inge

non so se riesco, stamane, in camera d'albergo, rispondere in maniera giusta alla tua bellissima lettera. Per ora soprattutto una cosa: Ti ringrazio. Mi aiutò molto quello che scrissi, e ti assicuro che non mi butto via. È strano che sento anche io che forse è finito il stato »bambino« – eppure chissà se non le speranze per un nuovo ordine fossero pure »da bambino«... communque se tu dici d'essere pronta a qualunque cosa, ti posso promettere il seguente, e lo dico di cuore: la calma, pace, e la possibilità di dedicarti assolutamente, senza altri impegni quali siano, al tuo lavoro creatore. E, forse, una vita più bella che mai avevi. Sarebbe un patto contro il mondo minacciosamente imbecille, contro la paura, e per manifestare un'idea casta e pura di vita d'artista. Posso promettere, in quel patto, determinate cose in riguardo di rispetto massimo, dato che anche da parte tua venga portato un simile senso. Una vita d'ordine, d'ottimismo, di bellezza, di pace. Non saprei cosa desiderei di più. E sono ossessionato dall' idea... tanto che già ora ti vorrei accennartela. Oramai sembra tutto assai chiaro. Avrai tempo di pensarci fino a Natale. Poi dopo spero che puoi scendere al sud, con me, con quasi tutto il bagaglio. – Vorrei che viviamo insieme, in una gran bella casa ai piedi del vesuvio. Avremo due camerieri, e a te tocca solo di lavorare quello che tu vuoi. Niente auslandskorrespondenz[1] e simili sciocchezze. Ho pensato a tutto. Sarà molto bello tutto insieme, e tu sarai una signora molto elegante, e riposata, e curata, e stimata. La vita avrà un certo senso, perché si può manifestare un patto contra la paura. Scritto così, in una lettera, sembra sciocco, ma non so come esprimermi meglio. In Febbraio o Marzo possiamo già sposarci a Napoli con due dei più nobili Spagnoli come testimoni. E saremo dal primo momento in poi, belli, fieri, tranquilli, felici, al quanto possibile. Vorrei che tu dicesti di sì. Non è proprio il paradiso che posso offrire, ma penso che se ti toglio tutto ciò che fin'oggi ti ha caricato con difficoltà esteriori, ci sia già una determinata libertà per te, e più d'un domani, e dopo domani, e l'oggi sarebbe proprio una cosa chiara e bella. Anche per me. Piu per allora non saprei dire. Ti supplico di credere alla mia massima chiarezza ed alla mia massima stima da cui sorge quest'idea.

Ho già cercato un po' a Napoli, e mi aiutera la principessa d'Avalos a cercare la casa giusta.

La vostra cartolina mi è stata un grande rallegramento e forse anche il segno che l'incontro con Strobel è stato una cosa riuscita. Son d'una curiosità ardente a sapere di più e dei detagli. I »studi sinfonici« sono un lavoro per orchestra, in tre tempi che son legati un'all'altro.

I schizzi sono già compiuti, ho cominciato ad orchestrar la

roba. Primo tempo: nove segnali, portati in maniera orizzontale, vengono sformati, trasformati, ed in continuazione messi in nuovi rapporti uno coll'altro. Secondo: un ritmo, una melodia di quattro note, e due timbri vengono applicati, ed immediatamente risolgono i loro echi, in cui si manifesta tutto il processo espressivo – costruttivo. Terzo: Ricercare a cinque voci.

Sarebbe questo il contenuto tecnico. Non ti posso parlare di quello che si è espresso in quel lavoro. Insomma, è tutto ciò che tu sai pure e che si è anche detto in quella lettera. Ho cantato nel buio.

Ora sto facendo il documentario per la gemeinschaftsproduktion stoccardo – amburgo a proposito della canzone Napoletana. Spero che riesco bene, anche perché la paga è buona, e significa un fondo per la nostra casa. Poi, alla fine del mese (penso) posso anche cominciar il lavoro per Parigi: »Concerto per il Marigny« per pianoforte, e sette strumenti. Una roba da camera che mancava. È Boulez (!!!) che me ha chiesto. Sono molto contento, non ci sono più malintesi ecc. invece buona stima ed amicizia. Probabilmente poi farò un'altra cosa ancora »five Neapolitan Songs« che canterà Peter Pears sulla tournée che vien a fare col Benjy Britten e forse prima audizione, in versione con orchestra, a Francoforte, in Maggio, pagato bene. Per la casa.

In Gennaio, però vorrei già cominciare coll'opera. Che anno di gioia di trionfo! 1956!!

Per allora vorrei finire. Ti saluto e küss die hand -

scrivi presto!

hans

la sera di Mercoledi Novembre ultimo:
Chère Inge,

dans le livre apropos l'opéra de marionettes siciliennes, il y a une poesie d'amour, extraite d'un comédie des Pupi, avec laquelle je voudrais te encourager dans ton travail:

Specchio degli occhi miei, unico affetto,
vita che doni vita all'alma mia
non vivere fra scrupoli e sospetti,
vivi contenta, senza gelosia ...
Hanno taluni mille cuori in petto:
io ne ho uno solo e l'ho dato a te ...
Venni a cantare a questa cantonata,
poco lontano dai tuoi gradini:
vidi una donna come una bandiera
che copriva il sole e la luna ...
Aveva le treccie d'una Maddalena,
in testa meritava una corona:
nella sua casa non vi sta lumiera,
la lampada sei tu, stella diana!

41

LIBRETTO MERAVIGLIOSO GRAZIE COMPLIMENTI AMMIRAZIONE ARRIVEDERCI BADEN 10 SERA AFFETUOSAMENTE = HANS

42

... niemand mehr] colui potrei chiaccherar in Italiano. Altro – ieri pomerigio volai da Amburgo a Frankoforte, ma il aereo non poteva atterrare lì a causa della nebbia, e andò a Stoccarda. Da lì in autobus a Frankoforte. Poi in macchina a Bielefeld. Finalmente un po' di calma, e un po' di piacere vedere il mio fratellino molto cresciuto e bello. Ha un difetto solo: un dente che manca, questo è brutto. Bisogna metterlo prima del Re Cervo Veneziano.

Essendo solo, sogno della nostra casa a Napoli, e sogno di questa vita nostra che può essere bellissima se tu vuoi.

Ernesto mi ha regalato una tigra molto bella, che mi piace tanto. Come vedi, il giardino zoologico sta per arricchiare. Poi il mio fratellino mi ha costruito un bellissimo pulcio, che mi faceva ridere, tu lo vedrai. Che idea di regalare un pulcio!

Ho trovato qui delle enorme quantità di lettere. Chissà quanto posso riposare un po'? Sono debole e nervoso, quasi tremente, eppure stanco.

Ti debbo confermare qualche notizie: Il 12 o il 14 Gennaio c'è una riunione importantissima, a Milano, per il »Re Cervo« e allora non posso scendere a Napoli prima di quello.

... sondern sonnenhymnen und canzoni.] E troveremo un palazzo barocco per il luogo più calmo, e sarà il luogo di creazioni buone e gloriose.

un caro abbraccio tuo amico
hans

46

= AFFETTUOSI PENSIERI = HANS +

47

ABITOSERA INEVITABILE GIA ORDINATO TELEGRAFI ORARIO ARRIVO VERSO SERA 11 GENNAIO INDIRIZZARE SANZOGNO CORSO ITALIA 15 MILANO POESIE[1] MERAVIGZIOSE GRAZIE APRESTO = HANS +

48

Amigo,

è tardi e sono già a letto. Ho ricevuto fiori e qualche complimento. Son stata al parruchiere prima di leggere, lui m'ha fatto bene i capelli. Sto benone. Insomma. Che vita! Era molto avventuroso il mio viaggio. American Express a Nabule aveva tutto sbagliato. Neanche arrivava questo treno puntualmente. – Neanche c'era una correspondance à Cologne. Iddio. Se torno ti faccio sapere questa storiella molto »scimminosa«, spaventosa, ma insomma. Qui fa un tempo! Freddo cane.

Domani sono a Bochum!!! Che bellezza. Prima voglio … non voglio niente.

Cosa fai? Avete pulito tutto? Finestre? Panni lavati? Non sono domande retoriche! Come stai?

Bello!

Come ti senti solo in casa?

Come sono le serate? Stai molto fuori?

Ascoltami! son stanca. Ogni giorno leggere in un altra città. Come un cavallo di circo mi sento. Vuoto, un po triste, un po allegro, un po un niente.

Fa mi seguire la posta.

Fa mi delle pensate d'un ragazzo borghese e ordinato.

Lavora un po ma non troppo.

C'è danaro? Scrivami tutto.

Germany is very ugly. And very comfortable. My room this night ist dreamlike. Hot water, bath, beautifully functioning, white sheets. Heating dreamlike. Outside the desert. How strange. Do you like temperature – 10° ?

No.

Dear friend, paysan, I say you nicely good night!

Ingeborg

Salutami il mio Francischiello! Saluto domenicale!

(Però anche saluti al personale. Hai trovato un cameriere?)
... P. S. Essen:]

Poveretto! Che donna sono!
Qui c'è molto carbone e molto tristezza.
Mais il fait chaud partout dans les maisons.

49

... doch auch solang nicht geschrieben hatte.] Ma è veramente tanto difficile di scrivere se si debba fare sempre le valigie. Stasera parto per Bremen – per due o tre giorni. Poi à Francoforte. (Scrivi però già à Piper-Verlag Georgenstraße 4, Mü 13). Poi à Monaco. À Wuppertal ho incontrato per un mezz'ora Walter e Wendel chi erano molto simpatici, ma uno doveva partire così non abbiamo avuto molto tempo per parlarci.

Poi sono stata subito dopo l'arrivo à un certo Gebhard chi parlava con enthusiasmo di te. La gente chi arrangiava la sera m'aveva portata in casa sua.

Il Rhein-Ruhrgebiet m'a fatto grande impressione per la sua eminente tristezza. Che paese strano! Tante grande città, tanta gente senza radici. Qui fa piutosto caldo, ma il giornale dice che in aspetta un nuovo freddo fra poco. Mi sento poco bene. Nervosa, irritata.

Avrei bisogno di qualcuno che tiene fuori tutti i disturbi.

Ieri volevo telefonarti. Poi pensavo che tu forse non saresti a casa la sera. Cosi lasciavo stare la tentazione. Forse, se vuoi, lo faccio una volta da Monaco.

Come stai e come sta tutto? Non posso immarginarmi molto. Forse la primavera ha cominciato e non lo so. Forse pensi in un altro modo e non lo so. Aiutami di pensare in un modo giusto e adatto. La vita dà e prende e non si sa molto delle sue organizzazioni segrete. Guarda ... Comincia a piovere, e mi secca che non posso prendere il primo treno, ma per gentilezza contro i altri soltanto il secondo. Mi sento talmente »fuori dalla porta« che non ho piu bisogno d'una reunificazione. Ma io volevo scriverti una lettera divertente. Sempre mi succedono delle cose stravaganti, quasi ogni giorno ha già la sua »storia«, abbastanza divertente.

Dove sei?

Ti saluto. Con un bacio alla tua cara testa dove si divertono i capelli tuoi, biondi e fini nel vento napoletano.

Il tuo vagabondo

I.

51

Bremen, 7. III

Ho acquistato il primo argento oggi, perché non è meno caro à Wuppertal. E à Wuppertal non avevo tempo. Sono orgogliosa come una tigra, (ho comprato 18 pezzi già, e forse, se mi danno à Francoforte qualche soldi, compro ancora altri pezzi.) 18 suona molto, ma si ha bisogno di tante cose, e non basta ancora per niente. Ma è già un progresso. (Non comprare la roba per il sale, perché c'è l'ho io!)

Tu debbi scrivermi ancora à Monaco nel caso che tu hai comprato qualcosa. Altrimenti abbiamo una cosa dobbia!

Per esempio: ci pensi tu alla tèiera o io? Qui ci sono delle cose bellissime, ti dico, e non tanto caro come in Italia. Sopratutto si vede un gran lusso à Dusseldorf o qui à Bremen. Spero che tu sai accorgerti del sacrificio. Ho scelto l'argento invece d'uno habito cocktail. Che grande anima! Non ti pare?

Salutami Francesco!, Federico e Adriana, e Gianni e Annamaria Eminente.

Anche qui piove. Mi sento meglio. À Cologna avevo raggiunto il punto più basso. Ma mi alzo ora con più gioia e meno sigarette.

Ciao!

Ingeborg

... von dem Sizilianer gesungenen, dem guten.] Pensavo a te e a tutto, poi ho bevuto molto e andavo a letto cosi tardi che mancavo il mio treno a Francoforte. Altrimenti sarei già là.

Qui abbastanza successo, ma non ho il tempo di accorgermi molto. Poi non è tanto importante. Domani sarò à Francoforte.

Niente di nuovo.

Mi sono comprata un golf molto chic e una blusetta rigida. Questo ci voleva per forza, perché non c'è la faccio senza.

Spero tanto di trovare posta di te à Francoforte o à Monaco. Fin'oggi non c'era niente.

Bremen è carino. C'era una moglie di qualcuno, del balletto, da Bielefeld, si chiama Rotraud Döppke, una bella ragazza, chi imparava su di te una volta à Bielefeld. Ti saluta quella. (Lei è del balletto non lui!). Ho poco tempo per me. Sempre tanta gente che mi mangia. Tra i treni penso, ma poco.

Insomma sono tutte queste cose un grande »malinteso«.

La mia vita privata mi manca tanto.

Come stai, tesoro?

Scrivi almeno! Cosa fai? Sei così lontano. O luntano. Son stanca. È tardi. Dammi a vestire. Annina.

COSA FAI?

Ingeborg

52

Caro Hans,

sono arrivata qui con un ritardo, e non sapevo che il tuo concerto avrebbe luogo già il venerdi. La tua prima lettera trovavo a Francoforte ma anche con un dato poco preciso dell tuo arrivo a Monaco. Mi dispiace tanto tanto che ci siamo mancati – però è troppo tardi – e ti dovevo lasciare solo e senza conforto e sostegno. È anche troppo tardi per darti un messagio à de la Grange perché tu scrivi che sei soltanto fino il 15 à Parigi.

Spero che ti sei riposo un po a Parigi e che torni felice a Napoli.

Il mio programma è ancora »ricco« – son un po stanca ma di buon umore, debbo leggere ancora sabato a Ulm chez Inge Scholl, poi qui a Monaco, poi probabilmente andare un altra volta a Francoforte e a Oberbayern per vedere Ilse Aichinger. Così non posso tornare prima dell 3 avrile, suppongo. Ma senza altri impegni – e soltanto con l'opera in testa. (Perché alla fine ci vuole anche due giorni a casa a Klagenfurt per prendere altri abiti e altre cose.

Sono molto felice su delle tue notizie napoletane, soltanto questi giorni senza danaro e senza aiuto psichico, gli trovo terribili. Mio povero ... ma ora è passato. Non posso figurarmi la casa con le finestre pulite e il nuovo cameriere (quello del capitano?) ma mi fa piacere a pensarci.

Non avrei avuto bisogno di questi 200 marchi, perché avevo abbastanza io per comprare le cose necessarie, così debbi stare tranquillo. Arrivano anche con me al'inizio del' avrile 1.000 marchi così può andare un po anche poi.

Tu debbi ancora perdonarmi il primo lungo silenzio, ma tu sai come può essere qui, tanta gente, ogni sera in un'altra città, questo non ti lascia respirare.

Salutami tutti amici di cuore. Spero di tornare in uno stato allegro e soddisfacente, ti abbraccio!

Ingeborg

53

PARTENZA TARDATE PER COMPLICAZIONI LAVORO ARRIVO FORSE MARTEDI LAVORI BENE STAMMI BENE SALUTA I DISCHI NOSTALGICAMENTE = HANS

54

CARA PUPETTA HO AVUTO INCIDENTE AUTOMOMILISTICO MA FORTUNATO MI SONO ROTTO UNA SPALLA CHE INGESSERANNO DOMANI DOVRO FERMARMI QUALCHE GIORNO QUI PRIMA DI TORNARE NAPOLI TI DARO NOTIZIE PARTICOLAREGGIATE NON DISPERARTI CON LAVORO SII BUONA TI ABBRACCIO CON UN BRACCIO HANS PRESSO BALESTRINI AURELIO SAFFI 28 CLINICA SALUS VIA RUGGERO DILAURIA 2 TF

55

mia cara ingeborg,

sto seduto sul terrazzo dei Balestrini, e batto con una mano un saluto per te. vorrei dirti tanta cose che mi girano per la testa, ma sono troppo debole. il gesso che è stretto intorno al mio torace mi stringe terribilmente e mi mette sempre più giù col morale. Eppure spero che fra non troppo ci possiamo rivedere. Nelle tue lettere non mi dici niente del libretto; ho tanta paura -

fellegara sta facendo l'orchestrazione non finita del balletto, e tutti giorni mi telefona da berlino, è tutto molto caotico – forse ebert non può fare la regia. invece di Sanzogno forse dirige Scherchen, è anche buono, e poi c'è un po' di speranza che luchino mi fa la regia.

qui si mostra una possibilità di andare in campagna in una casa dei Balestrini (con servitù) sarebbe utile perché dal 6 giugno

(continua Nanni)

––– dunque, forse si potrebbe fare in modo che io rimanga qui, in campagna e potresti venire anche tu. Più tardi ti scriverò più dettagliatamente di questo progetto. È domenica, stamattina ho avuto la tua gentilissima lettera di giovedi. Sono contento che tu lavori con calma, e ti auguro di continuare così. È venuto Gutheim, e sembra che sia impossibile che io accetti che si faccia l'opera a Berlino senza un buon direttore o un buon regista. Non mi fa niente tutto questo rinunciare, sono già così ridotto – – – – Sembra che questo incidente abbia davvero avuto un significato molto educativo, ma non ho ancora capito per che cosa. Scrivi mi come va l'opera. Mi manchi molto. Adesso vedo che il tuo espresso era di sabato. Le infermiere soffrono molto per la mia intrattabilità, ma sono brave. Una mi da sempre delle belle droghe quando ho dolori.

Abbracci e sti buona scrivi sovente !

hans

[*li. Rand:*] Moltissimi saluti – Nanni

57

Mon petit pauvre ange

j'espère que le travail te ne rends pas completement folle – comme moi, je suis dans le wagon lit pour Paris et j'ai dormí et travaillé, e dormí, et je suis très désolé. Je pense a toi et je pense a l'opera que je desire faire avec ton aide si bon et réale. Je benedico il giorno quando tutto quel lavoro di premura sara finito. Luchino è con me, mi ha fatto cambiare molte cose, adesso sembra però che diventi una cosa importante. Ma sono desperato. Spero che tu stai meglio. Ho una rabbia contra tutti. solo non contro ti te. Vita sbagliata. Dov'è la sedia rossa? Voglio riposare. La luna su S. Martino. Le stelle, l'azzuro. es blaut die nacht. ti stimo di cuore

ti abbraccio hans

58

MILANO 21 VII 56

Cara Sapphetta

mi sto ancor Milan, anche qui si parla un dialétto ma eh mejo quell ti Náppuli, fa caldo qui fra le mura grosse e io porto in giro i piccoli dolorini. La Germania mi ha onorata molto ma anche spaventata. È un giorno di lutto, il parlamento ha (21:17) accettato la legge della leva. Tutto comincia da capo. Forse parto lunedì, o martedì, sarà una bella carogna perché c'è lo sciopero della ferrovia, può darsi che non posso ancora venire a causa di questi, anche perché benché rinsforzato il servizio aereo sarà sopraccaricato. Qui tutto mi fa pensare a Luchino, e iersera ho visto »Bellissima« di cui ti parlerò. Forse »Bravissima« potrebb'essere un titolo pel nostro capolavoro. Ho pensato alla tua ultima lettera. Vedendo più chiaro oggi, la mia risposta può essere breve: Anche se son gentile ecc., in momenti in cui non ho voglia d'esserlo, essendo quindi costretto ad atto slegale della finta, mi sento colpevole e innocente allo stesso momento, e sento in me una sensazione di violentissima protesta. Poi, nei ultimi tempi, quando c'eran le visite tedesche certo anche per me seccanti, hai fatto con me la difficile, accusandomi di piccole cose ecc. ecc. dicendo le piccole malignità ecc. e questo mi ha fatto rabbia. Non so proprio cosa dire, ma è ben chiaro che non cambierà mai niente di quello che io ti dicevo quella sera quando era partita mia madre, tutto sembrava chiaro e netto, e poco tempo dopo tu invece sei caduta in un' atteggiamento del tutto diverso da quello che si poteva credere dopo quei d'accordi. D'allora ho un po' paura che non può mai essere altrimenti, appunto perché non è una relazione normale. Siamo ambedue dei esseri molto complicati e complessi, io forse meno di te, ma comunque abbiamo bisogno di curare le nostre proprie pazzie, ognuno per se. Mi vedo un po' sconfitto, avendo compreso che bisogna riconoscersi stessi e poi agire senza violentare i migliori propri valori o potenze, e bisogna star attenti.

Non ti posso vedere soffrire. Mi fa assai male, e mi fa rabbia, specialmente contro me stesso. Quindi non ho ancora potuto concludere qualcosa fuorché quella di voler parlarti appena tornato. Ho forse la possibilità di comprarmi un' appartamento a Napoli e penso a una vita modesta e calma, ma son sogni. Pensai anche al tuo ospite (non so il nome) che contro di me aveva un' atteggiamento un po' buffo da avversario, e per te quello del protettore, ma sembra un ragazzo simpatico e se non sbaglio, intelligente. Non so se era di gusto quando ti carezzava e bisbigliava in presenza mia, ma che fa, io certo non mi son mai fatto la corte in tua presenza.

Altro ieri ho telefonato l'albergo d'Inghilterra ma non c'eri, e oggi Napoli, non rispondeva nessuno. Ancora non so quando torno, ho telefonato con Scherchen, e forse ci vado domani sera, o lunedì sera, se poi trovo un' aereo per il Sud. Vedrò anche Gigi. Il primo Agosto vorrei andar ad Ischia poiché mi costa poco, la posso far i fanghi. La lotta fra frigorifero e disco è ormai decisa, ha vinto la sinfonia in mi b molle maggiore di Mozart. Ho anche un regalino per te. Sii brava e fai l'opera, io ho già gran voglia di musicare.

Affetti hans

59

Cara Ingeborg

grazie di tanti telegrammi, cartoline e lettere che mi confermano che sei ben arrivata e che stai bene. Qui pure non si scherza. È San Vito e per fortuna il caldo ha un poco meno vigore per mezzo d'un tramontana. Buttanosi nelle onde tutti quanti. Ashton »la turca« (Auden dice) sta bene, e abbiamo già lavorato assai. Forse mi credi se ti dico che non è convenzionale il riassunto d'»Ondina« perché ci son io in mezzo a far delle trasfigurazioni assai notevoli che stupefanno la turca la quale poi ammette, però. La mia autovettura è pronta a Milano. Partsch ha mandato un telegramma in cui mi conferma che c'è un conto telefonico della bellezza di Lira 60.000 – rimango qui ad aspettar danaro dalla Germania, poi il giorno 20 mi recherò a Milano per prendere la suddetta vettura, non senza pagarla in contanti, poi la diriggo verso le zone nordiche. A Perlino il mio indirizzo si chiama presso il prof. Carl Ebert, Städtische Oper, R. Wagner Str. 13 BERLIN W 15 perché non so ancora dove abiterò. Vedi i Noni? Scrissi pure a loro. Salutami 'u fratetè se vuoi.

Ho molti pensieri (e sto in pensiero) per l'opera, ma spero ancora. Ebbi anche alcune nuove idee musicali al suo proposito, e sarà und gran bella cosa, basta che tu fai una gran bella cosa. Studierò ancora molti materiali, specie le musiche spagnoli, canti e roba da chitarra.

Desiderei di sapere presto qualcosa al tuo proposito e a quello del lavoro. Purtroppo che non hai ancora capito quanto è bello lavorare e quanto non lavorare stanca talmente più di lavorare. Io lo so, beato me, ed ecco la ragione per la quale non mi lamento mai, benché al proposito della mia situazione umana e quindi privata ci fosse molto da dire: che fa pure piangere le pietre, ma chi se ne frega se non io stesso?

Scrivi, lavori, dance, and all that sort of things

hans

cordiali s
a
l
u
t
i

60

Caro Hans, oggi ho ottenuto la tua lettera, e capisco che sei rimasto dispiaciuto per la mancanza d'una mia lettera fin'ora. Spero però che la maggior parte della tua amarezza riguardandomi risulta di questo fatto. Ho voluto scrivere prima e poi non ho potuto, – è difficile dopo una partenza insolita di trovare le parole giuste, e temo che anche ieri non sono riuscita a esprimermi bene. Già stanotte ho riflesso molto e poi pensato di andare à Klagenfurt, e ora son decisa, semplicemente perché è la migliore soluzione per il lavoro, una stanza tranquilla, i pranzi della mammina, nessuna gente, neanche passa qualcuno per questa città atroce. Non intendo di muovermi di casa fino Berlino. Ora sento che ho deciso bene. Ancora ieri nel pomerigio ho pensato a tante cose, di partire subito in Grecia o per la luna (»lüna«) – ma, anche se non ci fosse il lavoro, – son così stanca, vuota e ferita come un animale di bosco che cerca l'ombra e nascondersi fin'è guarito. Ci vengono istanti nella vita dove l'idea del fuggire capovolta nel desiderio di retirarsi in un angolo qualsiasi. E l'Italia d'apertutto invita sempre a aprire gli occhi, gli orecchi, e non voglio vedere altro ora che la mia carta, la macchina e un muro davanti.

Tu non debbi rimprovermi tanto, anche se forse la mia maniera di lavorare è diversa della tua, ma è un malinteso se tu pensi ch'io esco delle cose chieste a me. Soltanto l'ultimo tempo, e forse tutto quest'anno, era per me così difficile. Ricordo molto chiaramente tutti i giorni belli a Napoli, ma non sono capace di chiarire in me l'altro lato, la fallita malgrado la tua buona volontà e la mia – la quale c'era sempre, questo devi credere.

61

Ho dovuto interrompere. Il vaporetto mi portava alla Giudecca e nel mezzo degli Nono i quali ho salutato da parte tua.

Presto stamatina sono partita, alle 6. Venezia era bella, – alba. Ho visto Zattere e tutti questi posti poco conosciuto dove lavorano. La mamma era qui alla stazione, ma parte domani, e rimango sola ancora due settimane nella casetta. Bello e buono questo per il lavoro.

Tu sai che puoi dirmi e non dirmi tutto, soltanto, ti prego, provi di comprendere che un' allusione come quella al propositio della tua situazione umana, il »chi se ne frega« – questo è difficile a supportare per me. (E non so nemmeno se sono io la causa o un' altra cosa.) Non so se mi spiego bene. Se non sapessi che ti spavento, ti direi ancora una volta ch'io t'amo. Ma questa volta non debbi sentire un peso o obligo. Lo dico per darti questo bel niente che posso ancora darti, almeno per distruggere un pensiero come il tuo ultimo.

Temo che sia troppo insicuro di mandare questa lettera a Ischia. Ma a Milano.

Stai allenti alle strade, alle machine senza frenie e scrivimi spesso! Almeno una parola, come stai, come va.

Ti prometto di non farti più attendere così lungo, e spero che mi perdoni la prima insicurezza.

Farò qui del bene, Ingeborg

62

Cara Bachmanita

nella lucida TV tutta nuova stiamo avvicinandoci ai confini austriaci-tedeschi. Ischia & lavoro con Freddie era calda, elevante e marescha (salata) poi qua il frescho fa bene. Grazie delle tue lettere, scriverò presto da Berlino. Ti supplico lavora lavora. Baci hans

Ho scommesso con Hans che lei finirà per questo mese – Non mi faccia perdere! Spero pronto rivederla Fernando

63

COME TI PARE »DIE GOETTLICHE« COME TITOLO. SAREBBE »LA DIVINA« IN ITALIANO, POI IL POPOLO ESAGERATO D'UNA VOLTA HA USATO QUESTE PAROLE PER LA BELLA GR. GARBO. COSA NE PENSI. ALMENO SENTO CHE QUESTO È FINORA IL MIGLIORE TITOLO.

64

Cara Ingeborg

giunto a Berlino ti scrivo subito dicendoti che il viaggio è andato benissimo, che ho avuto bisogno d'un visto da parte della repubblica democratica per poter passar la sua zona, che stamani ho visitato la Stalin-Allee ed altre cose, che spessissimo andrò a veder i spettacoli di Brecht, che qui fa freddo, però la pensione è di lusso, le cose all' opera vanno benissimo, che Scherchen lavora tutto il giorno, che voglio cominciar col balletto qua, che la vita napoletana mi sembra la posso condurre anche qua, andando solo a teatro e del resto star in casa, che penso che tu devi lavorare moltissimo, che spero che tu stai bene e lavori, che stai d'ottima salute e lavori, che ho molte idee per l'opera nostra che dev' essere un successone, che qui c'è una terrazza con vista sul lago e che ci sono dei scoiattoli che giocan nei alberi, ma ch'io penso quant'è bella l'Italia specie Napoli, che ad Ischia faceva molto caldo però, che una ape mi aveva morso nel piede sulla spiaggia di S. Francesco, che il giorno dopo allo stesso piede mi son rotto un dito scivolando su d'una roccia, che Freddie A. era difficile perché aveva idee troppo ottocento che però ho vinto io, che J. P. Ponnelle è carino e Margit sta girando un heimatfilm ad Amburgo e quindi non c'è, c'è però Fernando dunque si parla Italiano e mi piace la sua presenza, la TV è corsa con 140 km/ora sulle autostrade pigliando pure delle

Mercedes, la Germania è brutta, e piove sempre, bisogna della maglia di lana, la razza tedescha è brutta pure lei, che sto però bene e spero che tu stai bene e lavori, ormai sarà finito il librettino. Chiudo, aggiungendo ai miei saluti anche quelli di Fernandez e J. P. P.

abbracci hans

[*li. Rand Mitte:*] SCRIVI!

65

Venerdi
(31. 8. 56)

liebe ingeborg

si vede che le nostre lettere si sono scontrati, communque ti scrivo ancora. Per l'abito di sera non ti preoccupare, basta quello che c'è l'hai, cioè quello Torinese, da cocktail, perché i spettacoli comincian presto, verso le ore 19.

Hai ragione di venir tardi, però sarebbe buono se venissi per la prova generale. Oggi ho litigato con Scherchen perché mi aveva tagliato in pezzi la più bell'aria. Del resto sono un po' triste per tanti tagli, bisogna abituarsi però. Ormai non ho ancora un' impressione seria perché ho visto e sentito troppo poco. Ebert è molto molto carino con me.

Non mi devi nessun danaro, quindi non ci parliamo più. Vorrei però che mi fai una bella opera, perché tutto il mio cuore ha desiderio di musicare la tua poesia, e vorrei magari già cominciare oggi. Tutte le mie tristezze e tutte le mie nuove esperienze ci saranno, e tutto in proporzioni buoni, e senza grandi difficoltà. I Steckel ti mandano i loro saluti.

Sono ansiosissimo di vedere il »libretto« – ho molta simpatia per Tommaso; ma anche per lei, così dev'anche sentire il pubblico. des Meeres und der Liebe Wellen[3] quasi.

Adesso devo telefonare il tenore in modo che anche lui insista di cantare quell'aria. Scherchen è tremendo, è prussiano; e questo in fondo non fa tanto bene al Re Cervo il quale è mezzo Napolitano, mezzo fleur bleu Allemand – pazienza, è troppo presto. Ho però bisogno di molt' amicizia per quel tempo che viene, e molta fortuna e autocontrollo. Auguri per te, ho il tuo rosario vicin al letto. Saluti ai Siciliani della gelateria. Ciao hans

66

Berlino 8 – 9 – 56

Cara Inge credo proprio di aver perduto la scommessa – Ma se questo ritardo è stato necessario per una maggiore grandezza dell' Opera, sono contento di aver perso –

Sono sicuro che le sue poesie avranno il successo che meritano e cioè grande: mi dispiace solo di non poterle leggere, ma ho deciso di studiare il tedesco – Anche per il Cervo di Hans sono tranquillo – È formidabile – L'aspettiamo – Molti cari saluti

Fernando

Cara Puppetta

ti scrivo in fretta
ho vinto la scommetta
hans

del resto parliamo qui

67

caro Hans, tu mi vedi arrossire perché non è andato come volevo tanto. il libretto è però pronto in fondo, soltanto la correzione e manicure di ogni scena mi prende direi per ogni capitulo ancora un giorno intero. ti mando oggi due scene corrette, le altre seguiranno nei prossimi giorni. ho lavorato come una pazza ma poi vedevo che anche la zusammenstellung e questa correzione e pulizia delle scene dà ancora da far. soltanto che ora mi sento più leggera perché ho il testo intero. spero di ricevere da te fra poco una risposta – come trovi insomma il testo, se puoi comporre queste parole, se è un po come hai imaginato.

l'aeroplano che volevo prendere il 21 è già pieno, così debbo prendere uno il 20., un giorno prima, per non mancare la prova generale.

son contenta che il lavoro al opera va bene, che Ebert è cosi buono. quanto a Scherchen direi di fare i compromessi necessari; m'imagino che la lunghezza dell'opus fa difficoltà, pensi un po al mio capitolo sui orechi umani chi non sono migliori pazienti, ma deboli.

a Napoli hanno fatto una revoluzione perché è aumentato il prezzo del tram, degli biglietti. hanno buttato pietre e demolato due tram. Nel Europeo ho trovato la seguente notizia che t'interesserà certamente. Ero commossa anch'io.

> LUCKY LUCIANO hat dovuto chiudere il negozio di elettrodomestici che aveva aperto un anno fa a Napoli. I clienti erano pochi e la merce, di importazione svedese, troppo cara.

Qui la famiglia è tornata, con babbo parlo anche italiano, ma lui è un po lento, ha dimenticato molto.

la lagrima della rosa e fissata ora, è una lagrima molto sublima e fine e d'un colore sempre più fascinante per me,

Penso molto a te e al re cervo. e perdonami un po la mia lentezza, non sono insensibile, ci sono ore nelle quale tremo soltanto perché sento la premura causata della tu attesa, ma tu sai che anche l'attesa nel lavorare, nel trovare la parole giusta, non è uno scherzo. devo stare cosi attento di non sbagliare strada nel stile, poi questo »non ripetersi«! è un imperativo orribile per me.

per oggi ti saluto di cuore. ciao. Inge

68

CARISSIMA STOP GRAZIE BELLISSIMO TESTO TELEGRAFA ORARIO ARRIVO CIAO = HANS

69

Mia cara povera piccola Grandhissima / scusa se ti scrivevo quella lettera così dipressa

… am weihergarten 4)] ma forse il tuo editore non ti da troppi esemplari. Forse lunedì prendo casa. Non ci sono mobili, ma non fa niente. Il quartiere è antico, barocco, e decaduto. Forse tu avresti paura di entrare nel cortile del mio palazzo, tanto è buio.

Io penso tutto il giorno a te e come stai. Ho sofferto molto dopo la tua ultima lettera dalla quale finalmente capivo il vero stato in cui ti trovasti. Spero e ci prego che tutto passerà bene e che sarai una bellezza di salute dopo, così si direbbe che valeva la pena.

Ti immagino a Klagenfurt adesso. In me c'è molta tristezza, e molto più debolezza che non in te. Ma ho voglia di prendere la vita alle corna.

Si deve campare, ecco tutto.

Je t'adore, j'adore ton fort charactère, ton génie immense, et çette sinçerité absolù avec laquelle tu travails. – Tu devi stare bene con la salute in modo che lavori con meno esaurimento. Voglio che tu stia bene bene, sempre di più. È necessario.

Je t'embrasse

hans

Pensa alla fine di »Belinda« e fai come vuoi tu.

Trovo che una »moral« alla fine sarebbe brutto. L'idea prima: monologo di pazzia, è la migliore cosa.

70

SPIACENTISSIMO TUO INCIDENTE TUA ASSENZA AUGUROTI TUTTI BENI DI CUORE QUI TUTTO BENISSIMO BOCCA LUPO TI PENSO SCRIVO APPENA CALMO = HANS

71

... herzlichen dank für Deine zeilen] e grazie di aver pregato per me. Forse alcuni giornali ti sono giunti, oramai in tutto il mondo è stato scritto della roba abbastanza e anche troppo lusinghiera, ma cosa fare. Oggi è Sabato, sono stato a colazione con Strawinsky, e stasera dovrei andare dal New York City Ballet ma non posso più, rimango a casa e lavoro, cioè faccio un po' di ordine fra le carte. Fernando è partito, perché si deve iscrivere per gli esami d'ottobre. È stato molto carino e ha aiutato molto al vecchio maestro il quale secondo »le monde« ha scritto un chef d'oeuvre. Il libretto è stato criticato da molti, cioè la qualità del testo.

– le scene della nostra opera (»Belinda« sarebbe un titolo possibile) che mi mandasti mi piacciono molto. Può darsi che nella prima scena ci vogliono degli abbrevviamenti, benché pochi, e forse nulla, perché lavorerò con recitativi, che portan avanti il testo, e lavorerò con un complesso di strumenti molto piccolo per far capire ogni parola. Come nella Traviata, plum plum plum nell'orchestra. le parole sono molto belle e anche semplici, trovo che è veramente riuscito (ed evidentamente con muchos laboros) l'equilibrio tra il realistico ed il poetico. Se continua così sarà un bel libretto ma anche un bel lavoro da poeta. Sono assai contento e desidero di vedere tutto ben presto. Sono molto onorato anche e credo che avremmo un bel lavoro. C'era Baruch, della SWF, incaricato da Strobel per parlare con me dell'opera, ed io dicevo che la fine sta bene così, come abbiamo scritto nel treatment. L'unica cosa che mi è passata per la testa è quella: Forse i personaggi potrebbero apparire alla fine quando Belinda è pazza, come visioni della sua pazzia, potrebbero rendere omaggio a Belinda e un sacco di cose ... ma non sono sicuro. Forse basta anche l'epilogo come progettato adesso. Loro sono un po' preoccupati perché sulla TV non si può mostrare un lungo monologo. – Oppure si potrebbe tornare alla tua idea d'una volta: Fare il monologo della pazzia, e poi, con dissolvenza scenica, far un epilogo nel paese, Belinda là loca seduta la, e la vita della gente intorno a lei, e lei è vecchia, dai capelli grigi, e racconta sempre le stesse storie, quando era regina, e della morte di Tommaso, ecc. ecc. questo racconta ai bambini. Potrebbe essere un brevissimo e spaventoso finale con una musica che fa piangere pure a noi. Che ne dici?

Il Re Cervo è invitato a Parigi, e Herbertl lo ha invitato a Vienna, e anche Covent Garden lo vuole. Anche c'era la direzione di quest'ultimo che fissava con me i particolari sul balletto Ondina.

Molti sono che domandavano di te: Ed è anche stato telefonato qua parecchie volte da signori che non volevano dirmi il loro nome ...

saluti dalla Gsovsky, da Jean-Pierre, dai Steckel, il quale ha fatto schifo come regista, da Fernando, dalla M. (stupida) e da Pilz, e dagli Fischer-Dieskau.

Ho da fare muchos con il dente (infezione di nervi) ma passerà.

Ho pigliato molto coraggio per il tempo che viene, e da questo coraggio ti posso prestare und bella quantità. per il tuo lavoro, per l'apparizione del libro (quando?) e soprattutto per il fisico del quale spero che ti rimedia completamente e per sempre.

Debbo rimanere qui ancora per 2 giorni, poi parto, prima Bielefeld, poi Mainz, Monaco, Toscana, Naples. Mi metterò al lavoro subito, e non mi muovo più fino al Dicembre (quando vado a Zurigo pel concerto) poi di nuovo Naples, lavoro, mare, vita da piccolissimo borghese, e molto lavoro con disciplina. Dopo questo trionfo ci vuole la modestia la più umile. Voglio veramente studiare musica e tanti fenomeni di quest'ultima.

Ti abbraccio e ti mando un mucchio di auguri, di affetti e in bocca lupo, saluti anche al frate.

ciao

hans

indirizzo a Napoli / per prima / VILLA D'AVALOS / Posillipo 47

72

Caro Hans,

ha avuto la tua lettera stamatina, e vedo con tristezza che non hai ricevuto l'altro telegramma e le gardenie. Perché avevo ordinato telegraficamente due giorni prima della »prima« al Kurfüstendamm questi fiori signorili per te, per la la tu serata. Ma insomma, – il più importante è la tua vincita. Ho avuto dagli più diversi amici le gazzette, anche »Le Monde«, e così sapevo tutto, bello, e superavo cosi un po quel sentimento tremendo che proprio io non potevo essere a Berlino. Spero però di vedere a Parigi e a Londra il »Cervo«.

Quanto a »Belinda« (il titolo sarebbe almeno una soluzione non troppo sdegna!) e la sua fine, la tua ultima idea, di prendere la vecchia idea, però realizzata diversamente, con le voci, basata sul primo quadro di ora, poetico, e amabile, umano, mi piace molto. Avrebbe un gran'avantaggio: di concludere non astrattamente, non solo dal punto di vista dell' arte, ma umanamente, forte. Penso che potrei farlo cosi, e finalmente, per quest'ultimo quadro abbiamo ancora la possiblità di cambiarlo durante il lavoro, se non ci piace.

Mi domando già dove e quando possiamo incontrarci durante il lavoro. Dato che prima del 10 novembre non mi lascieranno fuori dalla clinica – se mai, se tutto va bene, andrò a Parigi il giorno prossimo. Perché stare più di'un giorno in Austria mi fa gelare il sangue. Così potrei venire a Zurigo, se sei d'accordo – in dicembre. Quando però faranno il Cervo a Parigi. Inverno?

Ha ancora 5 giorni, più non era possibile di tirar fuori dagli medici. Poi ho dovuto anche far riservare un posto nella clinica. Tremo un po, perché mi dicono che forse non faranno l'operazione, ma tutto con Radioisotopen, i quali sono un po la forza atomica della medicina moderna. Mi fanno paura. Voglio un coltello antico, greco magari. Un'instante ho pensato che forse ho il cancro, e che non me lo dicono, ma ora non lo penso più. Stupidaccini insomma. Vedremo!

Mi preoccupo del tuo dente. Fa fare, ti prego, ancora, qualcosa in Germania, e presto. Meglio se rimani qualche giorni di più ora, e poi sei guarito e libero a Napoli per il lavoro! E un' impedimento notevole di non essere in ordine fisicamente, sono disperata perché non so se ha senso di mandarti questa lettera ancora a Mainz! – Cosa fare!

Sai che le cose nel ambiente degli manager sono le più difficili. Per me almeno. Perché dobbiamo fare attenzione di non scrivere una parodia. Quel mondo debb'essere anche forte, non soltanto ridicolo. Serio. Perché ci credono tutti. È come una religione per molti, troppi. Insomma anche per noi, fin a un certo punto, soltanto che noi lo sappiamo ancora; poi: mi è venuto in mente, che in realtà questi due mondi non sono separati, ma fanno parte tutti i due della nostra vita. Noi soltanto, per mostrargli meglio, facemo la divisa.

Ho pensato per esempio: se arrivi nel quarto quadro, dove abbiamo progettato una musica non autentica (Filmszene), che sarebbe ancora meglio di guidare gli strumenti e voci cosi, che si mescola l'autentico col lato non autentico. Per esempio: La voce di Belinda: non autentica, l'orchestra invece si. – Scusa, forse è stupido cosa dico, e forse non realizzabile per te, ma voglio in fondo soltanto darti la mia opinione, e forse l'uno o l'altro impulso, perché si puo certamente trattare questo libretto in diverse maniere. Ma per te e me soltanto il lato »Scheinwelt« è un problema.

Giovedi, il 4 Ottobre 56.
Stamattina è tornata una lettera da Milano, già la seconda cosa che non hai ricevuto da me. Ho aperto, esitando un po, la lettera, ma ora malgrado l'esitazione, te la mando, forse per cambiare la tua idea, che non ho scritto o pensato, forse per nessuna ragione, così. Ma questo piccolo evenimento m'a turbato, e per ore ho pensato al passato. Mi è molto chiaro che l'amicizia con te è la più importante relazione umana che ho e la debba rimanere. Ho sempre creduto in te, e in te crederò fino alla fine della mia vita. E sempre dove e quando le nostre strade s'incontreranno sarà una festa. Salutami i dischi. Ho una nuova idea per un libro, poesie che vedo davanti a me, soltanto che non so ancora leggerle. Scriverò. Se si potrebbe per sempre entrare in un regno di bellezza, di suoni e di parole! Vado pazza per la bellezza. Da quando sono stata a Napoli, i miei orechi sono cambiati. Mi domando dove sei. Ancora in Germania o già in viaggio, vedendo l'argento dell' olivi? Dammi notizie. Ti auguro di trovare presto una casa a Napoli.

Ingeborg

P.S. Fammi il piacere die mandare la lettera per Paco al'indirizzo giusto! Non lo conosco.

73

Carissima Ingeborg

sono in viaggio, ieri Bielefeld, altroieri Berlino, domani Colonia, dopo domani Magonza, poi in un giro (spero) Magonza – Milano attraverso la Svizzera. Wuppertal è un luogo abbastanza deplorevole come tu sai, e fa schifo alla mia schönheitsdurstige seele viziata dal golfo e dal barocco meridionale. A Berlino un successo crescente del Re Cervo, ho visto quattro spettacoli sempre migliorando come eseguzione e come incassa.

vidi Holthusen una sera quando dirigeva (male) Strawinsky. H. parlava con grande simpatia di te. Io gli davo ragione. Penso molto a te perché mi faccio un po' di pensiero come stai cose fai ecc. Di tanto in tanto vorrei proprio volare a Kl. per assistere alla tua malattia. Ma è meglio andare subito a Naples e farsi casa e poi lavorare con tutta forza, facendo una vita semplice, mangiando presto e faticando molto. Non dimenticare che appena giunto al golfo voglio cominciar il mio lavoro. Cioè l'opera.

Ho parlato con Ebert e lui forse potrebbe fare il mesinscena. È stato un gran peccato che tu non c'eri, anche per vedere le ROI CERF e per divertirti della galleria la quale faceva un bel chiasso per mezzo di cui avevano tanti sipari. Fernando è gia partito da parecchio tempo. Una cosa triste è il fatto che il mio vecchio Maestro Fortner comincia ad intrigare contro di me. Ma non fa niente. Il mio successo ormai ... le canzoni Napoletane si fa su dischi, e il Monte Carlo Balletto farà »Maratona« e poi c'è il fatto del Sadler's Wells, e poi c'è la nostra opera che si farà anche a Glyndebourne, e in tanti tanti teatri. Basta lavorare bene. Ho avuto molte nuove esperienze con il »Re Cervo« p. c. il fatto del libretto il quale ha danneggiato non c'è male. Perciò tanta speranza con una scrittrice in gamba e qualificata.

La provincia tedesca è terribile. Sono malato già da Bielefeld e Wuppertal, sono posti atroci. Penso al tuo viaggio quest'inverno ... come facevi a supportare?

Ti prego di non fare pazzie!! Pensa al tuo lavoro, metti bene apposto il fisico e poi lavora lavora! Cerca di evitare ogni sforzo inutile! È necessario star tranquilli e faticare bene. Ti prego.

Mo' ti saluto, stai attenta, curatevi!

Ciao Ciao Ciao mille volte e un mucchio di fortuna!

hans

74

... meine elsa,

ebbi il Vostro gradito Scritto da Vienna. Finalmente perché già da molto tempo non seppi più nulla.

Giacente sul tavolo in Villa Davalos: Anrufung des grossen Bären,

libro d'una poetessa che conobbi pur' io ma lei mi ha dimenticata, come prova il fatto che non mi ha mandato quel libro assai aspettato, e con impazienza.

Al quanto il libretto non ci parliamo.

Sono sulla wohnungssuche. È divertente. Molte possibilità anche chique ma niente di deciso.

Cara Frau Bergmann mi rincresce il vostro soggiorno ospedalesco ma mi rallegra anche perchè sarete sicuramente guarita quando i raggi hanno fatto il loro. Coraggio e buonumore sono i migliori bedfellows in un caso simile.

Dovrei dire seriamente che mi manca Belinda. Ebbi un'altra idea cioè i Strecker l'avevan per la fine: Che invece d'una Belinda vecchia pazza in paese c'è il cieco amico mendicante – violinista quello che cammina sempre con Tommaso si trova là in paese e racconta la storia e poi dice anche la sua: cioè che il cielo c'è sempre e che certi valori umani non vanno mai dal diavolo perchè noi siamo buoni buoni e specie i ciechi per cui uno specchio non è niente, e un morale, sai, che ci fa capire che Belinda sbagliò quando partì senza Tommy, e che ci sono eterni valori di altro carattere. Forse mi spiego. Pensateci! Voglio il libro! E voglio che voi state buona buona e non lamentarvi perché poi dopo tutto è apposto e allora il piacere sarà grande anche per Papa e Mama, e Heinz e il

carissimo
bello e buono
hans

[*li. Rand, Klammer von* »mendicante« *bis* »ci fa capire«, *dazu der Satz:*] ma breve assai!

76

… geld ist nicht vorhanden.] Je suis toujours triste, et dans un etat d'âme assez grave.

… auf reisen gehen willst.] Mi manca un po' del coraggio in questi giorni, lo debbo ammettere. Non so nemmeno cosa scriverti. Tutto è socchiuso nella paura e nell'aspettare …

ti saluto
hans

77

Ingeborg,

buon giorno. Mi mancano le tue notizie. Spero che stai bene, che stai guarendo. Con me le cose non si svolgono per niente nella maniera desiderabile, ci sono guai a tutte le parti, ma cosa vuoi, dicono bisogna pur campare. Mi manchi più del solito perché sei stata anche il mio angelo protettore in quei tempi passati, e non lo sapevi nemmeno.

Due giorni fa volevo morire, invece mi sono solamente ubriacato. Poi ieri un lieve miglioramento, e oggi ho persino lavorato.

Bisogna sapere che è possibile o meno campare senza contenuto, diciamo, d'affetto umano. Ora sto facendo appunti sul balletto per Londra, ma sulla scrivania ci sono quei cinque fogli della nostra opera – quando è che avrò di più? Comincio ad avere paura che non ce la faccio in tempo. Perchè debbo aver tutto di cominciare.

F. si comporta con me in una maniera atroce. Ma la mia teoria è che tutti sono buoni e che si deve aver la dignità di perdonare. Non mi è mai piaciuto ma mo' lo sto studiando. Basta che posso lavorare senza turbamenti. Scrivi a me, al tuo zio.

Se Piper non si infastidisce mi puoi fare un piacere: Di mandare l'orsa anche a Prof. Carl Ebert, Winklerstr. 4, Berlina – Grunewald

e a Monsignore Joseph Kunstmann, Parco Margherita 26, Napoli.

Scrivi ti prego. Ti tanto in tanto una preghiera per me se non ti secca ....

Ingeborg vecchia mia, ciao, ti voglio bene. Ciao

hans

78

Mia carissima Piccola

grazie della tua lettera in cui mi accenni l'indirizzo Parigino. Si, sarebbe bello se tu potresti venire qua invece, e ho tanto bisogno di te, ma non c'è niente da fare. Mi trovo nei guai e non rido più. Ti ringrazio di tutto quello che dici, suppongo che hai ragione.

La casa qua sarà bella fra un mese quando il tempo (che è tornato ad essere splendido e limpido) sarà diventato brutto. Ci sono muratori e pittori, e io gequetscht in un'angolo campo malamente. Non ho trovato ancora un golf di cashmere. Il mio sbaglio di consumare tutto, e senza economia dai esseri umani, forse si spiega per la paura della solitudine. Ieri sera Francesco mi portava a casa e poi avevo paura di salire solo, e quindi andavamo via un'altra volta e solo dopo 6 wodka potevo salire. Poi ho gridato pianto bestemmiato in quel vuoto silenzio intorno a me. Non lavoro. Il tuo indirizzo di Parigi ho scritto nella mia agendina, non sotto B., ma sotto I. – la tua idea che ci centrasse Paulo in questa facenda è sbagliata, è un'altra cosa, nessun personaggio, solo lui che vorrebbe essere »indipendente« e »libero«, allora va via per molti giorni poi non si sa quando torna eccosivia. Della tua lettera non parlava. Diceva che la calligrafia era difficile. Dice che non ama nessuno. Poi per giunta ho avuto un caso di ricatto, ma questo è una storia troppo brutta, non ti voglio fare una paura. Approposito, questa tua di stamane, lunedì, è la prima lettera che arriva sotto il nuovo indirizzo. Adesso ti faccio un disegno della casa. Posso aggiungere che c'è una grandhissima terrazza dalla quale si vede i tetti della chiesa e dell'accademia Nunziatella, (tutto in rosso e bianco, barocco splendido) poi si vede S. Martino, Capodimonte, Posillipo, Mergellina, la villa Communale, tutto il Vomero (la notte bell'assai) poi il mare, il Vesuvio, Castel dell'Ovo, Capri. A piedi da qua sono 4 minuti pel San Carlo. Eppure non sento nessun chiasso, non passa nessuna macchina. Come ti avevo detto, c'è una stanza per te. Poi da qui si scende in un'ascensore pubblico direttamente per la Riviera di via Partenope. Io potrei anche essere felicissimo qua, ma come si fa con tutti i guai? Paco sta facendo un giro d'Italia con i genitori, poi torna a Parigi. Forse oggi o domani vien qua.

Ingeborg scusa se lo dico ancora: Ho paura che non c'è la faccio coll'opera se non sbrighi la facenda! Dimmi perlomeno qualcosa!

Vado forse a Londra un po' (sono 4 ore in aereo) e en printemps tu viens ici j'espère, quand il fait beau! Pour Paris, je te souhaites tout le mieux possibile. Je t'embrasse hans

79

Carissima

mi sono recato a Berlino. Le ultime giornate a Napoli mi trovai piangendo di disperazione, già la mattina presto quando canta il gallo. Sono fuggito. Qui è meglio, ma sono dipresso lo stesso nella maniera la più assoluta. Eppure lavoro. Stamani ho ricevuto il tuo carissimo dono di cento marchi: ti ringrazio tanto, ma non lo dovevi fare. Vorrei restare a Berlino (abito in casa di Ebert) per tutto l'inverno, ma nei primi di Dicembre dirigo a Zurigo, poi debbo far delle visite. Donaueschingen ha rinunciato, accludo la lettera. Per me è la salvezza perché mi permette di scrivere più calmamente il balletto per Ashton. Ora tocca a te di decidere se credi che valga la pena di continuare il libretto – o se ti sentiresti meglio non facendolo. Dobbiamo pensare un po'.

In primavera – vieni un po' da me a Napoli?

Per Natale vado a Bielefeld.

In me tutto è duro e cupo quasi che non sento più il dolore d'essere

ingannato, abbandonato, tradito, mentito.

Ti auguro che a Parigi tu trovi molto piacer. Paco abita all'albergo Continental, 3 Rue de Castiglione (OPÉRA 18.00) – oppure: Ambassade Argentine. Salutamelo. / Ti abbraccio

hans

80

... tremenden eindruck machten und] calorosi applausi hervorriefen. l'interpretazione fu ottima, e stasera si inciderà su dischi quest'opera. Penso a te in quel popoloso deserto. Trovai due lettere tue in un pacco di pasta che la serva mi mandava da Napoli, con un'enorme ritardo, e ti ringrazio moltissimo del tuo pensiero e dei tuoi incoreggiamenti. Così finì la serata, prima i canti che facevan chiangere, e poi »a casa« le tue lettere che mi facevan dormire tranquillamente senza droghe, senz'abuso d'alcoolici. È vero quello che dicono le ultime righe del »Gran Orsa« e quello che scrivevi del lavoro che ci salva. Talvolta non è nemmeno amaro. Penso anche molto a Napoli, quando ero a Milano, sentivo una canzone e poi volevo andare subito lì, ma la ragione – figurati! – era più forte, e poi poteva anche darsi che a Napoli piove. Ti ringrazio tanto che sei venuta a Zurigo, è stato una bella settimana persino un po' serena.

Claude Rostand mi scrisse che Henry-Louis è tornato da New York, il suo telefono è Littré 6265. A Milano vidi poca gente, ma ho vendito il cadavere della TV per lire 300.000, di cui poco è restato perché mandavo soldi per la casa a Napoli, e il resto servirà per comprare mobili. Se si sapesse che non fa freddo a Napoli e se avessi una macchina potremmo anche tentar di passar l'inverno lì. Ernesto scrisse che voleva passare il gennaio, in maniera laboriosa, a Parigi e mi chiese perché non ci vado anch'io. Ma io ormai debbo andar a Londra. Non voglio pensare che tu passi un brutto Natale a Parigi, e quindi pensavo di invitarti a Bielefeld, perlomeno ci vediamo un pò – ma tu fai come ti pare, mi faresti un grande piacere venendoci ma non ti voglio mica obbligare, visto che è noioso il viaggio. Chissà come passeremo questo inverno. Magari in Febbraio andremo desperatamente a Napoli quando lì cade la neve, una cosa mai accaduta da quando si può pensare. Mi scrisse il Monsignore che stanno fiorendo le rose, e Francesco mi disse al telefono che la gente sta passeggiando a Chiaia, in maniche di camicia. Perché noi non ci siamo. Se ci fossimo noi, ci sarebbe senz'altro la pioggia. Ti ricordi il film con Rita Heyworth?

Ci sto bevendo una coca cola sopra, in memoriam. Ti ricordi il ginger ale a Zurigo? Appropositio: la mattina dopo il concerto ero puntuale al treno, misi il bagaglio dentro, ma Bentley non venne. Comprai un giornale, poi mi volsi, e il treno era partito senza di me, ma col bagaglio. Telefonate, corse, poi pigliai un treno dopo e ritrovai la mia roba a Chiasso. Non mancava niente! Miracolo! Altro miracolo: la RAI produce il Re Cervo in Giugno. E molte altre cose piacevoli. Francesco Albanese canta i tuoi canti (che davvero son belli

Gozzi: Guardate principe, due cervi!
– Per bacco, son belli!)
a Roma, il giorno 22 (al foro Italico)

cara Ingeborgalina, io ti penso moltissimo. Era bello vederti, specialmente perché eri in buone condizioni, questo mi ha rallegrato assai. In fondo forse tutto non è si bête que ça, forse ci salveremo tutti e due in un modo o l'altro. Io così penso. Era anche bello dirigere, a Zurigo, sapendo che faccio Schubert per te. La tua presenza mi ha dato molto sfogo. Perché non ci facciamo una bella primavera, da Marzo in poi, a Napoli? Primavera pacifica. Io arrivo un po' più presto di te, e poi tu giungi nel nido tutto comodo, tutto bene fatto. E fino a quel punto lavoriamo, ce la caviamo così-così – io faccio molti soldi! tutta nuova una bella macchinona, non troppo veloce, a 4 posti, e bei mobili alla Nunziatella.

Sapevi che i Ichtosaurier in italiano si chiamano MAMMIFERI?

che lingua lindina piccina elegantina, scarpette di Valentino eccosivia!

io sono un mammifero.
tu sei una mammifera.
egli è un mammifero.
noi siamo mammiferi
voi siete mammaferi.
loro sono mammiferei.

[*re. Rand: Zeichnung eines Mammuts. Aus dem Rüssel kommt ein Pfeil heraus*:] → punt'e mes / a base del carciofo – il più / antico del sottosuolo / meridionale

[*unterhalb des Mammuts:*] Mammiferina mia! ti abbraccio / mia brava sorella / piccina buona!
herzlichst dein alter hans
[*li. untere Ecke:*] ora ti saluto, vado al lunch / da Ebert.

81

… an nichts schuld sein.] Ma sai che c'è sempre la stanza della Ingeborg

… im schwarzwald begrüssen können.] La vita è molto grave. Sono molto stufo dalla Germania. Chissà quant'è poco che mi va Londra

… wegen des bisschen karriere!] Scrivimi a Londra (c/o Ashton, 25 Yeomans Row, Londra SW 3) cosa pensi di fare, a Roma. Fai le tue decisioni, come ti sembran guste e logiche. Mi immagino che pensi di rimanere a Roma. In tutti modi: io volevo, magari nella pioggia la più diluviana, tornare a Napoli, forse nei primi di Marzo, preparare tutto bene e poi invitarti per far una primavera, priva di guai, a Napoli. Tocca a te decidere se ti va o meno. Posso anche venire più presto, i soldi ci sono. C'è anche una etagenheizung che funziona.

… Ruhe und frieden und freude.] vorrei che passiamo molto buon tempo insieme, con cognak Napoléon e con musica, delle serate pacifiche sulla terazza.

82

AUGURI DI TUTTO CUORE SEGUE LETTERA = HANS

83

Carissima,

sitting at the fireside ti scrivo la risposta di tua quella carina lettera Romana la quale m'è giunta con un ritardo spettacolare. Spero che stai bene e che non faccia troppo freddo, spero anche che la ricerca di casa non vada troppo difficilmente. Communque spero che tutto vada in modo piacevole. Per i soldi ti prego di non mai più nominargli finchè non avrai la propria fuoriseria e un palazzo in qualche paese.

Ho visto i Andersch e Kaiser a Stoccarda, si parlava molto di te e del Bären, era bello vedere come Kaiser gli doveva spiegare la qualità di »an die sonne« la quale loro non erano riusciti a capire.

Sono arrivato qui in aereo e abito per allora in una stanza molto chique, da Ashton. Il tempo è dreary but not cold. Covent Garden mi da uno studio in cui lavoro. Ashton si è mostrato molto contento del balletto cioè di quello che fin'allora ho fatto. Dopo che avrò finito questa lettera andrò a far una passeggiata. Siamo a Kensington qui. Mi sento molto strano cioè non sento niente la testa non mi gira, e sono calmo e rilasciato, quasi pigro, ma lavorerò senz'altro, da lunedi in poi.

Yesterday I went to have ginger ale and gin in a pub, and Alex Grant a friend of Freddie's presented me to some people as an Italian. So one of them said: O yes the Italians, cultured people. They fill the opera houses.

stranamente non ho la minima voglia di andare al Sud, visto che lì fa freddo e che non ho i quattrini per arredare la mi casa. Meglio aspettare la primavera, poi avrò anche dei »mezzi« spero, e l'assicurazione avrà pagata finalmente. Così poi farò la casa. Mi è stato riferito che i lavori sono finiti, tutto è bello e pulito ora bisogna mettere la roba dentro.

La Germania alla fine mi era davvero un po' troppo, stavo per avere schifo. Il mio cuore è vuoto, tutto morto, tutti morti. I'm always sad. Perciò non ho più paura nei aerei. – Giungendo la più profonda tristezza che assomiglia alla idiota, si vede più chiaramente ancora la immutabilità dei nostri rapporti nella loro grande tristezza. Bisognerebbe imparar a viderci sopra. Aspettiamo.

Scrivimi presto per favore e raccontami tutto

hans

84

Liebe Ingeborg,

thank you for the letter. At the end it seemed at last that you found an appartment which may be the annulation of all the tendres plaints of before but it mustn't necessarily be so. I was very sad about your letter and it touched me terribly, especially as it is exactly what happens to me: Yesterday morning when I got up at last, being very cold and very depressed I thought I should leave to-day but then I wondered: where to? and I didn't know the answer. Working has been allright until now, and I'm writing the stretta of the 1rst act and have some ideas for act II – but unfortunately the town depresses me quite a lot these days. (It is, in parts, like Paris, depression caused by the political situation, no oil etc.)

I had an elegant haircut at Picadilly just now, and I bought myself a bottle of Cuir de Russie at Floris' but it didn't really console me. The tube stinks, and taxis are awfully expensive. I shall stay here, visto che non so dove andare, ma credo che accetto l'invito della radio di Colonia ad assistere alle prima eseguzione della musica per Maratona 8. II (Rostand) e poi andrei nella montagna Bavarese (Mittenwald o qualcosa) dove c'è la neve con il sole e dove tutto è molto bene riscaldato. Così si può eventualmente, in gran pace e calma, aspettare che passa il freddo insopportabile in Italia. Vuoi venire? Ma non venire se stai bene in via Vecchiarelli.

Ho un po' di soldi a disposizione per arredare la casa a Napoli, ma non m'attira quando lì piove e quando devo stare lì senza macchina. Aspetto sempre che l'assicurazione sputi finalmente i soldi, poi mi compro la nuova Jaguar inglese (a 4 posti, più bella dell'Alfa) e poi posso anche andare a Napoli ma non senza macchina. Almeno così mi pare perché si dovrebbe essere sicuro di non dipendere dalla pubblica grazia, e dai pubblici mezzi di traffico.

L'inchiostro è finito.

Col freddo (le case molto mal riscaldate) si neglega anche la cura del vestire ecc. ho un naso rosso e red cheeks which looks lovely ma non dignitoso. – Non so cosa fare. Vedo un po' di gente, lavoro, ma non mi entusiasma nessuno non m'interessa niente. Sono ridotto fino là. Spero che il tuo appartamento ti dica qualcosa. E allora non vieni più a Napoli nemmeno per un po'? Allora per chi mi metto a pensare per la casa? La tristezza è quella che non so per chi campare.

Che libri hai letto?

Fernando sta male cioè tutto gli è andato male, sta a San Fili Calabria per mancanza di soldi e ha il nervo di chiedermi se non potrebbe venire a Londra. Oppure trovarlo un lavoro a Roma. Sembra che lo zio abbia smesso di pagare per lui l'università, e ch'abbia tolto i viveri. Allora che Fernando corre all'estremo delle cose e mi chiede quei aiuti. Prima mi ha colpito l'enorme mancanza, improvvisa e sorprendente, di dignità, e poi naturalmente mi ha depresso più gravemente ancora, e offeso, ma quest'ultimo non importa.

Non so cosa rispondergli.

Il nostro Paco invece sta a Milano perché forse lavora con Strehler, se non torna a Parigi.

Dimmelo tu: dov'è che mi devo recare?

Dell'Italia m'infischio un po', ma c'è il fatto della bellezza naturale (per la quale ci vuole appunto la Jaguar) e m'immagino la bella primavera, il mare, e quella commovente campania che amo tanto. Ma gli Italiani non m'interessano più.

Weep weep willow, weep for me.

Ieri il Sadler's Wells è stato proclamato Royal Ballet.

Allora subito metto due trombe di più nella partitura d'»Ondine«.

Vieni aux alpes avec moi? M'informerò dove è piacevole non caro e ben riscaldato (quest'ultimo si capisce da se) – non credo che avrò bisogno di distrazioni in forma di giunglioni, e ormai che c'entra?

La stessa cosa va per Napoli. L'unico piacere che ancora esiste in me è di vedere di campare bene, di avere una casa carina e tranquilla in cui si lavora. E la Jag con la quale si può andare a vedere la campania.

Poi mi piacerebbe tanto di fare piacere a te. Come faccio? Dimmelo tu.

Si potrebbe anche andare a Napoli ma temo che fa freddo. Ho una etagenheizung ma non so se basta. Qui nessuno lo ha, tutti si accontentano con stufe elettriche, e col sense of humour.

lovely day, isn't it, Sir?

Dovrei dirigere, nei primi di Marzo, a Bruxelles ed a Berlino ma forse disdico questi impegni perché la fatica è troppo per la paga. Viaggiare in questi brutti paesi, col freddo ecc. brutta gente, è troppo.

Dovrei però vedere Cocteau prima d'andare al Sud.

Dunque se vuoi possiamo andare aux alpes de la Bavière dopo il 8 febbraio, o a Napoli (paese ò sole)

ma dico possiamo: non posso, perchè io da solo non sono più sufficentemente forte di combinare qualsiasi cosa.

All'altro lato c'è il fatto di noi due che è veramente the end isn't it? How will we ever get along? I adore you though, and it is wonderful to talk to you, to listen to you, to go to the movies with you, to the campania and all that, but not if you are sad. I would like to see you smiling, to see you happy. There we are again. / Please do write to me quickly!

hans

85

Cara donzella, amabile dottoressa

la giornata sta per finire, il sottoscritto ha faticato assai e prima di recarsi al centro di Soho per vedere una commedia intitolata »the boy friend« si mette a scriverti due parole.

Un strano destino ha voluto che tu non ricevesti mai un mio scritto di due settimane fa nel quale ho espresso molte cose scontenti e tanti malori che sboccavano nel desiderio di lasciar presto quest'isola e di recarmi alle costiere partenopee, oppure nelle alpi, con Vostra Eminenza gradita presenza. visto però che ora avete preisgegeben tutto il vostro unmut è forse molto meglio che non avete mai ricevuto quel foglio. Sono assai contento che avete trovato quel equilibrio e dunque il lavoro sarà grato. Sono più di rallegrato poi che avete ricevuto quel premio con i marchi sempre graditi. Non esito di dirvi i miei più calorosi auguri.

Intanto anch'io sono migliorato in quest'estraneo suolo. Mi sono abituato ai piedi freddi, al mangiar cattivo, ai colli sporchi della camicia, e al gin il quale gradisco preferibilmente con Ginger Ale invece di Tonic. È diventato un mio caro amico. Non esco molto, solo la sera vado di là o di là. Rimango in casa e scrivo della musica. Sono entrato nell'atto II il quale voglio fare al più bello possibile. Non ho paura del bello. Non ne ho più, e la mia manina trema nel scrivere i bei suoni sulla carta.

Vado a Colonia per un concerto il giorno 8 (per ascoltar la musica di Maratona) e poi torno. La Nobili viene qui dopo domani per la scenografia del balletto. Sono contento di introdurre questa meravigliosa disegnatrice al Royal Opera House. Spero che tu ti rendi conto che io sono un compositore reale ora.

La Callas vedo sabato nel cantar »Norma«. Non sai quanto sono contento di vedere che stai molto meglio.

Nei primi di Marzo vado a Napoli e allora ci vediamo infin a Roma. Poi preparo la tua stanza e poi vieni per lo meno un po' da me a gradire il panorama e la mia così rallegrante e rinfrescante presenza, vero? Saremo come una coppia divorziata, essa tiene casa a Roma, egli invece a Napoli. Di quest'ultimo debbo dire una cosa però: che quella città mi fa veramente bene per la musica. Del resto non so. Sono stato a Portobello Road dove si sono i antiquari cheap e ho trovato alcuno kitsch inglese molto carino, per la casa. Forse col'aiuto del cielo riesco in questa settimana a finire tutto il 2ndo. atto. È possibile, benché molto faticante. Stammi bene, lavora bene, comportati bene, non raffreddarti, e sii buona con te stessa. Scrivimi bientot e raccontami tutto. Poche settimane ancora poi ci vediamo e pranzeremo gloriosamente. I'm looking forward to that.

Ho la testa piena di note e quindi non so più cosa narrarti. Basta che stiamo ambedue non c'è male. Sai che i Walton hanno avuto un car crash a Roma, e stanno malamente in una clinica Romana? Era molto peggio del mio. È terribile. Forse gli puoi visitare. Le loro fotò erano qui nei giornali. Ti saluto ti abbraccio / mio angelo ciao!

hans

86

London 21rst February, 57

Dear Heart

sorry for the long delay in writing to you. I planned it all the time, but time was against me. I just came back from the country (before I was in Cologne, and in Paris) and found three lovely letters of yours which utterly pleased me. You make me feel like coming back to Italy rather quickly – as weather here is cold and dreary – and I guess it will be something like the first part of March. I'm very pleased with you and your work and the prize and all the good notices. So justice, at last, has come to your new volume. I hope you're going ahead quietly and enjoy yourself inventing good new things!

I'm thinking of you a great deal, and I can't wait seeing you again. So many things to tell! So many new ideas... don't you think it helps to be over 30 now?

»Maratona« in Cologne was a great success, marvellously played by Rostand and a very good orchestra indeed. As you know, Cologne is the place where Stockhausen lives – don't you think though that he ever turned up to say hello, he didn't even bother to come to the concert! But he sent an assistant of his, a fellow I once knew quite well and he wrote a most stinking notices in the town's daily. But the big German papers are supposed to have been excellent. I don't know 'cause I then went to Paris. There I hated it, but saw Lila De Nobili who had already designed some charming sketches for »Undine«. I also saw Cocteau who gave me lots of good ideas and incouragement, for »la voix humaine« which, I hope, will be produced by Zeffirelli. And »Maratona« will be given on the Berlin festival, directed by Luchino and danced by Babilée, choreographed probably by Roland Petit, and the Vespigniani settings will be used.

Last week Lady Ashton started to rehearse »Undine« and there have already 14 pages of the piano reduction been put together, with Fonteyn and Somes. I'm about finishing the orchestration of act I, and the invention of the final scene of act II while my brains are rolling about act III. I shall try to finish the sketching of the whole lot before I leave and then orchestrate it all in Naples. From there, too, I've got the good news that everything's fine and one is sort of looking forward to see me again. Fernando is hunting wolves in Calabria and his letters are sad, wanting me to call him back which I certainly will not do. The old boy has given me too much the hell of a life.

London is only slightly amusing by now. My life is very simple and reduced, I hate the food but love their drinks. The uglyness of the population is sometimes nearly upsetting, and there's no comfort at all. If you would see me cueing at bus stops, or using the tubes, or carrying, all by myself, the laundry to the next washing station which is about a mile from here, after having counted out how many pieces I got, and making a list, and then the shop is closed and you get yourself into a pub waiting for the shop to be opened, having a beer … when you sneeze into your handkerchief you're astonished that's all black because naturally the air is not only foggy but also very dusty. I've never run into a room which was well heated and didn't have any draught. But I try to behave myself allright – after all the people are charming and nobody ever laments – and to get a great deal of beauty onto the paper so to not waste the time. I also lead a diary which is not about personal things but only about the work, for a change. I shall wire to you when I arrive (maybe I'll take a plane straight to Rome from here) – I do hope spring will be pleasant for both of us. Love to see you soon! Do write to me again soon, pray! / Bless you

hans

87

March 5th, 57

Dearest Sweetie

it is so nice of you to want me there, and I shall very soon indeed be with you. As a matter of fact, I'm leaving on Thursday, to Frankfurt-Mainz (picking up money) and then to Milan (for one day) and then to Rome (for as long as you like). I can't get much more fun out of this town now, but they still don't want me to leave. I saw lovely rehearsals with Fonteyn, but I loose so much time, I've got to go home and to work myself stiff. It's sweet of you to say you would like to come to Naples. We could go together (as I'm quite sort of scared to come back there alone I would be delighted if it's possible) or I go for some days in order to fix the flat as far as possible, and then you come when it's allright. Anyway I shall wire you from Milan, probably I shall take the lovely pullmann which arrives in Rom about 20 P. M. – I loved your letter, I love to see you soon, I'm very happy about it. Thousands of things to tell each other I guess. God knows we shall get a little fun out of that.

Certainly I've not finished the ballet at all, but nearly two acts are done, but the 3rd is quite a tour de force, or supposed to be so. Willy Walton is back, I'm seeing him to-day. I'm glad you feel fresh and healthy, that's quite a change, isn't it? I thought we could organise our time quite well now, you could spend the weekends with me and so on, so that's at least something, don't you think?

The table I've used for composing is making much noise, and I also succeeded to hit the piano Covent Garden had sent me completely out of tune. So that's quite a success. I thought in Naples I should take tennis lessons so I don't fatten too much and my movements may be less stiff. Probably I shall conduct »Maratona« on a jazz festival in the festival hall here, in June, and I would like it to look attractive. And if I do the ballet myself in Convent Garden, it must look (and sound) blissful, and this goes for the Met, too.

I shall tell you all about my visit to Cocteau, and about the silliness and idiocy of Strobel, damn him the blasted fool.

Your poems have touched me very much, more then I can say it is »Exil« which is absolutely grand, and of a sadness which makes one verstummen. Strange that I've lived now, for two months, in a room which had a rosenlast which fell down and down, and now the walls are nearly white. I can understand that poem quite well. Also the fact that der riegel sich vor den tod schiebt.

My sweetie I shouldn't tell, and I'm madly ashamed, I've done something awful: the radio play I told you about in Zürich is finished and I've had the shamelessness to show it to Andersch, and he liked it very much and it will [be] produced. Bitte hau mich nicht! I shall send you a copy now, please forgive me. I had no other chance to express all the terrible things I've gone through, one couldn't tell in music. It maybe very bad, but I had to do it. I've tried to abstract the things, it has nothing to do with persons really existing – but you will see. f.e. lady hamilton is certainly not you (it's me if you want) but I'm also the prince as far as it isn't F. – but the general idea is about an artist who abandons his muse and then gets into trouble with the interpreters, that's how it must be taken. If you get the copy before I arrive please don't be furious and please come nevertheless to the termini station to pick a poor fellow up! Please (mit rotem kopfe und 80 i's) – I also allow you to hit me.

Rosbaud who conducted Maratona in Cologne sends you his love. He was sweet, and did his job admirably.

I trust we shall have a blissful spring-time, even without a car. Cars are not essential, not for happiness.

This is now the only thing I got: to see you again.

Bye-bye my sweet
hans

88

ARRIVO GIOVEDI ORE 2020 = HANS

89

ARRIVO DOMENICA MERGELLINA ORE 12 ET 28
INGEBORG

90

... nicht erst lesen.] a casa poi, gettava per terra quel libretto, con la rabbia che stavano per seccarlo con nuovi commissioni, perché, come pensava, e diceva, lui, era tutto finito, non scriverà più niente. Due giorni dopo, ancora più disperato com'era, il suo sguardo cadeva improvvisamente su quel libretto ancora a terra. Quando s'inchinava per raccoglierlo vedeva il testo d'un coro che cominciava con le parole »va, pensiero, ad ali dorate« – e si mise al pianoforte, quasi inconsapevolmente, e componeva quel coro che ora è una specie di inno nazionale, e che fu cantato da migliaia di Milanesi, in piazza del Duomo, al funerale di Verdi.

... es ist ruhig hier,] pure la sera non viene nessuno, almeno da 4 giorni, vado al Cine solo. 'die 2 architekten waren eines nachmittags hier und haben einige gute ratschläge von sich gegeben, der grösste teil der dialoge allerdings ging wie folgt:

Ma tu sei pazzo!

Grazie, sei scemo!

Posso anch'io dire una sciocchezza?

etc. etc.

... and then you sit down and write poems, penniless poems!] Ecco un'artista!

Sono un po' irritato nella mia quiete mercè del bôche Strobel, ma passerà anche questo. Meno male che vado avanti col balletto, e con la casa. Ogni casetta nuova fa piacere. Senti una cosa: io sento molte cose, fra di loro che la solitudine non mi fa più tanto male. Sembra che la ho conosciuto in pieno, tutto quel spazio buio ho ausgetastet, ora è terra conosciuta ....

Lavora lavora, disciplina!! / Ciao
hans

91

PREGOTI VENIRE ANCHE SE PER POCHI GIORNI = HANS

92

C. H.
se avrai questa lettera – cosi cominciano spesso le lettere prima del suicidio, ma la mia non è una di questo genere, magari una di vivere, e qualcosa mi dice che sarai tu a comprendermi, questa decisione insolita che mi conduce non so quanti kilometri da qui. Sono molti, molti, e è l'altra fine del mondo.

Non è soltanto passione che mi spinge verso questa decisione, ma molto di più, è se vuoi, passiossione, ma in se una comprensione del vuoto che ho sofferto qui e che soffro artisticamente. Se oggi vado, ti domando solo una cosa, nel caso del mio ritorno di non domandarmi niente e di essere qui per me e di domandarmi se vogloma bere il tè dopo o più tardi. E di riservarmi il color cyclamina. Ti amo ancora, ma lo farei sempre, ma è un altro amore, quello che non conosce Zweifelssorge, puro e quello del fratello – e c'è quale altro, rovina rovinoso, tutto o niente in se fatto per farmi sapere una volta cosa valgo e cosa non valgo, e sono x ... x io, Hans, io sola, a capovolgere le cose così, perché gli uomini sono vigliacchi,

È strano che poco fa ho scritto qualcosa su di quel continente oscuro, e ora ci vado veramente, e sento questo vecchio coraggio forte

93

sotto lo scirocco del 29 aprile
carissima vecchiarella,
come stai?
ebbi la tua cartolina secondo la quale ho capito che campi
ancora e forse bene
ma non mi dici niente del ritorno
forse è un pensiero troppo borghese
voglio accennarti il fatto che sto per finire il balletto
e che fra dieci giorni andrò a Roma per un po' di tempo
abiterò da un certo bill weaver scrittore pure lui
forse faccio un film a roma
dopo pasqua mi è venuto un benessere mai visto
ho scritto bella roba
dopo un sogno che ti racconterò perché ha da fare con la difficoltà
di vivere e di scrivere
poi Napoli mi è piu cara di mai
forse perché sta casa è cosi bella non lo so
ho scritto come se fossi in vacanze
qualcosa di assai divertente e non moderna
ho capito che la grande cosa nella vita si chiama
DISUBBIDIENZA
il tuo armadio è ventuo
e quindi la camera è completa
fuorché le tende color cyclamina
e i quadri di lila de nobili
chissà cosa stai facendo
ma io spero che stai una bellezza insolita
guarda che è primavera
qui c'è una luce mai vista
e uno sente un bisogno forte
d'essere buoni niente che buoni

allora forse ci vediamo a roma
ho sempre questo sospetto che tu improvvisamente
mi presenti un giorno il marito già sotto contratto senza
che mi hai chiesto il permesso
se è cosi salutami il poveraccio
e non mi dimenticare e magari fatti vivo e fai la brava

ora debbo prendere il thè
allora ciao
hans

94

con grande disfazione ho appreso la tua notizia
aber abgesehen von allem persönlichen, es ist ein wahnsinn, sich

oggi sono quasi svenuto inistrada per debolezza quando mandai
vorzustellen, dass Du jetzt wieder die koffer packst und Dich auf eine

via il resto della partitura d'»ondina« e ora sono a casa e sono

dieser reisen begibst die nur schwächen und die nichts einbringen.
senza la matta, la folle, la pazza, la strega che sei tu
stattdessen solltest Du für Dich ganz allein, nur im interesse Deines

– ho capito che non c'è la fai con me e che debbo abituarmi a

Seins, die disziplin aufbringen, Dich ruhig zu verhalten und zu arbeiten
questa solitudine tale quale crudele per me come non per te.

regelmässig und wie in einem metiér, nicht mehr dieser pennyless
anch'io sono innocente. non è più che naturale la tua fuga

wahnsinn. Es ist furchtbar geradezu, Dich so zu sehen, in dieser
continuata, ma mi è un dolore grande amaro e profondo.

lärmigen appartment ohne soldi, in dieser irren situation. sollte
ich damit
o mistress mine where art thou roaming? o come and stay!

irgendetwas zu tun haben, und hinge es davon ab, mich nicht zu
sehen
come disse il vecchio Guglielmo alla spiaggia dell'avon[1].
um sich besser zu fühlen, dann will ich gern Dich nie mehr
sehen.

poi spesso sono anche arrabiato con te, ma non te lo prendere.
irgendwas muss jedenfalls geschehen, und es ist geradezu a shame
to

Ormai …
see you in that state whilst you should be well off and calm and

Ti volevo ancora parlare di danaro, adesso quando vai su dove
normal and well organized and should be taken care of. I would
have

tutti si inchineranno alla grande austriaca del XX saecolo
adored to do that, for the price of absolutely nothing?! but I get
fu-

e nessuno paga. se non fai la furba è tutto inutile. abbiamo
rious really by thinking that you do all these crazynesses only be-

bisogno più dei altri di comfort (comforto = trost) e ce lo dobbiamo
cause I happen to be queer – this is, so to speak, the point where I get

procurare con una furbizia per lo meno adequata a quelli che ci
really upset and hurt and I feel my pride protesting against such a

sfruttano. bisogna semplicemente chiedere molto, ma molto di più.
reaction. The fact you don't accept my hospitality which would mean

Mica son elemosie. diese weisen worte auf die reise. und viel glück
a certain security for you and which de ma part is a gesture of

und erfolg. forse hai ragione ed è meglio che fai come fai. non posso
adoration is humiliating not because of question of attitude but

essere ne d'aiuto ne di rifiugo, non servo a niente.
because it makes me clearly understand that Ms. B. can't stand it

ciao e stai bene e buona e cercha di essere un po'equilibrata
with me because I'm queer. She suffers. O. K. then. The fact she suffers

– figurati, nella tua età!
hurts me too bye bye
hans

95

c'est fou que tu ne viens pas – tu comprends que ça veut dire qu'on se ne voit pas pour des mois entières. Je pars d'ici le 10 et je ne viens pas a Frankfurt, mais a Stuttgart pour quelques jours, après tout de suite Londres, après ici. Je te souhaite un bon voyage et bonne chance. Envoy moi le Gewitter der Rosen. ça je veux faire ensemble avec Rosen Schatten, et peut-être la nouvelle. Strobel m'a telegrafié que la Davy ne sait pas l'Allemagne, mais peut-être elle peut carmême apprendre. Je t'embrasse.

hans

97

illustre matta del saecolo

ebbi il tuo ultimo grazioso scritto con molt'emozione visto che conteneva bravamente anche una delle piu belle poesie del mondo che quasi mi dispiace rovinare con i suoni che magari non piaciono ma che vuoi che ti dica allora qui c'è il sole estivo e quindi le prime due rose sono in fiori e anche altre piante fanno la stessa cosa e pensare che tu non hai nemmeno visto i due originali paesaggi della scuola di Posillippo fine settecento e neppure ammirata la gardenia in fiori e facendo un profume indicibilmente bello ma che vuoi che ti dica poi la terrazza ora è anche ammobigliata troppo commoda e non si lavora piu non si ragiona più ma il titolo freies geleit mi piace e a farci un'aria chissà che bellezza e tu non hai capito che volevo sapere se mi permetti di usare im gewitter der rosen come recitativo e poi seguire rosen schatten rosen ci sono tanto begli vocali cose di pazzi e allora permettamelo perché la forma gia la vedo e sarebbe bell'assai come tutte le cose e poi vado a Roma per due giornate parlando col Risi e poi a Milano parlando con la mia avvocatessa perché posso avere una jaguar snobbamene targata inglese e poco costando ma bisogna pagare in contanti e poi tengo anche i debiti ma non mi fanno impressione perché ormai chi se ne frega non lo so e la negra* mi disse di poter cantare in tedesco allora bene tutto bravi tutti buoni tutti pero meno buoni tutti quelli idioti che ci rompono le scatole ma che vuoi che ti dica signorina mia l'umanità cosi è poi ti racconto il seguente fatto Napoletano che va cosi che due poveri vengono mandati dalla duchessa di Presenzano per mezzo degli Maltesi e quello che gli manda ha davvero questo nome indovinatissimo Angelo de La Morte e dunque i due vanno dalla duchessa e dicono buona sera duchessa ci manda l'avvocato de La Morte e saluti a voi comunque ora forse ti lascio ma sappi che sarò di ritorno dall'Inghilterra verso il giorno 25 Giugno facendo nientedimeno quel famoso volo Londra–Naples in 4 ore ma che vuoi che ti dica il cervello è vuoto e non ho idee musicali e mi riposo una buona volta fregandomi di tutto e non sentendo rimorsi che benessere gesu gesu e senti un po' poi spero che ti fai viva qua non scordando niente e stando qua per molto perché malgrado la mia queerness sono un buon ragazzo e riposante e salutami i Eich e i due bimbi ma non Piper credo di averti detto tutto allora stai buona e scrivimi e sappi che il mio indirizzo dal 12 in poi è presso Ashton do something pretty 25 Yeomans Row SW 3 ciao bella addio e stai buona

hans 29 V 57

*[*li. Rand:*] Gloria Davy (sopran)

98

Carissima

in questo momento ho ricevuto la notizia della appendice volante e ne mi sono rattristato di grosso. Siccome pero Don Lattmann mi scrisse che stai gia migliorando eccomi un po' meno arrabbiato con München che sembra una città nella quale tu cadi ammalata ogni volta in cui ci metti piede. Disse Lattman che io dovrei passare da te a München ma come faccio????? Tutto il viaggio è organizzato, con treni, arrivi partenza ecc. in modo che arrivo in tempo a Londra – dunque se non succede un miracolo non ce la faccio proprio!!! Saro a Stoccarda il giorno 12 e poi, magari da la una scappata a Monaca si lascia realizzare ma non lo posso promettere.

Torno in Italy verso il 25. Se tu non sai dove andare, o se ti piace l'idea di venire qui dove ce sole mare frigidaire, servitù, calma, dischi, amici buoni buoni e terrazza con sdraie ombrose e fiori e le canzoni e tutto-tu basta che scrivi una cartolina a Anna e vieni. Giulio sara lietissimo di vederti, il suo telefono si chiama 21 592, e quello di Francesco 84483 – tutti domandano sempre di te siccome ti vogliono bene.

Domani parto pel viaggio. Oggi sono stato un'altra volta al tribunale dove il giudice mi raccontava molte storie brutte su quel individuo dell'anno scorso. Gianni Eminente ha avuto un figlio ma era nato moribondo. Luchino e gli altri hanno accetato di fare Maratona a Berlino, la prima è il 23 settembre. Sacher mi ha svelato la ciffra pel pezzo d'archi e sono rimasto contento (4000 franchi svizzeri) e ora sto in trattative con la radio di Colonia che se mi vuole deve sputare forte. Tutto per la casa!

Spero che hai fatto la furba, e che ora, senza appendice, sarai piu furba ancora. Forse l'appendice era lei la decisione sollenne che volevi fare[2]?

Scrivimi c/o Andersch se puoi, fino al 15, poi c/o Ashton, 25 Yeomans Row, London SW 3. Il mio concerto al festival hall ha luogo il 23, e dopo torno in aereo.

Mo' ti debbo lasciare, allora auguri e tante belle cose, e curatevi e ti voglio bene

hans

104

neapolis lunedi 7 ott 57 carissima pupa grazie dell'espresso – certo che posso ancora far cambiare quella parola alten ma ti par proprio bella la brutta parola nächsten? »der nächste bitte« – permetti che dico francamente la mia pia opinione la quale mi spinge a dirti che mi pare molto piu bello parlare della alte schönheit che non muore mai malgrado i cambiamenti dei tempi. è anche piu coraggioso e giusto dire così. Magari se ti par necessario: come sarebbe se dicessi neue schönheit – forse sarebbe un mezzo di via. Poi c'è il fatto che ho musicato la parola alten con una sonorità che ci va bene, mentre non puo essere affatti bello di dire nächsten con tali suoni (acuti, stesi) – mi comprendi dunque nel mio sciagrino?

fammi capire presto quale sara il cambiamento o la tua decisione in modo che posso agire. Urge. Se sei d'accordo col alt o col neu telegrafa a Schott, e a Strobel. Quest'ultimo oramai chiederà il testo di ambedue cose da te, visto la mia copia sporca e piena di appunti, quindi non presentabile.

Sono tornato ieri da Torino dove si fece una bella edizione del Re Cervo non tagliato, con ottimi cantanti, purtroppo il protagonista ebbe un mal di gola per cui motivo bisogna riincidere le sue arie. Pero è bello questo lovoro, tutti erano entusiasti. Per la mia grande soddisfazione non fu cambiate neanche una nota in tutta la partitura il che straft lügen ancora di piu le insulse cose che il scherchen, a Berlino, s'era permesso.

Del esito dell'impresa viscontea hai certamente letto nei quotidiani

– era una serata molto tempestuosa e non ti posso nascondere che i miei presentimenti che mi spinsero a pregarti di stare lontana non mi sono ingannati ... ma malgrado di tutte le stupidagini dette e scritte in proposito di questo lavoro perfetto e preciso (pieno dell'alte schönheit messa bene in luce) un lavoro sincero e violento, noi siamo partiti ottimi amici che si vogliono un gran bene e che se ne fregano della mancanza di sveltezza di spirito col quale sovente i tedeschi si sono decorati ... e mi auguro che faro come prossimo lavoro un'opera col Conte.

Stamane mi sono alzato con un forte male alle tonsille, tipico segno dell'asiatica che cosi comincia. Speriamo di non perché Lunedi prossimo debbo essere a Francoforte per incidere »Ondina« –

nel tuo breve scritto non mi accennasti niente sul di come stai che fai ecc ... spero fortemente che verrai a Donaueschingen, e magari Sabato matt. o Venerdi pomeriggio a Francoforte per sentire Undine.

Qui tutto in ordine, specie da quando ho scacciato la cara Annarella che per tutta la mia assenza non ebbe un momento libero per lavar i panni, o pulire la casa siccome troppo occupata a portare qui i suoi cavalieri notturni, e ad organizzare delle dancing parties in terrazzo.

ora mi par piu bello qui perché ella mi fu un po' una croce piu che una bona serva che si da da far e che sia tacita.

Telegrafami quale parola decisi di mettere. Se mi vuoi bene non dici »der nächste bitte« perché è bruttissimo. La bellezza è sempre quella e non c'è progresso alcuno. Addio

hans

105

angelica Ingeborg

grazie del tuo scritto che ebbi in questo momento. Non pensare che io ti possa mai dimenticare! Ci vedremo presto, e tu tornerai in Italia senz'altro. Ormai anche qui avremo l'inverno; e sappiamo benissimo che non scherza affatti costui, con le finestre ventilate, pavimenti gelidi, pioggia e tempeste.

Lavora bene, fammi onore. Scrivimi appena finito il radiodramma, e mandamelo. Per me tutto il Donaueschingen è un bel ricordo, anche il viaggio dopo, la nostra tranquillità di Lunedi. mi è molto rincresciuto che alla fine il biglietto poi c'era, avevo già presentito il piacere d'una tranquilla serata.

è il compleanno dei miei malanni e malori dell'anno scorso, ma invece questa volta sono tranquillo, forse maturato, adulto (chissà) e non mi lascio più impressionare di tutte le cose intorno, ho imparato sciegliere e tacere, e star buono buono. Lentamente ora ritrovo la tranquillità di lavoro, e spero di essere felice come con i »nachtstücke« per quel pezzo per archi. Manco io ho letto o avuto critiche di stampa su D., ma non mi manchano mica, invece ebbi diverse lettere da gente che c'era e che mi dice che il mio sia stato l'unico pezzo valido, ecc.

ho un'invito dalla regina Marie-José d'Italia per assistere alla esecuzione del mio quartetto in casa sua, a Merlinge. Non so se ci vado, ma mi dicono che sia necessario per tanti motivi. Allora forse si. Sarebbe il 5 nov. Dovrei sentirmi onorato? Ella è la consorte di Umberto di Savoia e i Savoie non sono mica la mia tazza di thè. Ma forse serve ...

Ho fatto giornate intere di indagini, con Giulio, a trovare uno che sa ancora vestire pupi, in particolare guerrieri Siciliani. Poi l'abbiamo trovato, un strano tipo che gira la provincia col suo carro. In questo momento fa un'spettacolo a Aversa, che dura tre mesi!!! Si chiama »Napoleone« ed è in Napoletano. Dice che piace più che non la Gerusaleme Liberata perché quest'ultimo è in Italiano. Ha promesso di fare una puntata di »Orlando Furioso« in casa mia, verso Natale.

Ho anche indagato per trovare un buon pianoforte. C'era una bellissima Steinway nuova che costa 2 millioni, allora niente (o più tardi) ma era in fondo l'unico che mi possa davvero piacere. Un suono preciso che ubbidisce alla mano e che da il piacere sensazionale di far musica, un piacere che da altri pianoforti bisogna sforzare battendo con i pugni?!

Indipoi, al lavoro il quale è un piacere, un'onore, la vita. La gioia. Stammi bene. Lavora. Stii allegra. Tranquilla. Buona Buona.

Abbraccissimi
hans

106

usignolo caro

sono da pochi giorni tornato da Ginevra dove c'era quel ricevimento dalla regina d'Italia (molto carino e per bene e serio, per me assai bello) e qui è tutto come fu. non lavoro ancora perché non ho ancora un piano. venerdi arriva, poi lavorerò per bene, la testina bionda è piena di idee. ho comprato una fiat spider con la quale finalmente ho la possibilità di muovermi un po' – oggi c'era un bel sole & cielo blu, dopo tanti giorni di pioggia e vento (un po' pauroso qui sopra.) ho tentato i termosifoni – funzionano a meraviglia, ma per ora non c'è ne bisogno. Ero nei campi flegrei, oggi, dove c'eravamo anche noi. il castello spagnolo c'è ancora; e anche Cuma c'è ancora. Ho comprato alcuni tappèti per non soffrire di freddo ai piedini d'oro. sono carini (dalla rinascente, ma non si vede.) anche i due pupi siciliani finalmente sono vestiti d'armatura e seta rossa, uno è un saraceno, l'altro invece un'italico, una delizia. la casa è molto tranquilla, un po' vuota, non c'è mai nessuno fuorché Giulio che parla sempre di te, affettuosamente. Penso che avrai dovuto tirar fuori dal bagaglia il capotto pesante, vero? se non ti davano l'appartamento prima del l dicembre. mi ricordo come eri carina a Donaueschingen e dopo. le critiche sulle nachtstücke mi hanno un po' disarmate per la loro stupidità specie quando volevano dire delle cose molto lusinghieri. sconcertante. quanto si è soli nel mondo! ho un gran desiderio di leggere presto il tuo pezzo. mandamelo appena finito. vengo a baden baden il ventisei novembre e rimango fino al 30 il che è un sabato. non potresti venirci? dirigo la mia 2. sinfonia, i quattro poemi, e una suite di »ondina«, tre cose, dunque, a te sconosciute. a natale quest' anno non posso andare a bielefeld perché troppo costoso il viaggio, forse faccio venire la mamma a b.b.; per vederla un po'. nanni mi scrisse della sua idea di fare capo d'anno a monaco – ma come si fa senza soldi un tale viaggio? ne avrei una certa voglia, ma è irrealizzabile. sto cercando di mettere a posto le mie cose, e di non fare più debiti. Il nuovo avvocato sembra molto bravo, è riuscito di togliere alla Armuzzi che da me chiedeva nientedimeno lire 800.000 per il suo fastidio, meno della metà, attraverso la corte dei avvocati a Milano. una paura di meno, e poi ha subito iniziato il processo, cioè la querela. sto cercando disperatamente un buon argomento d'opera, ma ti giuro che è difficile. in primavera voglio per forza cominciare. leggo spesso le tue poesie e non ti dico come mi sono care per la loro bellezza e grandezza... sei un'essere adorabile. così sono sempre un po' nel tuo ambiente se mai è possibile, o amissibile una tale conferma. se non vieni a b.b. vengo a monaco dopo, ma vorrei molto che saresti a b.b. perché dirigerei meglio. poi dopo senz'altro possiamo andare a monaco insieme, dove poi mi potrei fermare un po'. in modo che abbiamo il tempo per andare al cinema ecc. o mangiare buttercremtorte dai hartmann. o battezzare il piccolo ponnelle. o giudicare le nuove fotò di margit, ecco. con queste speranze ti saluto. Si buona e non ti infastidire, stai tranquilla, sei tu che dirige il mondo e hai tutto tu nelle mani. Ti adoro. hans

107

GRAZIE LETTERA CARISSIMA SONO ZURIGO HOTEL NEUES SCHLOSS 4. DECEMBRE TELEGRAFAMI DATA TUO ARRIVO FELICISSIMO VERDERTI AMICIZIA AFFETTUOSA = HANS

108

Carissima Zerbinetta

solo ieri sono tornato a Napoli, dopo diverse soste, a scopo d'affari, a Milano ed a Roma.

Sono molto dispiaciuto che qualcuno ha avuto die Stirn di fare ausgerechnet die lieder auf der flucht.

was sich solche leute wohl denken!?]

– il nostro viaggio mi è stato cosa gradita e divertente. Poi sono rimasto molto impressionato dal Buon Dio dei scoiattoli. Bello da morire. Sei grande, e voglio che sei anche felice e meravigliosa e radiosa e bravissima e un'angelo.

Per tutta la tua vita di adesso io ti auguro tutti i beni di questa terra.

vola molto in alto

Dein hans

109

Carissima

Grazie infinite per la tua gentilissima lettera. Anch'io penso così del passato e ti sono molto vicino, come sempre, ora con tanti sincerissimi souhaites che ti mando come a una grande sorella della quale sono orgogliosissimo. Ti prego di scrivermi sempre e di tenermi al corrente, inoltre di sapere che puoi venire qui sempre quando vuoi. È bello qui, ora, sole splendido, e freddo, ma si riscalda bene tutto l'ambiente, è una sensazione assolutamente nuova per me: al sud, d'inverno, senza soffrire il freddo.

Lavoro moltissimo sempre con infelicità. Ho conservato la fine della tua ultima lettera che dice »schreib schön und aufsässig«

come un'incoraggiamento, anche se non ho capito bene verso che cosa debbo essere aufsässig.

Sono stato a Roma per alcuni giorni. Vidi il mes-in-scena del »Impresario delle Smirne« che Visconti ha fatto, anche con decor e costumi suoi. tutto un'incantesimo totale, meraviglioso, da inchinarsi. che grande artista! Di questa farsa Goldoniana di poco valore ha fatto una cosa umanissima innamorata.

Parlai a lungo con lui sull'opera. Lui mi propone il »Principe di Homburg«... ora lo sto leggiendo. Dice che questo sia davvero l'opera ottocentesca che io »volevo fare« (come lui dice: quello che tu vuoi fare, è il principe di Homburg.) Io non sono ancora certo.

Comunque faccio anche preparare »Motke« (che il Conte non aveva ancora letto)

Tra pochi giorni è Natale, e io non tengo manco una lire. Per fortuna ho dei amici che mi invitano.

Arrivò oggi una lettera da Amburgo, da un Francesco Davalos contentissimo della sua Sinfonia che si è fatto alla Radio lì. Spero che con questo avrà assai d'ispirazione per lavorare di più e per sentirsi attirato dalla Musica....

Non so se ti ho scritto che Giulio si è laureato. Ma ora non va in nessun ufficio, ho parlato col padre, gli danno i soldi per studiare Musica.

Carissima, ti auguro un felicissimo Anno Nuovo, con tanti realisazzioni di sogni, con nuove Poesie, con tanti soldi, tutto ciò was ein Menschenherz begehrt.

Pensami sempre, e dammi sempre tue notizie.

hans

P.S. Ricevo in questo momento una lettera di Strecker, nella quale costui mi dice che la Gsovsky gli abbia telefonata chiedendo se potesse far una tournée con l'»Idiota« – ma vorrebbe usare un' altro testo, »più comprensibile« per il pubblico. Mi pregano di ametterlo. Io davvero non so cosa rispondere. Forse si potrebbe lasciarglielo fare come vogliono, i percenti vengono a noi lo stesso, e il testo si può leggere oramai nello spartito. Inoltre, si deve presto fare una versione televisiva col testo tuo. Comunque lascio a te la decisione e ti prego di farla sapere al vecchio Strecker.

Ciao. hans

Tanti affettuosi auguri / per un felice Anno nuovo. / Buon Natale! / Giulio

P.S. / 22 / 12 /
in questo momento ricevo il tuo pacchetto. Non sai quanto mi biace tutto il contenuto! La fotò che è veramente bella ho subito messo in cornice ed ora tengo una Pupa sorridente di fronte a me invece di quella stranezza di prima, una Pupa più umana e corrispondente in fatti. La fotò è eccellente.

Poi la roba di bagno così blasé! Veramente totschick, debbo dire che ne sono rimasto proprio stupefatto, e non so se usargli solo per decorazione, o anche per bagnarsene.

Poi la portachiavi solida e seria: devi sapere che non avevo un certo arnese assai sciuppato e disordinato. Comincia così una nuova tappe nella mia vita!

Tanti baci di ringraziamento! Io che sono a colpo rimasto senza soldi proprio adesso, grazie alla casa Schott, debbo dire con vergogna che non tengo niente a mandare fuorché i sinceri auguri. Sarà per un' altra volta.

Addio, arrivederci
hans

117

SI CONTRO ARMAMENTO ATOMICO = HANS

118

[*unterer Rand, hs. von Giulios Hand:*] Cara Ingeborg,
spero di vederla presto qui a Napoli: Hans mi dice che ci sono speranze! Qui ora, in verità, non fa troppo bel tempo, ma per il suo arrivo le promettiamo tanto sole. – Io sono alle prese con il mio primo lavoro musicale. (Hans le avrà detto che sto studiando composizione.) Spero che mi vada bene. A lei tante belle cose e a presto – Giulio

122

Carissima Adorabile

non posso venire a Monaco pel 30 Maggio perchè sarò a Londra. Non lo dire a Hartmann ma è così, mi dispiace moltissimo.

Ecco che è più importante ancora che tu venga qui da me. Ho avuto i primi voli del mio spirito, oggi, riguardante la musica pel Kleist, l'ho toccata con le mani, e allora bada che è molto serio, e che non potrei mai dimenticare se tu mi lasciassi solo in questa situazione, perderei un anno intero di tempo, di lavoro, di vita, se tu ora non potresti venire da me. Sono nervosissimo col pensiero che non potresti mantenere la promessa. È una cosa sacra, senza scherzo. Altrettanto, se venissi, e mi aiuteresti, non lo dimenticherei lo stesso.

Potrei io venire a Monaco? Non. Non ci sono le necessità per questo nostro lavoro sacro e splendido, ne un piano, ne la quiete, ne lo spirito in cui nasce il lavoro. Ti supplico di venire, mio amore, dobbiamo fare ora questi primi tocchi, e ti suonerò le prime cose che mi sono venute in mente.

Grazie ti dico con tutte le forze della mia esistenza che sarà meraviglioso se tu ora vieni.

hans

124

4 GRANDI ORSE ATTICI TI PENSANO GRAZIOSAMENTE BENAUGURANDO +

126

4. Settembere

Carissima,

finalmente la tua lettera. Che cosa non combini tu, lasci pure scassare la tua arma! Ma sono contento che stai bene e che il posto è così bello – spero sempre tutto il bene per te.

Qui tutto bene pure. Domani comincia Piedigrotta, la prima volta che lo vedo. Ho incominciato la terza scena, ma ora per favore mandamela presto perché non posso andare avanti senza aver il manoscritto corretto.

Sto per perdere 4; 5 giornate ora! Per favore!

Non vado più in Austria, grazie del disturbo che ti sei presa con quei soldi, per fortuna non mi servono più. Grazie ancora.

Ciò che penso della fine dell'opera è assai oscuro, temo. Forse si potrebbe riuscire ad una distribuzione dei pensieri un po' più psichologica: Dare alla »massa« dei pensieri superficialmente festosi, ma al principe quello che sta dicendo, ed alle Signore Elettrice e Principesse quel »o dass empfindung einzig retten kann« – ma sono certo che tu riesci a renderlo bene. Più ci penso più chiaro mi viene che anche questo può essere assai breve: tutto è breve in quest'opera, per fortuna! Sono contentissimo del libretto, fin'ora nessuna difficoltà tra testo e musica: tutto si svolge alla meglio. Non c'è mai troppo. Perciò credo che anche quella fine non deve diventare oratoriale, ma funzionale e quindi breve e »sachlich«...

Mi raccomando ancora il terzo quadro: ogni giornata mi è cara e preziosa. Ti supplico!!!

Scrivimi per quanto conti di rimanere la, perché ti voglio mandare il mio »libro« che sarà forse pronto entro pochi giorni, specialmente se tu esiti tanto a mandare la terza scena... Ma è quasi finito ormai, e quindi ti prego di non sentirti incorraggiata ad esitazioni...

Sul »Europeo« c'è un articolo idiota su di me, mi sono molto seccato.

Ho visto due bellissimi quadri, ieri, in via Costantinopoli, me li compro a Natale, dopo la tournée in Germania, (quando sarò ricco.)

Buon lavoro e buon soggiorno
hans

127

8 SETT 58

Figlia mia adorata,

mille grazie dei cambiamenti, di cui difatti sono contentissimo e per cui meriti un'abbraccio. Specie il Finale dell'atto è ora una meraviglia totale. Il discorso »ein schöner tag so wahr ich leben atme« rimane nella bocca del Hohenzollern, anche perché lo ho già composto. hai ragione che non si può mica eingehen auf alle vorschläge. Domani riprendo il lavoro, nei ultimi giorni ho solo lavorato sul »libro« con molta fatica e con tanta difficoltà. Te lo mando ora non senza la sensazione di molta vergogna e con l'idea che non vale neanche un cavolo quello che ho fatto. Quello (parlando di libro, non di feature) che volevo sarebbe stato una specie di leggiera raccolta d'idee, intermezzi, fatti, descrizioni. Ora manca ancora la parte sulle scene e sulla coreografia che debbo prima vedere a Londra, in modo che poi dopo, in Novembre, scriverò quello. Saranno ancora una diecina di pagine, suppongo. Ma è possibile quello che ho fatto? è logico? Ha senso? Dice bene le cose?

C'è bellezza, come tanto volevo? Stasera non lo vedo e non lo sospetto nemmeno più, ti mando questa roba con il senso di totale scoraggiamento – il che, per l'amore del cielo, non ti deve impedire di criticarmi sul serio. Prendi una mattita rossa e fai tanti segni.*

Credi che si potrebbe anche mostrare a M.F.? in modo di sentire una voce, diciamo, oggiettiva? Perché se mai dovrebbe diventare un libro vorrei che sia una cosa senza facile angriffsflächen, né per il linguaggio né per il contenuto. Pensavo di fare una cosa con la quale mi spiego, dico chiaramente certe cose, per impedire olteriori troppo grossolani malintesi sul mio conto.

Peggio ancora: vorrei che me lo fai presto, perché comincio ad avere bisogno di soldi, e debbo in qualche modo (hai tu un'idea come?) farmi fare delle copie quando il testo è stato da te corretto e reso possibile (se mai è possibile) perché poi lo debbo subito mandare a diversi tipi delle radio Germaniche. In modo che non solo Stuttgart mi fa una trasmissione. Credi che posso interessare anche Bremen?

Il libro dovrebbe poi interessare in primo luogo per le riproduzioni di fotografie del balletto, disegni di Lila, ecc.-

Dimmi tante cose, per favore, sul mio testo!

il »es heisst er treffe hier in kürze ein« lo aggiungerò. il racconto su Froben lo credo possiamo toglierci dalla mente, la soluzione è bella ora, non c'è da dire.

Non sapevo che era possibile ancora oggi un'ammuino come quello del popolo Napoletano all'occasione di Piedigrotta, non ho mai visto una cosa simile**. Stavo in città con la macchina, per arrivare dalla casa di Giulio fino qui ho messo due ore dopo di che io e la macchina eravamo completamente coperti di papierschlangen, schnitzel ecc, ed io quasi sordo del chiasso delle trompe e dei canti ecc che del resto giungono perfino qui sopra, con una chiarezza che lascia supporre che laggiù dev'essere un pandemonio. mi manchano le parole per descrivertelo, qualche volta il chiasso era tale che io non sentivo che un solo accordo di musica come uscito da un gigantesco organo in un duomo.

Bello che ci siamo sposati un'altra volta! Credo che dev'essere circa la quinta volta (la quintesima volta, come ieri sentivo dire qualcuno) è sempre assai commovente la partecipazione della gente ai affari nostri …

Certo che sarei molto contento se tu venissi ancora, il 17 settembre. Dimmi quando è l'ora. Così ti potrei offrire ancora un po' di sole … e poi, perché sarai nel spinnennetz, parleremo per forza di Motke Ganev il nostro nuovo amico. ***

Stammi bene e non dimenticarmi. Fai i bagni di mare ancora?

Ciao

hans

* [*li. Rand, hs.:*] Scrivi all'orlo tutto ciò che pensi.

** [*li. Rand, hs.:*] molto più violente della fine de »Les Enfants du Paradis«

*** [*hs. eingefügt:*] Sai che farò chiasso sul pianoforte …

128

… was unaufschiebbar ist.] … l'autumno splende. C'era un bellissimo spettacolo a teatro di Carlo »Don Giovanni« diretto da Sanzogno, con giovani voci italiane, scene costumi e regia di Zeffirelli, un Don Giovanni molto tempestuoso e non–astratto. Una meraviglia.

Ho fretta di tornare al lavoro. T'abbraccio e ti mando tutti i miei migliori complimenti, auguri, in boccha al lupo, in gamba, ecc.

stammi bene sempre,
come io ti starò sempre bene.

hans

129

Tesoro,

domani parto per Londra. Vorrei rispondere a lungo alla tua lettera, per farti coraggio (la cosa che nella vita è la più difficile) ma mi manca il tempo. Sappi che sempre ti penso, e che sempre ti sono vicino, con affetto e gratitudine. e con adorazione smisurata.

Se tu potessi venire a Londra, sarebbe bellissimo. Ho un palco tutto per me, cioè per i miei amici.

Credo che sarà bello per te vivere a Zurigo, o di nuovo a Roma.

Ci vediamo presto, magari a Londra. Senon, a München, in Novembre.

Pensami sempre, come lo faccio io.

Abbracci

hans

131

... Erfolg.] Penso molto a Napoli, a Giulio, al gatto, alla mia casa, e trovo in fondo tutto un po' stupido qui – perché lo faccio? Finirà tutto come sempre, finirò a Napoli, non volendo più né pubblicità né viaggi ... ecc.

mi trovo molto adulto e sicuro. Risultati delle pene e dei dolori dei scorsi anni ...

Come stai? È strano saperti a Zurigo, mi pare un cambiamento enorme, tutto il mondo ha preso un altro aspetto. Meno romantico, meno fantastico. Non so come dire. Mi ricordo come eri bellissima e splendida, a Londra. Ora sembri talmente uscita della mia vita, come un cometa che passà. È vero? Non pensavo che poteva significare tanto la tua decisione di andare a Z. – Spero che stai bene, e che tutto si regola come hai voluto e come meriti.

Sono stato qui a D. per 2 giorni, per parlare del Re Cervo che si darà a Schwetzingen, un festival del quale quasi tutte le Radio del mondo trasmettono. Tante cose enorme si stanno preparando per il anno venturo: 3 Undine in Germania, una tournée con Undine del Royal Ballet, in Italia, e a New York, un film Undine a Londra e i spettacoli a Londra sono esauriti fino alla fine della stagione, ho tanti spettacoli nuovi qui in Germania, e concerti ecc. – da far paura. Amburgo offre per il »Homburg« la ciffra che Wagner ha avuto per l'intero »Ring« sembra che debbo acettare, vero?

Sto molto bene, per così dire, non penso, lavoro e viaggio soltanto. Desidero una pausa, spero fra pochi giorni. Vado di nuovo a Monaco, poi forse in Ticino dal Andersch, poi a Francoforte (concerto) poi a Bielefeld, poi a Napoli finalmente. Scrivimi c/o Schott a Mainz, poi ti rispondo tranquillamente. Dovrei lavorare tanto, altre cose, ma qui è impossibile, è necessario fare tutti questi viaggi. Farò, in Settembre, qui le ferienkurse, volendo rompere un po' la leggiera predominazione di altri – vedo che è importante. La Germania sembra di aver bisogno che io ci sia – fa ridere, stillare, tremare – e non voglio, ma poi anch'io ho forse un certo bisogno di lei – fa piangere –

ho paura di promettere troppo, di perdere la mia libertà. Sto riflettendo.

Scrivimi, per favore, di te, che succede, come lavori –

Saluti a M. F.
abbracci
hans

132

– Giunto a B. in questo momento – trovato la bellissima cravatta Dior per la quale vedo pazzo. Avrei voluto chiamarti diverse volte per i concerti di questa tournée – ma chissà – spero che stai bene e felice e che presto ci rivedremo, intesi come sempre, forse ancora di più! Invece di stare sotto la stella della solitudine ora dobbiamo cercare di non blinzeln troppo se ci rivediamo sotto un'altra, quella della gioia e felicità! Una dura prova ... stiamo a dirsi! Da Napoli, dopo Capo d'anno, ti scriverò di nuovo, e a lungo. Ho molto lavoro, molto successo. Sono calmo e desidero di comporre il secondo atto del Prince.

Auguri a M. F. – Ti bacio,
hans

136

... prüfen und schätzen lassen.] / I'm covered with work, mail and music an things – so I can understand your hating to hear an name which begins with M and finishes with e – still, if I really should go on to believe to get a libretto from you it should always be reminded to you.

... vertraute Gefühle kommen da zum Ausdruck.] / Addio cara Inge, stammi bene, auguri per la nuova casa, e tanti saluti a frisch ed a te, buon lavoro! Pensa a Thomas Mann: tutte le mattine!

hans

144

ma guarda che bella roba!

e come punta bene sulla situazione del sottoscritto autore di questa lettera ! Ostia la Madonna!

Per ora però non comincio a musicare quest'opera, ma invece sto facendo appunti per un pezzo sinfonico pel Karajan ilche egli dirigerà al festival di Salzburg. Non so ancora un titolo ma sara una cosa molto nera e schlimm. Ho il cuore pieno per quella roba lì, eyter und bluth, che scherziamo!

Butta via le posie di Ilona.

Che te ne frega?

– Ciò che stai dicendo di Napoli e di quello che pensi nel ricordo di questa città, cioè di noi due la dentro mi ha molto aggredito il cuore. Pare che siamo tutti e due fuggiti verso le dimore più facili della nostra esistenza, tanto per campare, e mi vedo macchiato di colpa, se di colpa si può parlare...

Militärdienst der Schwyzer] Oberfläche and this goddamn false life. One day it will kill me. And you will perhaps cry in top of my silly tomba.

Agréable pensées (pansies) de Noel.

... Alles fängt immer so harmlos an.] Und ein coltello Napoletano,

... und warum das alles.] Clima? Sudo, o tengo il raffredore. Gente? Allow me a smile.

Arte? Ci son pure le cartoline. Cibo? C'è tale quale a Soho. o da Schlichter in der Lutherstrasse, anzi meglio, più vario. Pure la frutta fresca. Ora basta però. La perfidità riesce a trovare sempre altre vie di scampo, perciò è meglio tacere.

Scordati almeno di 80% di ciò che dissi e scrivimi quando te la senti, e non lasciarti prendere dal brivido che procura il tempo quando passa, toccandoti alle spalle con le ali. Passa, pure lui.

hans

145

... ich hoffe, es wird noch alles gut.] Lo zio è nel Ministero della Difesa, speriamo in lui.

... den ich von Dir (vorläufig)] chiede (bis Dein Buch fertig ist) –

... arbeiten musst -] peccato che non puoi farmi una visita! Sono sempre solo qui dentro!

... nicht deutsch eben.] Direi persino: Adorabile.

Appena uscito da qui mi compro una nuova macchina (ho vinto quel processo di 5 anni fa ! – forse la Giulietta Sprint (a 4 posti) –

Ma ti debbo lasciare. Stammi bene e pensami e scrivimi – correggi quello che credi sbagliato ecc.- nei articoli, prima della tua correzione non li mando a nessuno. Ma dato l'urgenza, ti prego di rimandarmi ben presto tutti e tre.

Salutissimi a Max
Baci
hans

146

Carissima,

i miei tre articoletti sono stato inviati: ne avrai delle copie. Come vedrai non ho parlato delle cose che toccano a te parlarne. Ecco qui alcuni suggerimenti[1]:

... 5 Seiten genügen bestimmt.] Chissà in questo momento dove sei. Vi credo sempre arrivare qui a momenti – chissà- !?!?!?!?

Ciao
hans

151

… und in der Stunde noch die bella figura machen müssen,] ho dovuto fingere che non ci sia niente, soltanto un po di malattia. Ma non era vero, non era un po di malattia, ho dovuto andare alla clinica due mesi fa, perche ho provato di suicidarmi, ma non lo farò mai più, era una pazzia, e ti giuro che non lo faccio mai più. Poi c'è oltre ora questa operazione che anche era molto grave per me, più psichicamente, ma per questo anche più grave fisicamente. Adesso sono uscita dall'ospedale e sto sui miei piedi e comincio di sperare un po, non so esattamente che cosa, ma semplicemente spero che ci sia ancora qualcosa, lavoro, l'aria, mare, di tanto in tanto, più tardi, un po di allegria.

Tu forse pensi che sia colpa mia questa fine, ma non è cosi. Se si vuol parlare di colpa, poi è la colpa di Max, altrimenti non sarei io andata a finire cosi. Ma non voglio parlare di colpa e non lo rimprovero niente, alle volte si, ma piccole cose, cose secondarie, ma per l'essenziale non serve a nulla di parlare, in questo o in questo modo, di una cosa che è capitata e che forse ha dovuto capitare.

Ma non avrei mai creduto che tutto andasse cosi male per me. Che ci sia un dolore, si, – ma non un break down così totale e quasi mortale. Tutto è stato come una lunga lunga agonia, settimana per settimana, e non lo so proprio perché, non è gelosia, e tutt'un altra cosa; forse perché ho voluto veramente, tanti anni fa, fondare una cosa durabile, »normale«, alle volte contro le mie possibilita di vivere, ho insistito sempre di nuovo anche se ho sentito di tanto in tanto che la trasformazione necessaria ferisce la mia legge o mio destino – non so come esprimerlo bene. Forse pure queste spiegazioni sono false – ma il fatto è che sono ferita a morte e che questa separazione è il piu grande fiasco della mia vita.

Non posso imaginare una cosa più tremenda di questa che ho vissuta e che mi possessiona ancora oggi, anche se oggi comincio a dirmi che devo continuare, che devo pensare ad un futuro, ad un vita nuova.

152

RESTO QUI TUTTO BENE TI RINGRAZIO DI TUTTO CUORE SCRIVERO
TI AUGURO TANTO BENE = HANS

154

MANCATO ARRIVO GIUNTE TESTI QUINTA SCENA HANNO ORMAI BLOCCATO MIO LAVORO PREGO TELEGRAFAMI QUANDO ARRIVANO SONO TERRIFICATO ED ADOLORATO = HANS +

155

Carissima Bimba,

Ebbi, dopo tre telefonate internazionali, l'invio d'un messagero personale, ed un telegramma al prezzo di Lire 3,000, i tanti bramati testi che mi servivano. Una settimana mi rubasti, in questa calda estate, dalle vacanze dalle quali mi separa soltanto il finire del »giovane lord.« Come sempre, il tuo comportamento da tartaruga, lo fai poi perdonare per la qualità di quello che fai – ma talvolta si può anche disperare di te. La desiderata e con intensità richiesta Inhaltsangabe non venne mai fin'ora, e nemmeno la lunga lettera che promettesti di mandarmi quella sera stessa. Così immagino, non ci sarà mai il famoso carteggio da te stessa proposto.

¿Ma che fai? Scommetto che non stai scrivendo il libro e che il quarantesimo anno che si sta aviccinando anche per te ci vedrà senza un nuovo lavoro tuo. ¿Ma che cosa può essere tanto importante nella vita da non permettere un continuo disciplinato lavoro che è del resto, l'unico scampo, sia per cancri, sia per artisti, per preti, per call-boys, papi, presidenti, e suonatori di hekkelfono.

Ormai il titolo del »junge Lord« è diventato talmente fisso negli ambienti musicale ed è stato varie volte da me composto in partitura, che sarebbe ancora più confondente se lo si volesse cambiare ancora.

Spero di avere la sufficente presenza di spirito di riconoscere in tempo il signor Heusermann quando la prossima volta mi capita. ¿Ma perché tale misterioso consiglio? Non scrivo mica commedie. ¿O diventerà lui il prossimo direttore dell'opera di Vienna? Sono gentile con tutti, e se il signor Heusermann possiede sufficente conoscenza dell'atmosfera delle persone certamente avrà capito che non per arroganza io non lo ho salutato, o meglio: riconosciuto. ¡Vedo tanti visi io, specie di notte!

Anche quando si conosce persone nuove è sempre bene non scordare gli amici, specie quelli fedeli senz'altre intenzioni di quelli d'amicizia. Quelli che, come ho fatto io adesso, esprimono i loro disappunti con la stessa franchezza con la quale vogliono bene, adorano, e aspettano: lettere, segni

d'amicizia (tra le quali conterebbe anche la puntualità), e
che l'altro sia franco e felice. Abbracci.
Il tuo arrabbiato, affezionato, furioso,
hans e 1 (uno) bacio

Post Scriptum: Hans Werner Richter mi scrive a mano un invito il quale mi aveva già recato qualche settimane fa e tu non me lo hai mai fatto pervenire. ¿E a Rowohlt, hai scritto poi? Spero sinceramente di sì. Se non, ho paura il libro sul »Lord« non potrò avvenire.

h.

156

OPERA FINITA TI RINGRAZIO MA PER CARITA SCRIVI = HANS

157

ABBRACCIANDOTI PER LA NOTIZIA TRIONFALE = SEI UN MOSTRO = LETTERA GIUNGERA = IN PIENA AMMIRAZIONE – INGEBORG –

158

... Fräulein.] Ignori che sono quasi impazzito, quest'estate, col secondo atto. E solo io so che è un'opera bellissima. Tu te ne accorgerai un po' più tardi.

Spero che stia bene – Avrei grande piacere
di vederla e di parlare con lei.
Con ammirazione e con affetto
Franco Serpa

160

Nel volo Roma – New York

Carissima Ingeborg,

a Roma ho trovato la tua lettera tanto carina, con ancora alcune notizie sul tuo problema. La migliore risposta hai dato tu stessa: che dopo quello che è stato lavorerai meglio di mai. Il punto è quello. La »Schmach« della quale tu parli può essere stata quella che è stata, non importa. Ieri, Venerdi, nel mio stato della sempre quasi-Schmach (il mio perenne dolore è appunto la Schmach della quale ormai sono esperto), sentivo per la radio le torture di Cristo, raccontate – cantate in liturgia greco-ortodossa, e pensavo che gente come noi dovrebbe sempre tenere d'occhio questa gran passione, ed essere umili molto di più. Anche tu. Nessuna Schmach di questa terra ci può toccare se pensiamo sempre alla ragione per cui siamo venuti al mondo. Siamo qui per creare questa è la santa verità, tutto il resto è marginale. La tua vera Schmach, credimi, è di non aver lavorato per tanti anni. La grandezza dei sentimenti per altri non deve mai essere più grande del proprio senso della responsabilità verso la proprio ragione d'essere. Frisch non avrebbe mai potuto recarti nessuna Schmach se tu lo avessi ignorato in favore del tuo proprio essere artista. Poi, del resto, non è mai una Schmach essere stato insultato da un porco. Ed aver amato un porco non è una Schmach nemmeno questa. Nessun'artista non puo mai scendere »in basso« tanto da far si che si rovina – ed io so che tu adesso, finalmente, ti desti e lasci andare i vecchi sentimentalismi. Nessuno meglio di me sa cos'è il dolore (è un mio compagno di viaggio –) e va bene, ma io, Hans, non ti rispetterò più né vorrò più vederti, se ora non la smetti con quella roba, e invece cominci a far il tuo DOVERE come un impiegato di banca magari. Rispondere alle lettere, e lavorare sistematicamente, come lo fecero Thomas Mann ecc ecc, tutti i grandi, senza scuse, senza più malattie, ecc. senza lamenti e lamentini. Quella fase è finita, deve essere finita. Lo dico non solo perché so che non ci sono altri mezzi a mettere contro la infelicità, lo dico anche perché l'artista, magari indifeso, ha, perché indifeso, da mettere contro le mutabilità delle cose, le sofferenze, le solitudini, una cosa che gli altri non hanno: Il trionfo della creazione. Quel trionfo che gli è anche rifugio, nei momenti più neri. –

mi sarebbe insopportabile, nel futuro, di vederti languida e priva di iniziativa perché so che è il gran male, il diavolo, la merda. E non potrei più rispettarti.

Mozart non ha mai avuto più di 10 minuti nella sua vita per riflettere quanto è brutta – tanto è vero che poi non è così brutta, visto le belle creature che ci sono, le pitture, i paesaggi, le opere in musica come il »Giovane Lord« miracolosamente fatto da due amici nostri –

se quel ragazzo francese non ti ha scritto o telegrafato per la prima, che importa? Non offre già un'occasione per giudicarlo: È un compito tuo spiegargli di che cosa si è trattato. Del resto, avresti fatto benissimo farlo venire, così si rendeva un po' conto di che si trattava. Bisogna educare, sempre,la gente intorno. Bisogna mai aspettarsi nulla. Se qualcosa di carino accade, tanto meglio, tanto più grande la sorpresa, e tanto più grande la gioia. Però c'è una RESIDENZA DELL'ANIMA che nessuno può mai occupare, che è il lavoro, quello che rende meno orrida la luce del giorno, meno spaventosa le tenebre delle notti. Essendo sicuri di ciò facciamo il volere delle Divinità. E le divinità ci puniscono se noi non rispettiamo quello che da noi richiedono. Ci mandono la loro grazia con violenza, ma guai se non comprendiamo, accettiamo, obbediamo.

Qualsiasi rapporto umano va considerato con la luce della sua utilità al lavoro. Altrimenti siamo fregati. Questo devi capire. Qualsiasi decisione devi fare in favore del lavoro. Se vuoi sposare il francese, fallo, ma con la certezza di avere tutte le libertà che richiede il lavoro. Lo puoi fare solo nella siccurezza che ti fa del bene, e cioè a te identica al lavoro. È più importante il tuo imminente romanzo che non le imminenti nozze. Tutto qui –

Ciao, hans

sono il Hotel St. Regis, 5th Av. 55th Street / N.Y. CITY
fino all' 8 Maggio –

163

… aufgefressen von meinen Personen und der] atrocità di questo libro, che in fondo sera soltanto un primo volume di un libro molto più vasto e grande.

Qui: tutto buono, tranquillo, sereno, i piani inutili sono rimandati, è questo mi fa un gran bene, perché mi sento incapace di decidere qualcosa sul futuro – proprio non lo vedo, questo »futuro« e mi accontento con un presente così prezioso dopo tanto buio.

164

Cariissima Ingeborg,

colgo l'occasione d'un ora senza »ispirazione« (cioè che sento non è matura la roba che deve venire –) per risponderti. Dev'essere molto bello lì nel bosco, col fiume, ecc. e ti farà certamente molto bene. Perciò mi commuove che vuoi venire a Bayreuth, e ti ringrazio di voler controllare il discorso che debbo fare. Ci ho faticato molto, su quel discorso, e lo ho mandato a Grass per farlo cambiare dove gli pare – ci dovrà, ho paura, essere tutto anche quel senso d'odio che vien fuori in me quando penso a quei stupidi grassi connazionali –

communque spero che mi faranno leggere la tua poesia »Alle Tage« che ci ho messo, e che anche tu permetti ch'io la legga.

– Qui c'è aria di lavoro: Dimitri è partito, ora sono completamente solo, con la partitura delle »Bassaridi« – e con Eisermann, il mio nuovo segretario che è molto più gradevole di Smith. – Ci sono delle giornate assai tristi, ma capitano anche periodi molto fertili e felici, e sono ad un buon punto nella tragedia –

e ti puoi imaginare che non è sempre facile tenere la testa in alto, di fronte a Roma che sta lì e contiene quel' essere, che per disgrazia ho anche visto per istrada ma lui a me non, e prima mi dava un senso di tenerezza, poi con stupore vedevo che non mi fece impressione: ormai appartiene tutto a me, lui non esiste più e non ha più niente, ma poi invece dopo un po' di tempo, ecco tanto dolore e tante domande dentro di me, e oggi non lavoro bene perché i miei pensieri non sono buoni –

ma passerà. Fortuna mi ha anche voluto regalare un ragazzino, bellissimo, che viene colla '500 ogni tanto la sera, per distrarmi – spero anche questa sera – e così non dovrei lamentarmi. Felicità non c'è per niente, ma ogni tanto, in musica, riesco a liberarmi. Perché credo che sia la libertà che ci vuole, la libertà della tristezza, e la libertà da se stessi. Così più che mai, mi do via al lavoro, ai suoni, nei quali tutti gli ideali della bellezza e della perfezione si possono realizzare – il bel domani dello spirito – * e saró RE se le »Bassaridi« vengono bene, e avvrò il trionfo su la morte, e l'altro che non ha voluto accompagnarmi sulla mia strada, rimane lì, esangue e pallido, e nullo.

Sono molto contento di vedere che lavori anche tu: Questo è certamente non solo necessità e terapia, ma un'urgente pressione da parte dei pensieri stessi, e non vedo il momento di leggere quello che i piccoli animali dentro quel cervello windisch hanno voluto fare. – Se veramente, intendi di venire a Bayreuth: Io sarò a Monaco, alle 4 stagioni, la sera del 3 Settembre. Lì ci possiamo vedere, e controllare lo script.

Anche se trovo faresti meglio rimanere lì, in campagna col tuo libro. A me quest'interruzione è poco benvenuta, solo che la considero un margine per prima terminare una cosa dell'opera, e precisamente il colmo orchestrale-corale che aviene quando le Menadi cacciano Penteo.

ogni tanto ho paura delle cose terribili ch'avengono in quest'opera: ma poi, il destino vuole portrarmi sempre esattamente in'armonia con la musica che mi tocca di fare ....

Sappi che sarò felicissimo se ti vedo a Monaco. Così possiamo andare a Bayreuth insieme, l'indomani. Il giorno dopo andrò a Monaco di nuovo, per fare delle spese per la nuova casa – e porto tutto meco nella carozza letti, a Roma.

Stammi bene, e saluta lo sconosciuto che pare
tanto bravo!
hans

*[*re. Rand oben:*] meglio del »bel mattino« perché più sicuro.

166

DACCORDO ASPETTO TUA TELEFONATA SABATO DOPO ARRIVO / AUGURANDO SUCCESSO FELICITA ETC. = INGEBORG

167

ABITO ADESSO VIA BABUINO 40 DA FELTRINELLI TELEFONO 67330 = INGEBORG

169

ARRIVERO DOMANI ORE 9.45 DEVO PRIMA ANDARE DAL COIFFEUR STOP GIOIA INFINITA A CAUSA DEL RITORNO + INGEBORG

170

PER LE TUE IMMINENTI LETTURE DEL MANUALE SAPPI CHE TI SONO VICINO CON TUTTI I MIEI PENSIERI E PROFONDA PARTECIPAZIONE HANS

175

UN'ALTRA VOLTA TOI TOI TOI ED IN BOCCA AL LUPO TUA = INGEBORG

176

Carissima, debbo scappare!

Non ho voluto svegliarti. Ti auguro delle
vacanze bellissime
arrivederci. Baci abbracci,
hans

177

Con simpatia ed affeto,
Franco
Amore mio, ti scrivo tutti i
giorni, nel pensiero, e quando torno
ti debbo dire tante cose! Spero che
stai bene, che sei felice e fertile.

Tanti abbracci dal tuo vecchio coetaneo.
Anche al pappagallo!!!
Love, hans

179

Darling,

I am so stupid because I am unable to tell you a very stupid thing. And of course we will see each other Friday, but I will be an idiot again.

You probably know that I have given to Fausto a check about 130.000 Lire and as I was a very absent-minded this day, I understood that I will get back the money a few days later. I am sure, he has forgotten about it, but now I need it really urgently, or let's say I would also be very happy to have versato on my conto 50.000 Lire. It would be a great help for me. I just do not want to speak about it because it is too boring and we have other things to speak about.

181

Carissima, prima di partire per gli S.U. ho avuto questa lettera da Wagner-Régeny, ti prego di rispondergli perché una gentile e civile persona.

Qui si sta stranamente bene perché è un deserto e non si conosce nessuno, non si communica molto, i pensieri propri qui sono sconosciuti e le pene ed i terremoti cerebrali qui non vogliono scoppiare perché sono apatico e non più vulnerabile.

Sono un violento comunista volgare, e, come dice la Morante, un totalitario.

Quando partivo, ho saputo che tu eri andata in Austria. Spero che stai bene, e che tutto sia andato bene. Spero che riesci a lavorare, che vinci gli ostacoli. Sarebbe molto importante che ora venisse fuori un lavoro tuo che aiuti tutti, come Böhmen am Meer, che dia coraggio e chiarimento e solidarietà se c'è l'hai. Credo che i tempi dell'esitazione sono passati. L'artista non è più furbo del mondo –

e l'artista non è niente se non aiuta agli altri che sono più oppressi di lui ancora. L'artista ha la voce, almeno, il che non hanno gli altri, nemmeno i teoretici.

Io prendo la nave da N.Y. il 13 Agosto e arrivo a Napoli il 22.

Poi, a casa, ti telefonerò.

Per oggi, ti saluto e ti saluto –

hans

182

Carissima Pupa,

dovresti essere arabbiata con me perché son stato a Marino per 4 giorni, e non ci siamo visti. È vero che ho quasi sempre dormito, ed è vero che il tuo telefono non risponde mai, cioè tu non rispondi, ma ciò nondimeno mi sarebbe tanto piaciuto vederti. Ora sto a Detroit, un luogo lugubre, ma anche qui c'è un'orchestra buona, e mi diverto a fare dei suoni belli – in questa tournée, il migliore è stato Chicago, forse il più bel concerto della mia vita ho fatto con loro. Cristof Eschenbach ha suonato il mio concerto, anche lui è rimasto sbalordito. Poi ho sbalordito i Londonesi con il nuovo pezzo »Versuch über Schweine« (poesia di Gastón) e ho avuto la rivincita della storia di Amburgo e tutte le porcherie che stavano sui giornali tedeschi. Siccome ora gli inglesi ed anche gli americani (sebbene imperialisti) mi vogliono tanto con loro credo che ci tornerò ogni tanto: è un facile modo di fare tanti soldi e pagare i debiti. E nella »repubblica federale« non ci andrò più.

come sempre, la gente chiede di te, io gli racconto das Blaue vom Himmel herunter, un po' gli dico meine Dich und Deine Arbeit betreffenden Wunschträume, è come parlare d'un fantasma. Communque spero che stai come dico. E fai come dico.

Ho avuto ein rasantes Wochenende in New York – è una città nella quale ben presto finirei nell'immondizaio. Ora, dopo il concerto qui, andrò all' Avana per purificarmi di tutti i peccati. Vorei rimanere laggiù per un po' di tempo, forse due mesi, anche di più. Dipende. Spero di lavorare bene lì, e di vedere, capire, imparare. Le vie del socialismo sono infinite ...

non so se t'avevo detto che voglio anche scrivere un libro sulla musica oggi, in forma di dialoghi e conversazioni, e ci dovrebbe venir fuori qualcosa sulla situazione dell'artista in questo periodo, sul suo isolamento, suo desiderio di uscirne, la sua angoscia ed i suoi tentativi di arrivare al di là dell'angoscia. Cuba sarà importante per me anche sotto questo punto di vista. E poi ricordati il Gramsci, e la lettera di Engels, queste cose mi serviranno. Lo scriverò dopo Cuba, laggiù però farò tanti appunti. Varie conversazioni sono state scritte a macchina (dopo di essere incisi su nastro) e ci sono ca. 300 pagine ma utilizzabili solo in piccola parte.

Quando torno ti faccio sentire un nastro della »Medusa« ed il »Versuch über Schweine«

Il progietto di andare via per tutto l'anno non è più in piedi: Dopo Cuba vorrei stare a Marino per alcuni mesi, dato che si lavora bene lì, e poi magari, in autunno, giù nel Giappone, poi Tailandia.

Fausto ti narrerà il psichodramma che è avvenuto alla Leprara – ora speriamo chi ci fischia un'aria meno menzognera e sgradevole.

Piccola, reissn ena zsam, tante cose ti auguro, magari tornando trovo un libro pronto ....

tanti abbracci

hans

183

STIAMO BENE COME VA LEPRARA AUGURI HANS FAUSTO

189

TERMINATO LETTURA MALINA MOLTO SCONVOLTO DALLA RICHEZZA ENORMITA TRISTEZZA DISPERAZIONE DI QUESTA TUA PRIMA SINFONIA CHE EST LA UNDICESIMA DI MAHLER STOP A LETTO CON INFLUENZA SCRIVOTI DOMANI ASPETTO TUO RITORNO AUGUROTI SOPPORTABILE GERMANIA ABRACCI FRATERNI HANS

191

Qui fa un freddo cane (piacevole) e la vita è molto pacifica e british, dopo l'isterismo che ho ancora dovuto subire prima della partenza a Fiumicino. Tutti cortesi, silenziosi, bizzarri, ma fa bene per un po' di vivere in una città cosi grande e oldfashioned nello stesso tempo. E anche un piccola sorpresa di trovarsi quasi al novanta percento tra gente di altri colori, non vedo che negri, asiatici, orientali, non so bene, dove siano gli inglesi prescritti. Forse sono a Roma.

Soltanto una notte a Roma era bella, già il resto mi dava fastidio, e spesso non so bene, perché ci tengo tanto a vivere in Italia. I due giovani (non sposati ancora) sono d'una gentilezza, e fa quasi piangere come si adorano – a Roma c'è cosi poco sentimento, io penso che ognuno ne abbia soltanto paura. È tutto molto falso x-x [*die folgenden 6 Zeilen nicht zu entziffern*]

193

PLEASE WIRE ME WINSOROTEL NEWYORK 10019
CAN YOU SPEND CHRISTMAS EVE IN MARINO

Undatierbare Briefe

194

Tu es très fou mais très gentil!
Merci pour Lauvin!
Je t'embrasse. (Pourquoi tu es
tellement fou?)
I

195

Parcque ça me fait plaisir,
et tu me fais plaisir
quand tu es de bonne humeur
et parcque j'aime, de temps en temps,
d'être avec toi. Ça ne veut rien dire
(pour toi) et si je te n'ennuis pas trop, tu
me rends très heureux avec ta présence
precieuse.
h.

Mia carissima Ingeborg
mi dispiace che debbo partire, avrei voluto restare – è molto triste vedere che non si può aiutare quando ci vuole i medici –

spero molto che andrà presto meglio. Per favore, non fumare e non bere, sei ancora più che riconvalescente!

Presto tornerò, e spero ti trovarti migliorata.

Quando avrai passato questo momento difficile vedrai che avrai una vita molto bella, come sempre succede »dopo« ...!

Sono convinto di questo –

Ora è ancora il momento dei medici, dopo sarà il momento dei amici, e dopo il momento dei amanti, ossia: del vero amore che ti sta aspettando e tu non lo sai ancora –

Rideremo di nuovo, e saremo di nuovo felici e contenti!

Penso sempre a te, e ti abbraccio –
hans

Briefe einer Freundschaft. Nachwort
Von Hans Höller

Zuerst soll für diese Briefe sprechen, was sich dem wissenschaftlichen und kulturellen Nutzen verweigert: die lebendige Brief-»Schrift« einer Freundschaft, der Ausdruck unmittelbarer, hochherziger Zuneigung, von Freude, Trauer und Verzweiflung. Kein Gedanke an ein Überdauern der Briefe, an künftige Leserinnen und Leser. Aber auch die Freundschaft hat ihre spezifischen Formen, ihre eigenen Regeln und ihre eigenen, füreinander geschaffenen Rollen, wobei ›er‹ – »manchmal« –, wie es von der »Stimme« des Gefangenen in Ingeborg Bachmanns Italien-Hörspiel »Die Zikaden« heißt, »eine Spur dem Theater nahekommt«[1], und ›sie‹ die Rolle der großen, vernünftigen Schwester spielt. Auch aus ihren Briefen sprechen manchmal Pathos und Überschwang, später immer mehr die Verzweiflung. Am traurigsten der Brief aus dem Januar 1963, wenn sie aus Uetikon am See geholt werden will, nur mehr wegfahren, unterwegs sein, mit dem Freund im Auto sitzen.

Es würde den Briefen etwas Entscheidendes fehlen, gäbe es nicht diese jugendliche Unmittelbarkeit, diese »Dummheit« im Sinne von Ingeborg Bachmanns utopischer Idee jeder »Jugend«, die »die dümmste« ist, »die es je gegeben hat«.[2] Soviel die Briefe auch Wissenswertes enthalten, über die Kunst nach 1945 und den Alltag der Künstler, über die Zusammenarbeit der Dichterin und des Komponisten und die Entstehung der gemeinsamen Werke, sie haben ihre unverwechselbare Besonderheit darin, daß in ihnen die Freude nicht verschwunden ist, das Pathos nicht verendet und noch etwas zum Feiern da ist. »Wir lesen die Uhren ab, blättern in den Kalendern. Wir haben nicht gelebt. [...] haben, in den falschen Häusern, in den verdrehten Kleidern, in den schmerzenden Schuhen, in dem starren Dreck, die Luft, verunreinigt von Abgasen und Gedankenlosigkeiten, eingeatmet.«[3]

Die »Briefe einer Freundschaft« sind der »Kalender«, wo an dem einen und dem andern Tag wirklich gelebt wurde, in den richtigen Häusern und ohne daß die Schuhe geschmerzt haben, Tage, an denen es nicht ging ohne ein schönes Kleid. Die Zeit, da die »Welt zu einer Krankheit geworden« ist,[4] war, jedenfalls für Ingeborg Bachmann, früh genug da.

Die Briefe helfen verstehen, warum es in den fünfziger Jahren notwendig war, zur Verteidigung dieser Jugendlichkeit und dieses utopischen Begriffs von Schönheit und Befreiung nach Italien zu gehen. Und sie dokumentieren die lebendigen Formen eines Miteinanders nicht nur in ihrer beider Beziehung, sondern in einem Netz von künstlerischen Kontakten und gelebten Freundschaften mit anderen Künstlerinnen und Künstlern aus ganz Europa und bald auch aus Übersee. An den in den Briefen neben dem Deutschen verwendeten Weltsprachen, Italienisch, Englisch, Französisch, sowenig perfekt sie auch geschrieben werden, und in den vielen genannten Namen ist dieser Kosmopolitismus abzulesen. Es war nicht zuletzt das die Grenzen überschreitende Miteinander eines bewußten Neubeginns der antifaschistischen Kinder der Tätergeneration mit den überlebenden Opfern, mit den aus dem Exil Zurückgekehrten oder irgendwie in der feindlichen Umgebung ihrer Länder Davongekommenen. Darum waren die vielen in den Briefen genannten Namen, soweit es möglich war, zu kommentieren, oft als die Namen und Daten von Lebensläufen, die über KZ und Exil zurückführten in dieses künstlerische Miteinander nach dem Krieg.

Ingeborg Bachmann ist am 25. Juni 1926 in Klagenfurt geboren, eine Woche nur vor Hans Werner Henzes Geburtstag. Sie stehen einander durch ihre Herkunft nahe, so weit auch die Städte Klagenfurt und Gütersloh oder Bielefeld voneinander entfernt sind:

ein kulturell interessiertes Elternhaus, beide Väter Lehrer, beide Väter Mitglieder der NSDAP und bei Kriegsbeginn zum Militär eingezogen. Der Vater Hans Werner Henzes ist im Krieg gefallen. Wie Ingeborg Bachmann fühlte sich auch Hans Werner Henze besonders für den jüngeren Bruder zuständig. Das Elternhaus wird oft als Briefadresse genannt. Besonders für Ingeborg Bachmann blieb die Henselstraße 26 in Klagenfurt ein Rückzugs- und Fluchtort, wenn die Anforderungen durch Arbeitsvorhaben und Termine zu groß wurden.

Schon in der Jugend schrieben sie erste größere Werke. Mit siebzehn Jahren verfaßte sie eine Erzählung, »Das Honditschkreuz« (1943), in der schon entscheidende Komponenten ihres Werks da sind: der erzählerische Widerstand gegen den deutschnationalen Wahn und den proklamierten ›Totalen Krieg‹; die Darstellung des Kriegs als Mordschauplatz, die Utopie einer lebbaren Welt des Aneinandergrenzens der slowenischen und deutschen Sprache und Kultur.

Nach dem Kriegsende, im Herbst 1946, kam Ingeborg Bachmann über Innsbruck und Graz nach Wien, studierte Philosophie und schloß mit einer aus dem sprachkritischen neopositivistischen Wiener Kreis herkommenden Kritik der Heideggerschen Metaphysik ihr Studium ab (1950). In Wien lernte sie Ilse Aichinger kennen und Hans Weigel, Überlebende der Shoah, und in Wien begegnete sie im Frühjahr 1948 Paul Celan – für sie die am tiefsten reichende Beziehung in ihrem Leben. Sie hat ihn Hans Werner Henze gegenüber mit keinem Wort erwähnt, aber indirekt ist er gegenwärtig in der Ruhlosigkeit ihrer Reisen durch Europa, in den scheiternden Versuchen, sich in Celans Nähe in Paris niederzulassen, ein erstes Mal von Oktober 1950 bis Februar 1951 und dann wieder vom Herbst bis zum Winter 1956, in der vorweihnachtlichen Trostlosigkeit des »Hôtel de la Paix«, eine Wohnadresse, die zum Gedichttitel wurde. Die zwei großen zyklischen Italiengedichte Ingeborg Bachmanns können auf die beiden Pole ihrer Lebensbeziehungen bezogen werden: Die »Lieder von einer Insel«, an Hans Werner Henze gerichtet und mit den Motiven seiner Insel-Briefe verwoben – »Nimm die ›Lieder‹, die ich Dir schuldig bin und die für Dich geschrieben sind« (Brief 15, 1. Mai 1954). Die »Lieder auf der Flucht« aber richten sich mit ihren dramatischen Reflexionen des Schreibens nach der Shoa und der Frage des Schuldigseins – »ich bin schuldig.« »Die Toten, an mich gepreßt, / schweigen in allen Zungen«[5] – an Paul Celan.

Als Ingeborg Bachmann und Hans Werner Henze einander im Herbst 1952 trafen, war sie noch nicht freie Schriftstellerin. Sie arbeitete im script department des Senders »Rot-Weiß-Rot« in Wien, eine Tätigkeit, die ihr genaue Einblicke in den Kulturbetrieb verschaffte und sie zum professionellen Mitspielen in den verschiedenen künstlerisch strategischen Bündnissen mit Hans Werner Henze befähigte. Der Plan, aus Wien und aus Österreich wegzugehen, war in der Zeit der Begegnung mit Hans Werner Henze schon gefaßt. Die im September davor mit ihrer Schwester Isolde unternommene Urlaubsreise nach Süditalien, nach Rom, Neapel und Positano, war auch eine Erkundungsreise für einen längeren Italien-Aufenthalt.

Hans Werner Henze, am 1. Juli 1926 in Gütersloh (Westfalen) geboren, besuchte in Bielefeld das Gymnasium, wohin die Familie 1930 umzog. Seine ersten Kompositionsversuche fallen in das Jahr 1938. Vier Jahre später, als Sechzehnjähriger, begann er mit dem Studium an der Staatsmusikschule Braunschweig. 1944/45 wurde er zum Arbeits- und Kriegsdienst eingezogen. Nach dem Kriegsende arbeitete er als Korrepetitor am Stadttheater Bielefeld und setzte seine Musikstudien bei Wolfgang Fortner am Kirchenmusikalischen Institut in Heidelberg fort. Das 1946 bei den Internationalen Ferienkursen für Neue Musik in Darmstadt uraufgeführte »Kammerkonzert« brachte dem zwanzigjährigen Komponisten bereits einen Vertrag mit dem renommierten Musikverlag B. Schott's Söhne, bei dem er bis heute geblieben ist. 1947 begann er sich mit der Zwölftonmusik auseinanderzusetzen, ein nie abgeschlossener, schwieriger Prozeß der Aneignung – der in Ingeborg Bachmanns gebrochenem Verhältnis zur Avantgarde ein Pendant hat, wenn sie am Anfang der fünfziger Jahre beginnt, sprachliche Verfahren, eine härter konturierte Gestik und grammatische Transparenz, zu betonen, ohne die große Bildtradition der Literatur aus ihren Texten zu verbannen.

1948 entsteht »Apollo et Hyazinthus. Improvisationen für Cembalo, Altstimme, acht Soloinstrumente. Über das Gedicht ›Im Park‹ von Georg Trakl«, der Beginn einer lebenslang fortgesetzten Beschäftigung mit dem Werk Georg Trakls. 1949 nahm Henze den Unterricht bei René Leibowitz in Darmstadt und Paris auf, Ballettarbeiten entstanden, und neben den früh übernommenen künstlerischen Aufgaben und Leitungsfunktionen im zeitgenössischen Musiktheater komponierte er 1951 die Oper »Boulevard Solitude« nach einer von Grete Weil und Walter Jokkisch geschriebenen Neufassung des »Manon-Lescaut«-Stoffes.

So erfolgreich Hans Werner Henzes künstlerische Arbeit von Anfang an verlief, sie war gleichzeitig massiven Angriffen ausgesetzt, Theaterskandalen und einer publizistischen Kritik, die auf die Vernichtung der künstlerischen und existentiellen Grundlagen seines Werks zielte. Erste größere internationale Anerkennung fand seine Ballettpantomime »Der Idiot« (1952) mit der Aufführung im Teatro La Fenice in Venedig. Mit diesem Stück begann die Zusammenarbeit zwischen ihm und Ingeborg Bachmann. Im Frühjahr 1953 lud sie der Komponist ein, eine Neufassung des »Myschkin«-Monologs nach Fjodor Dostojewskijs Roman zu schreiben. Denn das große Opernprojekt Hans Werner Henzes, »König Hirsch«, nach Carlo Gozzis »Il re cervo«, das er der Dichterin gern angetragen hätte, war schon an einen anderen Librettisten vergeben. Es war unter anderem diese Opernkomposition – »wegen eines traums von neuem stück das heisst IL RE CERVO« (Brief 5, 14. Mai 1953) –, wegen der er nach Italien ging. Die ersten Jahre seines Ischia-Aufenthalts, von Sommer 1953 bis Sommer 1955, werden von der Arbeit an dieser Oper bestimmt sein.

Ingeborg Bachmann reiste Ende Oktober 1952 aus Wien zur Tagung der Gruppe 47 auf Burg Berlepsch bei Göttingen. Hans

Werner Henze kam aus München, das von ihm, nach dem Aufenthalt in vielen deutschen Städten, als ein letzter Wohn- und Arbeitsort vor dem geplanten Aufbruch nach Italien gedacht war. Für Ingeborg Bachmann war Berlepsch bereits die zweite Tagung der Gruppe 47, an der sie teilnahm. Im Frühjahr hatte sie in Niendorf neben Ilse Aichinger und Paul Celan, den ihr am nächsten stehenden Schriftstellern, ihre Gedichte vorgelesen.

Hans Werner Henze war mit Wolfgang Hildesheimer nach Berlepsch gekommen. Hildesheimer, wie Aichinger und Celan ein Überlebender der Schoah, las auf der Gruppentagung aus dem Text der Funkoper »Das Ende einer Welt«, den er nach der gleichnamigen »Lieblose[n] Legend[e]« für Henzes Opernvertonung dramatisiert hatte: eine Kritik der Insel-Existenz elitärer Künstler im Bild der italienischen Insel S. Amerigo, die in der Funkoper zum Untergang verurteilt ist. Ein beziehungsreicher Text, denkt man daran, daß Hans Werner Henze und Ingeborg Bachmann bereits im nächsten Jahr selber auf einer Insel leben werden und daß Ingeborg Bachmann dann im Bild der Insel-Existenz die drohende Isolation des Künstlers zum Thema machen wird im Hörspiel »Die Zikaden« (1955), für das Hans Werner Henze die Musik schrieb.

Als Ingeborg Bachmann und Hans Werner Henze einander auf Burg Berlepsch begegneten, hatte jeder eine Schreibbiographie hinter sich, in der die Öffnung auf das künstlerische Medium des andern, die Musik bzw. die Sprache, ein Charakteristikum ihrer künstlerischen Arbeit darstellte. Bei Hans Werner Henze war es die Suche nach einer musikalischen Verbindung zu den literarischen Texten, da er in der Sprachähnlichkeit der Musik eine größere Klarheit und bestimmtere Wirkung verbürgt sah. In einem späteren Essay hat der Komponist diese gesuchte sprachähnliche Transparenz der Musik als ihre »geistige Rede« bezeichnet.[6] Für Ingeborg Bachmann war der musikähnliche Ausdruck der Sprache eine Möglichkeit, die Grenzen der Sprache zu überschreiten oder wenigstens die Grenze der Sprache zu bezeichnen, an der sie hinter der Musik zurückbleiben muß.[7]

In ihren letzten Interviews hat sie betont, daß die Musik in ihrer künstlerischen Biographie das erste war. Sie habe »zuerst angefangen zu komponieren und dann erst zu schreiben«. Ihr »erster Ausdruck« sei Musik gewesen, für sie »noch immer der höchste Ausdruck«, etwas, »was wir durch Worte und durch Bilder nicht erreichen können«.[8] Was geblieben sei, »ist vielleicht doch ein besonderes Verhältnis zur Musik«.[9] Dieses »besondere Verhältnis zur Musik« finden wir in ihren Texten der frühen fünfziger Jahre als Bezeichnung eines Ausdrucks an der Grenze der Sprache, von etwas in der Sprache nicht mehr Formulierbarem, eine »Melodie«, ein »Ton«, dem eine literarische Figur verfallen ist,[10] oder als einen ersten Ausdruck der Spaltung des Ich in zwei gegensätzliche Komponenten – »meines Wesens Dur und Moll«[11] –, die dann die Romankonstruktion von »Malina« bestimmen wird, dieser »Ouvertüre« der »Todesarten«, die wie der innere Monolog in Arthur Schnitzlers Novelle »Fräulein Else« in die Notenschrift der Musik übergeht.

So ist schon vor der Begegnung der Dichterin mit dem Komponisten in ihrer beider Arbeit ein Dialog der Künste vorweggenommen, den dann die lebendigen Autorstimmen weiterführen und variieren werden. Die »Begegnung mit Hans Werner Henze« sei für sie »sehr, sehr wichtig« gewesen, weil sie »erst durch ihn wirklich Musik verstanden« habe: Aber die »Voraussetzungen« habe sie selber mitgebracht durch ihre »kleinen nichtsnutzigen Versuche«.[12]

Ähnlich bei Hans Werner Henze die Aufmerksamkeit für die Sprachähnlichkeit der Musik, zu der bei ihm eine ungewöhnliche literarische Begabung kam. Wolfgang Hildesheimer erwähnte sie indirekt in einem Brief an Heinrich Böll, wo er die Tatsache, daß seine Dramatisierung einer der »Lieblose[n] Legenden« besser als der Erzähltext sei, in Verbindung brachte mit Hans Werner Henzes »erklärenden Texten« in der gemeinsamen Funkoper »Das Ende einer Welt« (Brief an Heinrich Böll, 7. September 1953).[13] Für die Begegnung mit Ingeborg Bachmann war außerdem wichtig, daß der Komponist sich vor allem vom österreichischen Idiom der Literatursprache angesprochen fühlte. Er hatte als Jugendlicher die Schmerzpoesie der Gedichte Georg Trakls[14] für sich entdeckt, und diese – bis heute – fortgesetzte Lektüre hatte ihn auf eine Weise disponiert, daß er in Berlepsch auf der Tagung der Gruppe 47 annehmen konnte, nur er allein könne unter lauter »idioten« und solchen, »die so tun, als ob sie ›verstünden‹«, die Schönheit und Trauer der Gedichte Ingeborg Bachmanns verstehen.

Wahrscheinlich beginnt der Briefwechsel am 1. November 1952 mit Hans Werner Henzes Briefzeilen, in denen der Satz steht: »Ihre Gedichte sind schön, und traurig.« So unscheinbar und vage diese Formel sich ausnimmt, in ihr ist angelegt, was damals und später sein Musik- und Dichtungsverständnis bestimmt und was seinem Verständnis der Gedichte Ingeborg Bachmanns zugrunde liegt. Die gewählten Vokabeln, »schön, und traurig«, überhaupt der mehrmals in den Briefen geäußerte Anspruch, die »schönsten gedichte des jahrhunderts« und »die schönste musik von heute« zu schreiben (Brief 28, 27. August 1955), hatten im Kreis der neorealistisch-veristischen Kritik kein gutes Ansehn, sie klangen nach Hofmannsthal und Wiener Moderne, retrograd, als würde damit der Kulturbruch der NS-Zeit übergangen. Und doch enthält die Formel »schön, und traurig« das für Hans Werner Henze wie für Ingeborg Bachmann[15] charakteristische Konzept von Musik und Dichtung. Denn »schön« bedeutete für beide nicht das Leitwort eines restaurativen Programms, sondern sie verteidigten damit den großen Anspruch einer humanen Kunst nach 1945 *und* die epochale lebensgeschichtliche Erfahrung der Befreiung vom Nationalsozialismus. Ingeborg Bachmanns spätere erzählerische Evokation des Percival Glyde in den »Todesarten«, des englischen Offiziers, den die jugendliche ›windische‹ Franza im Roman als Gestalt der Rettung in der NS-Provinz im Süden Kärntens erlebt, ruft die Utopie der real erlebten Befreiung im Sommer 1945 in Erinnerung, den hymnischen Ton, den sie in jenem »schönsten Sommer« im Tagebuch verewigt hat: »und wenn ich hundert Jahre alt werde – das wird der schönste Sommer bleiben. Vom Frieden merkt man nicht viel, sagen alle, aber für mich ist Frieden, Frieden.«[16] Unmittelbar nach dem Kriegsende lernte sie einen jüdischen Offizier der Royal Army kennen, der mit ihr Freundschaft schloß, weil sie, was ihm undenkbar schien, die Bücher der verbrannten Autoren, »Thomas Mann und Stefan Zweig und Schnitzler und Hofmannsthal«, gelesen hatte.

Ganz ähnlich der hohe Ton bei der Evokation des epochalen Augenblicks der Befreiung im Jahr 1945 bei Hans Werner Henze, wenn er in seiner autobiographischen Erzählung der Uraufführung seines »Undine«-Balletts im Londoner Royal Opera House, Covent Garden, 27. Oktober 1958, indirekt die historischen Voraussetzungen seines Begriffs von Schönheit anspricht. Das »God Save The Queen« vor Beginn der Aufführung ist für den Komponisten und Dirigenten aus Deutschland »ein persönlicher Lob- und Dank- und Glückwunschgesang« an seine »Retterin«: »das Bildnis einer Frau, deren Armeen verhindert hatten, daß ich mit meinem Rosa Winkel entsprechend den Wunschvorstellungen des Reichsführers SS doch noch ausgerottet, vergast oder auf der Flucht erschossen worden war. Die Soldaten und Künstler Ihrer Britischen Majestät waren gekommen, mich zu befreien, den Deutschen, und mir die Demokratie zu bringen und mich in ihr eigenes Land und in die spirituelle Sicherheit von Männern wie Shakespeare, Henry Purcell, Oscar Wilde, Francis Bacon und Freddy Ashton rüberzuholen.«[17]

Was Ingeborg Bachmann und Hans Werner Henze, denkt man an ihre nationalsozialistischen Lehrer-Väter, auf die andere Seite ›rüberholte‹, war die noch in der NS-Zeit vollzogene Entfernung aus der Zwangsgemeinschaft. Sie erkannten das Mörderische der Kultur und Erziehung im NS-System – »Die Herren ›Erzieher‹, die uns umbringen wollen«[18] – und hatten in der Musik und in der Dichtung ein Medium ihres Widerstands gefunden. Bei Hans Werner Henze kam zu diesem Dissens das Bewußtsein der sexuellen Differenz, seine Homosexualität, die ihn zum potentiellen Opfer der NS-Vernichtung machte. Diese zutiefst leibseelische Dimension geschichtlicher Erfahrung ist bei ihm Teil seines seismographischen Gehörs für das Beunruhigende, Schmerzende in der Sprache von Ingeborg Bachmanns Lyrik geworden. Er hat diese frühe Erfahrung der Bedrohung bei der Skandalisierung seines musikalischen Werks nach 1945 immer wieder durchlebt. Einmal dankt er der Freundin, daß sie bei der Aufführung von »Boulevard Solitude« in Rom, April 1954, um ihn »gezittert« habe, bei dem Skandal um seine Arbeit – »der so bezeichnend war für die schande meiner existenz« (Brief 14, 24. April 1954). Einen Monat später hört er aus ihren Gedichten etwas heraus, was, als Bedeutungsschicht ihrer Texte, ebenfalls zum Skandal disponiere: »in diesen neuen gedichten gibt es etwas alarmierendes, skandalöses, befremdliches, erschreckendes« (im englischen Brieforiginal: »something alarming, scandalous, bewildering, startling«, Brief 16, 15. Mai 1954). Es ist eine unter oder jenseits der konventionellen Einverständnisse liegende Bedeutungsschicht, die um etwas Ungeheuerliches weiß. Ein Jahrzehnt später hat Ingeborg Bachmann es »Todesarten« genannt, und erst drei Jahrzehnte später ist diese in Hans Werner Henzes Brief vom 15. Mai 1954 registrierte Lesart zur Signatur eines neuen Verständnisses von Ingeborg Bachmanns Gesamtwerk geworden.

Dieses Doppelgesicht ihrer Lyrik glaubte Hans Werner Henze zu verstehen, als er im ersten Brief von der Schönheit und Trauer ihrer Lyrik schrieb, mit der er sich eins wußte: das Schöne der weltliterarischen Tradition, gebrochen von einer Trauer, die alle Motive erfaßt, ob es die Gestalt des Orpheus ist, die bei ihr mit Paul Celans »Todesfuge« in die Enge geführt wird – »Verwandelt ward deine Locke / ins Schattenhaar der Nacht«[19] –, das Motiv der »Ausfahrt« ins offene Meer hinaus, die vom Gedächtnis der Blutspur eingeholt wird – »eine rote Spur / bleibt im Wasser, dort legt dich der Schlaf hin / auf den Rest deiner Stunden, / und dir schwinden die Sinne«[20] –, oder die Tradition des deutschen Kunstlieds, in deren Bilder und Formen die Trauer um das sieben Jahre zuvor Geschehene einbricht – »Sieben Jahre später / fällt es dir wieder ein, / am Brunnen vor dem Tore, / blick nicht zu tief hinein, / die Augen gehen dir über«.[21] Selbst auf dem »Fluchtweg nach Süden« können nicht die »unbeantworteten Briefe an das Gestern vergessen« werden: »Im Keller des Herzens, schlaflos, find ich mich wieder / auf der Spreu des Hohns, im Herbstmanöver der Zeit.«[22] Es ist eines der Gedichte Ingeborg Bachmanns, aus denen Hans Werner Henze in den Briefen öfter zitierte, weil es die nicht aufhebbare Verschränkung der Italienerfahrung mit der Geschichte des Herkunftslandes und der Geschichte des eigenen Ich enthält.

In den Briefen kann man, so harmlos sie sich geben, eine der Literatur oder der Musik verwandte thematische Arbeit entdecken. In dieser doppelbödigen Brief-»Schrift« begegnen die immer wieder unter neuen Gesichtspunkten aufgegriffenen Lebensthemen: die Flucht in den Süden, die erlebte Befreiung in der mediterranen Landschaft, die drohende Isolierung auf der Insel, die Gewalt der Triebe – im Bild des Vulkanischen der Landschaft angesprochen –, die Schönheit und die »schönheitssüchtigen augen«, oft zitiert mit den Versen aus August von Platens »Tristan«-Gedicht: »Wer die Schönheit angeschaut mit Augen, / ist dem Tode schon anheim gegeben«, die künstlerische Arbeit, die Beziehung von Leben und Werk und die Liebe, als Thema der gemeinsamen Opernprojekte oder als »dunkler Erdteil« (vgl. Brief 92) der eigenen Liebesdramen.

Oft werden diese Themenzentren als Motive ins Spiel gebracht, in Zitaten, Namen oder Schibboleths. Ein Namenszeichen für das Verhältnis von Kunst und Leben und für die Liebe ist »Undine«, ein vieldeutiges Zeichen, das ein Netz von Verbindungen zwischen Leben und Werk herstellt, vom Namen des Boots, mit dem Ingeborg Bachmann laut brieflicher Anweisung Hans Werner Henzes zum ersten Mal vom Festland auf die Insel fahren soll, über die Arbeit an Ingeborg Bachmanns »Undine«-Erzählung und Hans Werner Henzes »Undine«-Buch[23], als Verkleidung, die Ingeborg Bachmann zur Premiere von Hans Werner Henzes und Frederick Ashtons »Undine«-Ballett im Royal Opera House wählte: das bewußte Spiel mit einer »heimatlosen Romantik«, wie es der Komponist in seinem »Undine«-Essay[24] nannte.

Und wie »Undinchen« und »Ingetier«, »die cumäische Sibylle« oder »Eichbaum«, »großer hirsch« und »kleiner hirsch«, spielt im metamorphischen Spiel der Briefmotive auch der Vogel eine wichtige Rolle. Eine ganz unscheinbare Anrede, »mein vögelchen mein goldenes auf dem zweig« (Brief 130, 6. November 1958), kann als naive Briefanrede gelesen werden *und* als wissende Thematisierung der Frage von lebendiger und toter Kunst und des Wunders der Stimme, wie es Hans Christian Andersens Märchen von »Des Kaisers Nachtigall« erzählt. In den Briefen kursiert dieses Motiv des Gesangs der natürlichen und der künstlichen Nachtigall als Gleichnis einer lebendigen und formelhaft erstarrten Moderne, es wird aus den Briefen hinübergespielt ins Werk, in die schönen Schlußsätze von Ingeborg Bachmanns »Die wunderliche Musik« (1956), wiederaufgenommen im Essay »Musik und Dichtung« (1959) oder in der »Hommage à Maria Callas« – »Sie war, wenn ich an das Märchen erinnern [darf], die natürliche Nachtigall dieser Jahre, dieses Jahrhunderts, und die Tränen, die ich geweint habe – ich brauche mich ihrer nicht zu schämen.«[25] Hans Werner Henze hat ihrer beider Brief- und Lebensmotiv in einem selbständigen Werk vertont – »Des Kaisers Nachtigall«, eine Ballettpantomime, an der sein neapolitanischer Schüler und Freund Giulio di Majo mitgearbeitet hat – »L'usignolo del'imperatore« (1959), aber auch in »Stimmen« (1973) ist das der Dichterin wie dem Komponisten gemeinsame empathische Verständnis der »Stimme des Menschen« enthalten: denn Musik und Dichtung treffen sich in der Aufgabe, bewußt zu machen, »was das ist: Eine menschliche Stimme.«[26]

Ein anderes Brief- und Lebensmotiv ist die Inselexistenz des Künstlers, ein Motiv, das sich aufgrund von Hans Werner Henzes Aufenthalt auf der Insel Ischia so selbstverständlich aufdrängt für die abgebrochene Beziehung zwischen Künstler und Gesellschaft und auch gern von den Journalisten so verwendet wurde, aber in den Briefen ein Warnbild ist, kritische Abwehr, Bewußtsein einer Gefahr. Darum auch die Wut des Komponisten, wenn ihm mit dem *zu* naheliegenden Bild eine ahistorische, welt- und zeitferne Position unterstellt wird, gerade mit dem Bild, das er in seinen kritischen Aspekten instrumentiert hat, schon vor der Abreise nach Italien in Wolfgang Hildesheimers Legende vom Untergang der italienischen Insel S. Amerigo in »Das Ende einer Welt« und dann im Insel- und Zikadengleichnis von Ingeborg Bachmanns Hörspiel »Die Zikaden«, das er kontrapunktisch weitergeführt hat in seinem eigenen Hörspiel »Die Revolte von San Nazzaro«.

Und immer wieder verstehen und mißverstehen sie einander mit ihren so konträren Ideen vom »Werk«, das überdauert, vom »Blatt«, das uns »auf den Wellen« nachtreibt (»Im Gewitter der Rosen«),[27] vom »Lied überm Staub danach«, das »uns übersteigen« wird (»Lieder auf der Flucht«)[28] – von ihm als Bilder der Rettung durch das Werk gedeutet, von ihr als Untergang und Verschwinden des lebendigen Autors.

Anmerkungen

1 Ingeborg Bachmann: Die Zikaden, in: I. Bachmann: Werke, hrg. v. Christine Koschel, Inge von Weidenbaum, Clemens Münster, Bd. 1, München u. Zürich 1978, S. 220 (von nun an mit der Sigle W zitiert).
2 Ingeborg Bachmann: [Jede Jugend ist die dümmste], W 4, 333.
3 Ebenda, W 4, 334.
4 Ebenda, W 4, 334.
5 Ingeborg Bachmann: Lieder auf der Flucht, W 1, 139.
6 Hans Werner Henze: Die geistige Rede der Musik (1959), in: H. W. Henze: Schriften und Gespräche 1955–1979, Berlin: Henschel Verlag 1981, S. 46–53.
7 Von den literatur- und musikwissenschaftlichen Arbeiten zum Verhältnis von

Musik und Dichtung bei Ingeborg Bachmann, aber auch zur Zusammenarbeit mit Hans Werner Henze seien wenigstens die größeren Monographien genannt: Corinna Caduff: »dadim dadam« – Figuren der Musik in der Literatur Ingeborg Bachmanns, Köln u. a.: Böhlau Verlag 1998; Petra Grell: Ingeborg Bachmanns Libretti, Frankfurt am Main: Lang Verlag 1995; Thomas Beck: Bedingungen librettistischen Schreibens. Die Libretti Ingeborg Bachmanns für Hans Werner Henze, Würzburg: Ergon Verlag 1997; Katja Schmidt-Wistoff: Dichtung und Musik bei Ingeborg Bachmann und Hans Werner Henze. Der »Augenblick der Wahrheit« am Beispiel ihres Opernschaffens, München: Iudicium Verlag 2001; Eva Lindemann: Über die Grenze. Zur späten Prosa Ingeborg Bachmanns, Würzburg: Königshausen & Neumann 2000; Christian Bielefeldt: Hans Werner Henze und Ingeborg Bachmann: Die gemeinsamen Werke. Beobachtungen zur Intermedialität von Musik und Dichtung, Bielefeld: transcript Verlag 2003. Vgl. auch die Beiträge des internationalen Henze-Symposions am Musikwissenschaftlichen Institut der Universität Hamburg 28. bis 30. Juni 2001, hrg. v. Peter Petersen: Hans Werner Henze. Frankfurt am Main u. a.: Peter Lang 2003.

8 Bisher waren die längeren Gesprächspassagen über ihr Verhältnis von Musik und Dichtung und über die Zusammenarbeit mit Hans Werner Henze nur über die im Bachmann-Nachlaß in der ÖNB liegenden Blätter des Typoskripts – »Ingeborg Bachmann in Rom. Juni 1973« – zugänglich (ÖNB, Nachl.-Nr. 2358). Sie erscheinen im November 2004 unter dem Titel »Ingeborg Bachmann. Ein Tag wird kommen. Ein Porträt von Gerda Haller« im Verlag Jung & Jung.

9 Interview mit Andrea Schiffner, 5. Mai 1973, in: Christine Koschel, Inge von Weidenbaum (Hrg.): Ingeborg Bachmann. Wir müssen wahre Sätze finden. Gespräche und Interviews, München u. Zürich: Piper 1983, S. 124.

10 Ingeborg Bachmann: Auch ich habe in Arkadien gelebt, W 2, 40.

11 Ingeborg Bachmann: Abends frag ich meine Mutter, W 1, 10.

12 Ingeborg Bachmann in Rom, a. a. O., ÖNB, Nachl.-Nr. 2358.

13 Wolfgang Hildesheimer: Briefe, hrg. v. Silvia Hildesheimer und Dietmar Pleyer, Frankfurt am Main: Suhrkamp Verlag 1999, S. 41.

14 Zur Bedeutung der frühen Trakl-Lektüre vgl. Hans Werner Henze: Reiselieder mit böhmischen Quinten. Autobiographische Mitteilungen, Frankfurt am Main: S. Fischer 1996, S. 38, 50 und 57.

15 »schreib schön und aufsässig« (Brief 109, *20.–22. Dezember 1957*).

16 Aus dem unveröffentlichten Tagebuch, zit. n. d. abgedruckten Auszug, in: Hans Höller: Ingeborg Bachmann, Reinbek bei Hamburg: Rowohlt 1999, S. 9f.

17 Hans Werner Henze: Reiselieder mit böhmischen Quinten, a. a. O., S. 188 f.

18 Aus dem auszugsweise veröffentlichten Tagebuch, zit. n. Hans Höller: Ingeborg Bachmann, S. 12.

19 Ingeborg Bachmann: Dunkles zu sagen, W 1, 32.

20 Ausfahrt, W 1, 29.

21 Früher Mittag, W 1, 44.

22 Herbstmanöver, W 1, 36.

23 Hans Werner Henze: Undine. Tagebuch eines Balletts, München: Piper 1959.

24 Hans Werner Henze: Über »Undine«, in: H. W. Henze: Schriften und Gespräche 1975–1979, a. a. O., S. 44.

25 Ingeborg Bachmann: Hommage à Maria Callas [Entwurf], W 4, 343.

26 Ingeborg Bachmann: Musik und Dichtung, W 4, 62.

27 Aria I, I, 160.

28 Lieder auf der Flucht, I, 147. Zum künstlerischen Dialog mit Hans Werner Henze vgl. die umfassende Studie von Ariane Huml: Silben im Oleander, Wort im Akaziengrün. Zum literarischen Italienbild Ingeborg Bachmanns, Göttingen 1999.

Kommentar

Biographisch-werkgeschichtliche Phasen des Briefwechsels

Die Schwierigkeit, den Briefwechsel chronologisch zu gliedern, hat damit zu tun, daß lebensgeschichtlich einschneidende Zäsuren meist nicht mit den Phasen der künstlerischen Zusammenarbeit zusammenfallen. Weil aber beides für die Darstellung der Phasen der »Briefe einer Freundschaft« relevant ist, wird versucht, diese Komponenten und ihre jeweilige Konstellation miteinander in den Blick zu rücken.

November 1952 bis Ende Juli 1953

Die erste Phase des Briefwechsels läßt sich mit dem ersten Brief von Hans Werner Henze an Ingeborg Bachmann (Tagung der Gruppe 47 auf Burg Berlepsch, 1. November 1952) und mit Ingeborg Bachmanns Ankunft auf der Insel Ischia, Anfang August 1953, eingrenzen. Noch vor der Abreise nach Italien beginnt die künstlerische Zusammenarbeit. Ingeborg Bachmann übernimmt die Neufassung von »Ein Monolog des Fürsten Myschkin zu der Ballettpantomime ›Der Idiot‹« (1953), die Tatjana Gsovskys Zitatmontage aus dem Dostojewskij-Roman ersetzen sollte. Seit Juni 1953 ist Hans Werner Henze in Forio d'Ischia, und von dort schickt er briefliche Beschreibungen des Lebens auf der Insel und Hinweise für Ingeborg Bachmanns Reise. Sie wird dort von August bis Oktober 1953 in seiner Nähe leben.

Diese Phase reicht von Ingeborg Bachmanns Übersiedlung von Ischia nach Rom bis Ende 1955. Sie bezieht in Rom eine Wohnung an der Piazza della Quercia. Nach der Rückkehr von ihrem USA-Aufenthalt im August 1955 findet sie nicht mehr den Anschluß an das frühere Leben in Rom, geht nach Wien, versucht, sich dort niederzulassen, bleibt dann aber von Oktober 1955 bis zum Jahresende in Klagenfurt bei den Eltern. Lebensgeschichtlich fällt in diese Zeit die erste Krise ihrer beider Beziehung, da Hans Werner Henze im April 1954 vor einer Heirat, die er doch gewünscht hatte, zurückschreckt. Als ein überdauerndes Ergebnis der gemeinsamen Ischia-Zeit übergibt sie ihm die »Lieder von einer Insel« (1. Mai 1954).

Es ist für den Komponisten eine schwierige Zeit, in die die umstrittene, besonders in Rom skandalisierte Aufführung seiner Oper »Boulevard Solitude« fällt (Anfang März 1954 in Neapel, Anfang April in Rom). Werkgeschichtlich sind diese Jahre seit der Ankunft auf Ischia von der Arbeit an seiner großen Oper »König Hirsch« bestimmt. Am 4. September 1955 teilt er der Freundin die Fertigstellung mit (»das meisterwerk KÖNIG HIRSCH ist vollendet«).

Ingeborg Bachmann, die in diesen Jahren, bis zu ihrer Abreise in die USA im Sommer 1955, von journalistischen Arbeiten für westdeutsche Zeitungen und Rundfunkstationen überlastet ist, kann im Dezember 1954 ihr Hörspiel »Die Zikaden« abschließen, für das Hans Werner Henze im Januar 1955 die Musik schreibt. Am 23. April 1955 teilt er der Dichterin den Wunsch mit, mit ihr seine »nächste oper« »zu machen«.

Das gemeinsame Opernvorhaben wird, nach der Fertigstellung von »König Hirsch« und nach Ingeborg Bachmanns Rückkehr aus den USA, in einer von beiden krisenhaft erlebten Zeit begonnen. In diesen Monaten ab Oktober 1955, die sie im Klagenfurter Elternhaus verbringt, während Hans Werner Henze seine Übersiedlung von Ischia nach Neapel vorbereitet, setzt eine intensive Arbeit an dem gemeinsamen Opernvorhaben ein. Das erste Opernprojekt, das zunächst von der Sujetsuche bis zum szenischen Aufbau gemeinsam erarbeitet wird, ist »Anchises und Aphrodite«, ein bisher unbekannter Opernentwurf Ingeborg Bachmanns, der durch den Briefwechsel als Bachmann-Text im Nachlaß identifiziert werden konnte. In dieser Zeit, Mitte November, schlägt ihr Hans Werner Henze wieder ein gemeinsames Leben vor – »das wäre ein pakt gegen die bedrohlich dumme welt« (Brief 40, Ende November 1955).

Anfang 1956 bis August 1956

Diese relativ kurze Phase läßt sich insofern abheben, weil sie die längste Zeit eines gemeinsamen Lebens von Ingeborg Bachmann und Hans Werner Henze darstellt. Sie wohnen den Winter und das Frühjahr 1956 in der gemeinsamen Wohnung in Neapel auf dem Vomero Alto, in der Villa Rotondo. Die Korrespondenz fällt nun in die Zeiten ihrer Reisen, einer Lesereise Ingeborg Bachmanns ins Ruhrgebiet und nach Bremen (Ende Februar, Anfang März 1956) und dann Hans Werner Henzes Reise zur Vorbereitung der Aufführung des Balletts »Maratona di danza« in Paris, auf der er im Mai 1956 mit dem Auto verunglückt und mehrere Wochen im Krankenhaus in Mailand und bei einem Mailänder Freund verbringen muß. Für ihn eine Zeit der Desillusionierung: in Deutschland der Beschluß über das Gesetz zur Wiederbewaffnung der Bundesrepublik und in der Beziehung mit Ingeborg Bachmann die Einsicht, »dass es nie anders sein kann, eben weil es keine normale Beziehung ist« (Brief 58, 21. Juli 1956).

Werkgeschichtlich ist in den vorangegangenen Monaten die Ablösung des ersten Opernvorhabens, »Anchises und Aphrodite«, durch die Oper »Belinda« erfolgt. Obwohl die Arbeit am Libretto der Oper »Belinda« weit fortgeschritten ist, wird es im November 1956 fallengelassen. Den unmittelbaren Anlaß dazu gab die Absage vonseiten der Donaueschinger Musiktage.

Es ist sinnvoll, diese folgenden Jahre der vielen lebensgeschichtlichen Zäsuren und Veränderungen zusammenzufassen unter dem Gesichtspunkt der Werkgeschichte. Denn nie vorher und nachher haben Ingeborg Bachmann und Hans Werner Henze so viele gemeinsame Arbeiten ausgeführt und sich so intensiv darüber brieflich verständigt.

Ingeborg Bachmann kehrt im August 1956 überstürzt aus Neapel nach Klagenfurt zurück und wollte dort bis zur Berliner Uraufführung von Hans Werner Henzes Oper »König Hirsch« (Ende September 1956) bleiben – »verletzt wie ein Tier im Wald« (Brief 60, 16. August 1956). In Klagenfurt erkrankt sie, kann nicht nach Berlin kommen. Im November reist sie von Klagenfurt aus nach Paris, bleibt aber kürzer als geplant und kehrt vor Weihnachten nach Rom zurück. Ihre Pariser Wohnadresse ist der Titel eines Gedichts geworden, »Hôtel de la Paix«: »durch den Teppich / scheinen Grund und Boden«.[1]

Als Ingeborg Bachmann in Rom in den ersten Januartagen 1957 eine neue Wohnung bezieht, Via Vecchiarelli 38, hält sich Hans Werner Henze zur Vorbereitung des »Undine«-Balletts in London auf. Er kehrt im März 1957 aus London nach Neapel zurück, im April wird die neue Wohnung in der via Generale Parisi 6 eingerichtet, mit einem für die Freundin reservierten Zimmer – in das sie nie einziehen wird. Denn in dieser Zeit entscheidet sie sich, daß sie nicht nach Neapel zurückgeht. Im September des Jahres 1957 wird sie nach München umziehen, wo sie eine Dramaturginnenstelle beim Bayerischen Rundfunk annimmt, und wieder ein Jahr später zieht sie im Herbst von München nach Zürich um, zu Max Frisch.

Obwohl sich in diesen dreieinhalb Jahren gravierende Veränderungen in ihren Beziehungen ereignen und die Wohnorte so häufig gewechselt werden, sind die Jahre von 1957 bis 1960, bis zur Uraufführung von »Der Prinz von Homburg« im Mai 1960, zugleich die Jahre der intensivsten künstlerischen Zusammenarbeit.

Im Sommer 1957 vertont Hans Werner Henze zwei Bachmann-Gedichte, »Im Gewitter der Rosen«, zu dem sie eine zweite Strophe neu hinzufügt, und das kurz zuvor fertiggestellte Gedicht »Freies Geleit« – »eines der schönsten gedichte der welt«, wie der Komponist am 29. Mai 1957 schreibt. Als Aria I und Aria II werden diese Gedichte als Teil der »Nachtstücke und Arien« bei den Donaueschinger Musiktagen im Oktober 1957 uraufgeführt.

Die gemeinsame Arbeit am »Homburg«-Libretto fällt vor allem in den Spätsommer 1958, es beschäftigt aber beide mit ihren Essays zum Libretto – zu dem »ganzen komplex ›how to make a libretto‹« (Brief 145, 3. März 1960) – und zur Vertonung bis weit in das Jahr 1960 hinein, ein »Ineinanderarbeiten« zwischen der Dichterin und dem Komponisten, das an den Briefen bis in Details nachzuvollziehen ist. Im Oktober 1958 treffen sie einander bei der Uraufführung des »Undine«-Balletts im Royal Opera House in London, einer der Glanzpunkte von Hans Werner Henzes Musikerlaufbahn. 1958 entsteht auch Ingeborg Bachmanns schöner Essay über »Musik und Dichtung«, dessen musiktheoretische Aspekte sie schon mehrere Monate vor dem Abschluß der Arbeit mit Hans Werner Henze – und auch mit Luigi Nono – brieflich besprochen hat. Einen vom Komponisten seit Ende 1957 immer wieder vorgebrachten Vorschlag für ein Libretto auf der Grundlage von Schalom Aschs Roman »Motke Ganev«, »Motke, der Dieb«, greift sie nicht auf. In dieser Zeit stellt Hans Werner Henze in den Briefen auch Überlegungen an zu einem zweiteiligen Liederzyklus aus Gedichten der »Lieder von einer Insel« und der »Lieder auf der Flucht«. Dieser Zyklus ist dann erst sehr viel später, im Jahr 1964, und nur zum ersten Gedicht, komponiert worden (»Lieder von einer Insel. Chorfantasie auf Gedichte von Ingeborg Bachmann«).

Fast symptomatisch für diese Jahre der gemeinsamen Arbeit, zu der die Briefe als Arbeitsgespräche gehören, ist die Koinzidenz von zwei Vortragsterminen: Am 11. November 1959 hält Ingeborg Bachmann ihre erste Frankfurter Poetik-Vorlesung, und genau an diesem Tag spricht Hans Werner Henze über »Die geistige Rede der Musik«, ein Dialog des Komponisten mit Ingeborg Bachmanns Essay »Musik und Dichtung«.

Juni 1960 bis 1973

In diesem langen Zeitabschnitt von 1960 bis zum Tod Ingeborg Bachmanns am 17. Oktober 1973 wird der Briefkontakt schütterer. In diesen mehr als zehn Jahren werden zahlenmäßig nicht viel mehr Briefe geschrieben als sonst in einem Jahr. Es sind jetzt vor allem größere lebens- und werkgeschichtliche Zäsuren, an denen Briefe gewechselt werden. Hans Werner Henze hat sich 1962 in der Landschaft der Castelli niedergelassen, zuerst in Castel Gandolfo, von 1962 bis 1966, dann in einem eigenen Haus in Marino, wo er bis heute lebt.

Ingeborg Bachmann hielt sich bis Ende 1962 zusammen mit Max Frisch in Zürich und in Rom auf. Im Januar 1963 schreibt sie einen verzweifelten Brief aus Uetikon am Zürichsee, daß sie der Freund zurückholen möge. Wenn Ingeborg Bachmann das Gedicht »Enigma« mit der Widmung versieht: »Für Hans Werner Henze aus der Zeit der Ariosi«, erinnert diese Datierung mit der Entstehungszeit der »Ariosi« im Jahr 1963 auf verschwiegene Weise auch an diese brüderliche Rettung.

Ingeborg Bachmann geht dann aus Rom nach Berlin, und noch einmal setzt 1964 eine längere Zusammenarbeit an der nun letzten gemeinsamen Oper, »Der junge Lord«, ein. Im Frühjahr 1964 schreibt sie den ganzen ersten Akt;[2] in einem Brief vom 19. Juli 1964 ist zum ersten Mal davon die Rede, zu einem Zeitpunkt, da die Arbeit am Libretto schon weit fortgeschritten ist. Am 3. September teilt ihr Hans Werner Henze aus Rom die Fertigstellung der Oper mit. Ein geplanter Briefwechsel zur Entstehung der Oper, der bei Rowohlt hätte erscheinen sollen, blieb ein nicht realisierter Gedanke.

Ihre Büchnerpreis-Rede im Herbst 1964 führt ihm vor Augen, wie schlecht es ihr geht, das »schön, und traurig« von einst ist nun ein »schön« und »unendlich schlimm« und »schrecklich« geworden (Brief 158, 31. Oktober 1964). Es läßt ihn an das Schlimmste denken – »aber das geht nicht, Du darfst nicht sterben«.

Die letzte größere gemeinsame Zusammenarbeit, die in den Briefen ausführlich dokumentiert ist, war eine politische Rede: eine Wahlkampfrede für Willy Brandts SPD, die Hans Werner Henze im September 1965 in Bayreuth hielt. Die Vorbesprechung der Rede umfaßt mehrere Briefe, der größte thematisch zusammengehörige Briefkomplex all dieser letzten Jahre.

Der Radius der Reisen Hans Werner Henzes wird in der zweiten Hälfte der sechziger Jahre größer, aber auch der Abstand zwischen den Briefen erweitert sich immer mehr. Im März 1969 reist der Komponist zu einem künstlerisch-politisch motivierten Aufenthalt nach Kuba, dem die Freundin skeptisch gegenüberstand.

Die angebliche politische Entfernung und Entfremdung der beiden in dieser Zeit ist von Ingeborg Bachmanns Werk her zu relativieren. Dem antiimperialistischen Engagement Hans Werner Henzes kann die postkoloniale Perspektive des »Todesarten«-Romans »Das Buch Franza« an die Seite gestellt werden, die Nähe zu Frantz Fanons »Schwarze Haut, weiße Masken«: »Die Weißen kommen. Die Weißen gehen an Land. Und wenn sie wieder zurückgeworfen werden, dann werden sie noch einmal wiederkommen, da hilft keine Revolution und keine Resolution und kein Devisengesetz, sie werden mit ihrem Geist wiederkommen.«[3] Auch die Theorie der »poesia impura«, die Hans Werner Henze von Pablo Neruda auf die Musik überträgt, kann für die Prosa der »Todesarten« wie für Ingeborg Bachmanns späte Lyrik Geltung beanspruchen, für ihr Bestehen auf einem anderen, »ungereinigten« Ausdruck des Leidens: »Ich habe ein Einsehn gelernt / mit den Worten, / die da sind / (für die unterste Klasse)«.[4] Selbst das Italienbild, das bei beiden so viele Veränderungen durchlaufen hat, nimmt in diesen letzten Jahren vor allem politische Züge an, in denen sich bei ihr die Erinnerung an die Arbeiterbewegung mit dem kritischen Blick auf patriarchalische und postkoloniale Machtverhältnisse verbindet: »Und die italienische Arbeiterin wehrt sich zum erstenmal gegen die Ehe, und sie kämpft für ihre Freiheit. Unter Freiheit versteht sie nicht, daß sie nicht arbeiten will, sondern daß sie nicht mehr die Sklavin sein will, zu der man sie gemacht hat.«[5] Und warum sie »Italien liebe, das hat damit zu tun und nicht mit seinen Schönheiten«, weil sie »begriffen habe, warum und worum dieses Volk kämpft«. Ganz verloren steht deshalb das »VENCEREMOS!« nicht am Ende eines der letzten Briefe Hans Werner Henzes an seine Freundin.

Anmerkungen

1 Ingeborg Bachmann: Hôtel de la Paix, W I, 152.

2 Hans Werner Henze: Reiselieder mit böhmischen Quinten, a. a. O., S. 236.

3 Zitiert nach dem Aufsatz von Sara Lennox: »White Ladies« und »Dark Continents«. Ingeborg Bachmanns »Todesarten«-Projekt aus postkolonialer Sicht, in: Monika Albrecht, Dirk Göttsche (Hrg.): »Über die Zeit schreiben«. Literatur- und kulturwissenschaftliche Essays zu Ingeborg Bachmanns »Todesarten«-Projekt, Würzburg: Königshausen & Neumann 1998, S. 13.

4 W I, 172.

5 Ingeborg Bachmann: Juni 1973 [Interview mit Gerda Haller], in: I. Bachmann: Gespräche und Interviews, a. a. O., S. 144 (s. Anm. 5).

Editorischer Bericht

1. Überlieferung und Umfang des Briefwechsels

Die Briefe Ingeborg Bachmanns sind in der Hans-Werner-Henze-Sammlung der Paul Sacher Stiftung, Basel, Münsterplatz 4, aufbewahrt. Die Briefe von Hans Werner Henze sowie die nicht an ihn abgeschickten Briefe, Briefentwürfe und Briefdurchschriften Ingeborg Bachmanns befinden sich im gesperrten Teil des Ingeborg-Bachmann-Nachlasses der Handschriftensammlung der Österreichischen Nationalbibliothek (ÖNB), Wien I, Josefsplatz 1. Die Sperrung wurde für die kodikologische Bestimmung der Briefe, Ansichtskarten und Telegramme Hans Werner Henzes sowie für die Suche nach Briefdurchschriften bzw. nicht abgeschickten Briefen Ingeborg Bachmanns aufgehoben. Nach dem Erscheinen dieser Briefedition wird eine BenutzerInnen-Kopie der in der ÖNB aufbewahrten Briefe Hans Werner Henzes sowie der nicht abgeschickten Briefe Ingeborg Bachmanns an ihn (der Durchschriften und Briefentwürfe) im einsehbaren Nachlaß zugänglich gemacht.

Die in der Österreichischen Nationalbibliothek aufbewahrten Briefe Hans Werner Henzes sind mit einer Ordnungszahl versehen. Sie wird im Stellenkommentar dieser Edition zu den einzelnen Briefen angegeben. Bei den nicht mit Nachlaß-Blattzahlen versehenen Bachmann-Briefen wird nur das jeweilige Archiv (ÖNB für Österreichische Nationalbibliothek, PSS für Paul Sacher Stiftung) angegeben.

Der Umfang der überlieferten Briefe der einzelnen Briefpartner ist sehr unterschiedlich. Den 219 Briefen (einschließlich Ansichtskarten und Telegrammen) Hans Werner Henzes stehen 33 Briefe Ingeborg Bachmanns gegenüber, von denen 12 als Briefdurchschläge und -entwürfe im Januar 2004 im Bachmann-Nachlaß der Österreichischen Nationalbibliothek aufgefunden wurden. Obwohl Hans Werner Henze zweifellos mehr Briefe geschrieben hat, was die eingemahnten Briefe und die Klagen, von ihr keine Post zu bekommen, belegen, ist davon auszugehen, daß der größere Teil ihrer Briefe an Hans Werner Henze verlorengegangen ist. Denn in den Briefen Hans Werner Henzes wird auf mehr als doppelt so viele Briefe Ingeborg Bachmanns Bezug genommen, als überliefert sind.

Die Briefe sind in den Archiven, auch die mit einer Ordnungsnummer versehenen, nicht oder nur unzureichend chronologisch vorgeordnet. Da etwa siebzig Briefe undatiert oder nur fragmentarisch datiert sind, stellte die Rekonstruktion der chronologischen Abfolge ein aufwendiges Indizienverfahren dar, das im Kommentar kurz dargestellt wird. Die Briefumschläge sind nur für ein Drittel der Briefe erhalten, waren aber oft nicht bei den dazugehörigen Briefen abgelegt. Bei unsicheren Datierungen wird zum Datum in der Kopfleiste ein Fragezeichen gesetzt, die wenigen nicht oder nur sehr ungenau datierbaren Briefe wurden unter fortlaufender Zählung an das Ende des Brief-Textteils gestellt.

Auch aus Gründen der ungleichen Überlieferung wurden alle Briefe Ingeborg Bachmanns in die Edition aufgenommen, während bei den Briefen Hans Werner Henzes eine Auswahl getroffen wurde und etwa ein Drittel seiner Briefe nicht aufgenommen wurde. Es sind dies Briefe eher organisatorischen Charakters (Reiseorganisationen, Aufzählungen von Reisestationen, Flugverbindungen; Vermittlungen von Wohnungen für Besucher usw.), redundante Briefe (weil der Briefschreiber zum Beispiel nicht sicher sein konnte, ob vorangegangene Briefe die Adressatin erreichten), formelhafte Ansichtskarten, aber auch einige kaum oder zuwenig auf Ingeborg Bachmann bezogene

Briefe (z.B. die Rekapitulation verlagstechnischer Details mit B. Schott's Söhne) und der eine oder andere Brief auch deshalb nicht, weil er sich ins Anekdotenhafte verliert. Das Zitierenswerte aus den nicht abgedruckten Briefen wird in den Stellenkommentar übernommen, oder es wird mit einigen Worten der Briefinhalt skizziert. Damit wurde die Entscheidung für eine Ausgabe getroffen, die unter den wissenschaftlich-editorischen Gesichtspunkten den einen nicht vergißt, daß sie gelesen werden will.

2. *Textwiedergabe*

Vor den einzelnen mit einer fortlaufenden Zahl versehenen Briefen steht jeweils in Kursivschrift eine Kopfleiste. Sie gibt Briefadressaten(in), Ort (fallweise rekonstruiert) und Datum (fallweise rekonstruiert) an. Bei Unsicherheiten in der Zuordnung steht ein Fragezeichen. Die druckgraphische Präsentation der Briefe folgt, auch wenn auf einen diplomatischen Abdruck allein aufgrund der notwendigen Übersetzungen verzichtet wird, weitgehend dem Brieforiginal. Auch die vom Briefschreiber in den Text eingefügten Sternchen für die am Rand notierten Ergänzungen werden in die Briefe eingefügt. Der vorgedruckte Briefkopf, besonders auf den späteren Briefen Hans Werner Henzes, wird nur auf der ersten Briefseite übernommen, bei Hotel-Briefpapier wird auf zusätzliche Angaben (Telefonnummern und dergleichen) verzichtet.

Die italienischen, englischen und französischen Briefe bzw. Briefpassagen werden zuerst in Übersetzung abgedruckt (die Übersetzungen aus dem Italienischen stammen von Ragni Maria Gschwend, die aus dem Englischen von Annette Pehnt und die aus dem Französischen von Elsbeth Ranke), in einem angefügten selbständigen Abschnitt können sie in der Originalsprache nachgelesen werden. Die Briefe zuerst in ihrer originalen Gestalt zu präsentieren, was versucht wurde, hätte einen umständlichen Lesevorgang bedeutet und die Orientierung erschwert. Durch die Übersetzungen geht zweifellos viel von der – oft geschickt inszenierten – Sprachenvielfalt der Briefe verloren. Kleinere fremdsprachliche Texte sind in den deutschsprachigen Briefen stehen geblieben und am unteren Briefrand übersetzt. Die Übersetzungen sind durch Grauton im Druck erkennbar gemacht, die Bestimmung, aus welcher der drei Fremdsprachen übersetzt wurde, muß aus dem angefügten Originalbrief entnommen werden, weil sonst der Briefteil mit zu vielen Hinweiszeichen überladen würde.

Zahlenmäßig machen die deutschsprachigen Briefe – bei beiden Briefpartnern – etwa die Hälfte der Briefe aus, von den fremdsprachigen Texten ist der weitaus größere Prozentsatz (etwa 75 Prozent) auf Italienisch geschrieben, gefolgt von Englisch und Französisch. Eine zusätzliche fremdsprachliche Variante stellen in Hans Werner Henzes Briefen die Einsprengsel aus dem Neapolitanischen dar, auf die im Kommentar besonders eingegangen wird, weil sie die bewußte Annäherung an die Sprache der »piazza« zum Ausdruck bringen, die sich auch im Interesse des Komponisten für andere, plebejische Musiktraditionen zeigt.

Eine große Schwierigkeit stellte die Transkription von Hans Werner Henzes schwer lesbarer Briefhandschrift dar, wo zur graphischen Schwierigkeit das Problem eines sehr freien Umgangs mit den Fremdsprachen kam. Was in editorischen Kommentaren gern »stillschweigende vorsichtige Korrekturen« heißt, war hier eine Gratwanderung zwischen der besseren Verständlichkeit und dem Dokumentcharakter der Briefe. In Zweifelsfällen, und das waren so viele Fälle, daß sie der Kommentar gar nicht erfassen kann, wenn er nicht zum Sprachlehrbuch werden will, wurde dann doch der Norm der Vorzug gegeben, also, um einige wenige Beispiel zu nennen, »insupportabile« korrigiert zu »insopportabile«, »preferabilmente« zu »preferibilmente«, »ogniuno« zu »ognuno«, »schiffezza« zu »schifezza« usw., sofern nicht an solchen Inkorrektheiten mit großer Beständigkeit festgehalten wird, wie an »communque« anstelle von »comunque«.

Die meisten sprachlichen Probleme lösen sich in der Zeit auf, in der das Italienische für Hans Werner Henze eine selbstverständliche Sprache wird. Ende der fünfziger Jahre verzichtet er sogar im Deutschen auf sein individuell gehandhabtes System der Kleinschreibung und gibt der Norm den Vorzug, was Ragni Maria Gschwend sorgfältig in der Orthographie ihrer Übersetzung nachzuvollziehen versucht. Sehr individuell bleibt in den deutschsprachigen Briefen bis zuletzt die Interpunktion, eine gleitende Skala zwischen Zufälligkeit und Gleichgültigkeit gegenüber den Regeln, mit Ansätzen zu einer Art mimetischer Zeichensetzung, Zäsuren – Fermate – , die durch größere Abstände zwischen den Wörtern angedeutet werden und dann doch wieder von ein paar Kommata ergänzt werden – was jeder angestrengten stilistischen Interpretation den Boden entzieht. In einem längeren Brief wird, und hier ist der Kunstgriff unabweisbar, überhaupt kein einziges Satzzeichen gesetzt (Brief 97).

3. Stellenkommentar

Am Beginn der einzelnen Briefkommentare stehen jeweils die Angabe des Archivs und, falls vorhanden, der Blattzahl(en) im Nachlaß, dann die Charakteristik des Dokuments, Manuskript oder Typoskript, Brief, Ansichtskarte (mit Bildlegende) oder Telegramm – die Schreibmaterialien und Korrekturen nur dann, wenn sie signifikant sind, z. B. mit rotem Farbband hervorgehobene Wörter oder Bleistiftkorrekturen. Falls erhalten, werden Poststempel und Adresse des Briefumschlags angegeben. Bei undatierten Briefen werden vor dem Stellenkommentar die Indizien für die Datierung angeführt. Der Herausgebertext ist kursiv, recte stehen nur die Werktitel (ohne Anführungszeichen) und die Zitate aus Texten Ingeborg Bachmanns und Hans Werner Henzes.

Der Stellenkommentar hat seine Notwendigkeit in der spezifischen Form der freundschaftlichen Kommunikation, deren private Abkürzungen und Anspielungen näher erklärt werden müssen. Dieses System von Kürzeln und Namen verstehbar zu machen, ist die Aufgabe des Kommentars, wobei versucht wird, statt einer bloßen Entschlüsselung des Privaten dessen kulturelle, gesellschaftliche und geschichtliche, mit einem Wort, dessen werkgeschichtliche Dimension zu bestimmen, und ganz in diesem Sinn geht es in der Kommentierung um die Lektüre der Briefe als »Schrift«, die in die der Werke weiter verfolgt werden kann. Spuren lesen, die Verbindungen und Vermittlungen zwischen Leben und Schreiben zum Gegenstand der Kommentierung machen, das bedeutet, daß den im Zusammenhang dieser freundschaftlichen Kommunikation entstehenden Werken und damit auch den Entstehungshandschriften ein besonderer Stellenwert eingeräumt wird. Auf diese wechselseitige Erhellung zielt der Kommentar. Die ›Ethik einer Lektüre‹, um dieses angestrengte Wort zu nennen, erweist sich darin, wie über das Private noch des privatesten Briefwechsels gesprochen wird, in diesem Falle eines Briefwechsels, dessen Beginn mehr als ein halbes Jahrhundert zurückliegt. So groß die Attraktion ist, Hans Werner Henzes »Autobiographische Mitteilungen« zum Bezugspunkt der biographischen Erklärungen zu nehmen, wird doch ein anderer Weg gewählt – was nicht heißt, daß nicht dankbar auf seine Bücher zurückgegriffen wird: die »Briefe einer Freundschaft« im Lichte der Werke darzustellen. »Musik als Platzanweiserin«, hat Hans Werner Henze in einem Brief (171, 18. Juni 1966) diese Verwandlung des Biographischen im Werk genannt, die aus dem Alptraum des Lebens den geschriebenen Traum eines Lebens macht, wo alles an seinem richtigen Platz und die Fremdheit und Stummheit überwunden wäre.

In »L'Upupa« erzählt Hans Werner Henze unter dem Datum vom 1. Juni 2002 die Erinnerung an eine Traumsequenz: »Im römischen Kaffeehaus (im Greco, in der Via Condotti) saß andererseits die Inge Bachmann am Nebentisch mit Fremden, stumm, wie eine Fremde, schien mich nicht zu kennen, sollte ich mich vielleicht noch einmal vorstellen? Oder die Augen aufmachen (die ein wenig brennen) und schreiben?« (Hans Werner Henze, L'Upupa, S. 114).

Anmerkungen zu den Briefen

Siglen und Abkürzungen

HWH	Hans Werner Henze
IB	Ingeborg Bachmann
BHB	Bachmann-Handbuch, hrg. v. Monika Albrecht u. Dirk Göttsche, Stuttgart u. Weimar: Metzler 2002
BR	Bayerischer Rundfunk
E	Hans Werner Henze: Essays, Mainz, London, New York: B. Schott's Söhne 1964
EMS	Ellen Marga Schmidt: IB in Ton- und Bildaufnahmen, in: W 4, S. 427–516
G	Klaus Geitel: Hans Werner Henze, Berlin: Rembrandt 1968
GuI	Ingeborg Bachmann: Wir müssen wahre Sätze finden. Gespräche und Interviews, hg. v. Christine Koschel u. Inge v. Weidenbaum, München u. Zürich: Piper 1983
H	Hans Werner Henze: Reiselieder mit böhmischen Quinten. Autobiographische Mitteilungen 1926–1995, Frankfurt am Main: S. Fischer 1996
HR	Hessischer Rundfunk
NDR	Norddeutscher Rundfunk
NWDR	Nordwestdeutscher Rundfunk
ÖNB	Österreichische Nationalbibliothek, Handschriftensammlung, Wien
PSS	Paul Sacher Stiftung, Basel
SDR	Süddeutscher Rundfunk, Stuttgart
SFB	Sender Freies Berlin
SuG	Hans Werner Henze: Schriften und Gespräche 1975–1979, Berlin: Henschelverlag 1981

TA	Ingeborg Bachmann: »Todesarten«-Projekt. Kritische Ausgabe, Bd. 1–4, unter der Leitung von Robert Pichl hrg. v. Monika Albrecht und Dirk Göttsche, München u. Zürich: Piper 1995
W	Ingeborg Bachmann: Werke, Bd. 1–4, hrg. v. Christine Koschel, Inge von Weidenbaum, Clemens Münster, München u. Zürich: Piper 1978
WVZ	Hans Werner Henze: Ein Werkverzeichnis, Mainz, London, Madrid u. a.: Schott 1996

hs.	handschriftlich
hrg.	herausgegeben
li.	links
masch.	maschinschriftlich
Nachl.-Nr.	Nachlaßnummer
re.	rechts
Zs.	Zeitschrift

1 *ÖNB* 8, *hs.; undatiert.*

1 *Die Tagung der Gruppe 47 auf Burg Berlepsch (zwischen Göttingen und Kassel gelegen) fand von Samstag, 31. Okt., bis Montag, 2. Nov. 1952, statt. HWH lernte IB auf dieser Tagung kennen. Er war mit dem Wagen aus München, seinem Wohnsitz seit Sommer 1952, gekommen. Die Erwähnung eines in Köln gegebenen Versprechens in einem späteren Brief* (Brief 6, *17. Juni 1953) legt nahe, daß IB mit HWH am Montag, 2. Nov. 1952, nach Köln mitfuhr.*

2 »Ihre Gedichte«*: Die auf der Gruppen-Tagung gelesenen Gedichte sind zwar nicht dokumentiert, es dürfte sich aber um die Gedichte handeln, die IB im Anschluß an die Tagung, am 3. Nov. 1953, für den NWDR Hannover gelesen hat:* Nord und Süd, Die gestundete Zeit, Die Brücken, Noch fürcht ich […], Die große Fracht, Alle Tage, Ich sage nicht […], Sieben Jahre später […] *(EMS, 441).*

2 *ÖNB 12, 12a, hs.; mit dem Stempel »Alliierte Zensurstelle. Z 1Q« versehen.*

1 *Die Zensur in den einzelnen Zonen der Alliierten Militärverwaltung in Nachkriegs-Österreich erstreckte sich »auf den inländischen und internationalen Post-, Telegra-*

phen-, Telephon- und Fernschreibverkehr«; sie wurde mit Beschluß des Alliierten Rates vom 14. August 1953 aufgehoben (»Wiener Zeitung«, 15. August 1953).

2 »Und der Fluchtweg nach Süden kommt uns nicht, / wie den Vögeln, zustatten« (Ich sage nicht [...], *später im Gedichtband* Die gestundete Zeit *unter dem Titel* Herbstmanöver *abgedruckt (W 1, 36). Dieses* »eine (gedruckte)« *Gedicht ist in der Zs. »Wort und Wahrheit« (Freiburg/Br. u. Wien, 8. Jg., H. 1, Januar 1953, S. 36) erschienen.* »diese gedichte«, *das dürften folgende damals vorliegende neue Gedichte sein:* Die gestundete Zeit, Nachtflug, Alle Tage, Holz und Späne, Wie Orpheus spiel ich [...], Paris, Die große Fracht, Zwielicht, Ausfahrt *(EMS, 441f.).*

3 »wäre ich nicht verabredet«: *Der Schriftsteller Heinz von Cramer hatte dem Komponisten im September 1952 die Bearbeitung von Carlo Gozzis »Il re cervo« als Opernlibretto vorgeschlagen. Auf der am Briefbeginn angekündigten* »grossen reise« *wird der Komponist bei seinem Librettisten in Berlin Station machen. Wie HWH befand sich auch H. v. Cramer* »auf dem Sprung« *nach Süditalien (H, 139).*

4 *Es ist hier die Rede von einem Treffen in Frankfurt; IB hielt sich dort im Februar 1953 zu Rundfunkaufnahmen im Hessischen Rundfunk Frankfurt auf (12. Februar 1953) und fuhr über München, wo HWH sie in den Faschingstagen (Faschingssonntag war der 15. Februar) vergeblich erwartete, nach Wien zurück.*

5 *Guggenheimer, Walter Maria (1903–1967), damals leitender Redakteur der »Frankfurter Hefte« und Lektor bei der Frankfurter Verlagsanstalt; in der Verlagsreihe der Sendungen des »studio frankfurt« erschienen 1953, als Nummer 11, der Text von HWHs und Wolfgang Hildesheimers Funkoper* Das Ende einer Welt, *und, Ende des Jahres, als Nr. 12, IBs erster Lyrikband* Die gestundete Zeit.

6 *HWHs Oper* Boulevard Solitude (*als* Lyrisches Drama in sieben Bildern *bezeichnet, Text und Szenarium von Grete Weil und Walter Jockisch) wurde in Mailand unter Nino Sanzogno für den italienischen Rundfunk (RAI) aufgenommen; in den Hauptrollen sangen Mágda László (die Rolle der Manon) und Agostino Lazzari (Armand) (vgl. Luigi Rognoni: Henzes »Boulevard Solitude«, in: Melos 7/8 (1953).*

7 »in sizilien ein haus mieten«: *Diesen Plan mußte HWH Ostern 1953 in Catania aus Geldmangel aufgeben (H, 144). Er kehrte nach München zurück und brach dann Ende Juni 1953 zu seinem längeren Italienaufenthalt nach Ischia auf (vgl.* Brief 6, *17. Juni 1953).*

3 *ÖNB, ohne Nachl.-Nr., Briefentwurf, masch.; hs. Einfügung am Briefende re. unten, von* »Und noch mal Dank« *bis* »([...] eines Heiligen.)«.

1 *RAVAG, Abkürzung für Radio-Verkehrs-Aktiengesellschaft, nach 1945 der Sender der Sowjetischen Besatzungszone; IB bezieht sich wahrscheinlich auf die Sendeleiste »Musica nova«, jeweils Mittwoch um 20.45 Uhr.*

2 »[x-x] ihr selbst vorausnehmen«: *In der unsicheren Formulierung steckt ein Grundmotiv ihres künstlerischen Selbstverständnisses: daß der Künstler den anderen Menschen* »seine Erfahrung vom Menschen« *zukommen lassen möchte,* »der er selber oder die anderen sein können und wo er selber und die anderen am meisten Mensch sind« (Die Wahrheit ist dem Menschen zumutbar, *W 4, 276).*

3 »notabene in der Asphaltliteratur«: *IB hatte sich bei ihrer ersten Begegnung mit HWH auf der Göttinger Tagung der Gruppe 47 (vgl.* Brief 1, *1. November 1952) als Kärntner Heimatschriftstellerin vorgestellt, die* »die Moderne, wie sie hier vorgeführt werde, […] als Asphaltliteratur« *ablehne (H, 132). Dieses ironische Spiel mit ihrer Kärntner Herkunft hat IB besonders im Briefwechsel mit Wolfgang Hildesheimer zelebriert. Dort kündigt sie z. B. das Erscheinen ihres zweiten Lyrikbands im Piper Verlag als* »Kärntner Gesangbuch« *an,* »welches lauter neue Lieder aus unsren entlegenen Tälern enthält« *(Wolfgang Hildesheimer: Briefe, hrg. von Silvia Hildesheimer und Dietmar Pleyer, Frankfurt am Main: Suhrkamp 1999, S. 67). HWH, in diesem Brief als* »Onkel Hans Theodor« *apostrophiert, hat dieses Spiel weitergeführt und sich dann brieflich selber als ihr* »onkel« *bezeichnet* (Brief *79, 2. November 1956).*

4 *IB arbeitete seit Herbst 1951 im Script-Department des Senders »Rot-Weiß-Rot«, eine der amerikanischen Besatzungsbehörde unterstehende Radiostation (Wien 7, Seidengasse 4).*

5 »nach Deutschland, um Geld zu holen«: *Neben den Einkünften aus den Rundfunklesungen ihrer Gedichte und den Publikationen in namhaften bundesdeutschen Zeitschriften (»Frankfurter Hefte«, »Merkur«, »Akzente«, »Jahresring«) stellte vor allem ein Hörspiel-Auftrag des NWDR die finanzielle Basis für den geplanten Italienaufenthalt dar* (»Wir waren alle Mitte zwanzig, notorisch geldlos, notorisch hoffnungslos, zukunftslos, kleine Angestellte oder Hilfsarbeiter, einige schon freie Schriftsteller, das hieß soviel wie abenteuerliche Existenzen«, *IB,* [Gruppe *47*], *W 4, 324).*

6 *IB war mit ihrer Schwester Isolde Anfang September 1952 nach Positano auf Urlaub gefahren, in ein Haus, das ihr empfohlen worden war und das sie in einem Brief an die Schwester voll Begeisterung beschreibt:* »Vor allem auf unser Haus in Positano freue ich mich, es soll zauberhaft sein, direkt über eine Stiege kommt man aus dem Haus ins Meer und wirtschaftet dort ganz allein, mit allen Schikanen ist es eingerichtet, Bad, Küche mit Marmortischen und elektrisch, Atrium, 2

Schlafzimmer, Geschirr etc. vorhanden. Ich kann es kaum glauben« *(IB, Brief an Isolde Bachmann, August 1952).*

7 »die neue Oper«*:* König Hirsch.

4 *ÖNB 11, 11a; hs.*

1 *Tatjana Gsovsky (1901–1993), seit 1925 in Berlin, Ballettlehrerin, nach dem Zweiten Weltkrieg Chefchoreographin an der Deutschen Staatsoper Berlin, wo HWH sie 1950 kennenlernte.*

2 »›der idiot‹«*; genauer Werktitel:* Der Idiot. Mimodram mit Szenen aus Fjodor M. Dostojewskijs gleichnamigem Roman. Idee von Tatjana Gsovsky, *wurde am 4. September 1952 im Hebbel-Theater im Rahmen der Berliner Festwochen uraufgeführt (Musikalische Leitung: Rudolf Alberth, Choreographie: Tatjana Gsovsky, Bühnenbild: Jean-Pierre Ponnelle, Titelpartie: Klaus Kinski). Die Berliner Inszenierung wurde vierzehn Tage später bei der Biennale im Teatro La Fenice in Venedig gezeigt.*
Auf HWHs Wunsch schrieb IB im Sommer 1953 einen neuen Myschkin-*Text, weil Gsovskys Montage aus Dostojewskij-Zitaten vom Komponisten wie von der Kritik als unzulänglich empfunden wurde. IB hat ihren Text am Ende des ersten Lyrikbandes* Die gestundete Zeit *publiziert* (Ein Monolog des Fürsten Myschkin zu der Ballettpantomime »Der Idiot«, *Frankfurt am Main: Frankfurter Verlagsanstalt 1953, S. 45–60), aufgeführt wurde diese erste gemeinsame Arbeit HWHs und IBs aber erst am 8. Januar 1960 an der Städtischen Oper Berlin (Choreographie: T. Gsovsky). Eine revidierte Musikfassung mit dem Bachmannschen Text hat HWH 1990 dem Andenken Luchino Viscontis gewidmet.*

3 *HWHs* »Verlag« *ist seit 1946 B. Schott's Söhne (Mainz). Der Schott-Verlag ist dadurch auch der Verlag der Librettistin und Lieddichterin IB geworden, die einen Teil ihrer Einkünfte aus den Tantiemen für die Opern- und Konzertaufführungen ihrer Textbücher (vor allem* Der Prinz von Homburg *und* Der junge Lord*) bezog.*

4 *Oskar Werner, österreichischer Schauspieler (1922–1984). IB wandte sich erst Ende des Jahres wegen der* Myschkin-*Rolle an ihn (Brief an Oskar Werner, vom 31. Dez. 1953, Bachmann-Nachlaß, Hs.-Slg. der ÖNB Wien. IB nennt in diesem Brief als ihre Postadresse den »Convegno musicale« in Rom, Via del Teatro di Marcello). Der Schauspieler war ihr bekannt, da er als Sprecher in der Funkfassung ihrer Übersetzung von Thomas Wolfes Drama* Mannerhouse *mitgewirkt hatte (*Das Herrenhaus, *4. März 1952, Sender »Rot-Weiß-Rot«, Regie: Ernst Haeusserman). Sie schickte ihm ihren eben erschienenen ersten Gedichtband* Die gestundete Zeit, *an*

dessen Schluss der Myschkin-*Monolog steht. Sie habe bei diesem Monolog an ihn gedacht und wünsche sich, er möge* »ihn irgendwo« *spielen:* »Die Musik von Hans Werner Henze, dem wunderbarsten jungen Komponisten, den Deutschland hat, ist von dem Geist, den man einmal als den besseren dieser Zeit erkennen wird – unbedingt, streng und, in unserem Sinn, schön.«

5 *Jean-Pierre Ponnelle, Maler und Bühnenbildner (1932–1988), mit dem HWH viele Bühnenprojekte realisierte: Schon als Siebzehnjähriger schuf J.-P. Ponnelle, Sohn des künstlerisch engagierten französischen Besatzungsoffiziers Pierre Ponnelle, u. a. das Bühnenbild zu HWHs Ballett* Jack Pudding *(1950, Staatstheater Wiesbaden); dann für* Der Idiot *(1952, Berliner Festwochen), für* Boulevard Solitude *am Landestheater Hannover, 1952, sowie für die* Boulevard-*Inszenierung in Rom, 1954, und für die Uraufführung (1954) und weitere Aufführungen von* König Hirsch.

6 *IBs Privatadresse in Wien war seit Juni 1949 die Gottfried-Keller-Gasse 14 im 3. Bezirk. Im Nachlaß IBs ist das Manuskript einer kleinen Hommage an Gottfried Keller (1819–1890) aus dem Jahr 1945 erhalten:* »Gottfried Keller zum 55. Todestag am 15. Juli 1945« *(ÖNB, Nachl.-Nr. 5562/62a).*
Zehn Jahre später zog sie in Zürich in das Haus, in dem Gottfried Keller als Stadtschreiber gewohnt hatte.

5 *ÖNB 10, hs.*

1 »mit scheusslicher musik von egk«*: Werner Egk (1901–1983), ein repräsentativer Komponist in NS-Deutschland, hatte im Musikleben der Bundesrepublik Deutschland bald wieder Bedeutung erlangt. Am 20. Mai 1953 wurde in der Staatsoper in München sein Ballett »Die chinesische Nachtigall«, in der Choreographie Tatjana Gsovskys, aufgeführt.*

2 »weil ich auch nach mainz fahre«*: In Mainz fand vom 22. bis 24. Mai 1953 die 12. Tagung der Gruppe 47 statt, auf der IB den Gruppen-Preis zugesprochen bekam.*

3 *Wolfgang Hildesheimer, Schriftsteller und Maler (1916–1991), kehrte 1946 aus dem Exil nach Deutschland zurück. Er war für HWH wie für IB ein wichtiger persönlicher Bezugspunkt für ihre künstlerische Selbstverständigung nach Krieg und Faschismus. HWH wählte eine der* Lieblose[n] Legenden *als Text für seine Funkoper* Das Ende einer Welt *(Ursendung: 4. Dezember 1953): eine Satire auf die politische und kulturelle Restauration, die* »›lieblose Legende‹ vom Hauskonzert auf der künstlichen Insel S. Amerigo, von deren Untergang und dem dadurch verursachten Ende einer handvoll heuchlerischer Kulturträger und Snobs« *(HWH, WVZ, 32). Auf der Tagung der Gruppe 47 in Berlepsch bei Göttingen, wo HWH*

und IB einander kennenlernten, hatte Hildesheimer das ›Libretto‹ für die ungewöhnliche Funkoper präsentiert: ein Text, in dem »Der Komponist« *einen großen Part einnimmt, insofern seine Erklärungen der Verfahren und der Möglichkeiten der neuen Musik die dramatisierte »Legende« begleiten. Die Ursendung hörte IB am 4. Dezember 1953 in Hildesheimers Münchner Wohnung. Damals setzte auch ihr schöner Briefwechsel mit dem nach Deutschland zurückgekehrten Emigranten ein.*

4 »ein neues Stück«: *Noch vor der Abreise in München begonnen, wurde* Ode an den Westwind. Musik für Violoncello und Orchester über das Gedicht von Shelley *das erste in Italien fertiggestellte Musikstück HWHs (Uraufführung: 30. April 1954 in Bielefeld).*

6 *ÖNB 7, 7a, hs.; Briefkuvert, Poststempel: München, 18. 6. 1953, an:* Fräulein / DR. INGEBORG BACHMANN / GOTTFRIED KELLER GASSE 14 / WIEN / Oesterreich

1 *Im Rahmen des 5. Internationalen Musikfests der Wiener Festwochen (6. bis 15. Juni 1953) wurden am 8. Juni im Schubertsaal des Musikvereins HWHs* Kammerkonzert für Flöte, Klavier und Streicher *sowie die Konzertarie* Der Vorwurf *(nach Franz Werfel) aufgeführt.*

2 *IB nennt in ihrem Gedicht* Große Landschaft bei Wien *den Raum des Marchfelds im Osten der Stadt Wien, der frühere Wiener Flughaften Tulln lag aber im Westen der Stadt. Das Gedicht erschien zuerst in den »Frankfurter Hefte(n)« (8. Jg., H. 7, Juli 1953, S. 535 f.).*

3 *IB hielt sich in Hamburg zu Gesprächen über einen Hörspiel-Auftrag des NWDR auf (der zunächst geplante Titel des Auftragswerks war* Straße der vier Winde, *vgl. Interview mit Joachim v. Bernstorff, 10. 6. 1953, GuI, 9f.). Das dann abgelieferte Hörspiel,* Die Zikaden *(1953), stellte ein dichterisch-philosophisches Gleichnis der Problematik der Inselexistenz und des Verhältnisses von Künstler und Gesellschaft dar (Erstsendung am 25. März 1955 im NWDR).*

4 »die partitur« *der* Ode an den Westwind *(vgl. Brief 5/4).*

5 *HWH hatte einen Gerichtsprozeß gegen einen Journalisten angestrengt, der ihn mit dem Apostel Judas verglichen hatte: Henze hätte statt der dreißig Silberlinge 500 DM (das Honorar für* Boulevard Solitude*) verlangt,* »um durch seine Musik die deutsche Kunst zu verraten« *(H, 129).*

6 »weigel in wien«: *Der Schriftsteller und Literaturförderer Hans Weigel (1908–1991), der, aus der Emigration zurückgekehrt, zu einer zentralen literarischen Instanz im Nachkriegs-Wien wurde. Seinen Roman »Unvollendete Symphonie« (1951) hat er*

später als Bachmann-Roman entschlüsselt. Bemerkenswert die Romankonstruktion: daß sie, »die junge Ingeborg Bachmann«, das »Mädchen [...] aus dem Provinznest«, die Ich-Erzählerin des Romans, dem heimgekehrten Juden »bei seiner zweiten Menschwerdung hilft« (H. Weigel im Klappentext der Neuauflage seines Romans »Unvollendete Symphonie«, Graz, Wien, Köln 1992).

7 *HWH hat zeit seines Lebens Tagebücher geschrieben, während IB, sieht man von ihren Jugend-Tagebüchern bis 1945 ab, keine Tagebuchschreiberin war, jedenfalls sind, auch in den gesperrten Teilen des Nachlasses, nach Auskunft der Erben keine Tagebücher enthalten.*

7 *ÖNB, ohne Nachl.-Nr., hs.; IB schreibt* »Gsowsky« *statt* »Gsovsky«.

1 »Geld vom NWDR«*: für den Hörspielauftrag* (»Ich habe jetzt vom Nordwestdeutschen Rundfunk einen Hörspielauftrag bekommen [...] Es steht nur der Titel fest [...] Er heißt ›Straße der vier Winde‹«, *GuI, 10).*

2 *Die Pensionsinhaberin in Positano, bei der IB im Spätsommer 1952 auf der Italienreise mit ihrer Schwester Isolde wohnte (vgl. Brief 3/6).*

8 *ÖNB 9, hs.*

1 *San Francesco bei Forio, im Nordwesten der Insel am Meer gelegen. Zu den dichterischen Evokationen von IBs ischitanischer Italienerfahrung* – Lieder von einer Insel, Die Zikaden – *gehört auch* An die Sonne, *ihr franziskanischer Sonnengesang, mit der Erinnerung an den Strand von San Francesco und die Landschaft des Golfs von Neapel (zuerst erschienen in: Merkur, Jg. 10, Heft 6, Juni 1956, S. 534).*

2 »aus der sonne kommend, apollon«*: Diese Epiphanie Apolls stellte für HWH den Augenblick dar, aus dem die Kunst hervorgeht. Die erste Erfahrung der Übereinstimmung von* »Poesie und Sujet mit der klanglichen Wirkung« *sei in seinem Kammerorchesterstück* Apollo et Hyazinthus *(1949,* Improvisationen für Cembalo, Altstimme und acht Soloinstrumente. Über das Gedicht »Im Park« von Georg Trakl*) aus der Vorstellung entsprungen,* »wie Apollo in den archaischen Hain einfällt. Sein Flügelschlag, der plötzlich sich verdunkelnde Himmel und dann das große lichtvolle Schweigen der Gnade und dazu die merkwürdige Erregung aller Menschen und Tiere« *(SuG, 22).*

9 *ÖNB 6, 6a, hs.*

1 »das kleine boot ›ondine‹« *wird IB nicht nur nach Ischia, sondern in vielfältige imaginäre Verbindungen mit dem* Undine-*Mythos hineinführen, bis die Dichterin, Mitte der fünfziger Jahre, darin ihren persönlichen Mythos der Liebe und der Kunst in der Erzählung* Undine geht *entwarf. Es war die Zeit, Sommer 1956, da HWH die Arbeit an seinem Ballett* Undine *aufnahm (HWH,* Undine. Tagebuch eines Balletts, *München: Piper 1959, S. 21).*

2 *Lucia Capuano war die Vermieterin und Haushälterin von HWHs Haus in der Via Cesotta 2 in San Francesco di Paola. Ihren Satz* »Einmal muß das Fest ja kommen!« *hat IB als Vers in das mehrteilige Ischia-Gedicht* Lieder von einer Insel *aufgenommen (W 1, 121). HWH hat Lucia und Giovanni Capuano sein erstes in Italien fertiggestelltes Werk,* Ode an den Westwind *(1953), gewidmet.*

10 *ÖNB 5, 4, hs.*

1 *In Bebenhausen bei Tübingen wurde vom 22. bis 24. Oktober 1953 die Herbsttagung der Gruppe 47 abgehalten. IB las dort* Ein Monolog des Fürsten Myschkin zu der Ballettpantomime »Der Idiot«, *ein Text, den die Zeitungsberichte hervorhoben (vgl. FAZ, 23. Oktober 1953). Aber gerade diesen Text hatte Alfred Andersch in einem Brief an IB scharf kritisiert, da ihm »die Spiritualisierung hier zu weit getrieben« sei, für ihn eine »›Vergeischtigung‹ in schlechten, gefühligen Bildern, die dem wahren Geist, nämlich der unerbittlichen Sprachlogik, nicht standhalten« (A. Andersch, Brief an IB, 26. September 1953, ÖNB Wien, Hs.-Slg.).*
Alfred Andersch (1914–1980), Schriftsteller, Rundfunk- und Verlagsmitarbeiter, Herausgeber der Reihe »studio frankfurt« bei der Deutschen Verlagsanstalt, war sowohl mit IB wie mit HWH freundschaftlich verbunden, stand mit beiden in Briefkontakt und betreute mehrere ihrer Rundfunk- bzw. Verlagsprojekte (1953 waren das IBs erster Lyrikband Die gestundete Zeit, *erschienen im Dezember 1953 als Bd. 12 der Reihe »studio frankfurt«, und, als Bd. 11, Wolfgang Hildesheimers und HWHs Funkoper* Das Ende einer Welt*).*

2 *Auden, Wystan Hugh, Schriftsteller (1907–1973), geboren in York, 1928 bis 1929 in Berlin; mit Erika Mann verh., ab 1939 in den USA, hielt sich seit Beginn der fünfziger Jahre gemeinsam mit Chester Kallman (1921–1975), Dichter, Librettist, Übersetzer, jährlich in Ischia auf, wo HWH und IB deren Bekanntschaft machten. Audens »Zeitalter der Angst« (1947) war für IB wie für HWH ein Grundtext der Literatur nach 1945, nachweisbar im Zitatengewebe ihrer* ›geistigen, imaginären Autobio-

graphie‹ *(GuI, 73), wie sie ihren Roman* Malina *nannte (Christine Kanz: Intertextuelle Bezüge: W. H. Audens »The Age of Anxiety« und Ingeborg Bachmanns »Malina«, in: GegenwartsLiteratur 2/2003, S. 128–153). Auden und Kallman schrieben die Libretti für HWHs Oper* Elegy for Young Lovers *(1959) und für* The Bassarids *(1964).*

3 »die geschichte des fabrizio von parma«*: der Held von Stendhals (Henri Beyle) Italien-Roman »Die Kartause von Parma«.*

4 »meine arbeit mit lallo«*: die Zusammenarbeit mit Ferdinando Russo, einem neapolitanischen Homme de lettre, Autor, Übersetzer, Literaturkritiker, u. a. Hrg. der italien. Literaturzeitschrift »Belfagor«.*

5 *Das »Teatro San Carlo« in Neapel war für HWH* »das amphitheatralische Zentrum des neapolitanischen Musiklebens« *(Gerth-Wolfgang Baruch: Hans Werner Henze am Tyrrhenischen Meer. Süditalienischer Dialog, in: Melos, Jg. 23, 1956, S. 70). Von dem weltberühmten Operntheater, in dem er, gemeinsam mit Ingeborg Bachmann, die erste italienische Aufführung seiner eigenen Oper erlebte (* Boulevard Solitude*, am 6. März 1954), gingen auch heute noch Gedeih und Verderb der musikalischen Werke aus:* »Von hier aus, vom Dachgeschoß her, wurden wie auf Flügeln, wie von Vogelzungen verbreitet, Ruhm und Liebe in die kleinsten Winkel der Stadt getragen, wurden die Arien unsterblich gemacht, vereinfacht, vielleicht bis zur Unkenntlichkeit, um dann aus dem heißen vulkanischen Boden als neues Lied wieder aufzutauchen« *(HWH,* Neapel, *SuG, 42).*

6 *Willy Strecker (1884–1958), Leiter von HWHs Musik-Verlag B. Schott's Söhne in Mainz. Er hatte den jungen Komponisten schon sehr früh, 1946, nach der Aufführung seines Opus 1, des* Kammerkonzerts, *an den Verlag gebunden. IB trat zum ersten Mal mit ihm wegen ihres* Myschkin-*Textes für HWHs Ballettpantomime* Der Idiot *in Verhandlungen (Schluß von* Brief *10). Nach W. Streckers Tod im Mai 1958 widmete ihm HWH die damals entstandenen* Drei Dithyramben.

7 »Deinen text«*: IBs* Monolog des Fürsten Myschkin.

8 *Margherita (Margarete) Utescher, die Frau von Ferdinando Russo (*»lallo«*), Malerin und Bühnenbildnerin. Sie gestaltete Bühnenbild und Kostüme der* Boulevard Solitude-*Inszenierung im Teatro San Carlo in Neapel.*

11 *ÖNB 26, 27, 28, hs.*

1 »glücklich mit meiner partitur«*: der Oper* König Hirsch, *an der HWH während seines Ischia-Aufenthalts von 1953 bis 1956 arbeitete.*

2 *IB hielt sich Anfang Dezember 1953 in München auf und hörte (vgl. Brief 5/3) am*

Freitag, 4. Dezember, die Übertragung von HWHs Funkoper Das Ende einer Welt *im NWDR. Sie war mit Luigi Nono, Wolf Rosenberg und Bruno Maderna zu Gast bei Wolfgang Hildesheimer, dem Verfasser des Librettos (Brief W. Hildesheimers an Luigi Nono, 10. Dezember 1953, in: W. Hildesheimer: Briefe, hrg. v. Silvia Hildesheimer und Dietmar Pleyer, Frankfurt am Main: Suhrkamp 1999, S. 48ff.).*

3 »grüsse meinen gigi«*: Luigi Nono (1924–1990), einer der engsten Freunde HWHs, war auch mit IB befreundet. Über HWH wurde Luigi Nono in ein Netz von freundschaftlichen künstlerischen Beziehungen einbezogen (u.a. zu Wolfgang Hildesheimer und Alfred Andersch). Luigi Nono und seine Frau Nuria (die Tochter Arnold Schönbergs) gehörten, im Sinne des ironischen Rollenspiels von IBs Hildesheimer-Briefen, als Onkel Gigi und Tante zur Familie –* »in Venedig, wo ich kurze Zeit war und Onkel und Tante Nuria besucht habe«*, während sich* »Onkel Hans Theodor«*, HWH, in Berlin aufhalte (IB, Brief an Wolfgang Hildesheimer, [Ende August 1956], in: W. Hildesheimer: Briefe, 1999, S. 66). HWH hat den dritten Akt seiner Oper* König Hirsch *Luigi Nono und seiner Frau Nuria gewidmet. Als sich Luigi Nono von IB bei der Textewahl für eigene Kompositionen beraten ließ, schlug sie ihm vor (Brief an Luigi Nono, 17. Juli 1953), doch Paul Celans »Todesfuge« zu wählen. Nono versuchte später vergeblich, die Dichterin für ein Opernlibretto zu gewinnen. In ihrem letzten Brief an ihn, in der Zeit ihrer Arbeit an* Musik und Dichtung *(1958), bat sie ihn um* »einige persönliche Aufzeichnungen und Überlegungen« *für ihren Essay (für die Festschrift von Karl Amadeus Hartmanns »Musica Viva«, 1958; vgl. Arturo Larcati: Momentaufnahmen eines verschollenen Gesprächs. Ingeborg Bachmann und Luigi Nono, in: Neue Rundschau, Jg. 113, H. 2, 2002, S. 139–151). Nach IBs Tod hat Nono ihr Gedicht* Keine Delikatessen *– Bachmanns »poetisches Manifest gegen den Ästhetizismus« (Arturo Larcati) – vertont (Luigi Nono: Risonanzi erranti. Liederzyklus an Massimo Cacciari, Text: aus Gedichten von I. Bachmann und H. Melville, Urauf.: Köln, 15. März 1986). IBs sieben Briefe an Luigi Nono liegen im Nono-Archiv in Venedig neben anderen Werken IBs, viele ihrer Gedichte mit Unterstreichungen und Anmerkungen versehen.*

4 *Die Zusammenarbeit zwischen dem Komponisten und dem Textdichter des* König Hirsch, *Heinz von Cramer, verlief nicht immer problemlos, was HWHs Wunsch nach einem Opern-Libretto von seiner Dichter-Freundin verstärkte. Ein Brief aus dem Mai 1954 (ÖNB 14, 14b), der nicht in diese Briefausgabe aufgenommen wurde, enthält eine – gespielte – neapolitanische Verfluchungsorgie auf den Librettodichter, weil* »der erste act die bellezza von 1 1/2 stunden dauert!!!!«

5 *Ernst Schnabel (1913–1986), Schriftsteller, Radiodramaturg, von 1951 bis 1955 Intendant des NWDR Hamburg. Für diesen Sender hatte IB im Juni 1953 den Hör-*

spielauftrag übernommen. HWH schrieb die Musik (Gitarre) zu Schnabels Der sechste Gesang *(1955, vgl. Brief 28/2), und Schnabels »Das Floß der Medusa« wurde die Textgrundlage von HWHs Oratorium aus dem Jahr 1968. Der Komponist hat seinem Freund* »Ernesto«, *der einen politisch eingreifenden Begriff der Kunst und der Medien vertrat, die Funkoper* Das Ende einer Welt *gewidmet (1953).*

6 »Du schreibst jetzt ein buch«: *wahrscheinlich die Arbeit an dem Roman, den die Herausgeber der TA-Ausgabe* als Eugen-Roman I *bezeichnen (TA 1, S. 508). Im Januar 1954 schrieb IB den Eltern, daß sie* »mit der Arbeit an einem Roman begonnen habe«.

12 *ÖNB 2, 2a, hs.; Ansichtskarte, Poststempel: ROMA, 23. 12. 53, an:* IL. SIGNORINA / BACHMANN, INGEBORG / Henselstr. 26 / KLAGENFURT / AUSTRIA*; li. neben Adresse, gedruckt: »Vera fotografia«, von HWHs Hand dreifach unterstrichen; Vorders.: elegantes junges Paar in städtischer Kleidung vor einem Bauernhof im Schnee, Aufschrift: »Buon Natale«.*

13 *ÖNB 32, 32a, hs.; ein Weihnachtsbillet der Frankfurter Verlagsanstalt mit einem Abdruck von IBs Gedicht* Die gestundete Zeit. *HWH integrierte die vorgedruckten Weihnachtswünsche in seinen Brieftext und versah das Gedicht mit einer clownesken Kontrafaktur zu IBs ernster lyrischer Sprache.*

1 *Zu dieser Übersetzung von Percy Bysshe Shelleys »Ode an den Westwind« (für die Konzertprogramme der Aufführung der* Musik für Violoncello und Orchester über das Gedicht von P. B. Shelley*) ist es nicht gekommen, in den folgenden Briefen ist nicht mehr davon die Rede, und im Nachlaß gibt es keine Hinweise darauf.*

2 »Deine idiotie«: *IBs Text zur Ballettpantomime nach Dostojewskijs Roman* Der Idiot *(vgl. dazu die genaueren* »bemerkungen« »umseitig« *in diesem Brief).*

3 »dass Du mit erich kästner zusammen auftrittst«: *HWH dürfte den Namen verwechselt haben, denn Anfang Januar 1954 trat IB gemeinsam mit Hermann Kesten in der Villa Sciarra in Rom auf (IB, Brief an die Eltern, 15. Januar 1954).*

4 *Nicolas Nabokov (1903–1978), Komponist, Autor, Impresario, hier in seiner Funktion als Leiter des Festivals der »Musik des 20. Jahrhunderts« in Rom, bei dem HWHs Oper* Boulevard Solitude *(7. April 1954) aufgeführt wurde. IB kannte ihn schon seit dem Beginn ihres Rom-Aufenthalts im Herbst 1953, als sie im »Convegno musicale«, den N. Nabokov leitete, mitarbeitete (vgl.* Brief 4/4*). In einem Brief an*

Klaus Piper (Brief vom 14. Januar 1963) erinnerte sie den Verleger, daß sie N. Nabokovs Buch »Old Friends and New Music« dem Piper-Verlag zur Publikation in deutscher Sprache vorgeschlagen hatte. Längst habe sie auch »vor allen andren« *von Vladimir Nabokov gewußt* »(dem ›begabten Vetter‹)«.

5 *Giuliettas Arie »Ah! Non poss'io partire« in Vincenzo Bellinis Oper »I Capuleti e i Montecchi«. Die Formulierung im nächsten Satz des Briefs,* »er sah in den damen das, was andere leute in den knaben sehen«, *ist als wörtliches Zitat in HWHs* Canzonen-*Essay aufgenommen worden (*Die Canzonen von Neapel, *Erstsendung des SDR und NR, 3. April 1953; Ms. im Henze-Archiv der Paul Sacher Stiftung in Basel).*

14 *ÖNB 292, 292a, hs.*

1 »SABATU«*: die neapolitanische Form von italien. sabato, Samstag.*

2 *Gemeint ist die römische Premiere von HWHs Oper* Boulevard Solitude *(7. April 1954), bei der die Musik in den – wahrscheinlich organisierten – Publikumstumulten unterging. IB war von den Vorgängen so erschüttert, berichtet HWH, daß sie in Ohnmacht fiel und nach Hause gebracht werden mußte (H, 163).*

3 *IBs* Lieder von einer Insel *(erschienen im zweiten Gedichtband,* Anrufung des Großen Bären *(1956), W 1, 121–124).*

15 *ÖNB, ohne Nachl.-Nr., hs.*

1 *Auf Capo Circeo, San Felice, fand vom 26. bis 30. April 1954 die Herbsttagung der Gruppe 47 statt.*

2 *Im Teatro San Carlo in Neapel (»The audience is mentioned here only because its behaviour was so singularly disgraceful«, New York Times, 21. März 1954), vor allem aber im Teatro dell'Opera in Rom war die Aufführung von Beginn an gestört und niedergeschrien worden (»Il pubblico si è rivellato alla prima« (das Publikum rebellierte bei der Premiere), Il Giornale d'Italia, 8. April 1954).*

3 »Nimm die ›Lieder‹, die ich Dir schuldig bin und die für Dich geschrieben sind«*: Der Gedichtzyklus* Lieder von einer Insel *zeigt, wenn man HWHs Briefe mitliest, die große Nähe zu seiner Ischia-Erfahrung: Erinnerung an das Haus in der Nähe des Meers, das Mondlicht, das Vulkanische der Insel –* »sagt dem Festland, daß die Krater nicht ruhn!« *–, die heidnisch-katholischen Volksfeste, oft erwähnt in HWHs Briefen und in seiner Autobiographie erzählt, das Fest des*

San Vito bei IBs Ankunft auf Ischia mit dem von HWH verbürgten Wort Lucia Capuanos: »Einmal muß das Fest ja kommen!« *(W 1, 121ff., vgl. auch H, 154f.).*

4 *HWH hat einzelne* Lieder *des zyklischen Gedichts vertont* (Chorfantasien auf Gedichte von Ingeborg Bachmann für Kammerchor, Posaune, zwei Violoncelli, Kontrabaß, Portativ, Schlagwerk und Pauken, *1964).*

16 *ÖNB* 16, *hs.;* »humility and wildness« *im englischen Brieforiginal auch als* »humidity [feuchtigkeit] and wildness« *lesbar.*

1 »die gedichte«*: die HWH zugeeigneten* Lieder von einer Insel.

2 »die letzten worte des Idioten«*: die beiden Terzinen, die Myschkin am Ende des Stücks im Dunkeln spricht:* »In den Strängen der Stille hängen die Glocken / und läuten den Schlaf ein, / so schlafe, sie läuten den Schlaf ein. / In den Strängen der Stille kommen die Glocken / zur Ruhe, es könnte der Tod sein, / so komm, es muß Ruhe sein« *(W 1, 79).*

3 »Santa Restituta«*: in Lacco Ameno auf Ischia mit Bootsprozession und Feuerwerk begangen, fällt auf den 24. Mai.*

17 *ÖNB 17, hs.; HWH hat auf die Briefkopie im Sommer 2003 als Datierungsvorschlag* HERBST 53 (oder 54) *notiert. Da IBs Lyrikband* Die gestundete Zeit – »deine opere completi« – *erst im Dezember 1953 erschien, kommt nur das Jahr 1954 in Frage. Arbeitsbeginn mit* »dem neuen Mond« *dürfte der Neumond vom 27. September gewesen sein (vgl.* Brief 18, *12. Oktober 1954).*

1 »Style and Idea«: *eine Anspielung auf Arnold Schönbergs Sammlung theoretischer Essays (1946), während* »Troilus und Cressida« *der Titel der traditionalistischen Oper des englischen Komponisten William Walton (1902–1983) ist, die er Anfang der fünfziger Jahre auf Ischia fertigstellte. Mit ihm verband HWH eine ungewöhnliche Freundschaft, da beide sowohl in politischen wie in musikalischen Dingen sehr unterschiedliche Positionen vertraten. In der spielerisch assoziativen Verbindung von spätromantisch traditionalistischer Musik (Walton) und Theorie der Zwölftonmusik (Schönberg) klingt HWHs Intention an, das eine nicht vom andern starr zu trennen, keine dogmatischen Grenzlinien zu ziehen, die Beziehung zwischen Tradition und Moderne offen und lebendig zu halten.*

2 *Der Zikaden-Mythos spielte für IB und HWH in diesen Jahren eine wichtige Rolle*

bei der Frage nach dem gesellschaftlichen Ort des Gesangs und der drohenden Isolation des Künstlers; er wurde, wie die Inselexistenz, zum thematischen Zentrum von IBs Hörspiel Die Zikaden.

3 »diese dumme art von bosheiten«*: In einem vorangegangenen, hier nicht aufgenommenen Brief (ÖNB 14, 15b, Anfang Mai 1954), hatte HWH von Margherita und Ferdinando Russos Kritik an Jean-Pierre Ponnelles Bühnenbildern der römischen Inszenierung von* Boulevard Solitude *berichtet.*

4 *IBs* »gesammelte Werke«*: das war der im Dezember 1953 erschienene Gedichtband* Die gestundete Zeit *(1953).*

18 *ÖNB 20, 20a, hs. Am Briefende, re. unten, Briefunterschrift in Form eines Notenbildes: Sechzehntelnoten h a es, zwischen a und es der Buchstabe n eingefügt (hans).*

1 »Aenaria«*: der antike lateinische Name für Ischia, oft volksethymologisch mit Aeneas assoziiert, aber von lat. aenum, Bronze, Metall.*

2 *IBs Gedicht* Die blaue Stunde (*Erstdruck im Januar-Heft 1955 der Zs. »Merkur«). In einem folgenden, nicht aufgenommenen Brief (Mitte Oktober 1954, ÖNB 62) erinnert HWH daran, daß* »l'heure bleue [...] nicht nur ein poem« *der Bachmann sei,* »sondern auch eine französische valse lente«*, was sie aber, wie er annimmt, gewußt habe. Fast fünfzig Jahre später, 2003, hat HWH selber eine* L'heure bleue *komponiert.*

3 *Anspielung auf den Tonfall von* Die blaue Stunde*, ein Rollengedicht, in dem ein alter Mann zu einem jungen Mädchen spricht.*

4 »nach München gehn«*: IB hat mehrmals überlegt, aus finanziellen Gründen nach München zu gehen, bis sie schließlich im Herbst 1957 beim Bayerischen Rundfunk eine Dramaturginnenstelle annahm und ihren Wohnsitz nach München verlegte.*

5 *HWH hat dieses Finale des zweiten Akts 1963 in seine vierte Sinfonie verwandelt, wobei die Singstimmen, ähnlich wie in Alban Bergs Symphonischen Stücken aus »Lulu«, in die Instrumentation einbezogen werden (G, S. 66). Anhand der verschiedenen Mondphasen läßt sich die Werkentstehung genau datieren.*

6 *Der Monte Epomeo ist ein erloschener Vulkan auf Ischia. Hier, im Brief, wird der Vulkan als Metapher des Menschenkörpers genommen – und zum thematischen Motiv von HWHs Kritik der zwölftönigen Kargheit.*

7 »Sadler's Wells«*: Die berühmte englische Balletttruppe, die HWH bereits im Dezember 1948 in Hamburg gesehen hatte, mit der Tänzerin Margot Fonteyn und dem Choreographen Frederick Ashton. Später, bei einem Aufenthalt des »Sadler's Wells Ballet« in Berlin, Frühherbst 1952, bekam er Kontakt zu Ashton, und bald, noch im Herbst 1954, konnte HWH* »den auftrag« *kriegen und mit dem* Undine-*Ballett die*

Grundlage für einen der größten Erfolge der Gruppe schaffen, die sich dann, 1958, bereits »Royal Ballet« nannte.

8 »Pipo wird nicht da sein«: *der mit HWH befreundete Tänzer Wolfgang Leistner.*

9 »werner held«: *der dt. Maler, Zeichner und Dichter W. Heldt (!), 1904–1954.*

19 *ÖNB 22, 23, 24, hs.*

1 *Heinz Schwitzke: Leiter der Hörspielabtlg. des NWDR, der sich in mehreren Büchern auch theoretisch mit dem deutschen Hörspiel auseinandersetzte.*

2 Günther Sawatzki, *Hörspielautor und Mitarbeiter der Hörspielabtlg. des NWDR.*

3 »diese wunderschöne oper«: *IBs Hörspiel* Die Zikaden, *eine Auftragsarbeit des NWDR. Für die Hörspielmusik, die zu dieser Zeit noch als aufwendige musikalische Komposition geplant war, hatte HWH ebenfalls mit dem NWDR einen Vertrag abgeschlossen (vgl.* Brief 18, *12. Oktober 1954).*

4 *Harry Hermann Spitz (1899–1956), Komponist, Rundfunkmitarbeiter; in der Emigration in Frankreich verhaftet und in ein deutsches KZ deportiert; nach der Befreiung 1945 zuerst nach Schweden, seit Ende 1947 Hauptabteilungsleiter für Musik beim NWDR Hamburg.*

5 *HWH war zur Premiere von Waltons Oper »Troilus and Cressida« nach London gekommen, wohnte aber nicht bei den Waltons.*

20 *ÖNB 29, 29a, hs.; Ansichtskarte, Poststempel: London, 9. 12. 1954, an:* ILL. SIGNORINA / INGO BACHMANN / Piazza della Quercia, 1 / ROMA
Vorders.: Giovanni Bellini: Portrait of a Boy, Tempera, Barber Institute of Fine Arts, Birmingham.

1 *IB wohnte seit Ende 1953 in Rom an der Piazza della Quercia, »am Platz der Eiche«. Im Italienischen ist »quercia« weiblich und »olivo«, »Ölbaum«, männlich. In dieses Netz von Assoziationen wird später auch der Name »Eich« einbezogen (*»c/o Eich / oak / quercia«. Brief 77, *Briefkuvert).*

2 *HWH sieht in G. Bellinis* Portrait of a Boy *eine frappierende Ähnlichkeit mit IB.*

3 »San Gennaro«: *der Schutzheilige von Neapel.*

4 »Ugo Calise« *(1921–1994): Gitarrist und Sänger der neapolitanischen Canzone, gehörte in Ischia zum Bekanntenkreis von HWH.*

21 *ÖNB 30, 31, 31a, hs.; am Briefende re. neben den Weihnachtswünschen Zeichnung eines Ästchens mit brennender Kerze; Briefkuvert, Poststempel abgerissen, an:* Illustre ed enorme Scrittrice / dott. filosofia / INGO / BACHMANN / Henselstrasse 26 / KLAGENFURT

1 *Das fertiggestellte Typoskript von IBs Hörspiel* Die Zikaden.

2 *Eine verlorengegangene graphische Darstellung der musikalischen Vorgänge, auf die HWH in* Brief 25, *2. April 1955, Bezug nimmt.*

3 *Heinz Bachmann, geb. 1939, als* »Bruder« *mehrmals in eine literarische Figur verwandelt, in* Der Fall Franza *sogar mit seinem späteren Beruf, als Geologe und unter Verwendung seiner Geologiebücher.*

4 »spitzke«*: das ist Harry Hermann Spitz, dessen Namen HWH in seinen Briefen mehrfach spielerisch variiert hat (vgl.* Brief 19/4*).*

5 »enndabbeljudiah«: *auf Englisch buchstabierte Abkürzung von NDWR.*

6 »in buchform« *erschien das Hörspiel selbständig, gemeinsam mit* Der gute Gott von Manhattan, *erst 1963:* Der gute Gott von Manhattan – Die Zikaden. Zwei Hörspiele, *München: Deutscher Taschenbuch Verlag 1963, aber schon 1955 kam es sowohl im »Hörspielbuch 1955« (Frankfurt am Main 1955, S. 133–176) wie in der Zs. »Akzente« heraus (Jg. 2, H. 3, Juni 1955, S. 228–249).*

7 »die sache«*: das spätere Ballett* Undine, *einer der größten Erfolge von Margot Fonteyn und dem Royal Ballet, konnte erst viel später* »in szene gehen«, *und zwar am 27. Oktober 1958 im Royal Opera House, Covent Garden, mit der Choreographie Frederick Ashtons und unter der musikalischen Leitung HWHs.*

8 »seine Oper«*: W. Waltons »Troilus and Cressida«, zu deren Premiere HWH nach London gekommen war.*

9 »en-onde gemist«*: Wortspiel, frz., »auf den Wellen gesendet«.*

22 *ÖNB 33, 33a, hs; re., neben der Briefüberschrift, Zeichnung einer ›Bachstelze‹ mit Aureole.*

1 »eichbaumpalast«*: der an der Piazza della Quercia gelegene Palazzo, in dem sich IBs Wohnung befand.*

23 *ÖNB 34, 34a, Telegramm; Poststempel: PARIS, 22. GEN 1955, an:* BACHMANN / PIAZZADELLAQUERCIA 1 ROME

24 *ÖNB 63, hs.*

1 *Die neapolitanische Canzone »Cchiù luntana me staie, / cchiù vicina te sento …«*

2 *Diese beiden Sätze stehen im italienischen Originalbrief in neapolitanischem Dialekt:* »pechá non ti fai viva? Chi sta u'sul«.

3 »ich komponiere etwas für das festival […] in Darmfurt-Frankstadt«*:* Quattro Poemi*, eine Auftragsarbeit der Stadt Darmstadt, Uraufführung am 31. Mai 1955 in Frankfurt am Main.*

4 »Epilog«*: Der Regisseur des 1950 gedrehten Films, Helmut Käutner, wird 1960 die Regie bei der Uraufführung von* Der Prinz von Homburg *an der Hamburgischen Staatsoper übernehmen. HWH erinnert sich dann daran* (Brief 144, *20. Dezember 1959), daß der Regisseur* »sonst Filme tut (meist gute, manchmal auch horrende*)*«.

5 »›Senso‹« *(dt. Übers.: »Sehnsucht«) von Luchino Visconti, 1953/54 entstanden; die Zensurierung dieses Films über eine Begebenheit aus der Zeit des Aufstands des Jungen Italien gegen die österreichische Unterdrückung im Norditalien des Jahres 1866 betraf vor allem politische und historische Implikationen des Films (vgl. Luchino Visconti. Mit Beiträgen von Klaus Geitel u. a., 2., ergänzte Aufl., München, Wien: Carl Hanser Verlag).*

25 *ÖNB 15, 15a., hs.;* »hasse«, *am Briefschluß, dreifach unterstrichen.*

1 »eine deutsche schweinerei«*: eine Kritik von HWHs Hörspielmusik in der FAZ (»Die tremolierenden Zikaden«, 2. April 1955): »Das ist im Grunde genau die musikalische Stimmungsmache, die klangnaturalistische ›Ver-Tonung‹ der berufsmäßigen Zelluloidbespieler: eine konventionell bemusterte Tapete […] Wenn wir recht unterrichtet sind, weiß der an einer Oper arbeitende Elfenbeinturm-Bewohner von Ischia inzwischen um den fragwürdigen Wert seiner restaurativen Klangkulisse. Aber wer nimmt dem weltflüchtigen jungen Mann mit dem schon zur Gewohnheit gewordenen großen Erfolg so etwas eigentlich ab?«*

2 »(s. zeichnung)«*: Die nicht erhaltene Skizze zur Vertonung (vgl.* Brief 21, *20. Dezember 1954), mit der IB vom Komponisten verlangte, was ihm dann vom Kritiker vorgeworfen wurde: »zu einer Verhaftung wird klangmalerisch die Trommel ›gerührt‹, und so fort«.*

3 *IB hat dem Kritiker geschrieben und ihm erklärt, daß die* »background Musik« *auf ihre Wünsche zurückgehe. Über die sachliche Richtigstellung hinaus hat sie in ihrem Brief grundsätzlichere Fragen der Freiheit des Künstlers – und jedes Menschen – angesprochen: z. B. die Forderung,* »auf eine ihm richtig scheinende Weise

sich zu entwickeln, auch die Landschaft und den Ort zu wählen, an dem man glaubt, ruhiger und besser arbeiten zu können«. *Sie fragt, warum* »die Flucht aus dem Kulturbetrieb schon Weltflüchtigkeit« *sein soll, und gelangt mit ihren Fragen zu ihrem Grundthema, den* »Gerüchtfiguren« (Malina, *W 3, 21), oder, wie sie im Brief schreibt, der Einsicht in die* »Beharrlichkeit von Missverständnissen über Menschen«, *die* »manchmal nicht mehr aus der Welt zu schaffen« *sind. Alles, was sie wolle, sei* »Widerspruch« *dagegen,* »jemand ›abgestempelt‹ zu wissen«*:* »jedes Wesen ist ein stummer Schrei danach, anders gelesen zu werden.« *Und* »wer, wenn nicht unsre Freunde, sollte in uns besser lesen und uns verteidigen können?« *(Briefentwurf, masch., undatiert; ÖNB, Hs.-Slg.).*

26 *ÖNB 35, 36, hs.; auf Briefkopie von HWHs Hand im Sommer 2003 der Ort –* »*Forio d'Ischia*« *– zum Datum hinzugefügt; Briefkuvert, Poststempel: 25. 4. 1955, an:* ill. signorina / Ingeborg Bachmann / 1. Piazza della Quercia / Palazzo Sparda / ROMA / espresso

1 »dass Du Dich mit aufträgen ruinierst«*: Besonders die oft Woche für Woche verlangten journalistischen Arbeiten für* »*Radio Bremen*« *und für die* »*Westdeutsche Allgemeine Zeitung*« *stellten für die Autorin eine große Belastung dar. Die meisten Rundfunk- und Zeitungsberichte der römischen Korrespondentin, die ihre Beiträge mit einem Pseudonym zeichnete, fallen in die Zeit von August 1954 bis Ende Mai 1955 (Ingeborg Bachmann: Römische Reportagen. Eine Wiederentdeckung, hrg. v. Jörg-Dieter Kogel, München und Zürich: Piper 1998).*

2 *Die* »idee« *für die gemeinsame* »nächste oper« *wurde erst nach dem Sommer 1955, nach IBs Rückkehr aus den USA, wieder aufgegriffen.*

3 *Mario Labroca (1896–1973), Komponist, Musikkritiker, von 1949 bis 1958 Leiter der Musik-Abtlg. des italienischen Rundfunks (RAI).*

4 *Gian Carlo Menottis Oper* »*The Consul*« *(1950), Pietro Mascagnis Oper* »*Amico Fritz*« *(1891), Giacomo Puccinis Oper* »*Madama Butterfly*« *(1904).*

5 *Francesco D'Avalos, Federico Forquet und Enrico d'Assia (Heinrich von Hessen), eine Gruppe* »junger Musikfreunde«, *die Jeunesse dorée Neapels, die HWH im Herbst 1953 kennengelernt hatte (H, 160).*

27 *ÖNB 38, 39, hs.*

1 »morgen reise ich ab«: *eine auf Einladung der argentinischen Wagner-Gesellschaft unternommene Reise nach Argentinien. Die komplizierte Reiseorganisation (Flugverbindungen, Visa), bei der er auf IBs Hilfe angewiesen war, wird ausführlich in dem hier nicht aufgenommenen Brief (ÖNB 37, 7. Mai 1955) beschrieben.*

2 *Es ist nicht mehr festzustellen, um welche drei Gedichte es sich handelte.*

3 *Der erste Vers von August von Platens »Tristan«-Gedicht – »Wer die Schönheit angeschaut mit Augen, / Ist dem Tode schon anheimgegeben, / Wird für keinen Dienst auf Erden taugen, / Und doch wird er vor dem Tode beben [...]« – gehörte für IB zu jenen Zitaten, von denen sie in einem Interview gesagt hat, daß das für sie* »keine Zitate« *sind, sondern* »das Leben« *(GuI, 69).*

4 »er sei Orpheus« – *der Sänger und Gitarrist Fausto Cigliano, den HWH als Canzonen-Sänger im Frühjahr 1956 in einer Gemeinschaftsproduktion des SDR und des NDR (3. April 1956) in Deutschland vorstellte:* Die Canzonen von Neapel unverfälscht gesungen von dem neapolitanischen Volkssänger Fausto Cigliano in einem Bericht des deutschen Komponisten Hans Werner Henze *(Sende-Typoskr. im Archiv des SWR Stuttgart).*

5 *Dieses Kompositionsvorhaben ist nicht realisiert worden. Die im folgenden Jahr entstandenen* Fünf neapolitanische[n] Lieder. Canzoni 'e copp' 'o tammurro« (Lieder zur Trommel) auf anonyme Texte des 17. Jahrhunderts *sind für Bariton und Kammerorchester geschrieben – und* Ingeborg Bachmann *gewidmet.*

6 »daher erreicht diese botschaft den empfänger nicht«*: Zum Zeitpunkt, als HWHs Brief in Rom einlangte, war IB auf der Tagung der Gruppe 47 in Berlin (13.–15. Mai 1955).*

28 *ÖNB 42, 42a, hs.*

1 *IB hielt sich vom 4. Juli bis 24. August 1955 in den USA auf, wo sie, auf Einladung von Henry Kissinger, an der internationalen »Harvard Summer School of Arts and Sciences and Education« teilnahm (Cambridge, Massachusetts). In einem vorangegangenen, hier nicht aufgenommenen Brief (ÖNB 40, 40a, 41, 41a, vom 10. Juli 1955), der zum größten Teil aus einer Collage von Überschriften der Tageszeitung »Il Mattino« (vom 9. Juli 1955) besteht, heißt es im ersten Satz:* »man weiss ja nicht ob Du noch im grossen bauch der königin maria steckst, oder ob Du schon im von einer hitzewelle geplagten amerika brätst.«

2 »ferragosto«: *das sind, wie IB im Entwurf zu einem Essay* – [Ferragosto] – *ge-*

schrieben hat, »die Augustfeiertage, den Römern fast ebenso wichtig wie Weihnachten und Ostern« *(W 4, 336).*

3 »Ernst Schnabel hat sein buch beendet«*: der auf Ischia fertiggestellte Roman »Der sechste Gesang«, den HWH vertont hat.*

4 »wieder mal dem fehlläuten der nachtglocke gefolgt«*: Der im italienischen Brieforiginal auf Deutsch zitierte Satz aus Franz Kafkas Erzählung »Ein Landarzt« ist der Schlußsatz von HWHs gleichnamiger Funkoper (1951).*

5 »Mahler, der für mich der größte Komponist unseres Jahrhunderts ist«*, sagte IB in dem Gespräch für Gerda Hallers Bachmann-Film aus dem Juni 1973, das sich, im nachhinein, wie ein Testament der Schriftstellerin liest (ÖNB, Nachl.-Nr. 2353).*

6 *Dieser Plan für* »ein konzert für harfe« *ist fallengelassen worden; erst 1966 entstand ein* Konzert für Oboe, Harfe und Streicher (Doppelkonzert, *Urauff.: 2. Dezember 1966 in Zürich).*

7 *HWH verwendet im italienischen Brieforiginal an dieser Stelle den neapolit. Ausdruck* »'u capp«, *»auf den Kopf«:* »questa vita che ci batte continuamente 'u capp.«

29 *ÖNB 44, hs.*

1 »die gestade Partenopes« *(*»le costiere di Partenope«*): die ungewöhnlichen alten Namen rufen den griechisch-antiken Ursprung dieser Kulturlandschaft in Erinnerung, das Griechische ist für HWH ein wesentliches Element der geschichtlichen und atmosphärischen Besonderheit Neapels (vgl. HWHs Radio-Essay* Die Canzonen von Neapel *(1956), auszugsweise zuerst abgedruckt in: HWH,* Essays, *Mainz: Schott 1964, S. 33–44).*

2 »unsere erste oper wird mit gewissheit am 14. oktober 1956 in Donaueschingen aufgeführt werden«*: Es ist nicht dazu gekommen. IB sah sich außerstande, das Libretto fertigzustellen. Ein Jahr später, im Oktober 1957, wurde als erstes gemeinsames Werk von IB und HWH* Nachtstücke und Arien *(mit IBs Gedichten* Im Gewitter der Rosen *und* Freies Geleit) *bei den Donaueschinger Musiktagen für zeitgenössische Musik uraufgeführt.*

3 *Luigi und Nuria Nono wohnten in Venedig, in Zattere, Nr. 3.*

30 *ÖNB, ohne Nachl.-Nr., hs., mit Bleistift, undatiert. Möglich, daß dieser Brief, bedenkt man die tiefgreifende Verstörung, von der hier die Rede ist* (»denn ich bin weg von Italien, s e n z a c a s a «, *und weiter unten:* »Es ist wohl das Ärgste, was mir passiert ist«), *auf den schwer datierbaren dramatischen Brief mit der Anspielung auf das Gedicht* Liebe, dunkler Erdteil *folgt (vgl.* Brief 92, *Ende April 1957?). Auch die panische Reaktion in HWHs Brief v. 12. u. 13. Oktober 1955* (Brief 31) *würde für diese Hypothese sprechen.*

1 *Die* »horrible Schwäche« *für die Musik Jacques Offenbachs ist in* Malina *thematisiert: in der leitmotivischen Erinnerung an das* »dadim, dadam« *der Barcarole aus dem Mittelakt von »Hoffmanns Erzählungen«, an ein Venedig der Oper, dem sich das weibliche Ich im Roman für immer verfallen weiß, seit es eine Verfilmung in Wien, im* »Kino hinter dem Kärntnerring«, *sah:* »die Schläge der Ruder ins Wasser, auch eine Musik zog mit Lichtern durchs Wasser und ihr dadim, dadam, das mich mitzog« *(*Malina, *W 3, 26).*

2 »diese Oper«*: für die zu diesem Zeitpunkt weder Titel noch Sujet gefunden sind.*

3 »Tre soldi nella fontana«*: Dt. Titel: »Drei Münzen im Brunnen«, ein 1954 in den USA gedrehter Film von Jean Negulesco über drei amerikanische Sekretärinnen in Rom; laut österreichischer katholischer Filmkritik (1703, 5/1955) »geschickt auf wohltuende romantische Kinoillusion inszeniert. Großartige Panorama-Aufnahmen von Rom und Venedig«).*

4 *Anspielungen auf einen Vers in IBs Gedicht* Große Landschaft bei Wien – »Wir spielen die Tänze nicht mehr. / Nach langer Pause: Dissonanzen gelichtet, wenig cantabile« *(W 1, 59) –, auf den Titel von HWHs Oper Boulevard Solitude und, möglicherweise, auf Albert Camus' Roman »Der Fremde«.*

5 »Heiliger Rochus, der du gelitten hast, / o der du gelitten hast, heiliger Franz« *(*Lieder von einer Insel, *W 1, 125).*

6 »Cesottas«*: Die Bewohner der via Cesotta 4, die Familie Capuano.*

31 *ÖNB* 46, *hs.*

1 »Afrodite und Anchise«*: der in den altionischen Götterliedern überlieferte Mythos von der Verführung des jungen Hirten Anchises durch Aphrodite, die so zum Vater des Äneas wurde.*

32 *PSS, masch.; 2. Satz im Brief:* »gebunden sind« *korr. zu* »gebunden ist«.

1 *Zu IBs* »Wien-Versuch« *vgl. auch ihren Brief an Marie Luise Kaschnitz, 15. Oktober 1955:* »in Wien, wo ich ein paar Tage lang war, um nach einem Wie-

ner Domizil zu suchen, für später vielleicht; es war eine Idee, die verflogen ist«.

2 »gültige Bindungen«*: wörtliches Zitat aus Hugo von Hofmannsthals Rede »Das Schrifttum als geistiger Raum der Nation« (1927): »daß das Leben lebbar nur wird durch gültige Bindungen« (H. v. Hofmannsthal: Gesammelte Werke, Prosa IV, Frankfurt am Main: S. Fischer 1955, S. 411).*

3 *Heinrich Strobel (1898–1970), deutscher Musikkritiker, Abteilungsleiter des SWF Baden-Baden (1946–1970), Leiter der Donaueschinger Musiktage (1946–1970), Präsident der Internationalen Gesellschaft für Zeitgenössische Musik (1956–1969); das – zuletzt gescheiterte – Projekt von HWHs und IBs Oper für die Donaueschinger Musiktage (*Belinda*) wurde von Strobel unterstützt; in der von ihm geleiteten Zs. »Melos« (1946–1970) haben sowohl HWH als auch IB publiziert. Die Spannungen im Verhältnis von HWH und Strobel hatten mit ihren verschiedenen Begriffen von Moderne zu tun, für HWH repräsentierte Strobel die institutionell und dogmatisch verwaltete Zwölftonmusik.*

4 *Vor und neben dem Opernlibretto hatte IB in dieser Zeit – Herbst 1955 bis Sommer 1956 – ihren zweiten Lyrikband,* Anrufung des Großen Bären, *fertigzustellen.*

33 *ÖNB 48, 45, hs.; Briefkuvert, Poststempel: Hannover, 26. 10. 55, an:* Fräulein / Dr. Ingeborg Bachmann / Klagenfurt / Österreich / Henselstraße 26, *Abs.:* Henze FORIO D'ISCHIA / Casa Cirillo

1 »A. + A.«*:* »Afrodite und Anchise«, *der Opernsujet-Vorschlag von HWH in* Brief 31, *12. Oktober 1955.*

34 *PSS, masch.; der unterstrichene Satz und der Satz danach hs.*

1 *»Altionische Götterlieder unter dem Namen Homers«. Deutsch von Rudolf Borchardt, München 1924.*

2 *Aus diesem* »Fund« *des* »Aphroditenliedes« *entwarf IB ihr erstes Exposé für ein Opernlibretto. Im Nachlaß IBs in der Hs.-Slg. der ÖNB Wien befindet sich ein fünfseitiges Typoskript mit dem Titel* Anchises und Aphrodite *(Nachl.-Nr. 3003–3007), das bisher unter »Fremde Texte« abgelegt war, aufgrund des Briefwechsels nun aber als Bachmann-Text bestimmt werden kann – eine Vermutung, die bereits in der umsichtigen Bayreuther Dissertation von Petra Grell geäußert wurde (*Ingeborg Bachmanns Libretti, *Frankfurt am Main u. a. 1995, S. 307).*

35 *ÖNB* 47, *masch.*

Vor dem letzten Absatz des Briefes, neben den eingerückten Sätzen, eine Notenzeichnung: 3 Viertelnoten, f, a, fis, darunter: »wo bist du?«

1 Drei sinfonische Etüden. Für großes Orchester *(Urauff.: 14. Februar 1956, Hamburg, NDR).*

2 »der Homer«*: das »Aphrodite und Anchises«-Sujet der altionischen Götterlieder unter dem Namen Homers.*

36 *ÖNB, ohne Nachl.-Nr., hs.*

1 *Zur ersten Gefährdung ihrer Beziehung vgl. HWH,* Brief 14, *24. April 1954, und IB,* Brief 15, *vom 1. Mai 1954.*

37 *ÖNB* 49, 49*a, hs.; Ansichtskarte, Poststempel: Neapel, 12.11.1955, an:* INGEBORG BACHMANN / HENSELSTRASSE 26 /KLAGENFURT / AUSTRIA; *Vorderseite: Meer mit dem Vesuv im Hintergrund, Bildtext: »Napoli – Il Vesuvio al tramonto / Quando natura dipinge« [Neapel – Der Vesuv bei Sonnenuntergang. Wenn die Natur malt].*

38 *ÖNB 50, hs.*

1 *IBs Brief mit dem Bericht über das Zusammentreffen mit Heinrich Strobel als Auftraggeber der Oper für die Donaueschinger Musiktage (geplant für Oktober 1956) ist nicht erhalten.*

2 »die idee mit dem Vater und der Mutter«*: IBs Opernexposé* Anchises und Aphrodite *weist den Eltern eines Mädchens, Anna, das sich vergeblich um die Liebe des jungen Anchises bemüht, eine wichtige dramaturgische Rolle zu. Aphrodite gibt sich Anchises gegenüber als die Tochter dieser Eltern aus, da Anna wegen ihrer Liebe zu Anchises von zu Hause weggegangen ist. Mit den Eltern, der geschwätzigen Matrone und dem faunenhaften Gatten, bringt IB einen komödienhaften Zug ins Spiel, der die Oper von der* »Grausamkeit und Schönheit der Liebe«*, wie sie Anchises mit Aphrodite erfährt, umrahmt. Anchises, der Aphrodites Schönheit angeschaut hat, bleibt zurück als ein* »Selig-Unseliger«*, als einer, wie man mit den von IB oft zitier-*

*ten Versen aus Platens »Tristan«-Gedicht sagen könnte, der »die Schönheit angeschaut mit Augen« und nun »dem Tode schon anheim gegeben« ist (*Anchises und Aphrodite, *Bl. 5, ÖNB, Nachl.-Nr. 3007).*

3 »Denn es sind noch immer die Schiffbrüchigen, die auf den Inseln Zuflucht suchen« *(IB,* Die *Zikaden, W 1, 223), eines der vielen dialogisch in Replik und Echo auf IBs Werk bezogenen Briefworte.*

39 *ÖNB 53, 52, hs.*

Unter der Schlußformel des Briefs Notenzeichnung, 3 Sechzehntelnoten, g, g, ais.

1 »diese sauarbeit für die auslandspresse« *hatte IB im November 1955 bereits eingestellt. Für »Radio Bremen« war sie von September 1954 bis Sommer 1955 tätig, für die »Westdeutsche Allgemeine Zeitung« von November 1954 bis September 1955.*

2 »›herbstmanöver‹«*: der Titel eines Gedichts aus dem ersten Lyrikband (I, 36), das mit den Versen schließt:* »Im Keller des Herzens, schlaflos, find ich mich wieder / auf der Spreu des Hohns, im Herbstmanöver der Zeit.«

3 Fünf neapolitanische Lieder, *ein Auftragswerk des HR, das am 26. Mai 1956 in Frankfurt am Main uraufgeführt wurde.*

4 »Mario«*: der Sohn von Lucia Capuano.*

5 »dieser gitarrist, der Fausto«*: Fausto Cigliano, ein Gitarrist, den HWH in Neapel kennenlernte, Interpret der Canzone napoletana.* Vgl. Brief 27/4.

6 »ein neues Auto«*: Ein Fiat Spider, 1100 TV, Trasformabile.*

7 *Francesco D'Avalos, dessen musikalischen Weg als Komponist HWH förderte (vgl.* Brief 109, *20.–22. Dezember 1957).*

8 *Bei der Uraufführung von* Drei sinfonische Etüden *(14. Februar 1956 in Hamburg) war IB nicht anwesend. Sie verbrachte den Winter 1956 in HWHs Wohnung in Neapel, Via Bernardo Cavallino 1.*

9 »die arbeiten für boulez und für Frankfurt«*: Für Pierre Boulez das* Concerto per il Marigny. Für Klavier und 7 Instrumente *(Uraufführung: Théâtre Marigny, Paris, im Rahmen der von Boulez begründeten Konzertreihe »Domaine musicale«, 9. März 1956), für Frankfurt und Darmstadt* Fünf neapolitanische Lieder *(Uraufführung am 26. Mai 1956, mit dem Bariton Dietrich Fischer-Dieskau, Radio Frankfurt).*

40 *ÖNB 54, 51, 55, 56, hs., mit vorgedr. Briefkopf: Hotel Vittoria / Napoli / VIA PARTENOPE N. 7-8-9; Briefkuvert, Poststempel: Forio, Napoli, 1. 12. 55, an:*

DR. INGEBORG BACHMANN / Henselstrasse 26 / KLAGENFURT / AUSTRIA

1 »die fürstin D'Avalos«, *Giuseppina D'Avalos, die Mutter des Komponistenfreundes Francesco D'Avalos, aus einem alten spanischen Adelsgeschlecht, half HWH in Neapel in vielen* »praktischen Dingen« *(H, 222).*

2 Die Canzonen von Neapel unverfälscht gesungen von dem neapolitanischen Volkssänger Fausto Cigliano in einem Bericht des deutschen Komponisten Hans Werner Henze *(Ursendung am 3. 4. 1956 in einer Gemeinschaftsproduktion der Redaktion Radio-Essay im SDR und der Feature-Redaktion des NDR). Das Feature enthält eine kleine essayistische Kulturgeschichte Neapels, eine Art Pendant zu IBs* Was ich in Rom sah und hörte, *sogar mit direktem Bezug auf ihren Essay:* »Was ich in Neapel sehe und höre: Es ist Winter [...]« *(SuG, 36).*

3 »es war Boulez (!!!)«: *Die Musikerfreundschaft mit dem französischen Komponisten, Dirigenten und Musiktheoretiker Pierre Boulez (geb. 1925) war bestimmt von Reserviertheit der Position des andern gegenüber. HWH teilte nicht die kompositorischen Übereinkünfte der sogenannten »Darmstädter Schule« (Boulez, Stockhausen, Nono); daß die drei Komponisten bei der Aufführung von HWHs und IBs* Nachtstücke und Arien *(1957) in Donaueschingen demonstrativ den Saal verließen, blieb für ihn später eine unvergeßliche Kränkung.*

4 »five Neapolitan Songs«: *Diese Lieder zur Trommel* (»Canzoni ›e copp'o tammurro‹«) *aus der Zeit, als HWH die Dichterin für ein gemeinsames Leben in Neapel gewinnen wollte, tragen die Widmung* »Für Ingeborg Bachmann«. *Mit dem englischen Komponisten Benjamin Britten (1913–1976) und dem* »dazugehörigen Peter Pears« *(H, 193), einem englischen Tenor, der an mehreren Uraufführungen von Vokalstücken HWHs mitwirkte (u. a. in Venedig im »Teatro La Fenice«, am 24. April 1963, bei* Novae de Infinito Laudes*), verband HWH eine große künstlerische Zuneigung. HWH hatte Britten bei Ludwig und Margaret von Hessen in Wolfsgarten kennengelernt. Besonders durch das Aldeburgh Festival in Suffolk gab es in den sechziger Jahren eine kontinuierliche Zusammenarbeit mit dem englischen Komponisten und Aldeburgher Festivaldirektor.* El Cimarrón *wurde dort am 22. Juni 1970 uraufgeführt. HWH hat sein 5. Streichquartett dem Andenken Benjamin Brittens gewidmet.*

41 *ÖNB 57, Telegramm; Poststempel: Napoli 5. Dezember 1955, an:* BACHMANN / HENSELSTRASSE / KLAGENFURT

1 »LIBRETTO«: *das Exposé zu* Anchises und Aphrodite, *das HWH in seinem Brief vom 16. November 1955* (Brief 37) *verlangt hatte:* »schick mir so rasch wie möglich eine art exposé« *(in der Hs.-Slg. der ÖNB, Nachl.-Nr. 3003–3007, erhalten).*

42 *ÖNB 58, 59a, 59, 58a, hs.*
Nach dem Satz »... von guten dingen, güte, guten menschen« *Notenzeichnung, zwei Takte, g, a / a, fis, f, darunter:* »buona gente ...«

1 »meinen kleinen bruder«: *Jürgen Henze, der damals dreizehn Jahre alt war.*
2 »absage des feature-sprechens in stuttgart«: *für die Sendung im SDR Stuttgart und im NDR:* Die Canzonen von Neapel *(Sendetermin: 3. April 1956).*
3 *Friedrich Bischoff, damals Intendant des SWF.*
4 *Alfred Andersch leitete seit 1955 im SDR Stuttgart die Sendereihe »radio-essay«.*
5 »vorstellungen von zampognari-klängen«: *In Italien, besonders in Neapel und in Sizilien, spielt die italienische Zampogna, die Dudelsackpfeife, das Instrument der Schafhirten, in der Weihnachtsmusik eine wichtige Rolle.*
6 *William Waltons Oper »Troilus and Cressida« hatte am 12. Januar an der Mailänder Scala Premiere.*
7 »gedichte von einem mailänder freund«: *von Nanni Balestrini (geb. 1935); die frühen Gedichte (1953–1956) sind unter dem Titel »Prime Poesie« erschienen (in Gillo Dorfles' »Mac Espace«); Balestrini war Mitbegründer und Redakteur der Zs. »Il Verri« (erste Nummer Mailand, 1956). Die dort 1961 erschienenen Texte von Giordano Bruno verwendete HWH, von N. Balestrini und Franco Serpa beraten, für* Novae de Infinito Laudes. Kantate für vier Solisten (Sopran, Alt, Tenor, Bariton), gemischten Chor und Instrumente *(Uraufführung bei der Biennale di Venezia, 24. April 1963).*

43 *ÖNB 60, 60a, hs.*

1 *Karl Amadeus Hartmann (1905–1963) gehörte zu HWHs engsten Freunden aus der zeitgenössischen Musikwelt. Aus der* »tatkräftigen inneren emigration« *kommend, Schüler Anton von Weberns, begründete Hartmann nach 1945 in München die Konzertreihe »musica viva«, ein Musikforum der klassischen und zeitgenössischen Moderne. Die produktiven Anregungen durch diese Konzertreihe hat HWH mehrmals betont. Die beiden Komponisten verband inhaltlich ihr Verständnis von Musik* »als

subversive kraft«, *als* »traditionsbezogenes und zukunftsgeladenes potential des widerstands« *(HWH,* Laudatio, *abgedruckt in: Karl Amadeus Hartmann und die Musica Viva, München 1980, S. 14 (= Bayerische Staatsbibliothek. Ausstellungs-Kataloge 21). In seinem Beitrag zu »Epitaph«, einer nicht für die Publikation gedachten Sammlung von Texten und Zeichnungen nach dem Tod von K. A. Hartmann, nannte er dessen Werk eine große* »trauermusik über die schönheit« *(HWH,* »Egregio e carissimo Don Carlos«, *abgedr. in »Karl Amadeus Hartmann und die Musica Viva«, S. 186). HWH hat viele Hartmann-Stücke aufgeführt, in Venedig, im Teatro La Fenice, das Hartmann geliebt hat, dirigierte er vor der Uraufführung der eigenen* Novae de Infinito Laudes *Hartmanns achte Sinfonie. Aber auch in einer Art musikalischen Dialogs bezieht sich sein Werk immer wieder auf die Musik K. A. Hartmanns. IB ist in diese künstlerische Freundschaft und Zusammenarbeit einbezogen worden. Für die Festschrift der Münchner »Musica Viva« (K. H. Ruppel (Hrg.): Musica Viva, München 1959, S. 161–166) schrieb sie das wichtigste Werk ihres Nachdenkens über das Verhältnis von* Musik und Dichtung. *Nach dem Tod von K. A. Hartmann am 5. Dezember 1963 widmete sie dem Verstorbenen – ihr Beitrag für »Epitaph« – ein Gedicht des Gedenkens, das mit dem* Vers »Die Musik allein kennt die Fermate« *noch einmal die Frage nach dem Verhältnis von Musik und Dichtung aufgreift:* In memoriam / Karl Amadeus Hartmann *(abgedr. in »Karl Amadeus Hartmann und die Musica Viva«, S. 355).*

2 *Die Uraufführung von* König Hirsch *an der Städtischen Oper Berlin fand am 23. September 1956 statt.*

44 *ÖNB 61, hs.*

45 *PSS, masch.*

1 *Nicht mehr zu eruieren. Auch HWH erinnert sich nicht an dieses Musikstück.*

2 *Die Gedichte Nanni Balestrinis (vgl.* Brief 42*).*

3 Concerto per Il Marigny für Klavier und sieben Instrumente, *1956 (für die von Pierre Boulez organisierten Konzerte im Théâtre Marigny in Paris); das Fragment gebliebene Werk ist später von HWH zurückgezogen und 1990 als Neuschrift in den* Introitus *von* Requiem *eingearbeitet worden.*

4 Heimweg *(zuerst erschienen in: Merkur 10, H. 6, Juni 1956), ein Vampir-Gedicht, aus dem IBs Mißtrauen gegenüber den schönen Werken spricht. Der* »Vampir, der

einem das Blut aussaugt«, *verkörpert den Preis des Lebendigen, den das Kunstwerk dem schreibenden Ich abverlangt. Zu den verschiedenen anderen* »Gestalten« *dieses Konflikts gehören die* »Eule«, *der eisgraue Schultergenoß des schreibenden Ich, der das Herz ausraubt des Nachts (*Mein Vogel, *W 1, 96f.), oder der Doppelgänger des weiblichen Ich,* Malina *im gleichnamigen Roman, der mit Blaubart in Verbindung gebracht wird (*»denn das letzte ist sein Zimmer«, *W 3, 23). Diese alarmierende Seite in IBs Werk, das von HWH schon früh aus IBs Gedichten herausgehörte Alarmierende und Erschreckende –* »something alarming, scandalous, bewildering, startling« (Brief 16, *15. Mai 1954) –, hat die Musik von Adriana Hölszky, eine Schülerin HWHs, in ihren Bachmann-Vertonungen mit empathischer Radikalität zum Klingen gebracht (z. B. in »Vampirabile. Lichtverfall für fünf Frauenstimmen«, W 31–1988; dazu Wolfgang Gratzer: Übersicht: Verborgene Texte in »Vampirabile«, unveröff. Typoskript).*

46 *ÖNB 67, Telegramm; Poststempel: WUPPERTAL-ELBERFELD / 5, 2. 1. 56, an:* BACHMANN / HENSELSTR 26 / KLAGENFURT

47 *ÖNB 68, 68a, Telegramm; Poststempel: MUENCHEN 9. 1. 56, an:* BACHMANN / HAENSELSTR 26 / KLAGENFURT; *auf der Rückseite des Telegramms in der Hs. IBs notiert:* »Tränen haben Deine Augen / vergossen, als ich das / erstemal sang, das vergesse ich / dir nie. (Des Kaisers Nachtigall)«. *Diese Textstelle, ein Zitat aus Hans Christian Andersens Märchen, hat IB in das letzte Kapitel ihres Prosastücks* Die wunderliche Musik *aufgenommen. Der letzte Satz dieses schönen Textes über den Trost, den eine lebendige Stimme gewährt, ist noch einmal jenes* »Das vergesse ich dir nie« *(W 4, 57f.).*

1 *Nino Sanzogno: italien. Dirigent (1911–1983), führte seit Anfang 1953 Werke von HWH auf; sie lernten einander 1952 in Venedig bei der Aufführung von HWHs Ballettpantomime* Der Idiot *kennen. 1953 dirigierte Sanzogno* Boulevard Solitude *für die Aufnahmen im italienischen Rundfunkt (RAI), in Rom hatte er diese Oper bei der tumultuosen Aufführung im Teatro dell'Opera dirigiert (April 1954). HWH verdankte Sanzogno die Bekanntschaft mit Luchino Visconti, 1956 in Mailand, in der Zeit, als an der Scala »La Traviata« gespielt wurde (in der berühmten Inszenierung Viscontis, mit Maria Callas in der Titelrolle).*

2 »GEDICHTE«: *wahrscheinlich die beiden im* Brief 45, *31. Dezember 1955, mitge-*

schickten Gedichte Heimweg *und das neben* Heimweg *in der Zs. »Merkur«, Jg. 10, H. 6, Juni 1956, abgedruckte Gedicht* Mein Vogel.

48 *PSS, hs. undatiert; auf der Lesereise IBs (Essen, Bochum, Wuppertal, Bremen) Ende Februar, Anfang März 1956 geschrieben.*

1 »Nabule«, *neapolitan., Neapel.*

49 *PSS, hs.*

1 »Walter und Wendel«*: Erich Walter, Choreograph, und Heinrich Wendel, Bühnenbildner, wirkten an der Aufführung von* Boulevard Solitude *in Düsseldorf, 29. Januar 1958, mit. 1958 brachten sie HWHs* Ballettvariationen *(1949) in Wuppertal zum ersten Mal auf die Bühne.*

2 »bei einem gewissen Gebhard«*: wahrscheinlich der Industrielle und Mäzen Klaus Gebhard, bei dem auch Paul Celan nach seiner Lesung in Wuppertal (am 29. September 1955) eingeladen war (Paul Celan – Gisèle Celan-Lestrange. Briefwechsel, Frankfurt am Main: Suhrkamp 2001, Bd. 1, S. 70 und Bd. 2, S. 91).*

3 »draußen vor der Tür« *[im italien. Brieforiginal:* »fuori dalla porta«*]: eine Anspielung auf den Titel von Wolfgang Borcherts Nachkriegs-Drama (1946).*

50 *PSS, hs.; Ansichtskarte, Poststempel: Bremen, 3. 3. 58, an:* / Illme / Maestro H. W. HENZE / Via Bernardo Cavallino 1 / Arenella alta, Villa Rotondo / NAPOLI / Italia, *Vorderseite: Bremen, Rathaus.*

51 *PSS, hs.*

1 *Francesco D'Avalos, Federico Forquet, Adriana De Angelis und Gianni und Annamaria Eminente gehörten zum Kreis von Komponisten und Musikkritikern, die HWH schon am Beginn seines Ischia-Aufenthalts im nah gelegenen Neapel kennenlernte.*

2 *IB dachte hier wahrscheinlich an den Sänger und Gitarristen Roberto Murolo (1912–*

2003), von dem es Anfang der fünfziger Jahre schon international bekannte Schallplatten-Aufnahmen der Canzone napoletana gab (IB verwendete im italienischen Brief-Original die neapolitanische Form »canzone nabuletane«*). In der* »Todesarten«-*Erzählung* Gier *(1970) wird an diesen Canzone-Sänger erinnert, wenn* »Sibilla«, *das Mädchen aus reichem Haus, dessen italienische Mutter verstorben ist, in ihrem Zimmer in Kärnten* »Schallplatten hörte, neapolitanische Lieder von Múrolo oder Opern, Bellini, Verdi, und ihr Zimmer war austapeziert mit Fotografien von Neapel« *(TA 4, 477).*

3 »O luntano«: *neapolitan., »o so fern«, zitiert eine charakteristische Sprachgeste der canzone napoletana, die HWH in seinem musik- und kulturgeschichtlichen Canzonen-Feature, 1956, den deutschen Radiohörerinnen und Radiohörern vorstellte (auszugsweise publiziert in* E, *S. 33–44).*

4 »Annina, gib mir die Kleider …« [»Annina, dammi a vestire …«], *Violetta in Giuseppe Verdis »La Traviata«, 3. Akt, 6. Szene (im Schlafzimmer Violettas).*

52 *PSS, hs.; am li. Rand:* posta: à Piper fino il 25 marzo / poi a Klagenfurt, Henselstr 26, Austria

1 *Henry-Louis de la Grange (geb. 1924), mit HWH befreundeter Musikkritiker und Gustav-Mahler-Biograph.*

2 »Inge Scholl«*: gehörte der Münchner Widerstandsgruppe »Die Weiße Rose« an; zwei ihrer Geschwister, Sophie und Hans Scholl, wurden 1943 hingerichtet; Autorin des gleichnamigen Erinnerungsbuchs über den »Widerstand der Münchner Studenten« (eine erweiterte Neuausgabe von »Die Weiße Rose« erschien 1993 mit einer »Vorbemerkung« von Ilse Aichinger, die sich mehrmals in ihrem Schreiben auf die Geschwister Scholl bezogen hat: I. Aichinger: »Vorbemerkung«, in: I. Scholl: Die Weiße Rose, erw. Neuausg., Frankfurt am Main: Fischer Taschenbuch Verlag 1993, S. 7). HWH erinnert an diese Widerstandsgruppe mit* In memoriam: Die Weiße Rose. Doppelfuge für zwölf Instrumente *(uraufgeführt bei der »Rassegna della Resistenza Europea« in Bologna unter Bruno Maderna, 1965).*

3 »Ilse Aichinger« *(geb. 1921 in Wien), österreichische Schriftstellerin; IB war mit ihr seit ihrem Aufenthalt im Nachkriegs-Wien (1946–1953) befreundet. Aichinger hatte in Wien den Holocaust überlebt; nach 1945 schrieb sie den ersten international anerkannten österreichischen Nachkriegsroman »Die größere Hoffnung« (1948). Sie las gemeinsam mit IB und Paul Celan auf der Tagung der Gruppe 47 in Niendorf (Mai 1952), wo sie, ein Jahr vor IB, den Gruppen-Preis erhielt. Anfang der fünfziger Jahre heiratete sie Günter Eich, mit dem sie zum Zeitpunkt des Briefs in Lenggries in Ober-*

bayern wohnte. Dass IB auf ihrer Reise sowohl bei Inge Scholl als auch Ilse Aichinger Station machte, folgte einer ›Logik‹ der Freundschaften nach 1945: Ilse Aichinger und Inge Scholl waren befreundet, und IB dürfte über Aichinger mit Scholl in Kontakt gekommen sein, Zufälle, hinter denen IBs Verlangen stand, der anderen Seite nahe zu sein, den Verfolgten und den Opfern.

4 »nur mit der Oper im Kopf«*: das gemeinsame Opernvorhaben, das im Herbst 1955 begonnen, für die Donaueschinger Musiktage, Oktober 1956, fertiggestellt werden sollte.*

53 *ÖNB 92, Telegramm; Poststempel: 6. 5. 56*

54 ÖNB 91, *Telegramm; Poststempel; 16. 5. 56; auf dem erhaltenen Telegramm-Formular sind nur Name und Ort der Empfängerin,* INGEBORG BACHMANN, NEAPEL, *und der telefonische Auftrag (MILANOFONO) angegeben. IB verbrachte die Zeit von Januar bis August 1956 in HWHs Wohnung in Neapel, Via Bernardo Cavallino 1.*

1 *Der Unfall in der Nähe von Lodi, ein Zusammenstoß mit einem Milchkarren, ist in HWHs Autobiographie genauer beschrieben (H, 172f.).*

2 *Nanni Balestrini, der* »mailänder freund«, *dessen Gedichte HWH an IB zur Beurteilung geschickt hat* (Brief 42, *25. Dezember 1955).*

55 *ÖNB 275, 275a; 1. Seite masch., von Nanni Balestrini hs. fortgesetzt. Schlußformel in wackeliger Hs. von HWH.*

1 »das libretto«*: Oswald Döpke, geb. 1923, Chefdramaturg bei »Radio Bremen«, hat einen Brief IBs referiert, den er von ihr im Mai 1956 erhalten hat: »Sie müsse ihren Gedichtband fertigschreiben, der für den Herbst geplant sei. Mit dem Libretto, dem eigentlichen Grund ihrer Reise nach Neapel, gehe es nur zögerlich voran. Und der Komponist, für den sie arbeite, sei mit dem Auto verunglückt«* (*Oswald Döpke: »Ich weiss nämlich gar nicht, wohin ich gehen soll.« Ingeborg Bachmann in Briefen aus den Jahren 1956 und 1957, in: du, Heft 9, Sept. 1994, S. 36). Genaueres zum Stand der Librettoarbeit teilte sie Siegfried Unseld mit (Brief vom 8. Juni 1956):* »Ich war in der letzten Zeit sehr fleißig, zwei Librettoentwürfe, halb ausgearbeitet, sind ent-

standen. Der erste war schlecht und richtig misslungen, aber er gab die Basis ab für den zweiten, den ich mit einem besseren Gefühl schrieb. Ich hoffe, er wird akzeptiert. Ich habe noch keine Antwort von den massgebenden Leuten, weil ich das Manuskript erst gestern abgeschickt habe.«

2 *Trotz der Hilfe des Komponisten Vittorio Fellegara, der nach dem Diktat HWHs an der noch nicht fertiggestellten Partitur von* Maratona di danza *weiterschrieb, konnte das Werk nicht mehr für die Pariser Uraufführung fertiggestellt werden. Die Pariser Aufführung durch »Les Ballets Babilées« unter der Regie von Luchino Visconti wurde abgesagt, Visconti führte dann ein Jahr später bei der Uraufführung des Balletts in Berlin, September 1967, Regie.*

3 *Carl Ebert, Regisseur, damals Intendant der Städtischen Oper Berlin (vgl.* Brief 66/2).

4 *Hermann Scherchen (1891–1966), Dirigent; 1912 debütierte er mit der Uraufführungstournee von Arnold Schönbergs »Pierrot lunaire«; er begründete die »Neue Musikgesellschaft« und die Zeitschrift »Melos«; intensive Zusammenarbeit mit dem Musikkollegium Winterthur; nach 1945 brachte Scherchen viele Werke der zeitgenössischen Musik zur Aufführung (u. a. Nono, Dallapiccola, Henze).*

5 »ein wenig hoffnung«, *daß Luchino Visconti (1906–1976) die Regie für die Uraufführung des* König Hirsch *bei den Berliner Festwochen im September 1956 übernimmt, erfüllte sich nicht, aber im folgenden Jahr inszenierte der italienische Regisseur in Berlin HWHs Ballett* Maratona di danza *(24. September 1957).*

6 *Karlheinz Gutheim (1904–1987), Komponist, Kapellmeister, Dramaturg, Autor.*

56 *ÖNB 274, masch., undatiert.*

1 »Villa Guardia bei Como«: *Die Villa Nanni Balestrinis, in der HWH sich nach der Entlassung aus dem Krankenhaus aufhielt.*

2 »während Du in griechenland bist«: *Diese geplante Griechenland-Reise ist nicht zustande gekommen. IB mußte wegen der bedrängenden Abgabetermine, der Fertigstellung des zweiten Gedichtbands und des Opernlibrettos in HWHs Wohnung in Neapel bleiben:* »bis zum 15. August muss es ausgehalten werden«, *schrieb sie am 8. Juni 1956 an Siegfried Unseld,* »und es ist auch gut in einer Hinsicht, denn ich kann völlig ungestört arbeiten.«

3 *Der Premierentermin für* Maratona di danza *in Paris* (Marathon de danse), *18. Juni 1956, konnte dann doch nicht gehalten werden.*

4 »apollo et hyazinthus«, *HWHs* Improvisationen für Cembalo, Altstimme und acht Soloinstrumente. Über das Gedicht »Im Park« von Georg Trakl *aus dem Jahr 1948/49.*

57 *ÖNB 276, 276a, hs.; stumpfer Bleistift auf weißer Karte, Briefanrede mit bl. Kugelschr., undatiert.*

1 *HWH hat die Mitarbeit Luchino Viscontis im Untertitel von* Maratona *gewürdigt, indem er ihm die Autorschaft an dem Stück zuschrieb* – Tanzdrama von Luchino Visconti.

2 »es blaut die nacht«*: ein in den Text des italienischen Brieforiginals eingelassenes Trakl-Zitat in deutscher Sprache: »Der Mond steigt auf, es blaut die Nacht« (Georg Trakl: »Drei Teiche in Hellbrunn«, 1. Fassung, Slg. 1909, in: »G. Trakl: Dichtungen und Briefe«, 2. erg. Aufl., Salzburg 1987, S. 238).*

58 *ÖNB 89, hs.; neapolitan. Dialekteinsprengsel im 1. Satz:* »ma eh mejo quell ti Náppuli«.

1 *Das Wehrpflichtgesetz wurde in der Bundesrepublik am 7. Juli 1956 angenommen, womit die rechtlichen Grundlagen für den Aufbau der Bundeswehr geschaffen waren.*

2 »Bellissima«*: Luchino Viscontis Film (1951) von der Arbeiterfrau Maddalena Cecconi, deren Tochter von einem berühmten Filmregisseur als schönstes Kind Roms – »la bellissima di Roma« – ausgesucht wurde, zeigt einige Parallelen zur Karriere der armen* »Belinda« *in IBs Opernlibretto: sowohl im Titel als auch inhaltlich, im Motiv der Verweigerung der Scheinwelt: der Welt der Cinecittà im Film Viscontis, der Welt des* »Reklameturms« *in IBs Opernlibretto.*

3 »Albergo d'Inghilterra«*: Ein traditionsreiches, exklusives Hotel in der Via Bocca di Leone, in dem viele berühmte Künstler abgestiegen sind.*

59 *ÖNB 88, hs.*
Am Briefende Notenzeichnung, Sechzehntel, h, a, es, zwischen a und es der Buchstabe n eingefügt (hans).

1 *In einem Brief an Oswald Döpke, August 1956, schreibt IB, daß sie von Ischia genau an dem Tag, dem St. Vitus-Fest am 9. August, abreise, an dem sie vor drei Jahren ankam. Sie fuhr über Venedig nach Klagenfurt.*

2 »dass die nacherzählung der ›Undine‹ nicht konventionell ist«*: Die im Sommer 1956 gemeinsam mit Frederick Ashton begonnene Arbeit, ein Ballett für das Royal Opera House in London, zielte auf eine neue, freie Version des* Undine*-Stoffs, wobei die erzählte Welt der romantischen Erzählung von Friedrich de la Mot-*

te-Fouqué im Verlauf der Arbeit immer mehr in die mediterrane Welt Süditaliens verwandelt wurde.

3 *Wolfgang Partsch, dt. Generalkonsul in Neapel, der sich in der Abwesenheit HWH um dessen Wohnung kümmerte.*

60 *ÖNB, ohne Ordn.-Nr., Briefentwurf, hs.*

1 »bis Berlin«: *das meint die Aufführung von HWHs Oper* König Hirsch *bei den Berliner Festwochen im September 1956 (Premiere: 23. September 1956).*

2 »lüna«: *die neapolitanische Form von luna, der Mond.*

61 *ÖNB, ohne Ordn.-Nr., hs.; Briefentwurf.*

1 *Luigi Nono und seine Frau wohnten auf den Zattere, ein vom Tourismus damals noch nicht erreichtes Arbeiterviertel in Venedig.*

62 *ÖNB* 87, 87*a; Ansichtskarte, an:* Gentile Signorina / Ingeborg Bachmann / Henselstrasse 26 / KLAGENFURT / AUSTRIA; *Bildseite: Trento – Fontana del Nettuno e Duomo.*

1 »mit dem funkelnagelneuen TV«*: der neu reparierte Fiat TV Trasformabile.*

2 *Fernando G., Freund von HWH; die Beziehung zerbricht im November* (vgl. Brief 78).

63 *ÖNB, ohne Ordn.Nr.; nicht abgeschicktes Telegramm; Empfängeradresse (übersetzt):* [H.W. HENZE / KÖNIGREICH DER MUSIK / ERDE]; »ERDE« *doppelt unterstrichen. Aufgrund der angesprochenen Titelfrage der gemeinsamen Oper (vgl.* Brief 58, *21. Juli 1956) und des Namens* »Bachmanita«*, der eine Replik auf HWHs Anrede in* Brief 62 *sein dürfte, ist das Telegramm auf Ende August 1956 zu datieren.*

64 *ÖNB 86, hs. Das verfremdende grammatische Verfahren des Briefs: ein mehr als zwanzig Mal wiederholtes Nebensatzmodell.*

1 *Die Vorbereitungen für die Aufführung von* König Hirsch *an der Städtischen Oper Berlin.*

2 *In HWHs* Tagebuch eines Balletts *(München: Piper 1959, S. 11f.) wird der Beginn der Arbeit am* Undine-*Textbuch beschrieben. Frederick Ashton –* »Freddie A.« *– , der Choreograph und künstlerische Direktor des Royal Ballet, wie sich Sadler's Wells seit 1957 nannte, war Anfang August 1956 nach Forio d'Ischia zur gemeinsamen Besprechung der Textgrundlage für das Ballett gekommen. Ausgegangen wurde von Friedrich de la Motte-Fouqués »Undine«-Erzählung aus dem 19. Jahrhundert (in der engl. Übers. v. W. L. Courtney).*

3 *Die Schauspielerin und Regisseurin Margit Saad, seit 1957 mit Jean-Pierre Ponnelle verheiratet. 1956 spielte sie in dem Film »Drei Birken auf der Heide«.*

4 »das büchlein« (»librettino«)*: Bezieht sich doppeldeutig auf das* Belinda-*Libretto wie auf den Gedichtband* Anrufung des Großen Bären; *da IB sich vom Komponisten, was das Libretto angeht, nicht in die Karten sehen ließ, ist der Stand über den Fortgang der Arbeit am Libretto besser aus den Briefen an Dritte zu entnehmen. Siegfried Unseld berichtete sie z. B. am 20. August 1956, daß die Gedichte fertig sind, daß sie noch bis in die zweite Septemberhälfte in Klagenfurt bleibe, dann für eine Woche nach Berlin gehe und dann für zwei oder drei Monate nach Paris, um dort* »endlich das Stück zu schreiben«, *das sie schon so lange schreiben möchte: aber vorher müsse sie* »noch das Libretto endgültig fertig machen«.

65 *ÖNB 85, hs.*

1 *Die Proben zu* König Hirsch *und HWHs Protest gegen die vom Dirigenten Hermann Scherchen vorgenommenen Kürzungen sind in HWHs Autobiographie (H, 175f.) ausführlich dargestellt.*

2 *Carl Ebert (1887–1980), Regisseur, von 1954 bis 1961 Intendant der Städtischen Oper Berlin (deren Intendanz er bereits vor seiner Emigration aus Deutschland Anfang der dreißiger Jahre innehatte); Mitbegründer und zeitweise Leiter des Glyndebourne-Festivals in England, auf dem mehrere Kompositionen HWHs aufgeführt wurden.*

3 »die Steckels«*: Leonard und Elfriede Steckel (als Tänzerin unter dem Künstlernamen Jo Mihaly). L. Steckel (1900–1971) war der Regisseur der Uraufführung von* König Hirsch *in Berlin; einer der bedeutendsten dt. Regisseure im Exil und nach dem Krieg; im Züricher Exil inszenierte er z. B. die Uraufführung von Bertolt Brechts »Galilei«, in der Uraufführung des »Puntila« spielte er die Titelrolle.*

4 *Tommaso wird von Belinda verlassen. Von einem Filmmanager als Schönheitskönigin*

und Filmstar entdeckt, zieht sie weg in die Stadt, wird sich aber in der Scheinwelt des »Reklameturms« *selber fremd. Sie fühlt sich tief im Innern noch immer Tommaso zugehörig, der sie in der Stadt verfolgt und, verletzt, wie er ist, ihren Tod will. Sie nimmt die tödliche Herausforderung an, bricht aus der Scheinwelt aus und endet* »in einem leuchtenden Wahnsinn« *– für sie* »ein Reich unverletzbarer Schönheit« *(Nachl.-Nr. 3478, ÖNB).*

66 *ÖNB 67, hs.; 1. Teil von Fernandos Hand.*

1 »dass ich die Wette verloren habe«*: Es geht um die Fertigstellung des* Belinda-*Librettos.*

2 *Der eben, Anfang September, erschienene Gedichtband* Anrufung des Großen Bären, *dessen Fertigstellung mit ein Grund war, daß für die Arbeit am Libretto nicht genug Zeit blieb.*

67 *ÖNB, ohne Ordn.-Nr., masch.; stark korr. Briefentwurf; in den Brief ist ein Zeitungsausschnitt eingeklebt.*

1 *Im Bachmann-Nachlaß in der Hs. Slg. der ÖNB Wien liegt nur für das erste der neun Bilder der Oper ein vollständig ausgearbeitetes Libretto-Typoskript vor (von S. 1 bis S. 8 paginiert; ÖNB, Nachl.-Nr. 3493-3499 u. 3520), das zweite Bild ist relativ weit gediehen, während die anderen Bilder, jedenfalls nach dem Befund der erhaltenen Nachlaß-Typoskripte, keine abgeschlossenen Arbeitsphasen dokumentieren.*

2 *Vgl. das kleine ironische Kapitel* »Ohren« *in IBs* Die wunderliche Musik *(1956), W 1, 47:* »Ohren: taube, Geräuschfriedhöfe [...]«.

68 *ÖNB 83, Telegramm; Poststempel: 16. Sept. 1956, BERLIN FERNAMT, an:* INGEBORG BACHMANN / HENSELSTR 26 / KLAGENFURT

69 *ÖNB 81, 82, hs.*

1 *IBs Lyrikband* Anrufung des Großen Bären.

2 »Ist auch der Tod dem Augenblick verschworen, / bist du die Scheibe, die

ihm blendend naht« *(IB,* Nach vielen Jahren, *W 1, 132). Das Gedicht war vor der Publikation im zweiten Lyrikband schon im Jb. »Jahresring« 55/56 (Stuttgart 1955, S. 38) erschienen.*

3 *Die Adresse der* »herren« *von HWHs Musikverlag B. Schott's Söhne in Mainz.*

4 *IBs Verleger ist seit 1956 Klaus Piper, in dessen Verlag Anfang September ihr zweiter Lyrikband,* Anrufung des Großen Bären, *herauskam.*

5 »die wohnung«: *die restaurierte Wohnung in Neapel, Via Generale Parisi Nr. 6, an der Piazzetta Nunziatella gelegen.*

6 »wahnsinnsmonolog ist das beste«: *Diese Schlußversion würde Belinda im letzten Bild zeigen, allein, von rotierenden Lichtreklamen umgeben:* »Belinda in einem leuchtenden Wahnsinn, in dem ihre Persönlichkeit aufs Höchste gesteigert erscheint. / Der Morgen kommt, die Lichter verblassen; im Frühlicht begrüsst sie den ersten Tag ihrer Alleinherrschaft über ein Reich unverletzbarer Schönheit« *(S. 13 eines ausgearbeiteten Bild-Treatments, ÖNB, Nachl.-Nr. 3478).*

70 *ÖNB 80, Telegramm; 22. 9. 56, Berlin, an:* INGEBORG BACHMANN / HENSELSTR 26 / KLAGENFURT

1 *IB erkrankte vor der Abreise nach Berlin, so daß sie nicht zur Premiere von HWHs Oper* König Hirsch *kommen konnte.*

71 *ÖNB 79, 79a, 78, hs.; Briefkuvert: Poststempel, Berlin, 30. 9. 56, express, an:* Dr. Ingeborg Bachmann / Henselstrasse 26 / KLAGENFURT / Österreich

1 »die sache«, *über die* »in der ganzen welt« *geschrieben worden ist: die Uraufführung von HWHs Oper* König Hirsch *in Berlin (23. September 1956).*

2 *In »Le Monde« war von einem der bemerkenswertesten und außergewöhnlichsten Erfolge des Musiktheaters seit Jahren die Rede – »une des réussites les plus remarquables et les plus exceptionelles […] depuis bien des années« (»Première mondiale du ›Roi-Cerf‹ de Hans Werner Henze à l'Opéra de Berlin« (Claude Rostand), »Le Monde«, 26. September 1956).*

3 *Der einzige Kritikpunkt auch in »Le Monde«: das Textbuch. Es sei zu kompliziert ausgefallen, zu reich – »trop riche«: Mit seinen Anspielungen auf Mythen und klassische Symbole, mit seinen Verbindungslinien zur Commedia dell'arte oder zu den Shakespeare-Komödien, zum Geist der »Zauberflöte« oder der »Frau ohne Schatten«, mit seiner an »Aridane auf Naxos« erinnernden tragikomischen Ambivalenz,*

überhaupt mit seinem durch die deutsche Brille gesehenen Italien und der Mischung von Klassik und Romantik verstoße es gegen die Gesetze der Gattung.

4 *Im Nachlaß befinden sich das ausgearbeitete 1. Bild* (»Eine kleine meridionale Dorfpiazza [...]«, *6 Seiten) und der Beginn des 2. Bilds* (»Eine nur durch Spiegel und Kleiderpuppen angedeutete Schneiderwerkstatt [...]«, *2 Seiten, ÖNB, Nachl.-Nr. 3493–3499 u. 3520). Möglicherweise ist im Brief von diesem Text die Rede, zumal er durchgehend von S. 1–8 paginiert ist (vgl. 67/1).*

5 *Gerth-Wolfgang Baruch vom SWF. Er führte mit dem Komponisten einen kleinen »Süditalienischen Dialog«: »Hans Werner Henze am Tyrrhenischen Meer« (Melos, Jg. 23, 1956, S. 70–73).*

6 »treatment«: *Wahrscheinlich das im Nachlaß erhaltene 13seitige Typoskript (ÖNB, Nachl.-Nr. 3505, 3500, 3501, 3482, 3503, 3471–3478); vgl.* Brief 69/6.

7 »Herbertl hat ihn nach Wien eingeladen«: *Diese Einladung durch Herbert von Karajan (1908–1989), damals Direktor der Wiener Staatsoper (1956–1964), ist dann doch nicht realisiert worden.*

8 *Werner Pilz, Musikkritiker.*

9 »das erscheinen des buchs (wann?)«: *Der im Oktober erscheinende zweite Lyrikband* Anrufung des Großen Bären, *von dem HWH ein Vorausexemplar bekommen hatte (vgl.* Brief 69, *20. September 1956).*

72 *PSS, hs.*

1 *In dieser Version würde eine altgewordene Belinda, die wieder im Dorf ist, den Epilog bilden, aber, anders als im Vorschlag HWHs* (Brief 71*), wieder* »mit den Stimmen« *des 1. Bilds: den vier Nachbarinnen auf der meridionalen Dorfpiazza, dem Fischhändler und dem Friseur.*

2 *Das* »Manager-Milieu«, *die Welt der Unterhaltungsindustrie und ihrer Funktionäre, wird im Librettotext im* »Reklameturm« *szenisch dargestellt:* »Man muss sich einen Raum vorstellen, der ein Gemisch aus Luxushotelhalle, Atomstation und Rundfunkaquarium ist« *(5. Bild, ÖNB, Nachl.-Nr. 3437).*

3 *Die hier vorgeschlagene Konfrontation von* »›Scheinwelt‹« *und dem* »Authentisch[en]« *findet man auch in anderen Texten IBs, am offensichtlichsten im ersten Hörspiel* Ein Geschäft mit Träumen *oder in der kompositorischen Struktur des Gedichts* Reklame *(W 1, 114).*

4 »Paco«: *ein gemeinsamer Freund IBs und HWHs, Juan de Prat-Gay.*

73 *ÖNB 75, 75a, 76, hs.; vorgedr. Briefkopf:* HOTEL WUPPERTALER HOF / WUPPERTAL / BARMEN; *Briefkuvert: Poststempel schwer lesbar, vermutlich 6. 10. 56, Wuppertal, an:* DR. Ingeborg Bachmann / KLAGENFURT / Henselstrasse 26 / Oesterreich

1 *Hans Egon Holthusen (1913–1997), Schriftsteller und Kritiker, ehemaliges SS-Mitglied, gehörte in den fünfziger Jahren zu jener konservativen Bachmann-Kritik, die die Dichterin unterwegs sah ins Jenseits der Zeit, zum »Immerwährenden, Urbildlich-Wahren« (H. E. Holthusen: Kämpfender Sprachgeist, Merkur, Jg. 12, April 1959, S. 31).*

2 *HWH verstand sich als Schüler des Komponisten und Kompositionslehrers Wolfgang Fortner (1907–1987), der am Evangelischen Kirchenmusikalischen Institut in Heidelberg unterrichtete. Er erkannte früh das Talent HWHs, und HWH hat seinem Lehrer – trotz des im Brief gehegten Verdachts – seine Dankbarkeit bewahrt, sowohl für die Vermittlung des kompositorisch Handwerklichen wie für die Idee einer Musik, die* »dem Lauten und Modischen« *fern ist,* »ständig in Gefahr«, »verletzbar, oft verletzt, aber nicht sterblich« *(HWH,* Mein Studium bei Fortner, *Kontrapunkte, Jg. 4, 1960, S. 86f.).*

3 *Vgl. dazu auch* Brief 71, *29. September 1956.*

4 *Im italienischen Brieftext wird in der Schlußformel ein neapolit. Wort für »ich«,* »Mo'«, *verwendet.*

74 *ÖNB 74, 74a, hs.; vorgedr. Briefkopf: GRAND HOTEL ORIENTE / NAPOLI / VIA DIAZ 44*

1 *Im* Brief *69, 20. Sept. 1957, hatte HWH aber aus Berlin geschrieben, daß ihr* »band« *für ihn angekommen ist:* »es ist wunderschön, ihn bei sich zu haben. ich lese aufmerksam darin.«

2 »die strahlen«*: die in* Brief 72, *2. Oktober 1956, angesprochene Radioisotopen-Behandlung.*

3 »Voglio il libro« [»ich will das buch«], *ist im Brief dreifach unterstrichen.*

75 *ÖNB 72, 72a, hs.*

1 *Das Haus der Prinzessin D'Avalos, wo HWH häufig verkehrte. Als er auf Wohnungssuche war, diente die Villa D'Avalos als Postadresse.*

2 *Von Ende Januar 1956 bis August 1956 war Villa Rotondo in Neapel, Via Bernardo*

Cavallino 1, auf dem ›Vomero Alto‹ unterhalb des Klosters Camaldoli gelegen, die gemeinsame Wohnung von HWH und IB.

76 *ÖNB 95, hs.*

1 *Der Titel von Franz Grillparzers Trauerspiel (1829) wird von HWH nur metaphorisch verwendet.*

77 *ÖNB 97, 98, hs.; Briefkuvert, Poststempel unlesbar, an:* D. Ingeborg Bachmann / c/o Eich / oak / quercia / Lindenweg 12 / LENGGRIES / Oberbayern / GERMANIA. *Mit dem Namen »Eich« setzte HWH das Spiel mit dem Namen »Quercia«, Eiche, fort.*

1 »die fünf blätter unserer oper«*: Es handelt sich um die Blätter des 1. Bilds, das als einziges (jedenfalls im Nachlaß) ganz ausgearbeitet vorliegt (ÖNB, Nachl.-Nr. 1493–1498).*

78 *ÖNB 99, 99a, hs.; Briefrückseite mit Zeichnung des Grundrisses der Wohnung, mit Bezeichnung der Zimmer und des Blicks auf die Umgebung; mit Blick auf das Meer die* »camera della Signora«, *»das Zimmer der Signora«, daneben ein Studio und daran anschließend die* »camera del Maestro«.

1 *IBs Pariser Wohnadresse im Spätherbst 1956,* Hôtel de la Paix *(6, rue Blainville, Paris V), ist auch der Titel eines Gedichts (zuerst gesendet im NDR, 1. Februar 1957, W 1).*

2 *HWH hatte IB ersucht, doch an Fernando G. zu schreiben, er möge sich mehr um ihn kümmern (*Brief 75, *17. Oktober 1956).*

79 *ÖNB 100, hs.*

1 »Donaueschingen hat abgesagt«*: In einem Schreiben vom 7. November 1956 teilte ihm Heinrich Strobel mit, er habe sich entschlossen, »den ganzen Plan fallen zu lassen«. Als Grund wird angegeben, daß es in Donaueschingen »unmöglich ist, auch nur annähernd die szenischen Bedingungen des uns vorliegenden Szenariums von Fräu-*

lein Dr. Bachmann zu realisieren« (zit. n. Josef Häusler: Spiegel der Neuen Musik. Donaueschingen. Chronik – Tendenzen – Werkbesprechungen, Stuttgart, Weimar 1996, S. 180). Die Absage der für die Donaueschinger Musiktage geplanten Oper bedeutete auch das Ende des Belinda-*Projekts. Bruchstücke davon sind in Gedichte eingegangen. Einige Verse aus Belindas Arie Nr. 7 im 2. Bild sind dann doch noch in Donaueschingen aufgeführt worden, in Verse des Gedichts* Freies Geleit *verwandelt (*Aria II *in HWHs* Nachtstücke und Arien *(Urauff.: 20. Oktober 1957, Donaueschinger Musiktage):* »Und mein bunter Bruder, König Fisch / und die graue Hoheit Nachtigall / und der Feuerfürst der Salamander / lassen mich den Purpurapfel tragen. // Alles fällt mir zu. Ich (tret' ins Leben') / von der alten Schönheit jungen Gnaden« *(*Belinda, *ÖNB, Nachl.-Nr. 3520).*

2 *In Bielefeld wohnten die Mutter und die jüngeren Geschwister HWHs.*

80 *ÖNB 104, 104a, hs.*

1 »Deine lieder«*: die IB gewidmeten* Fünf neapolitanische[n] Lieder für Bariton und Kammerorchester, *die Dietrich Fischer-Dieskau bei der Uraufführung im Mai 1956 (im HR Frankfurt) sang. Sie wurden bei der »Deutschen Grammophon« – mit dem gleichen Interpreten – als Schallplatte aufgezeichnet.*

2 *HWH schreibt im italienischen Brieforiginal* »chiangere« – »weinen« –, *eine Mischung aus neapolitan. chiagnere und italien. piangere.*

3 »die letzten zeilen des ›Großen Bären‹«*: Das sind die letzten Verse aus dem Gedichtzyklus* Lieder auf der Flucht *am Schluß des Gedichtbands:* »Nur Sinken um uns von Gestirnen, Abglanz und Schweigen. / Doch das Lied überm Staub danach / wird uns übersteigen« *(W 1, S. 147). Die verzweifelte Ironie dieses Schlusses – ein verändertes Rilke-Zitat – sagt jedoch nicht, daß die Arbeit* »uns rettet«. *Gerettet ist das Werk, aber sein Dichter geht unter.*

4 *HWH fährt nach London, um dort mit Frederick Ashton und dem Royal Ballet die Arbeit an* Undine *fortzuführen.*

5 »Deine Lieder«*: die IB gewidmeten* Fünf neapolitanischen Lieder *(1956).*

6 Carlo Gozzi: *»Il re cervo« (1762), II, 7. Szene.*

7 »mammifero« *ist auf Deutsch »das Säugetier« und nicht »Ichthyosaurier«, der im Italienischen auch nur »ictiosauro« heißt.*

8 »punt'e mes«*: ein italienischer Vermouth.*

81 *ÖNB 101, hs.*

1 »›die fahrten gehn zu ende‹«: *erster Vers des Gedichts* Bleib, *in Teil II des im September 1956 erschienenen Lyrikbands* Anrufung des Großen Bären *(W 1, S. 134).*

2 Mein Vogel, *eines der berühmtesten Gedichte IBs*: »mein Vogel«, *das ist, wie HWH mit seiner Schreibung* – »Deinen vogel« – *nahelegt, im Gedicht auch die Verrücktheit des Künstlers, der Liebe und Leben für die Kunst opfert:* »und wenn du mein Herz auch ausraubst des Nachts, / mein Vogel auf Glauben und mein Vogel auf Treu!« *(W 1, 97).*

82 *ÖNB* 102, *Telegramm; Poststempel: Rom, 24. 12. 56, aus* BIELEFELD, *an:* BACHMANN FERMO POSTA

83 *ÖNB 69, 69a, hs.*

1 *Die Jahreszahl irrtümlich noch von 1956:* »jetzt beginnt die zeit«, *schreibt HWH einmal von diesen ersten Januartagen,* »wo man in den briefen immer die jahreszahl trompt« (Brief 110, *1. Januar 1958).*

2 *Joachim Kaiser, deutscher Literatur- und Musikkritiker, der seit Mitte der sechziger Jahre Essays und Rezensionen zu IBs Werken schrieb.*

3 Anrufung des Großen Bären, *München: Piper 1956.*

4 *IBs Gedicht* An die Sonne *(W 1, 136f.).*

5 *Alexander Grant, Tänzer im Royal Ballet, der in der Londoner Uraufführung von* Undine *den Meergott Tirrenio tanzte.*

6 *Anspielung auf Markes Abschiedsgesang in Richard Wagners »Tristan und Isolde«: »Tot denn alles! / Alles tot!« Ein Zitat, das IB leicht verändert in ihren Roman* Malina *(1971) aufnahm:* »Tot ist alles. Alles tot« *(W 3, 189). Einige Jahre davor, 1965, verwendete sie das Wort* »alles tot« *bereits im Entwurf eines Gedächtnisgedichtes für den gemeinsamen Freund, den Komponisten Karl Amadeus Hartmann:* »Alles tot. Ist alles tot?« *(ÖNB, Nachl.-Nr. 1390).*

84 *ÖNB 110, 110a, 111, 111a, 112, hs.; bis zum Absatz vor* »L'inchiostro è finito« – »die tinte ist zu ende« – *mit königsblauer Tinte, dann mit Bleistift.*

1 *IB wohnte nach ihrer Rückkehr aus Paris seit Januar 1957 in der Via Vecchiarelli 38.*

»Denn ich habe eine ganz kleine Wohnung gefunden [...] Und ›Bleiben‹ ist alles, was ich mir wünsche«, *schrieb sie Mitte Januar 1957 an Hans Paeschke, den Hrg. der Zs. »Merkur« (Brief v. 16. Januar 1957).*

2 »hat diese depression, wie in paris, politische ursachen«*: Auch IB schreibt in einem Brief an Klaus Piper von den Auswirkungen des Algerienkriegs und der Suezkrise:* »Der Rückschlag der politischen Ereignisse ist stark zu spüren [...]« *(Brief an Klaus Piper, 1. Dezember 1956).*

3 *»Willow weep for me, willow weep for me«, der erste Vers aus dem Song von Ann Ronell (1932), den viele Sängerinnen und Sänger (Ella Fitzgerald, Paul Whiteman, Ray Charles) gesungen haben.*

4 »ich sollte jedoch Cocteau sehen«*: HWH kannte Jean Cocteau (1889–1963) bereits aus der Münchner Zeit, Anfang 1953, als Cocteau anläßlich der Aufführung seines Balletts »Die Dame und das Einhorn« nach München kam. Nun, Januar 1957, plante HWH eine Kammeroper für Donaueschingen nach Cocteaus »La voix humaine« (G, 72). HWH hatte dieses Projekt nach dem Scheitern von* Belinda *für Donaueschingen 1957 vorgeschlagen. Es wurde aber nicht verwirklicht, u. a., weil es Heinrich Strobel kategorisch ablehnte, für die Regie »den uns allen unbekannten Italiener Zeffirelli zu verpflichten« (zit. n. Josef Häusler: Spiegel der Neuen Musik: Donaueschingen, S. 180). Auch ein von Cocteau für HWH Anfang der sechziger Jahre verfaßtes Ballettlibretto, »Le fils de l'air ou l'enfant changé en jeune homme« (1962), wurde erst Jahrzehnte später als Auftragswerk der Schwetzinger Festspiele realisiert (Urauff.: 25. Mai 1997).*

85 *ÖNB 93, 94, hs.*

1 »the boy friend«*: ein oft wiederaufgenommenes Erfolgsmusical (»The Boyfriend«, Buch und Musik von Sandy Wilson) aus den zwanziger Jahren, das seit Januar 1954 im Londoner Wyndham's Theatre gespielt wurde.*

2 »die parthenopeischen gefilde«*: die Gegend des antiken Parthenope, also Neapel; HWH hat gern, wie in dieser antikisierenden Wendung, den griechischen Ursprung der neapolitanischen Küste und ihrer Zivilisation betont.*

3 »all Euren unmut preisgegeben«*: Das Schönberg-Zitat bzw. die Anspielung auf Schönbergs »Pierrot lunaire« (»All meinen Unmut gab ich preis«, aus dem letzten Stück des Zyklus: »O alter Duft aus Märchenzeit ...«) wird, 15 Jahre später, bei IB wieder begegnen als thematisches Motiv in ihrem Roman* Malina*:* »Eine Musik beginnt, mild und leise, [...] ich singe ›All meinen Unmut geb' ich preis‹« (Malina, *TA 3.1, 546; vgl. auch TA 3.2, 956).*

4 »dass Ihr diesen preis bekamt«*: In der ersten Januarhälfte erfuhr IB, daß ihr für den*

Gedichtband Anrufung des Großen Bären *der Literaturpreis der Freien Hansestadt Bremen (Rudolf Alexander Schröder-Stiftung) zugesprochen wurde (Preisverleihung am 26. Januar 1957).*

5 »ich habe mich in den zweiten akt begeben«: *Im Januar nach London gekommen, arbeitete HWH an der Ballettmusik zu* Undine *weiter, in einer intensiven Zusammenarbeit mit dem Ensemble des Royal Ballet, vor allem mit dem Choreographen Frederick Ashton, der an der Entstehung von Beginn an beteiligt war. HWHs bevorzugte Bühnenbildnerin, Lila De Nobili, kam Ende Januar aus Paris nach London, wo sie* »die Musik des ersten Akts [...] und Fragmente des zweiten Akts hörte« (*HWH,* Undine. Tagebuch eines Balletts, *München 1959, S. 44).*

86 *ÖNB 113, 114, hs.*

1 »also ist Deinem neuen band doch zu guter letzt gerechtigkeit zuteil geworden«: *Die öffentliche Anerkennung für* Anrufung des Großen Bären *war nicht auf den Bremer Literatur-Preis und die Zeitungsbesprechungen beschränkt, der Lyrikband fand ungewöhnlich viele Leserinnen und Leser: »In wenigen Wochen war die erste Auflage ihres neuen, im Herbst 1956 erschienenen Gedichtbandes ›Die Anrufung des Großen Bären‹ vergriffen. Schon muß das 4. und 6. Tausend aufgelegt werden. Gleichzeitig kommt eine Neuauflage ihres Erstlings ›Die gestundete Zeit‹ heraus. Kaum ein deutscher Lyriker [...] hat innerhalb kurzer Zeit soviel Käufer, so viele Leser, so viele Freunde gefunden« (Wieland Schmied: Ingeborg Bachmanns »Anrufung des Großen Bären«, in: Wort in der Zeit, Jg. 3, Heft 5, Mai 1957, S. 311).*

2 *Hans Rosbaud (1895–1962), Dirigent bei der Uraufführung der* Nachtstücke und Arien *in Donaueschingen (Okt. 1956), dirigierte auch bei der Premiere von* Drei Dithyramben *in Köln, November 1958. HWH hatte Rosbaud schon in den späten vierziger Jahren kennengelernt, als dieser in Baden-Baden den späten Strawinsky, das Ballett »Orpheus«, dirigierte.*

3 *Franco Zeffirelli (*1923), Film- und Opernregisseur.*

4 *Vespignani, Renzo (*1924), Maler und Bühnenbildner.*

5 *Margot Fonteyn (1919–1991), englische Balletttänzerin; HWH sah sie zum ersten Mal im Herbst 1948 in Hamburg bei einem Gastspiel des Sadler's Wells Ballet,* »wie von einem Zauberstab berührt« *(H, 101), für ihn der Inbegriff der Ballettkunst. Zehn Jahre später hob sich im Royal Opera House der Vorhang zu* Undine: *am Dirigentenpult der Komponist HWH, die Titelrolle tanzte Margot Fonteyn,* »die ›assoluta‹, das fragile Instrument« *(HWH,* Undine. Tagebuch eines Balletts, *S. 53; vgl. auch* Brief 21/7).

»Die Undine ist keine Frau, auch kein Lebewesen, sondern, um es mit Büchner zu sagen, ›die Kunst, ach die Kunst‹«, *sagte IB in einem Interview zu i h r e r erzählten Figur der Undine (5. November 1964, GuI, S. 46). Für sie verband sich aber mit der Vorstellung, daß der Mensch zum Instrument der Kunst wird, die Frage nach dem Preis, der dafür zu bezahlen ist:* »Ich habe einmal die Margot Fonteyn nach einem Ballett aus der Nähe gesehen, diesen Körper, der doch beim Tanzen kaum vorhanden ist [...] und ich war ganz furchtbar erschrocken und mir über den Preis klar, den jemand für das Zaubern und Bezaubern zu bezahlen hat...« *(24. Dezember 1971, GuI, 115).*

6 *Michael Somes (1917–1994), Balletttänzer in Sadler's Wells Ballet und dann im Royal Ballet, tanzte mit Margot Fonteyn in den Jahren ihrer großen Karriere. In der* Undine-*Aufführung tanzte er den Palemon.*

7 »ein tagebuch, zur abwechslung nicht über persönliche dinge, sondern über die arbeit«*: Das zwei Jahre später, 1959, bei Piper in München erschienene* Tagebuch eines Balletts *erzählt die Entstehung des* Undine-*Balletts. Alfred Andersch hat es im Vorwort »das exakte Protokoll der Verfertigung eines Kunstwerks« und einen »Miniaturroman« genannt* (Undine. Tagebuch eines Balletts, *S. 7).*

87 *ÖNB 115, 115a, 116, hs.*

1 *In der Zeit seiner Abwesenheit in London war die neue Wohnung in Neapel, via Generale Parisi 6, an der Piazzetta Nunziatella, hergerichtet worden, und IB kam mit HWH aus Rom nach Neapel mit (H, S. 179).*

2 *IBs Gedicht* Exil – »Ein Toter bin ich der wandelt [...]« –, *nach dem Lyrikband* Anrufung des Großen Bären *entstanden, erschien in der Frühlingsnummer der römischen Zs. »Botteghe Oscure« (Rom, Quaderno XIX, Spring 1957, S. 447). Die in den italienischen Brieftext eingelassenen Zitate sind aus* Hôtel de la Paix, *das ebenfalls in der genannten Zs.-Nr. erschien:* »Die Rosenlast stürzt lautlos von den Wänden / [...] Der Riegel hat sich vor den Tod geschoben« *(W 1, 152 u. 153). In diese Zitatkette eingeflochten ist auch die Reminiszenz eines früheren Gedichts,* Große Landschaft bei Wien *aus* Die gestundete Zeit (*1953*): »daß wir [...] auf den Stufen / der Schwermut fielen und tiefer fielen« *(W 1, S. 61).*

3 *HWHs Hörspiel* Die Revolte von San Nazzaro. Oper für sizilianische Marionetten.

4 *Die Figuren in HWHs Hörspiel sind als Verkörperungen der widersprüchliche Facetten eines Künstler-Ichs zu verstehen, Sprachfiguren auf einer inneren Bühne. HWH vergleicht das im* »Prolog« *mit einem* »in vielfache Facetten geschliffene[n] Kri-

stall«, *in dem er sich und seine nächsten Beziehungen auszuleuchten versuchte. Insofern ist IB in diesem imaginären Marionettentheater auch im Spiel, ohne daß sie deshalb auf eine Figur – die sehr rhetorische und sehr abstrakte Allegorie der Lady Hamilton – festzulegen wäre. Lady Hamilton repräsentiert auf dieser imaginären Bühne* »das Höhere«, »das wie ein emblematischer Schutzschild vor dem geschlossenen Lebensraum steht, den der Prinz bewohnt hat« *(zit. n. d. in der Henze-Sammlung der Paul Sacher Stiftung Basel aufbewahrten Hörspiel-Typoskript:* Die Revolte von San Nazzaro: eine Suite nach dem Muster sizilianischer Marionettenspiele *(Reinschrift, masch., Fotokopie mit hs. Eintragungen von fremder Hand). Das Hörspiel wurde in Alfred Anderschs Abteilung »radio essay« im Süddeutschen Rundfunk in Stuttgart produziert und am 24. Mai 1957 gesendet, u. a. mit Elisabeth Flickenschildt und Charles Regnier; Musik von Jimmy Giuffre und Chico Hamilton.*

5 *Hans Rosbaud (1895–1962), Dirigent, der um die Aufführungen von Werken der klassischen und zeitgenössischen Moderne bemüht war. Er hatte noch mit Arnold Schönberg zusammengearbeitet, Hindemith, Křenek und Strawinsky uraufgeführt. Und er dirigierte im Herbst 1957 in Donaueschingen die Uraufführung von HWHs Bachmann-Vertonungen,* Nachtstücke und Arien. *Schon 1951 hatte Rosbaud HWHs* 3. Sinfonie *in Donaueschingen uraufgeführt. Vgl. auch 86/2*

88 *ÖNB 118, Telegramm; Poststempel: MAILAND, 13. 3. 1957, an:* BACHMANN / VIA VECCHIARELLI / 38 ROMA

89 *PSS, Telegramm; Poststempel: ROMA, 16. 3. 1957, an:* HENZE / GENERALE PARISI 6 / NAPOLI

1 *Die Bahnstation Napoli-Mergellina.*

90 *ÖNB 120, 121, hs.; das Wort* »d i s c i p l i n a ! !« *in der Schlußformel des Briefs ist dreifach unterstrichen.*

1 *IBs* »vorschlag« *zu HWHs Hörspiel* Die Revolte von San Nazzaro *war weder in der Henze-Sammlung der Paul Sacher Stiftung Basel noch im Haus des Komponisten aufzufinden.*

2 »tief drin im sturm«: *Zweiter Akt des Balletts* Undine, *in dem Tirrenio, laut Textbuch, von der Treulosigkeit des Ritters Palemon erzürnt, einen gewaltigen Sturm erregt.*

3 *Das zunächst* Manhattan-Ballade *genannte Hörspiel IBs, das dann den Titel* Der gute Gott von Manhattan *erhielt. Die Hauptarbeit daran fällt in den Sommer und Herbst 1957. In einem vorausgegangenen, hier nicht abgedruckten Brief hatte HWH die Dichterin aufgefordert, tapfer weiterzuarbeiten, damit die Ballade bald abgeschlossen ist* – »che la ballade sia finita presto« *(ÖNB 119, 119a, März 1957).*

4 *Heinrich Strobel repräsentierte für HWH die beamtenhaft verwaltete Moderne, das neudeutsche Diktat einer musikalischen Ars Nova, von der sich HWH in Italien theoretisch und territorial distanzierte.*

91 *ÖNB 122, Telegramm; Poststempel: NEAPEL, 15.4.57, an:* BACHMANN, VIA VECCHIARELLI 38, ROM

92 *ÖNB 198, masch.; der nicht abgeschickte Briefentwurf könnte von Ende April 1957 stammen, als HWH in seinen Briefen auf eine plötzliche ungewöhnliche Abreise IBs reagiert:* »es ist ein wahnsinn, sich / vorzustellen, dass Du jetzt wieder die koffer packst« (Brief 94, *dessen Datierung auf April 1957 aber ebenfalls nicht sicher ist). Eine zusätzliche, bei der oft Monate dauernden Entstehung der Gedichte nicht sehr exakte Datierungshilfe stellt der Hinweis auf das Gedicht* Liebe: Dunkler Erdteil *dar, das zuerst in der Frühjahrsnummer 1957 der Zs. »Botteghe Oscure«, Quaderno 19, erschienen ist. Möglich, daß sich die Wendung* »ti domando [...] di riser[v]armi il color cyclamina« *auf* Brief 93, *29. April 1957, bezieht, wo er davon spricht, für sie in seiner neapolitanischen Wohnung ein Zimmer mit* »zyklamenfarbenen vorhängen« *einzurichten. Der Schlußsatz in HWHs* Brief 93, *29. April 1957:* »jetzt muss ich den Tee trinken«, *wäre dann eine ironische Anspielung auf IBs Brief.*

1 »C. H.«: *Abkürzung für* »Caro Hans«.

2 »Liebe: Dunkler Erdteil« *(IB, W 1, 158f.)*

93 *ÖNB 196, masch.; auffällige typographische Gestaltung: blaues und rotes Farbband; rot:* »sotto il scirocco del 29 aprile« *sowie* »DISUBBIDIENZA«*; gedichtartige Anordnung des Brieftextes.*

1 *Die Briefanrede* »vecchiarella« *spielt mit der doppelten Bedeutung des Worts: dem Namen der Straße, in der IB wohnt, und »altes Weiblein«.*

2 *Das Filmprojekt zerschlug sich; es habe hier, so HWH in einem Gespräch in Marino (16. Februar 2004), mehr sein Wunsch gesprochen, von Visconti zu einem Filmprojekt eingeladen zu werden.*

94 *ÖNB 197,* masch., *undatiert; eine Datierungshilfe, neben der inhaltlichen Chronologie der Briefe, stellt das noch neue Farbband dar, dessen Ausbleichen in den folgenden Briefen zu verfolgen ist. Die konstruktive versartige Anordnung des Textes verbindet zwei jeweils selbständig verlaufende Textreihen; die einzelnen Zeilen sind alternierend mit blauem (der italien. Text) und rotem Farbband (der dt. Text) geschrieben; ab der Mitte des Briefs wird die deutsche Textlinie durch das Englische abgelöst.*
Die große dramatische Unmittelbarkeit dieses Briefs – HWH spricht hier zum ersten Mal im Briefwechsel von seiner Homosexualität – wird mit künstlerisch konstruktiven Mitteln verfremdet.

1 Undine-Ballett in drei Akten *(entstanden 1956/57).*

2 »O mistress mine«*: das oft vertonte Lied des Clowns (»SCENE A city in Illyria, and the sea-coast near it«) in William Shakespeares Lustspiel »Twelfth Night« (»Was ihr wollt«).*

95 *ÖNB 123, 123a; Ansichtskarte, hs.; die ersten Wörter »c'est fou que tu« masch.; Poststempel: Neapel, Datum schwer lesbar: 18. Mai 1957 [?], an:* D. INGEBORG BACHMANN / 38, VIA VECCHIARELLI / ROMA; *Bildseite: lachendes Mädchen mit Blumenstrauß; eine Brieftaube mit einem Brief im Schnabel: »La tua attesa dolcissima risposta mi ha riempito il cuore di gioia. Sogno l'istante in cui potrò esprimerti la mia felicità« [»Die erwartete süße Antwort von Dir hat mir das Herz mit Freude erfüllt. Ich erträume den Augenblick, in dem ich Dir mein Glück ausdrücken kann«].*

1 »das neue«: *das Gedicht* Freies Geleit *(vgl.* Brief 97, *29. Mai 1957). Die anderen Gedichte, die HWH zu diesem Zeitpunkt für die Vertonung in* Nachtstücke und Arien *vorsah:* Im Gewitter der Rosen *(zuerst erschienen in: Frankfurter Hefte, Jg. 8, H. 7, Juli 1953, dann in den Lyribkband* Die gestundete Zeit *[1953] aufgenommen) und* Schatten Rosen Schatten *(1956 zuerst in* Anrufung des Großen Bären *erschienen).*

96 *ÖNB 195, masch., blaues Farbband; mit rotem Farbband: alle* »please!!!« *sowie* »habe keine hemmungen«, »ist das erlaubt?«, »tornate presto e siete prudenti e ragionevoli e precisi«.

1 »ERKLÄR MIR NICHTS ...«: *Vers aus IBs Gedicht* Erklär mir, Liebe *(W1, 110). IB reiste am 26. Mai 1957 aus Rom zu Lesungen nach Österreich (Innsbruck) und Süddeutschland (Fürth), ab 1. Juni wollte sie in München sein (Brief an Siegfried Unseld, 26. Mai 1957).*

2 »Dein grosses Vorbild«: *IBs Essayentwurf* »Hommage à Maria Callas« *zeigt diese Identifikation der eigenen Künstlerinnenexistenz mit der griechisch-amerikanischen Sängerin* – »sie war immer die Kunst, ach die Kunst, und sie war immer ein Mensch, immer die Ärmste, die Heimgesuchteste, die Traviata« *(W 4, 343).*

3 »Grazie delle rose«: *HWH dankt für die Übersendung des Gedichts* Schatten Rosen Schatten *in einem nicht erhaltenen Brief IBs.*

4 »das andere mir noch nicht bekannte«: *Das von IB vor ihrer Abreise nach München (26. Mai) in einem – verlorengegangenen – Brief an HWH geschickte Gedicht* Freies Geleit *(vgl.* Brief 97).

5 »Aubaden«: *Tagelieder, von frz. aube, Morgendämmerunmg; in der späteren Fassung als* »Nachtstücke« *bezeichnet (vgl.* Brief 101, *13. August 1957).*

6 »rivolta di san nazzaro«: *HWHs Hörspiel* Die Revolte von San Nazzaro *(vgl. Brief* 87, *5. März 1957).*

7 »in villa rotondo«: *HWHs Wohnung auf dem Vomero in Neapel, wo er gemeinsam mit IB mehrere Monate in der ersten Jahreshälfte 1956 (von Januar bis Mai) lebte.*

8 *Giulio di Majo, HWHs Freund in Neapel, der nach dem Studium der Rechtswissenschaften ebenfalls die Komponistenlaufbahn einschlug (vgl.* Brief 109, *20.–22. Dezember 1957).*

97 *ÖNB 124, masch.; der Brief ist von Anfang bis Ende ohne Satzzeichen geschrieben.*

1 »eines der schönsten gedichte der welt«: *IBs Gedicht* Freies Geleit. *In seiner Autobiographie nannte es HWH einen* »chorische[n] Hymnus auf eine schöne, atombombenfreie Zukunft« *(H, 182). Der politische Kontext des Gedichts ist die im Frühjahr sich formierende Anti-Atomtod-Bewegung (vor allem von der SPD und den Gewerkschaften der Bundesrepublik getragen), in der sich IB engagierte.*

2 *Der Titel von IBs Gedicht:* Schatten Rosen Schatten. *HWH ist dann von dem kompositorischen Plan abgegangen,* Im Gewitter der Rosen *als Rezitativ nach dem 1. Nachtstück und* Schatten Rosen Schatten *als erste Arie zu vertonen. IB schrieb dazu eine zweite Strophe (vgl.* Brief 100, *sowie H, 181f.).*

3 »die negerin«: *die Sopranistin Gloria Davy.*

4 »die Eichs und die zwei kinder«: *Das Ehepaar Günter Eich und Ilse Aichinger und deren Kinder, Mirjam und Clemens.*

98 *ÖNB 130, 131, masch.; blaues Farbband, Anredeformel rot; Datum hs. mit blauer Tinte; Briefkuvert, Poststempel: BERLIN, 30.6.57, an:* Ill. Signora / Ingeborg Bachmann – Henze / Via Generale Parisi, 6 / NAPOLI / ITALIA

1 »Don Lattmann«: *Dieter Lattmann (*1926), Schriftsteller in München.*

2 *Paul Sacher (1906–1999), Dirigent und Kunstmäzen in Basel; er gründete in Basel die nach ihm benannte Stiftung für die Sammlung und wissenschaftliche Erforschung von Musikwerken des 20. und 21. Jahrhunderts. Ein großer Teil der Arbeiten HWHs steht in diesem wissenschaftlichen Archiv der Forschung zur Verfügung.*

3 »sonata per archi«: *1957/58 entstanden, unter Paul Sacher am 21. März 1958 vom Collegium Musicum Zürich uraufgeführt.*

99 *ÖNB 183, masch.*

1 *Die lang sich hinziehende* »versicherungsgeschichte« *nach dem Autounfall in Mailand, Mai 1956.*

2 »im grunde habe ich nichts dagegen dass es mit dem lied aufhört«: *HWH blieb aber dann doch bei der ursprünglich gewählten kompositorischen Gliederung, bei der die beiden Arien von den Nachtstücken I, III und V eingerahmt werden (vgl.* Brief 96, *Mai 1957).*

3 *»schreibe das stück zuende«: diese Aufforderung, wie die im folgenden Brief begegnenden Wünsche (*Brief 100*), bezieht sich auf die Fertigstellung des Hörspiels* Der gute Gott von Manhattan.

4 »guappi der pallonetta«: *die für einzelne Gassen des Spanischen Viertels zuständigen Mitglieder der Camorra.*

100 *ÖNB 180, masch.; das »presto« in der letzten Briefzeile hs.*

1 »proben zu maratona«: *Nach der abgesagten Premiere in Paris (ursprünglich für 18. Juni 1956 geplant, vgl.* Brief 57, *Ende Mai 1956) wurde das Ballett in der Regie Luchino Viscontis am 24. September 1957 in der Städtischen Oper Berlin uraufgeführt.*

2 »oder bunte brüder«: *Anspielung auf einen Vers in IBs Gedicht* Freies Geleit, *der* Aria II *in HWHs* Nachtstücke und Arien: »Mit uns will sie die bunten Brüder / und grauen Schwestern erwachen sehn« *(W 1, 161).*

3 »na was denn mein sohn«: *Die auch in den folgenden Briefen noch begegnende Formel* »mein sohn« *könnte eine Reminiszenz aus Bertolt Brechts »Mahagonnygesang« Nr. 4 sein.*

101 *ÖNB 181, masch., blaues Farbband; mit rotem Farbband:* »na also good-bye na was denn mein sohn.«

1 »Doch ein Blatt, das uns traf, treibt auf den Wellen / bis zur Mündung uns nach« *(IB,* Im Gewitter der Rosen; *diese Verszeile ist aus der zweiten Strophe, die IB auf Wunsch HWHs zu dem bereits einstrophig erschienenen Gedicht hinzufügte; es war zuerst in den »Frankfurter Heften«, Jg. 8, H. 7, Juli 1953, S. 53, und dann in* Die gestundete Zeit *(als Mottogedicht von Teil I) erschienen. Die neue zweistrophige Arie greift auf eine im Nachlaß erhaltene ursprünglich zweistrophige Fassung des Gedichts zurück, ÖNB Typoskript 317 (vgl. W 1, 657).*

2 »gutes gelingen des manhattan stückes«: *des Hörspiels* Der gute Gott von Manhattan, *an dem IB in diesem Sommer und Herbst vor allem arbeitete.*

102 *ÖNB 125, hs.*

1 »lässt sich gut an«: *die Vorbereitung der Aufführung von* Maratona *an der Städtischen Oper Berlin (Urauff. am 24. September 1957), Regie: Luchino Visconti, Choreographie: Dick Sanders, Ballett: Jean Babilée und Les Ballets Babilée, Bühnenbild: Renzo Vespignani.*

2 »der capriziöse graf«: *Luchino Visconti.*

3 »das stück für Sacher«: *Die Paul und Maja Sacher gewidmete* Sonata per archi.

4 »Deine münchener zusage«: *Die Zusage für eine Stelle als Dramaturgin beim Bayerischen Rundfunk und FS, von IB zunächst für ein Jahr geplant (Brief an Siegfried Unseld, 3. Juli 1957:* »das Neueste ist, dass ich wahrscheinlich im Herbst nach D komme, für ein Jahr vorläufig, weil es hier nicht mehr weiter geht, die Krankheiten, die verlorene Arbeitszeit haben mich so in die Enge getrieben, dass ich – wenn nicht ein Wunder geschieht – eine Stelle in München annehmen muss«).

103 *ÖNB 135, Telegramm; 26. IX. 57, BERLIN, an:* BACHMANN / HOTEL WUERTTEMBERGER HOF / MUENCHEN

1 »BATTAILLE«: *die von Tumulten gestörte Aufführung von* Maratona, *die nach dem Ende der Vorstellung in eine halbstündige Akklamation durch den größeren Teil des Publikums überging, so daß das Ballett auf acht Vorhänge kam.*

104 *ÖNB 136, 136a, masch., blaues Farbband; mit rotem Farbband: das Datum sowie die thematischen Wörter* »alten«, »nächsten«, »alte«, »neue«, »alt«, »neu«.

1 »dieses wort alten«: *HWH wollte im Schlußvers von IBs Gedicht* Freies Geleit *das Wort* »nächsten« *durch* »alten« *ersetzen; im Reinschrift-Typoskript (ÖNB, Nachl.-Nr. 207) lauten die beiden letzten Verse:* »dass noch tausend und ein Morgen wird / von der nächsten Schönheit jungen Gnaden.« *In der als* Aria II *publizierten Fassung der* Nachtstücke und Arien *(IB,* Aria II, *Typoskript-Reinschrift, Nachl.-Nr. 238) und in den späteren Druckfassungen ist die von HWH vorgeschlagene Variante des Gedichts gewählt worden (W 1, 161). Genau diese Version aber hatte IB schon im Sommer 1956 für den Schlußvers der Arie Belindas in dem Fragment gebliebenen Libretto gewählt, das als Vorstufe zu* Freies Geleit *angesehen werden kann:* »Alles fällt mir zu. Ich (tret' ins Leben) / von der alten Schönheit jungen Gnaden« *(ÖNB, Nachl.-Nr. 3520).*

2 »ausgang der Visconti-unternehmung«: *Die Uraufführung von* Maratona *in Berlin; HWH hat die Autorschaft des* Maratona-*Balletts im Untertitel dem italienischen Regisseur zugeschrieben:* Tanzdrama von Luchino Visconti. Ein Bild *(WVZ, 122).*

105 *ÖNB 137, masch.; blaues Farbband, das Datum rot.*

1 *IB und HWH nahmen gemeinsam an der Aufführung der* Nachtstücke und Arien *in Donaueschingen teil (20. Oktober 1957), Dirigent war Hans Rosbaud, die Solistin Gloria Davy.*

2 »streichersonate«: Sonata per archi *(Urauff. 21. März 1958, Zürich, Dir.: Paul Sacher).*

3 *Im Gegensatz zu den strengen Vertretern der dodekaphonischen Moderne, die nach den ersten Takten der* Nachtstücke *demonstrativ den Saal verließen, waren Publikum und Presse von dieser ersten gemeinsamen Henze-Bachmann-Aufführung begeistert. »Henzes Orchesterstücke und Arien brachten den leuchtendsten und hellsten Er-*

folg« (Der Tagesspiegel, 23. Okt. 1957), er habe mit Nachtstücke und Arien *geradezu »tumultuarischen Beifall« gefunden (Hessische Nachrichten, 23. Okt. 1957). Problematisch, und dieses Schicksal erlebte IB auf ähnliche Weise in der ›fragwürdigen Lobrednerei‹ zu ihrer Lyrik, daß seine Musik von den Vertretern einer kulinarischen Kitschmoderne vereinnahmt wurde: ihm sei »eine Sinnen- und Nervenmusik gelungen, die mit gefühlsgesättigten Kantilenen, einem Sinn für aparten Klang und einem sensiblen Gefühl für suggestiv Atmosphärisches nächtliche Stimmungen heraufbeschwört« (Münchner Merkur, 23. Okt. 1957).*

4 *»Su invito della Regina, Henze era venuto appositamente da Napoli, dove risede« [Auf Einladung der Königin war Henze eigens aus Neapel, wo er lebt, gekommen], in: »Ultime Notizie«, Rom, 20. Novembre 1957). Bei diesem öffentlichen Avantgarde-Konzert im Schloß Merlinge bei Genf wurde HWHs* 2. Streichquartett *aus dem Jahr 1952 aufgeführt.*

5 *Zwei der Klassiker der italienischen Literatur, Torquato Tassos »La Gerusalemme Liberata« (entstanden 1570–1575) und Ludovico Ariostos »Orlando Furioso« (1505–1515).*

106 *ÖNB 138, masch.; blaues Farbband, Datum rot; die beiden letzten Sätze hs.*

1 *Vgl.* Brief 105/4.

2 *HWH war gemeinsam mit IB nach der Premiere von* Boulevard Solitude *in Neapel Anfang März 1954 im Morgengrauen nach Cuma hinausgefahren (H, 161). In einem seiner Briefe nannte er IB auch die* »Cumanische Sybille« (Brief 142).

3 *IBs neue Wohnung in München, Franz-Josef-Str. 9a.*

4 »Dein stück«*: das Hörspiel* Der gute Gott von Manhattan.

5 *Die* »drei sachen«*, die IB noch nicht kennt, sind die 1949 geschriebene 2.* Sinfonie, *die* Quattro Poemi *für Orchester (1955) und die erste und zweite Suite aus dem Ballett* Undine *(1958).*

6 *Der sich seit HWHs Autounfall in Mailand im Mai 1956 hinziehende Gerichtsprozeß.*

107 *ÖNB 140, Telegramm; aus: MAINZ, Poststempel:* 29 *NOV* 1957, *an:* BACHMANN HOTEL DELAPAIX *6* RUEPLAINVILLE PARIS / 5

108 *ÖNB 149, 149a, 154, hs.; Briefkuvert, Poststempel: NAPOLI 9. 12. 57, an:* Ingeborg Bachmann / Pension Biederstein / Biedersteinerstrasse 21a / MÜNCHEN / Obb. / GERMANIA

1 »allerliebste Zerbinetta«: *Die Anrede weiß um die hochherzige, die Männer durchschauende, in ihrer Vielschichtigkeit unerkannte Gestalt in »Ariadne auf Naxos« von Richard Strauss und Hugo von Hofmannsthal, einer Oper, die sowohl HWH wie IB vertraut war.*

2 *Aribert Reimann: »Lieder auf der Flucht, für Alt, Tenor, gemischten Chor und Orchester« (1957).*

3 »der Gute Gott der eichhörnchen«: *eine Titelvariante des zuletzt* Der gute Gott von Manhattan *genannten Hörspiels von IB (Erstsendung 29. Mai 1958 im BR und NDR).*

109 *ÖNB 147, 153, 148, 148a, 146, hs.*

1 *Luchino Viscontis Inszenierung von Carlo Goldonis »Der Impresario aus Smirna« hatte 1957 im Teatro La Fenice in Venedig Premiere; HWH sah die Aufführung bei einem Gastspiel in Rom.*

2 »›Motke‹«: *Schalom Aschs (1880–1957) Roman »Mottke Ganev« (»Mottke, der Dieb«) aus dem Jahr 1916, ein jiddischer Schelmenroman mit einer Hauptfigur, die aus der Welt des ostjüdischen Schtetl in die Halbwelt Warschaus verschlagen wird. Ein Roman voll poetischer Szenen, ohne daß je die Härte der sozialen Realität übergangen würde. Ein Sozial- und Liebesroman, der sich als Libretto neben die anderen harten sozialen Liebessujets bei HWH gestellt hätte, eine Oper wie* Boulevard Solitude *oder ein Ballett wie* Maratona di danza. *HWH schreibt – eine orthographische Variante der Übersetzung des Namens aus dem Jiddischen – »Motke« mit nur einem »t«. Es hätte übrigens eine von S. Asch dramatisierte Fassung aus der Mitte der dreißiger Jahre gegeben (»Mottke der Dieb. Ein Volksstück in einem Vorspiel und drei Akten«, Wien: Zsolnay).*

3 *Francesco D'Avalos (*1930), mit HWH und IB befreundet. HWH half ihm am Beginn seiner Komponistenlaufbahn. Seine 1. Sinfonie wurde im NWDR Hamburg, seine »Hymne an die Nacht« im folgenden Jahr, 1958, unter der musikalischen Leitung von HWH in einem Symphoniekonzert des HR aufgeführt.*

4 *Zu dieser* »fernseh-version« *ist es nicht gekommen; die erste Aufführung der Ballett-Pantomime mit der Textfassung IBs fand erst am 8. Januar 1960 an der Städtischen Oper Berlin statt.*

110 *ÖNB 145, 150, 151, hs.*

1 »Innen sind deine Füße nie unterwegs, / sondern schon angekommen in meinen Samtlanden« *(IB,* Lieder auf der Flucht, *I, 142).*

2 *HWH verwendet in seinen Briefen gern neugeschaffene Fremdwörter, hier das französ. tromper, täuschen.*

3 *Dass IB das Werk Heinrich von Kleists schon früh sehr genau kannte, zeigt ihr Jugenddrama* Carmen Ruidera *(1942) sowohl in den Anklängen an die Sprache Kleists als auch im Dramensujet des Kriegsgesetzes, das, anders als in IBs Version im* Homburg-*Libretto (1960), von der Titelfigur des Jugendstücks verteidigt wurde – und nicht die Liebe.*

4 *Im chronologisch nächsten, nicht aufgenommenen Brief vom 2. Februar 1958 (ÖNB 159, 160, hs.) gratulierte HWH zum schließlich wirklich beendeten Stück, ein historisches Datum, um sich zu erinnern und zu feiern (*»affettuosi auguri allo proposito della commedia infine e davvero terminata. Una data storica da ricordarsi e da festeggiare«*).*

111 *ÖNB 161, 162, masch.; li. oberer Rand, unter dem Datum, von HWHs Hand (Sommer 2003):* Napoli.

1 Drei Dithyramben *stellen eine Art konzertante Sinfonie dar, in der die Solobläser – Flöte, Klarinette, Oboe und Fagott – konzertierend eingesetzt werden (Vgl. G, 77).*

2 »Vergil«, *der Nachbar* »schräg gegenüber«, *das meint die Nähe zu den Aufenthaltsorten Vergils im alten griechischen Parthenope, dessen Namen HWH gern für Neapel verwendet. Nach seinem Tod in Brindisium, 19 v. Chr., wurde Vergil unweit des Posillip, bei Pozzuoli, begraben.*

3 *Zu dieser Zusammenarbeit am Hörspiel* Der gute Gott von Manhattan *ist es nicht gekommen.*

4 *Friedrich Hölderlins Hymne* In lieblicher Bläue *gehört zu den ungesicherten Texten des kranken Hölderlin; sie ist im Zweiten Teil von Wilhelm Friedrich Waiblingers Roman »Phaeton« (Stuttgart 1823) überliefert. Der in dieser nachdenklichen Hymne entwickelte Schönheitsbegriff trifft sich mit ähnlichen ästhetischen Reflexionen HWHs: »Reinheit / aber ist auch Schönheit. Innen aus Verschiedenem entsteht ein ernster Geist […] Der Mensch darf das nachahmen« (F. Hölderlin: In lieblicher Bläue…, in: Hölderlin. Sämtliche Werke, 2. Bd.: Gedichte nach 1800, hrg. v. Friedrich Beissner, Stuttgart 1951, S. 372).*

5 *Peter Heyworth (1921–1991), Musikkritiker bei »The Observer of London«, Musikschriftsteller (v. a. zu Otto Klemperer, Arnold Schönberg).*

6 *Egon Seefehlner (1912–1997), damals stellvertretender Direktor der Wiener Staatsoper.*

112 *ÖNB 163, masch.*

1 *HWH hatte den Förderungspreis des Berliner Senats zugesprochen bekommen, den IB, da er* »nicht unbedingt nach berlin« *wollte, für ihn in Empfang nahm.*

2 *Boris Blacher (1903–1975), Komponist, von 1953 bis 1969 Direktor der Hochschule für Musik in Berlin.*

3 *Klaus Geitel, Musikkritiker und Musikschriftsteller in Berlin, ein langjähriger Freund HWHs; von ihm stammen mehrere Arbeiten zu HWH, u. a. die hier öfter zitierte erste Henze-Biographie aus dem Jahr 1968.*

113 *PSS, masch.; zu diesem Brief ist im Konvolut der Paul Sacher Stiftung ein Blatt mit einer Variante zum Beginn von IBs Gedicht* Freies Geleit *abgelegt, das sowohl von der Schreibmaschinentype wie vom verwendeten Papier (beiges Papier, 29,5 x 21, WZ: Constanter) zum Brief gehören dürfte.*

1 *IB war Ehrengast bei der Preisverleihung des Förderungspreis des Senats an HWH, der selber nicht aus Neapel anreiste (vgl.* Brief 112*).*

2 *IB sah in Berlin an der Städtischen Oper zum ersten Mal HWHs* König Hirsch. *Das Kleist-Zitat ist eine Hommage an HWH und zugleich eine Schibboleth des gemeinsamen Opern-Projekts zu Kleists »Prinz Friedrich von Homburg«.*

3 »die Livländer«*: die in der Livländischen Straße wohnenden gemeinsamen Freunde Klaus Geitel und dessen Freund »Black«.*

4 »anfangen, ein Theaterstück zu schreiben«*: Es ist leider bei diesem Wunsch und nur bei den ersten Anfängen geblieben; im Nachlaß IBs jedenfalls befinden sich nur einige Entwürfe und fragmentarische Szenen zu Theaterstücken.*

5 »über Musik und Worte, Musik und Gedichte und so«*: In diese Aufforderung zu Notizen zum Thema* Musik und Dichtung *hat IB auch Luigi Nono und Pierre Boulez einbezogen. In einem Brief aus dem Jahr 1958 ersuchte sie Nono um Hilfe für ihr* »Prosastück« *zum Verhältnis von Musik und dichterischer Sprache (vgl. Arturo Larcati: Ingeborg Bachmann und Luigi Nono, in: Neue Rundschau 113 (2002), H. 2). Ihr Essay* Musik und Dichtung *(München: Nymphenburger Verlagsanstalt*

1959) erschien in der Festschrift »Musica Viva«, benannt nach der von Karl Amadeus Hartmann betreuten Münchner Konzertreihe.

6 »Mit schlaftrunkenen Vögeln und winddurchschossenen / Bäumen steht der Tag auf…«*: die offenbar aus dem Gedächtnis zitierten ersten Verse aus IBs Gedicht* Freies Geleit, *der* Aria II *in HWHs* Nachtstücke und Arien.

114 *ÖNB 164, 165, masch.; blaues Farbband, nur das Datum rot.*

1 *Die Uraufführung der* Sonata per archi *fand am 21. März 1958 in Zürich statt (Dir.: Paul Sacher).*

2 »jonas' film«*: »Jonas« von Ottomar Domnick (1957); ein umstrittener Film der konservativen deutschen »Filmkunst«.*

3 *Giuseppe Patroni Griffi, erfolgreicher Bühnenautor, Theater-, Opern- und Filmregisseur; damals am Teatro San Carlo in Neapel.*

4 »giallo elemente«*: Krimi- bzw. Kolportageelemente.*

5 Richard Hey *(*1926), Schriftsteller, Regisseur, Kriminalautor in Berlin.*

6 »ein sehr lusinghierer brief«*: ein schmeichlerischer Brief.*

7 *Brenton Langbein (1921–1991), Kammermusiker (Violine) und Komponist, Gründer des »Zürich-Ensembles« (1960).*

115 *PSS, Telegramm; aus: MUENCHEN, Poststempel: NAPOLI, 30. 3. 1958, an* HANSWERNER HENZE / VIA GENERALE PARISI *6 NAPOLI; unter dem Telegrammtext eine Notiz von der Hand HWHs:* »Genio / è diligenza« (Genie ist Fleiß). *Auf der Rückseite Entwurf eines Telegramms an eine nicht genannte Person – nicht IB – über eine Aufführung des* König Hirsch *bei einem nicht näher genannten Festival.*

1 »PROTEST GEGEN DIE ATOMBEWAFFNUNG«*: IBs Engagement in der Anti-Atomtod-Bewegung, die in der Bundesrepublik Deutschland im Frühjahr 1958 vor allem von der SPD und der Gewerkschaft organisiert wurde, ist als öffentlich artikulierter Protest Teil des ihr Leben umspannenden Schreibens gegen den Krieg. Man könnte ihr Werk – und das gilt auf ähnliche Weise für die Musik HWHs – als eine in viele Formen und Gattungen gegliederte Antikriegsschrift verstehen: von der ersten Erzählung,* Das Honditschkreuz *(1943), geschrieben in der Zeit des von NS-Deutschland entfesselten totalen Kriegs, bis zur letzten Erzählung,* Drei Wege zum See *(1972), einer Erzählung aus der Zeit des Vietnamkriegs, in der eine Fotojournalistin an ihren Fotos von den Kriegsschauplätzen der Welt zu zweifeln beginnt.*

In den Kontext der großen Protestbewegung gegen die atomare Rüstung gehören ihr Gedicht Freies Geleit, *HWHs* Aria II, *genauso wie die bald gemeinsam mit HWH aufgenommene Arbeit an der* Homburg-*Oper als Kritik und Rettung des Kleistschen Dramas durch das Wort und durch die Musik, als Zerschreiben des Kriegsgesetzes, damit ein neues, utopisches Verständnis des Stücks möglich wird.*

116 *ÖNB 166, 167, masch.*

1 »liebe ingebach borckmann«: *vielleicht, im Assoziationsfeld der gemeinsamen* Homburg-*Studien, eine Erinnerung an die »liebe Borck«, eine der Hofdamen in Kleists »Prinz Friedrich von Homburg« (»NATALIE: O liebe Borck!«, I/5); vermutlich aber auch Assoziationskette von Ibsen, dessen »Wildente« er gelesen hatte, zum Stück »John Gabriel Borkman«.*

2 »beiliegend ein brief für Dich«: *HWHs Brief vom 24. März 1958* (Brief 114*).*

3 *Das neue* »stück«*:* Drei Dithyramben für Kammerorchester *(Urauff.: 27. Nov. 1958, Symphonieorchester des WDR Köln, Dir.: Hans Rosbaud).*

4 »das alte text-musik-verhältnis-problem«, *das in vielen Texten IBs indirekt thematisiert wird, hier aber Gegenstand eines Essays ist, den sie Karl Amadeus Hartmann für die Festschrift »Musica Viva« versprochen hatte (erschienen München 1959, S. 161–166).*

5 »die beiden künste können sich vereinen«*: ein Gedanke, der in IBs Essay* Musik und Dichtung *(1959) ins Zentrum der Überlegungen gerückt wird:* »Aber müssen die Künste wirklich auseinandergehen [...] Die Worte suchen ja längst nicht mehr Begleitung, die die Musik ihnen nicht geben kann. [...] sondern Vereinigung« (*IB,* Musik und Dichtung, *W 4, S. 60).*

6 »einige moderne lehnen es ab [...]«*: In ihrem Essay hat IB diese Feststellung in eine Frage verwandelt:* »Fürchtet vielleicht eine Musik, von der es heißt, daß sie nichts ausdrücke, ausdrücken wolle, [...] an Reinheit zu verlieren in diesem Umgang?« *(W 4, 59).*

117 *ÖNB 168, Telegramm; aus: NAPOLI, Poststempel: 3. 4. 58, an:* BACHMANN FRANZ JOSEPH / STRASSE 9A MUENCHEN 13 / (GERMANIA)

118 *ÖNB 169, 170, 171, masch.; blaues Farbband, Datum rot.*

1 »der alte ludwig strecker« *(1883–1978), der Verlagsleiter des Schott-Verlags, schlägt als* »›theaterfesten‹ menschen« *Richard Hey vor (vgl.* Brief 114).

2 *Die* »diversen herren« *sind Theaterregisseure und Theaterleiter wie Walter Felsenstein (1901–1975), Intendant und Chefregisseur der Komischen Oper in Berlin, Luchino Visconti und Oscar Fritz Schuh (1904–1984), damals Theaterleiter in Berlin.*

3 *das* »ander[e] werk, für kammermusik und gesang«, *ist* Kammermusik 1958 über die Hymne »In lieblicher Bläue« von Friedrich Hölderlin für Tenor, Gitarre und 8 solistische Instrumente *(Urauff.: 26. Nov. 1958, NDR Hannover, Dir.: HWH, Tenor: Peter Pears, Gitarre: Julian Bream).*

4 »in lieblicher bläue«: *der Titel der Hölderlin-Hymne in* Kammermusik 1958, *der von nun an mehrmals in HWHs Briefen begegnet und auf das geplante neue Kammermusikwerk verweist.*

119 *ÖNB 172, masch.; blaues Farbband, Datum rot.*

1 »hölderlin-kantate«: *das geplante Kammermusik-Werk über Hölderlins Hymne* In lieblicher Bläue (Kammermusik 1958).

120 *ÖNB 173, masch.; blaues Farbband, Datum rot.*

121 *ÖNB 174, 175, masch.; blaues Farbband, Datum rot (auch das Datum im Postskript) sowie der Satz am Schluß des P.S.:* »suvvia non dir di no, venire devi.«

1 »wie Du Dich entschieden hast«: *In dem nicht erhaltenen Expreßbrief dürfte IB einen längeren Spanienaufenthalt angekündigt haben. Zu der Spanienreise dürfte es nie gekommen sein; als sie dann im Frühsommer 1959 – bereits mit Max Frisch zusammen – aufbrechen wollte, verhinderte eine Erkrankung Frischs die Reise.*

2 »sguardo dal ponte«: *Luchino Viscontis Inszenierung von Arthur Millers »A View from the Bridge« im Teatro Eliseo in Rom, gespielt von der Schauspieltruppe Rina Morelli und Paolo Stoppa, für die Visconti seit Kriegsende mehr als 25 Inszenierungen machte.*

122 *ÖNB 176, 176a, hs.*

1 »musik für den Kleist«: *die »Homburg«-Oper nach Heinrich von Kleists Drama* Prinz Friedrich von Homburg, *für die IB das Libretto schrieb.*

123 *ÖNB 177, masch.; blaues Farbband; rot: das Briefdatum und die in Großbuchstaben geschriebenen Namen der Medikamente.*

1 »einen sguardo dal ponte tun können«*: Eine der literarischen Anspielungen in diesem ersten Briefabsatz: einen »Blick von der Brücke«, der Titel von Viscontis Arthur-Miller-Inszenierung, und vorher das Zitat aus dem Eingangsmonolog von Goethes »Faust«, Hölderlins Hymne »In lieblicher Bläue« und Franz Kafkas »Hochzeitsvorbereitungen auf dem Lande«.*

2 »preoccupationen und incuben«*: Sorgen und Alpträume. Mit dem Wort* »incuben«, *die Mehrzal von Incubus, wird an die Verkörperungen solcher bedrohlicher Ich-Instanzen erinnert, Archetypen, wie sie im Teufelsglauben des Mittelalters, aber auch in den mythisch-symbolischen Gestalten der alten und neuen Literatur – bis hin zu HWHs* Dämon *in* L'Upupa – *auftreten.*

3 »abbraccen«: *abbracci, Umarmungen, eines der vielen wie Fremdwörter verwendeten italien. Wörter.*

124 *ÖNB 179, Telegramm; aus: LARISSIS, Poststempel: 13. 6. 58, an:* BACHMANN FRANZ JOSEPHSTR 9 A / MUENCHEN

125 *PSS, masch., undatiert.*

1 »Grecia Originale«*: Die Griechenlandreise im Mai 1958 als Reise ins originale Griechenland, da doch auch in ›Neapolis‹ auf Schritt und Tritt die Spuren der griechischen Zivilisation zu finden sind.*

2 »etwas für mich sehr Wichtiges«*: Die von Monika Albrecht für den 3. Juli 1958 nachgewiesene Begegnung mit Max Frisch in Paris (M. Albrecht: Die andere Seite. Untersuchungen zur Bedeutung von Werk und Person Max Frischs in Ingeborg Bachmanns »Todesarten«, Würzburg 1989, S. 60f.; auch in Max Frischs »Montauk«,*

[Gesammelte Werke in zeitlicher Folge, Bd. VI, 2: 1968–1975, Frankfurt am Main: Suhrkamp 1976, S. 711]).

126 *ÖNB 184, masch.; vorgedr. Briefkopf:* Napoli / Via Gen. Parisi, 6 già Nunziatella

1 »morgen beginnt Piedigrotta«*: das Fest der Madonna von Piedigrotta, ein katholisches Volksfest, über dem, wie HWH in seinem Canzone-Feature geschrieben hat, ein* »unheimlicher Hauch des paganen Geistes« *liege: alle Hierarchien der Stadt werden* »in den wilden, befreiten Trubel gezogen, in den alles gleichmachenden Strudel der Festlichkeit« *(HWH,* La canzone Napoletana*, zit. n. d. hs. Sende-Ms. für den SFR, Henze-Slg. der Paul Sacher Stiftung Basel, S. 11 u. S. 13).*

2 *HWH wiederholt den Wunsch nach der Übersendung der Korrekturen, der auch in dem vorangegangenen, nicht aufgenommenen Brief vom 30. August 1958 (ÖNB 182, masch.) dringlich mitgeteilt wurde. An diesem Tag habe er die zweite Szene fertig gestellt und brauche nun die Veränderungen, die IB in das dritte Bild einfügen wolle –* »mi servono i cambiamenti che vuoi applicarci«. *HWH spricht in diesem Brief auch davon, daß er an das nächste Libretto denke, das ihm IB versprochen habe –* »Penso al prossimo libretto che mi hai promessa!«.

3 »mein ›buch‹«*: HWHs* Undine. Tagebuch eines Balletts. *Er werde ihr das Skript in einer Woche schicken und bitte sie, es zu lesen und die Korrekturen einzufügen, schrieb er im chronologisch vorangegangenen, hier nicht aufgenommenen Brief vom 30. August 1958.*

127 *ÖNB 186, 185, masch.; jedes Blatt mit vorgedrucktem Briefkopf:* Napoli / Via Gen. Parisi, 6 già Nunziatella

1 »das finale« *des von HWH so dringend erwarteten ersten Akts des* »Homburg«*-Librettos.*

2 *IB läßt diesen Satz, in Kleists Schauspiel spricht ihn der Obrist Kottwitz (II, 1, V. 384), von Hohenzollern sprechen, und zwar, exponiert, als ersten Satz seiner Rede auf dem* »Schlachtfeld bei Fehrbellin« *(Erster Akt, III; W 1, 343).*

3 »buch«: *hier wieder das Tagebuch über die Entstehung des* Undine-*Balletts. Eine erste* Undine-*Schrift HWHs stellte bereits sein Artikel* Zwischen »König Hirsch« und »Undine« *dar (Rheinische Post, 11. Mai 1957).*

4 »M. F.«*: Max Frisch.*

5 *Diese Kürzungen gehen, wie die vielen anderen* »kleinen Veränderungen, aber auch die großen Striche« *(IB,* Entstehung eines Librettos, *W 1, 373), in die Richtung, alle Militarismen, alles, was das Kriegshandwerk verharmlosen könnte, wegzulassen oder ihm einen anderen Stellenwert zu geben.*

128 *ÖNB 187, hs.; vorgedr. Briefkopf:* Napoli / Via Gen. Parisi, 6 già Nunziatella

1 *Es ist die Zeit der Entscheidung zu einem Leben mit Max Frisch, wobei IB zunächst noch in München bleiben wollte, dann aber doch im November nach Zürich zog und dort eine Wohnung in der Feldeggstraße 21 nahm.*

2 *Gian Carlo Menotti (geb. 1911 bei Varese), Opernkomponist (u. a. »The Consul«, 1950), lebte in den USA und in Italien. Begründer des »Festivals der zwei Welten« in Spoleto (1958). IB nahm daran im Sommer 1965 teil, als Menotti zu einer Lyrikwoche eingeladen hatte.*

129 *ÖNB 188, masch.; vorgedr. Briefkopf:* Napoli / Via Gen. Parisi, 6 già Nunziatella

1 »nach London«: *Zur Vorbereitung der Aufführung des Balletts* Undine *(Urauff. 27. Okt. 1958 im Royal Opera House).*

130 *ÖNB 189, 189a, hs.*

1 »wegen dem unfall«: *ein Auffahrunfall auf einer Zufahrtsstraße nach Rom, erinnerte sich HWH in einem Gespräch (Marino, 16. Februar 2004).*

2 »was sehr De Nobili'sches Romantisches«: *Lila De Nobili war für Bühnenbild und Kostüme der Londoner* Undine-*Aufführung verantwortlich; IBs Kleidung bei der Premiere entsprach dem romantischen Sujet und den Nobilischen Kostümentwürfen: sie hatte sich* »in ein Meermädchen verwandelt«, »Gewand und Haartracht waren mit Schmuck und Meertang durchflochten« *(H, 191).*

3 »mein vögelchen mein goldenes auf dem Zweig«: *ein Zitat aus Hans Christian Andersens »Des Kaisers Nachtigall« (1843), eine der vielen motivischen Anspielungen auf dieses Märchen in den Briefen wie in den Werken IBs und HWHs. Das Märchen von der mechanischen und der lebendigen Nachtigall und vom Trost, den der Gesang*

gewährt, war für die Dichterin wie für den Komponisten ein thematischer Bezugspunkt für ihren Begriff der Musik und für ihr Nachdenken über das Verhältnis von lebendiger Stimme und perfekter technischer Apparatur. Der Schluß von IBs Prosastück Die wunderliche Musik *ist ein Mosaik von Zitaten und Anspielungen auf das Märchen –* »Wie kommt's, daß du in deinen Todesstunden wieder nach der Nachtigall rufst [...]« *(W 4, 57) –, und auch der Schluß des Essays* Musik und Dichtung, *die Evokation der menschlichen Stimme, spielt unverkennbar auf das Märchen an. Von HWH gibt es ein Musikstück zu Andersens Märchen:* Des Kaisers Nachtigall. Ballettpantomime von Giulio di Majo / frei nach Hans Christian Andersen (1959). *Studienpartitur, Mainz u. a.: Schott o. J. (uraufgeführt auf der Biennale von Venedig im Teatro La Fenice, 1959).*

131 *ÖNB 190, 190a, 191, 191a, hs.; vorgedr. Hotel-Briefkopf:* Hotel zur Traube Darmstadt

1 *Urauff. der* Kammermusik 1958 über die Hymne »In lieblicher Bläue« von Friedrich Hölderlin *beim NDR in Hamburg (26. November 1958), Dir.: Hans Werner Henze, Tenor: Peter Pears, Gitarre: Julian Bream.*

2 Drei Dithyramben für Kammerorchester *(Urauff.: 27. November 1958) beim WDR Köln, Dir.: Hans Rosbaud.*

132 *ÖNB 192, 193, hs.; auf der 3. Seite eines Neujahrsbilletts; Briefkuvert, Poststempel: ZÜRICH, 24. 12. 58, an:* Ingeborg Bachmann / c/o Honegger-Lavater / Feldeggstrasse *21* / ZÜRICH / SCHWEIZ. *Sonderstempel:* Deutsches / Spielkarten / Museum / in Bielefeld

133 *ÖNB 199, 199a, masch.; blaues Farbband, das Datum rot; vorgedr. Briefkopf:* Napoli, Via Gen. Parisi, *6* già Nunziatella

1 *Es war die Uraufführung von* Trois Pas des Tritons. Aus dem Ballett »Undine« *unter der musikalischen Leitung von Sergiu Celibidache (10. Januar 1959).*

2 »liebes usingnolchen«*: italien. usignolo, Nachtigall, eine der Anspielungen auf Hans Christian Andersens Märchen »Des Kaisers Nachtigall«* (vgl. Brief 130/3).

134 *ÖNB 200, masch.; vorgedr. Briefkopf:* Napoli, Via Gen. Parisi, *6* già Nunziatella

1 »Deinen Sonnenhymnus«*: IBs Gedicht* »An die Sonne« *läßt an den »Sonnengesang« des heiligen Franz von Assisi denken, den Namenspatron des Dorfs, wo IB mit HWH auf Ischia wohnte. Als seinen ›Sonnenhymnus‹ könnte man HWHs Kantate* Novae de infinito laudes *(1962) bezeichnen, besonders Satz V mit seiner choralartigen Beschreibung des Sonnenaufgangs.*

2 »der Caine«*: James Mallahan Caines Kriminalthriller* The Postman Always Rings Twice *(1934). HWH zitiert diesen Roman in seiner Visconti-Studie (der Roman als Grundlage des Drehbuchs zu Viscontis Film »Ossessione«, 1943), zuerst erschienen in der Zs. »Merkur« 12 (1958), H. 10.*

3 »es sind ja 15 passi!«*:* Lieder auf der Flucht, *ein zyklisches Gedicht, das den Schluß des zweiten Lyrikbandes (*Anrufung des Großen Bären, *1956) bildet, besteht aus 15 mit römischen Ziffern versehenen Teilen, »passi« (Schritte).*

135 *ÖNB 201, masch.; am li. Rand hs. Grüße von Giulio; unterer Briefrand hs. Grüße von Jürgen; vorgedr. Briefkopf:* Napoli / Via Gen. Parisi, *6* già Nunziatella

1 *Die Szene am Grab – bei Kleist nur erzählt – ist von IB als eigene Szene eingefügt worden, mit dem Prinzen am geöffneten Grab (II, 5, W 1, 354).*

2 *In die Piper-Ausgabe von HWHs* Undine.Tagebuch eines Balletts *sind Fotos von Kostümentwürfen und Szenenskizzen Lila De Nobilis eingeklebt (München 1959).*

3 *Klaus Piper (1911–2000), Verleger, seit 1956 erschienen IBs Werke im Piper Verlag, in dem nun auch HWHs* Undine-*Buch herauskam. Hansjörg Graf, Literaturkritiker, Verlagslektor bei Piper.*

4 *Leider sind diese Änderungsvorschläge zu HWHs* Undine-*Buch und seine Antworten darauf weder in der Henze-Sammlung der Paul Sacher Stiftung noch in HWHs Haus in Marino aufzufinden.*

5 *Der Wunsch von IB und Max Frisch, nach Rom zu gehen, ließ sich zunächst wegen Arbeitsverpflichtungen nicht realisieren, dann wegen einer schweren Erkrankung von Max Frisch. IB fuhr dann Anfang Juni 1959 gemeinsam mit Hans Magnus Enzensberger nach Rom und bezog dort eine Wohnung in der Via Stelletta 23.*

136 *ÖNB 202, masch., blaues Farbband; vorgedr. Brief-Kopf:* Napoli / Via Gen. Parisi, *6* già Nunziatella

1 »das Bild bei der Kurfürstin«, *II. Akt, 6. Bild:* Zimmer der Kurfürstin. *IBs Veränderung dieses Bilds, im Vergleich mit dem Kleistschen Dramentext, zielte darauf, Natalie ihren Liebesanspruch selbstbewußter vertreten zu lassen. Was Homburg bei Kleist als Vergangenheit abtut – »Entschieden hat dein erst Gefühl für mich« (III/5, V. 1041) –, verwandelt IB in die Gegenwärtigkeit von Nataliens eigener, jetzt gültiger Entscheidung:* »Entschieden hat mein erst' Gefühl für dich, / Ich werd mich nimmer einem andern weihn!« *(II, 6, W 1, 355).*

2 »M ... e«, *meint HWHs Wunsch, Schalom Aschs Roman »Motke Ganev« von IB als Opernlibretto zu erhalten.*

3 »Undine MS«*: das Manuskript von* Undine. Tagebuch eines Balletts.

4 »Deine Bonner Rede«*: IBs Rede zur Verleihung des Hörspielpreises der Kriegsblinden (am 17. März 1959) wurde zuerst in der Zeitschrift »Der Kriegsblinde« (10, Nr. 8, 15. April 1959) abgedruckt.*

5 *Joachim Moras (1902–1961), aus der inneren Emigration gekommen, gründete nach 1945 (mit Hans Paeschke) den »Merkur«, eine Zeitschrift, in der in den fünfziger Jahren mehrere Texte von IB und HWH erschienen sind* (vgl. Brief 8/1, 18/2, 45/4, 84/1, 134/2).

6 *Zu diesem* »Undine Nachtrag« *für die Biennale in Venedig ist es nicht gekommen; HWH komponierte für Venedig ein anderes Andersen-Märchen:* Des Kaisers Nachtigall, *eine Pantomime von Giulio di Majo, die auf der Biennale von Venedig im September 1959 mit den Schauspielern von Giorgio Strehlers Mailänder Teatro Piccolo aufgeführt wurde.*

7 La forza delle circostanze ovvero ella non riusci' a convincerlo [Die Macht der Umstände, oder: Es gelang ihr nicht, ihn zu überzeugen], *eine zehn Minuten dauernde Grand'Opéra als Parodie auf Oper und Operninszenierungen (1959); Libretto: Giuseppe Patroni-Griffi, in Spoleto beim Festival dei due mondi von Franco Zeffirelli inszeniert.*

8 *Das* »neue Haus« *von IB und Max Frisch ist ab Mitte März das Haus zum Langenbaum in Uetikon am See bei Zürich.*

137 *ÖNB 203, masch.; vorgedr. Briefkopf:* Napoli / Via Gen. Parisi, 6 già Nunziatella

1 *Das Projekt eines Liederzyklus mit Gedichten von IBs* Lieder[n] auf der Flucht *ist brieflich nur kurze Zeit verfolgt worden (vgl. auch* Brief 138, *9. April 1959). Die später komponierten* Chorfantasien auf Gedichte von Ingeborg Bachmann *(1964) enthalten nur Gedichte aus dem Zyklus* Lieder von einer Insel *Aribert Reimann hat die* Lieder auf der Flucht *1957 vertont (vgl.* Brief 108*).*

138 *ÖNB 204, masch.; vorgedr. Briefkopf:* Napoli / Via Gen. Parisi, *6* già Nunziatella

1 »Vorschlag zu dem Liederzyklus«: *Auch dieser Vorschlag Klaus Geitels ist von IB offensichtlich nicht aufgegriffen worden, aber sie stellte im Gegenzug neue Gedichte in Aussicht. Am Beginn eines drei Wochen später geschriebenen, hier nicht abgedruckten Briefs (der sehr ausführlich Details von problematischen vertraglichen Vereinbarungen und Regelungen mit dem Musikverlag Schott auflistet; Brief vom 25. April 1959, ÖNB 205, 206, 207) geht HWH auf die von IB erhaltene Mitteilung ein, daß sie Gedichte schreiben wolle:* »herzlichen Dank für die schöne Nachricht, dass Du Verse schreiben willst. [...] Wenn es Verse für mich sein sollen, fallen Dir vielleicht auch Dinge ein, von denen Du weisst, dass sie mich besonders angehen und inspirieren, [...]. Ich müsste die Verse aber für den Herbst haben. Wenn Du sie erscheinen lässt sieh bitte zu dass nicht andere sie komponieren, vielleicht kann man sich dagegen schützen« *(ÖNB 207, 206, 205, 204). In den folgenden Jahren, bis 1964, hat IB außer dem Gedicht* Ihr Worte *für den Suhrkamp-Band »Nelly Sachs zu Ehren« (Frankfurt am Main 1961, S. 9f.) keine anderen Gedichte fertiggestellt.*

139 *ÖNB 126, 127, 128, 129, hs.*

1 »bei den Hessenprinzen«: *HWH kannte seit dem Beginn seines Ischia-Aufenthalts Enrico d'Assia (Heinrich von Hessen), über den sich die Verbindung zu der musikinteressierten Hessen-Verwandtschaft ergeben haben dürfte. Eine der beiden Auftragsarbeiten, die er am Briefende erwähnt* (Des Kaisers Nachtigall *für die Biennale in Venedig), hat HWH seinen Gastgebern in Wolfsgarten, Margaret und Ludwig von Hessen, gewidmet. Das in der nächsten Zeile erwähnte Festival in Aldeburgh, das Benjamin Britten leitete, wurde von dem mit ihm befreundeten Ehepaar unterstützt* (Brief 40/4).

2 »La forza delle Circostanze«: *Zur Aufführung dieser kleinen* »buffo-oper« *in Spo-*

leto ist es nicht gekommen; im Archiv der Paul Sacher Stiftung in Basel befinden sich Klavierauszug und Text (mit hs. Korr. u. Eintragungen) mit dem Vermerk versehen: »unvollendet; zurückgezogen« (vgl. Sammlung Hans Werner Henze. Musikmanuskripte. Basel 2003, S. 46 (= Inventar der Paul Sacher Stiftung 23).

3 »Deine Bonner Rede«*: IBs Rede zur Verleihung des Hörspielpreises der Kriegsblinden,* Die Wahrheit ist dem Menschen zumutbar *(W 4, 275–277), gehalten in Bonn, im Plenarsaal des Bundesrates (17. März 1959).*

4 *Gustav Rudolf Sellner (1905–1990), Schauspieler, Regisseur, Intendant. HWH kannte Sellner seit Anfang der fünfziger Jahre in Darmstadt; er inszenierte u. a. in der Deutschen Oper Berlin HWHs und IBs komische Oper* Der junge Lord *(1965), deren Entstehung er in einem kurzen Zs.-Beitrag dargestellt hat (G. R. Sellner: Die Geburtsstunde des »Jungen Lord«, in: Melos, H. 3, 32. Jg., März 1965, S. 75f.).*

5 *Die im Bachmann-Nachlaß erhaltenen Typoskripte (ÖNB, Typoskript Nr. 15382 sowie die spätere Fassung 15344) dokumentieren IBs poetische Vermeidungsstrategien gegenüber dem – martialischen – Schluß des Kleistschen* Homburg-*Dramas –* »In Staub mit allen Feinden Brandenburgs!« *In ihrem Essay für das Programmheft,* Entstehung eines Librettos, *insistierte sie auf ihrem Zweifel gegen die zuletzt doch ins Libretto aufgenommene militärische Apotheose:* »Der originale Schluss ist nun doch stehen geblieben, obwohl ich noch öfters bezweifle, daß die Lösung die richtige ist« (Enstehung eines Librettos, *W 1, 374).*

6 »Dein Buch«*: das ist Ende der fünfziger Jahre der Erzählband* Das dreißigste Jahr*; die Erzählungen wurden bereits 1956 und 1957 entworfen; im Jahr 1959 waren* Jugend in einer österreichischen Stadt *(im Frühjahr 1959 in der Zs. Botteghe Oscure, Rom, Quaderno 23) und* Alles *erschienen (im Oktober 1959 für den BR München aufgenommen); der Erzählband kam erst 1961 bei Piper heraus.*

7 *In IBs Privatbibliothek sind Kriminalromane – u. a. zehn Romane von Georges Simenon – auffallend häufig vertreten. »Persiane verdi« ist nicht darunter – der Roman ist ja, zusammen mit anderen, als* »Buchspende« *an HWH gegangen.*

8 Unter Mördern und Irren, *eine der Erzählungen des im Entstehen begriffenen* »Buchs« *– des Erzählbands* Das dreißigste Jahr –, *in deren Mittelpunkt eine heterogene Wiener* »Herrenrunde« *der nach 1945 restaurierten Kulturszene steht, ehemalige Mitläufer und Mittäter und, schon wieder an den Rand gedrängt, Überlebende und zufällig Verschonte der Shoah.*

9 *Neben der Oper* Der Prinz von Homburg *entstanden in dieser Zeit für* »die Biennale« *in Venedig die Ballettpantomime* L'usignolo dell'imperatore [Des Kaisers Nachtigall] *(Uraufführung: 16. September 1959 im Teatro La Fenice, Venedig) sowie* »für Berlin« *ein Auftragswerk der Berliner Festwochen:* Klaviersonate *(Uraufführung: 26. September 1959).*

10 »die Rebellion«, *dritter Akt, 9. Bild in IBs* Homburg-*Libretto (bei Kleist V/3, V. 1428ff.):* »DÖRFLING Rebellion, mein Kurfürst [...]«; *auch hier akzentuiert IB die utopische Dimension, ersetzt in der Rede des Kurfürsten die Berufung auf »was Kriegszucht und Gehorsam sei« (Kleist, V/5, V. 1617), durch* »was Freiheit und was Würde sei« *(W 1, S. 363). Der Satz:* »Denk, daß Empfindung einzig retten kann!«, *wird zum thematischen Zentrum einer Chorpassage, die in der Schlußapotheose der Oper wieder aufgegriffen wird.*

11 »Nun, o Unsterblichkeit, bist du ganz mein! / Du strahlst mir durch die Binde meiner Augen, [...]« *(W 1, S. 366): IB hat diesen letzten Monolog des Homburg bis auf einen Vers und fast ohne Veränderung aus Kleists »Prinz Friedrich von Homburg« (V/10, V. 1830–39) übernommen.*

140 *ÖNB 208, masch.*

1 »Jockisch-Weil«: *Grete Weil und Walter Jockisch, Überlebende des Holocaust, hatten 1947 bis 1950 das Szenarium und das Buch für HWHs Oper* Boulevard Solitude *(eine Bearbeitung des »Manon«-Stoffs) geschrieben. In HWHs* Reiselieder-*Autobiographie gibt es ein berührendes zweiseitiges Epitaph auf dieses ungewöhnliche Paar, auf zwei Verfolgte,* »die irgendwie überlebt haben, um bis zum Ende ihrer Tage eng umarmt über die verlorenen Geliebten zu trauern und sie nicht zu vergessen; die unaufhebbare Leere beklagend, die sie zeitlebens um sich fühlten« *(H, 113f.).*

2 »in jenen Tagen«: *IB dürfte HWH von Rom aus besucht haben, wo sie sich Juni und Juli 1959 aufhielt, um eine gemeinsame Wohnung für sich und Max Frisch zu suchen, der damals krank in Zürich zurückgeblieben war. Frisch hat in »Montauk« diese für ihn schwierige Zeit stenogrammartig rekapituliert (Gesammelte Werke in zeitlicher Folge, Bd. VI, 2, a. a. O., S. 712f.).*

3 »Im Gewitter der Rosen«: *Aus der 1. Verszeile von IBs* Aria I *(W1, 160).*

141 *ÖNB 209, 209 a, hs.*

1 *IB lebte nach dem zweimonatigen Romaufenthalt seit Anfang August 1959 wieder mit Max Frisch in Uetikon am See.*

2 »das Auden-Gedicht«: *in der Erinnerung HWHs (Gespräch vom 19. März 2004) handelte es sich um eine erste, verschollene Fassung von Wystan Hugh Audens und Chester Kallmans Text für die Oper* Elegy for Young Lovers.

3 *Der* »Termin« *der ersten Vorlesung aus der Reihe von IBs Frankfurter Poetik-Vorlesungen war der 11. November 1959.*

142 *ÖNB 133, hs., HWH schreibt im 3. Absatz:* »der Cumanischen Sybille«.

1 *am* See*: vgl.* Brief 141/1.

2 *Es dürfte sich, nach HWHs Erinnerung, um die erste Fassung von W. H. Audens »Elegy for Young Lovers« gehandelt haben, ein bis heute nicht wieder aufgefundener Text.*

3 *In der Privatbibliothek IBs befinden sich nur drei weit nach diesem Briefdatum erschienene Romane von Joseph Conrad (Dank für die Einsichtnahme in den in Vorbereitung befindlichen Band von Robert Pichl: Ingeborg Bachmann als Leserin. Die Privatbibliothek der Autorin als Ort einer literarischen Spurensuche).*

4 *Max Frisch und IB dürften eine Übersiedlung in das Tessin überlegt haben, wo sich damals auch Alfred Andersch niederließ. Verwirklicht worden ist dieser Plan erst 1964 durch Frischs Hauskauf in Berzona. IB war damals nicht mehr bei ihm.*

5 *IB hielt am 11. November 1959 an der Universität Frankfurt ihre erste Poetik-Vorlesung (Die Vorlesungsreihe trug den Titel* Probleme zeitgenössischer Dichtung, *die erste VL:* Fragen und Scheinfragen *(W 4, 182–199). HWH sprach am selben Tag auf dem Kammermusikfest in Braunschweig über* Die geistige Rede der Musik, *ein Vortrag, in dem sich der Komponist ausführlich auf IBs Überlegungen zu* Musik und Dichtung *bezog und aus ihrem Gedicht* Rede und Nachrede *zitierte (zuerst erschienen in »Jahresring« 56/57, Bd. 2, Stuttgart 1956, S. 230f.; IBs Essay* Musik und Dichtung *ist 1959 in der Festschrift »Musica Viva«, München: Nymphenburger Verlagshandlung 1959, S. 161–166, abgedruckt worden).*

143 *ÖNB 210, 210a, masch.; schwarzes Farbband, Briefdatum rot.*

1 *IB übersiedelte Ende September 1959 in eine kleine Arbeitswohnung in Zürich, Kirchgasse 3, das sogenannte »Steinhaus«, Max Frisch blieb in Uetikon am See –* »In Zürich der Versuch mit zwei Wohnungen; sie wohnt in dem Haus, wo Gottfried Keller als Stadtschreiber gewohnt hat« *(Max Frisch: Montauk, S. 134).*

2 Klaviersonate*: ein Auftragswerk der Berliner Festwochen (Uraufführung am 26. September 1959). Für HWH reflektierte dieses Werk vor dem Aufbruch aus Neapel einen lebens- und werkgeschichtlich wichtigen Moment: Konsolidierung der* »künstlerischen und kompositionstechnischen Errungenschaften der letzten

zehn Jahre«, *die er in der Verbindung eines persönlichen Stils* »mit einer unverwechselbaren Kompositionstechnik« *sah (WVZ, 338).*

3 »die Landschaft der ›promessi sposi‹«: *Alessandro Manzonis Roman »I promessi sposi« spielt in Mailand und der Lombardei: »eine wunderbare Binnenlandschaft, die an der fruchtbaren Ebene teilhat und bis ans Gebirge geht, in ihr die drei schönsten Seen Europas« (Hugo von Hofmannsthal: Manzonis »Promessi sposi«, in: H. v. Hofmannsthal: Gesammelte Werke, Prosa IV, Frankfurt am Main: S. Fischer 1955, S. 418).*

4 Die geistige Rede der Musik: *HWHs Vortrag beim Kammermusikfest in Braunschweig, der Vortrag, in dem der Komponist sich ausführlich auf IBs Essay* Musik und Dichtung *bezog (zuerst veröffentlicht in der Festschrift* Musica Viva, *München 1959, S. 161–166), während IB in ihrem Essay auf den Dialog mit HWHs brieflichen Überlegungen zu dieser Frage einging (vgl.* Brief 116, *31. März 1958).*

5 *IB hat den versprochenen Zyklus* »Narrenlieder« *nicht geschrieben, aber der Titel macht aufmerksam für das Motiv des Dichters als Narr, das in einigen Gedichten vorkommt. In* Mein Vogel, *eines der wichtigsten poetologischen Gedichte, meint die umgangssprachliche Bedeutung, »einen Vogel haben«, auch die Verrücktheit des Dichters, der sein Herz der Kunst opfert;* Heimweg, *IBs Vampir-Gedicht, schließt mit den Versen:* »... die Wiesenschwelle / glänzt von meinem Blut. / Deck mir, Nacht, die Augen / mit dem Narrenhut« *(W, 1, 104). Am Schluß des ihr liebsten Gedichts,* Böhmen liegt am Meer, *wird das Narrenmotiv angedeutet, explizit in einer frühen Entstehungsvariante:* »ein Böhme, ein Vagant, ein Narr / ein Narr zuletzt, und also doch ein Böhme« *(ÖNB Nachl.-Nr. 213, 213 a).*

144 *ÖNB 259, 211, masch.*

1 »rubiert«: *von italien. rubare, stehlen, eines der spielerisch dem deutschen Flexionssystem anverwandelten fremdsprachigen Wörter.*

2 »ricordieren«, *erinnern,* »intervento«, *Eingriff, hier im Sinne einer Bearbeitung von Kleists Dramentext,* »valida«, *wertvoll, gültig.*

3 *Vgl.* Brief 24 *(Ischia, Februar oder März 1955), wo HWH über Käutners Film »Epilog« schreibt* – »eine schöne scheisse!«.

4 »My own, my own [...]«: *Dieses kleine Lied der Elisabeth Zimmer im 2. Akt, Szene 6 von* Elegie, *lautet in der Übersetzung:* »Du mein, ganz mein, das kleine Sternbild blinkt, / Schneeflocke fällt durch jährlich kält're Wehn: / Ganz mein im Tod auf bleiche Wange sinkt / Und nicht mehr mein sich löst in fremder Trän'« (Elegie für junge Liebende. Elegy for Young Lovers. Oper

in drei Akten von Wystan H. Auden und Chester Kallman. Musik von Hans Werner Henze. Deutsche Fassung von Ludwig Landgraf unter Mitarbeit von Werner Schachteli und dem Komponisten, *Mainz: B. Schott's Söhne 1961, S. 34).*

5 Antifone. Für 11 Solo-Streicher, Bläser und Schlagzeug, *ist von Herbert von Karajan dann nicht bei den Salzburger Festspielen, sondern in Berlin mit dem Berliner Philharmonischen Orchester uraufgeführt worden (20. Januar 1962).*

6 *Tatjana Gsovsky (vgl.* Brief 13, *15. Januar 1954).*

145 *ÖNB 256, 256a, 257, 258, 258a, hs.*

1 *Es handelt sich um die folgenden drei kürzeren Aufsätze: HWH,* Mein Prinz von Homburg, *in: Blätter und Bilder, 8. Jg., Würzburg 1960, Folge 58–60, S. 70–72;* Warum ich den Prinz von Homburg komponiert habe, *in: Programmheft zur Uraufführung in der Hamburgischen Staatsoper am 22. Mai 1960, 15. Heft, 1959/60;* Meine neue Oper, *in: Melos, 27. Jg., 1960, Heft 5, S. 133–135.*

2 *IB,* Entstehung eines Librettos, *zuerst im Programmheft der Hamburgischen Staatsoper, 15. Heft, 1959/60 (auch in Melos, 27. Jg., H. 5, Mai 1960, S. 136–141).*

3 »Der Ruf ›In Staub mit allen Feinden Brandenburgs!‹, der am Schluß für dieses Ideal-Land ertönt, in welchem (laut Kleist) Liebe, Verstehen, Verzeihung und Gnade eine so gewaltige Rolle spielten, richtet sich ebenfalls gegen die Starre und Indolenz der ›Staatsraison‹ und bildet eine schreckliche Dissonanz zu der oben erwähnten Kabinettsorder« *(die Verfügung des Königs von Preußen, 1828, daß Kleists Stück »niemals wieder aufgeführt werden soll«), in: HWH,* Warum ich den Prinz von Homburg komponiert habe, *in: Programmheft zur Uraufführung in der Hamburgischen Staatsoper am 22. Mai 1960, 15. Heft, 1959/60.*

4 *IBs* »›Melos‹ Aufsatz«*:* Entstehung eines Librettos *(vgl. Anm. 2).*

5 »chiede«*: von italien. chiedere, verlangen, erbitten, mit der dt. Flexionsendung.*

6 »wie schön Du es in Frankfurt machst«*: IBs* Frankfurter Vorlesungen: Probleme zeitgenössischer Dichtung *an der Universität Frankfurt; die letzte Vorlesung fand am 24. Februar 1960 statt.*

7 *die* »Homburg Zeit in H.«*: die Zeit der Proben und der Uraufführung der Oper in Hamburg, 22. Mai 1960.*

8 *Rolf Liebermann (1910–1999), in Zürich geboren, Komponist, Regisseur, 1957 bis 1959 Leiter der Hauptabteilung Musik im NDR, von 1959 bis 1973 Intendant der Hamburgischen Staatsoper.*

9 *IB geht in ihrem Essay bis ins Wort auf diesen Formulierungswunsch des Kom-*

ponisten ein: »So mußte der Prinz uns erscheinen als der erste moderne Protagonist, schicksallos, selber entscheidend, [...] kein Held mehr, komplexes Ich und leidende Kreatur in einem« *(IB,* Entstehung eines Librettos, *W 1, 371).*

146 *ÖNB 255, masch.*

1 *IB berücksichtigt diese* »Anregungen«, *ohne alle Veränderungen des Kleistschen Textes im Detail zu erklären:* »Es würde zu weit führen, alle die kleinen Veränderungen, aber auch die größeren Striche aufzuzählen.« *Zu den für sie entscheidenden Fragen – Sprachutopie, modernes Ich, Zerbrechen der heroischen Scheinwelt, Begründung einer anderen, humanen* »Legitimität« – *gehört der* »originale Schluß«, *der* »nun doch stehen geblieben« *ist und dem sie die Hoffnung entgegensetzt:* »Nicht in der opernhaft naiven Apotheose, die zeitverhaftet, unreflektiert ist, werden die Begreifenden sich aufhalten, sondern für immer bei den schmerzlichen Worten Nataliens: ›Ach, was ist Menschengröße, Menschenruhm!‹« *(IB,* Entstehung eines Librettos, *W1, 374).*

2 »KURFÜRST, HOHENZOLLERN, OFFIZIERE / Es sammelte sich diese Nacht von Wolken / Nur um sein Haupt, auf daß die Sonne ihm / Durch ihren Dunstkreis strahlender erscheine! / In Staub mit allen Feinden Brandenburgs!« (*IB,* Der Prinz von Homburg, *W 1, 368).*

147 *ÖNB 254, 254a, hs.; vorgedr. Briefkopf:* Napoli / Via Gen. Parisi, *6* già Nunziatella

1 *HWH leitete nach der Hamburger Premiere des* Prinz von Homburg *im Juni 1960 einen von der Kölner Musikhochschule veranstalteten Kompositionskurs im Schloß Brühl.*

2 *In* »Spoleto« *(24., 26. u. 28. Mai 1960, vgl.* Brief 145) *dirigierte HWH die von der Hamburgischen Staatsoper übernommene Produktion des* Prinz von Homburg.

3 »Verletzungen in der Seele«*: es ist die Zeit nach der Trennung von Giulio di Majo, seinem Freund und Schüler (erste Erwähnung* in Brief 96, *2. Hälfte Mai 1957).*

148 *ÖNB 253, 253a, masch.*

1 »den ersten Akt« *von Wystan Hugh Audens und Chester Kallmans* Elegy for Young Lovers, *an deren zweisprachiger Fassung Hans Magnus Enzensberger und Alexander Lernet-Holenia mitarbeiteten. Zwei Autoren, die politisch denkbar weit auseinander lagen: Enzensberger (*1929), ein politisch bewußter, sprachanalytischer Dichter (seine Analysen der Sprache des »Spiegels« wurden berühmt und gehörten zum kritischen Instrumentarium der Studentenbewegung), der Autor der 68er Generation, der Ende der sechziger Jahre wie HWH nach Kuba ging – und der konservative österreichische Schriftsteller Alexander Lernet-Holenia (1897–1976), der den Tod der Literatur bereits gekommen sah, als Heinrich Böll 1972 den Nobelpreis zugesprochen bekam – und deshalb aus Protest aus dem Internationalen PEN austrat. IB kannte ihn als den Grandseigneur der »Herrenrunde« des literarischen Nachkriegs-Wien.*

2 »Dein Buch«*: der Erzählband* Das dreißigste Jahr, *der im Juni 1961 erschienen ist.*

3 *Die assoziative Verbindung zu Musil stellt sich im Brief über das Wort* »die Seele« *her, das literarische Forschungsgebiet des österreichischen Romanciers der Zwischenkriegszeit:* »›Wir haben nicht zuviel Verstand und zu wenig Seele, sondern wir haben zu wenig Verstand in Sachen Seele‹«, *hatte IB (W 1, 95) in ihrem frühen Radio-Essay über Musils* Der Mann ohne Eigenschaften *aus dem Roman zitiert (der Essay war unmittelbar nach dem Erscheinen von* Der Mann ohne Eigenschaften, *Hamburg: Rowohlt 1952, entstanden). IBs intensive literarische Auseinandersetzung mit dem Werk Robert Musils (1880–1942), der wie sie in Klagenfurt geboren ist, bedeutete für sie eine der entscheidenden produktiven Herausforderungen ihres Schreibens.*

149 *ÖNB 250, hs.; schwarzer Kugelschreiber, das Wort* »Deutsche Grammophon« *mit rotem Kugelschreiber unterstrichen.*

1 *Wahrscheinlich der Text für die »Deutsche Grammophon«, eine Inhaltsangabe zu* Der Prinz von Homburg.

150 *ÖNB 251, 251a, hs.*

1 »Glyndebourne zu telegrafieren«*: Beim Glyndebourne-Festival hatte* Elegy for Young Lovers *am 13. Juli 1961 in der Originalsprache Premiere.*

2 *Dietrich Fischer-Dieskau sang in der* Elegie-*Aufführung der Bayerischen Staatsoper München die Rolle des Dichters Gregor Mittenhofer.*

3 »vielleicht in die Castelli?«*: Die Landschaft im Nordosten von Rom, in der der Komponist bis heute lebt:* »Sommer *1961* eine neue Umgebung, Castelli Romani genannt […] Weinberge, Zypressenhügel, blau und schieferfarben die Abruzzen in der Entfernung; das Meer im Westen, tags blausilbriger, abends rotgoldener Streifen, schickt seinen Algenduft herüber« *(HWH,* Essays, *1964, S. 111).*

4 »Dein Buch«: *Das ist der im Juni 1961 bei Piper erschienene Erzählband* Das dreißigste Jahr.

5 »es ist eine langsam wirkende Infektion«*: eine ähnliche Formulierung hat IB später in ihrem Roman* Malina *verwendet:* »Weil Ivan und und ich einander nur das Gute erzählen […] hoffe ich, wir könnten eine Ansteckung herbeiführen. Langsam werden wir unsere Nachbarn infizieren, einen nach dem andern, mit dem Virus, von dem ich schon weiß, wie man ihn nennen dürfte, und wenn daraus eine Epidemie entstünde, wäre allen Menschen geholfen« *(W 3, S. 35).*

151 *PSS, masch., Tel.-Nr. hs. eingefügt.*

1 »diese Operation«*: wahrscheinlich jene Abtreibung, die als schmerzliche Erinnerung in einigen Texten IBs eine Stimme erhält. In einer Entstehungsvariante des Gedichts* Enigma *heißt es:* »Du sollst ja nicht / und wie ich, nicht leben, / sagt das Kind, / aber du sollst ja nicht weinen. // Sag mir, warum, sagt es, / mich niemand gezeugt hat, / mich jemand ermordet hat, / und mein Vater, hab ich einen [*am re. Rand:* schau dich um, da ist keiner / er vermisst dich nicht.] / Du sollst ja nicht weinen« *(ÖNB, Nachl.-Nr. 463 a).*

152 *ÖNB 248, Telegramm; Poststempel: ROMA, 7. 8. 63, an:* INGEBORG BACHMANN / MARTIN LUTHER KRANKENHAUS / BERLINO / OVEST GRUNEWALD / (CASPAR – THEYSSTR)

153 *ÖNB 243, 244, 245, 246, 247, hs.; Ausschnitte aus diesem Brief sind bereits abgedruckt worden (HWH,* Aus einem Brief des Komponisten an die Textdichterin, *in: Opern Journal [Deutsche Oper Berlin].* Informationen, Bilder, Essays,

Nr. 8, April 1965, S. 10; HWH, Brief des Komponisten an die Textdichterin, *in: Programmheft* »Der junge Lord«, *Staatstheater Darmstadt, Spielzeit 1984, S. 41f. (vgl. Petra Grell, S. 150f.).*

1 »am neuen Roman«: *Im August 1963 ist das der erste* Todesarten-*Roman mit der – für diese Werkphase – zentralen Figur* Eugen, *die dann in einer späteren Werkphase den Namen* Malina *erhält (TA, I, 497).*

2 »am Schauspiel«, »am TV Film«: *Im Nachlaß IBs finden sich sowohl Entwurfsskizzen für Schauspiele als auch für Filmprojekte. So sagte IB im Januar 1963 in einem Interview, sie habe* »angefangen«, *ihren* »ersten Film« *zu machen, der sie auch* »im kommenden Frühjahr« *beschäftigen werde (GuI, 41, sowie TA-Projekt I, 497). In diesem Film gehe es um die* »nur zeigbar[e]«, *nur* »unzulänglich aufschreibbar[e]« »Geschichte vom Menschen in der Gesellschaft, unter einem Aspekt: dem des Gerüchts. Und es ist leider nicht der geringste Aspekt« *(Typoskript, Nachl.-Nr. 1780).*

3 Der junge Lord, *zweiter Akt, Bild V:* »Warum ich liebe? Das weiß ich nicht [...]« *(W 1, 406).*

4 »Carteggio«: *italien., Briefwechsel, Korrespondenz. Die mit dem Rowohlt-Verlag angebahnten Verhandlungen über dieses Publikationsvorhaben – ein Briefwechsel zwischen Komponisten und Librettistin über die Entstehung der Oper* Der junge Lord – *sind nicht mehr im Verlagsarchiv vorhanden.*

5 *IB hat in* Enigma, *ihr Widmungsgedicht für HWH, eine Anspielung auf den 5. Satz der 3. Sinfonie von Gustav Mahler aufgenommen:* »Du sollst ja nicht weinen, / sagt eine Musik« *(W 1, 171). Das Gedicht* – »Für Hans Werner Henze aus der Zeit der Ariosi« – *dürfte im Anschluß an ihre Pragreise im Januar 1964 begonnen worden sein, zunächst unter dem Titel* Auf der Reise nach Prag (*Nachl.-Nr. 449), der auf Eduard Mörikes bekannte Mozart-Novelle anspielt. Die* Ariosi. Auf Gedichte von Torquato Tasso *entstanden 1963.*

6 »Loren Driscoll«: *US-amerikanischer Tenor, der bei der Uraufführung des* Jungen Lord *in der Deutschen Staatsoper Berlin (1965) die Titelrolle sang, dann den Dionysos in HWHs* Bassariden *bei den Salzburger Festspielen 1966, an der Mailänder Scala 1968 und in der Opera of Santa Fe in den USA (1968).*

7 *Die ein wenig abenteuerliche Zusammenstellung nennt zuerst Wenzel Lüdecke, einen Berliner Filmkaufmann, der zu den besten Freunden HWHs gehört. HWH hielt sich oft, auch für seine kompositorischen Arbeiten, in Lüdeckes weitläufigem Haus in Berlin am Hundekehlensee auf* – »Aber am See entsteht eine Musik, rasch hingeworfen, rasch dem gewellten Wasser anvertraut [...]« *(W 4, 286) – heißt es in IBs* Ein Ort für Zufälle, *ihrer Rede zur Verleihung des Georg-Büchner-Preises,*

die, mit 13 Zeichnungen von Günter Grass ausgestattet, 1965 im Verlag Klaus Wagenbach herauskam. »Coccolo« *ist der Name von HWHs Hund, und* »die Hülsenfrucht« *ist der mit HWH befreundete Schauspieler Folker Bohnet.*

8 *HWH bezieht sich hier auf die von IB vorgenommene Paginierung im Reinschrift-Typoskript (S. 1–70, Nachl.-Nr. 15 191–15 266); an den brieflich angeführten Korrekturvorschlägen, Veränderungs- und Ergänzungswünschen im 5. Bild läßt sich paradigmatisch das »Ineinanderarbeiten« von Komponisten und Dichterin nachvollziehen (vgl. die genaue Darstellung des Entstehungsprozesses anhand der Skizzen, Exposés und verschiedenen Textstufen des Librettos bei Petra Grell: Ingeborg Bachmanns Libretti, Frankfurt am Main 1995, S. 150–155).*

9 *Goethes »Zur Farbenlehre« erschien am 16. Mai 1810.*

10 *Massimo Bogianckino (*1922), italienischer Pianist, Musikforscher und Impresario; 1963 war Bogianckino Leiter des Teatro dell'Opera in Rom; 1968 übernahm er die Leitung der Festspiele in Spoleto. Diesen* »ersten ital. ›Giovane Lord‹ *(Teatro dell' Opera, 16. Dezember 1965) dirigierte HWH, Regie führte Virginio Puecher und nicht, wie noch im Brief angenommen, Franco Zeffirelli.*

154 *ÖNB 242, Telegramm; Poststempel: ROMA, 2. 8. 64, an*: BACHMANN / KOENIGSALLEE 35 / BERLINO / OVEST

1 *Diese* »Verbindungstexte«, *im italien. Telegramm* »GIUNTE TESTI«, *zu S. 51–53, sind im IB-Nachlaß von der Libretto-Forschung (Petra Grell, S. 151) »anhand der im Druckmanuskript eingefügten Blätter (Schreibmaschintype II)« identifiziert worden (Grell, 1995, S. 151).*

155 *ÖNB 240, 241, 239, masch., letzter Satz hs.; Briefkuvert: Poststempel: ROMA, 20. 8. 1964, Abs*: via dei laghi 18 – castel gandolfo (roma) – italia, *an*: Frau Ingeborg Bachmann / Königsallee 35 / Berlin 33 / berlino ovest

1 *In diesem von IB* »vorgeschlagenen Briefwechsel« *hätte die Zusammenarbeit der Librettistin und des Komponisten bei der Entstehung der Oper* Der junge Lord *dokumentiert werden sollen.*

2 »Heusermann«*: Ernst Haeussermann (1916–1984), Burgtheater-Direktor in Wien (1959–68), den IB seit ihrer Tätigkeit beim Sender »Rot-Weiß-Rot« (1952–53) kannte, als er Programmdirektor dieses Senders in Salzburg war.*

156 *ÖNB 238, Telegramm; Poststempel: ROMA, 3. 9. 64, an:* BACHMANN KOENIGSALLEE 35 / BERLINWEST

157 *PSS, Telegramm; Poststempel: 7.9.64, an:* HANS WERNER HENZE, VIA DEI LAGHI / 28 CASTELGANDOLFO

158 *ÖNB 236, 236a, 237; hs.; Briefkuvert: Poststempel: ROMA, 3. 11. 1964; Abs.:* via dei laghi 18 – castel gandolfo (roma) – italia, *an:* Ingeborg Bachmann / Königsallee 35 / Berlin-Grunewald / germania occidentale (Berlino-Ovest)

1 »›Ein Ort für Zufälle‹«*: Die unter diesem Titel publizierte Büchner-Preis-Rede (gehalten wurde sie unter dem Titel* Deutsche Zufälle*, 17. Oktober 1964, in der Orangerie in Darmstadt). HWH dürfte den Zeitungsabdruck der Rede in der Wochenzeitung »Die Zeit« (23. Oktober 1964, S. 20–21) geschickt bekommen haben, wo in der Überschrift der neue Titel der Rede verwendet wurde.*

2 »ein kleines Chorstück zur Übung«*: Zu Jean Genets »Les Nègres«, ein Kompositionsvorhaben, das nicht ausgeführt worden ist.*

3 »[...] wo nehm' ich, wenn / Es Winter ist, die Blumen, und wo / Den Sonnenschein, / Und Schatten der Erde« *(Friedrich Hölderlin: »Hälfte des Lebens«, in: F. Hölderlin: Sämtliche Werke, Bd. 2,1: Gedichte nach 1800, hrg. v. Friedrich Beissner, Stuttgart 1951, S. 117 [= Stuttgarter Hölderlin-Ausgabe]).*

4 »Dafne«: *HWHs Hund.*

5 *Folker Bohnet, Schauspieler aus Berlin, spielte u. a. in Bernhard Wickis Film »Die Brücke« (1959) einen der drei Jungen, Freund HWHs.*

6 »den unentbehrlichen Dodds«*: Eric Robertson Dodds: Les Grecs et l'Irrationnel, Paris 1959.*

7 *In einem Zustand extremer* »seelischer Erschöpfung«, *berichtet HWH in seiner Autobiographie,* »im Trennungsschmerz und -trotz, in einer Depression« *habe er sich 1949 mit einer* »Überdosis Schlafpulver« *das Leben nehmen wollen (H, 112).*

8 »Aber am See entsteht eine Musik, rasch hingeworfen, rasch dem gewellten Wasser anvertraut [...]«*, Zitat aus der am Briefbeginn genannten Büchner-Preis-Rede IBs,* Ein Ort für Zufälle*, W 4, 286 (vgl. dazu* Brief 153/7).

9 *Franco Serpa: Latinist, Musikologe, Kulturphilosoph, Übersetzer (z. B. des Briefwechsels von Hugo von Hofmannsthal und Richard Strauss). Er unterstützte HWH*

bei der Auswahl der Giordano-Bruno-Texte für die Kantate Novae de Infinito Laudes *(1962), half bei der Zusammenstellung der lateinischen Vergil-Texte für* Musen Siziliens. Konzert für gemischten Chor, zwei Klaviere, Bläser und Pauken auf Eklogen-Fragmente des Vergil *(1966). Sein Essay über Orpheus und Eurydike war für HWH vorbildlich für die Auseinandersetzung mit dem antiken Mythos, da ihn – wie auch IB – die heutige Bedeutung dieses Mythos des Künstlers immer wieder beschäftigte (F. Serpa: Orpheus, der erste Künstler, in: HWH (Hrg.): Musik und Mythos. Neue Aspekte der musikalischen Ästhetik V, Frankfurt am Main: Fischer Taschenbuch Verlag 1999, S. 17–30).*

159 *ÖNB 233, 235, hs.; undatiert, Briefkuvert: Poststempel: ROMA, 19. 2. 1965, Abs.:* CASTEL GANDOLFO (ROMA), *an:* INGEBORG BACHMANN / 1 Berlin 33 / Königsallee 35

1 Cantata della fiaba estrema. Für Sopran, Kammerchor und 13 Instrumente. Dichtung von Elsa Morante.

2 *Baden-Baden, wo IB sich mehrmals zu Sanatoriumsaufenthalten aufhielt.*

3 *Horst Buchholz, Filmschauspieler,* »das Pippelchen«, *ein Spitzname für den befreundeten Schauspieler Folker Bohnet, und die Verfasserin der* fiaba estrema, *die Schriftstellerin Elsa Morante.*

4 Zu dieser *Sondernummer von »Melos« (1965), die nur dem* Jungen Lord *gewidmet ist, ist es nicht gekommen.*

160 *ÖNB 228, 229, 230, 231, 232, hs.; auf allen 5 Blättern Briefaufdruck, li. oben:* on board Alitalia Jet.

1 »zwei unserer Freunde«: *Eine Erinnerung an die gemeinsame Arbeit der Librettistin IB und des Komponisten HWH an* »Der junge Lord«, *die eben vor der Abreise in Berlin Premiere hatte.*

2 »dieser französische Knabe« [»quel ragazzo francese«]: *Wahrscheinlich handelt es sich um Adolf Opel, dessen Identität IB nicht preisgegeben hat (zu diesem verschwiegenen Namen vgl. den Kommentar* Brief 165/3).

3 »den Franzosen heiraten«: *IB überlegte damals, eher zurückhaltend, ein gemeinsames Leben mit Adolf Opel. In einem Brief an ihn (10. April 1965, enthalten im Konvolut der Briefe IBs an A. Opel, Kopien im Österreichischen Literaturhaus in Wien) schrieb sie von der gelungenen Premiere von* Der junge Lord *und daß sie jetzt in der Frage eines Lebens miteinander keine Entscheidung treffen wolle noch könne.*

161 *PSS, masch.; hs. Korr.; der Brief ist von HWH abgeschrieben worden und Teil eines unveröffentlichten* Arbeitstagebuchs zu den Bassariden; *diese Tagebuchstelle wurde abgedruckt in: Ingeborg Bachmann / Hans Werner Henze. Ausstellungskatalog, Theater Basel (*17. *März –* 8. *April* 1996, *S.* 10*). Der zweite Absatz des Briefs ist auch in HWHs Autobiographie publiziert (H,* 248*).*

1 *Günter Grass engagierte sich in der Wahlkampagne der Bundesrepublik Deutschland für die SPD; er beteiligte sich an der Organisation eines Empfangs der SPD in der Bayreuther Stadthalle, auf der er selber und HWH gesprochen haben (vgl.* Brief 153/7*).*

2 *Willy Brandt (1913–1992). Er behielt seinen Namen aus Widerstand und Exil in Norwegen und Schweden auch nach 1945. Er hatte am Aufbau der antifaschistischen Volksfront teilgenommen und war als Berichterstatter im Spanischen Bürgerkrieg. Nach den Erfahrungen in Spanien gab er die Perspektive einer Zusammenarbeit mit den Kommunisten auf und orientierte sich an den skandinavischen Sozialdemokratien. 1940 wurde er norwegischer Staatsbürger, schloß sich wieder der SPD an (die er 1931 verlassen hatte). Nach dem Krieg kehrte er nach Deutschland zurück, wurde Vertreter des SPD-Bundesvorstands in Berlin und 1955 Regierender Bürgermeister. 1961 und 1965 scheiterte er noch als Kanzlerkandidat, wurde aber in der Kleinen Koalition Vizekanzler und Außenminister. 1969, in der Kleinen Koalition mit der FDP, wurde er Bundeskanzler. In dieser Funktion setzte er eine neue Ostpolitik auf der Grundlage von Frieden und Verständigung durch, 1971 wurde er mit dem Friedensnobelpreis ausgezeichnet.*

3 »die neue Oper«*: Zu diesem neuen Opernprojekt gibt es im Nachlaß IBs keine Hinweise.*

4 *Der italienische Musikschriftsteller und -kritiker Fedele d'Amico übersetzte in dieser Zeit* Der junge Lord *für die italienische Aufführung am Teatro dell'Opera in der Saison 1965/66 (Premiere des* Giovane Lord *am 16. Dezember 1965).*

162 *ÖNB 225, 227, masch.; das P.S. hs.; Briefkuvert: Poststempel: ROMA, 31. 7. 1965, an*: Frau / Dr. Ingeborg Bachmann / Königsallee 35 / 1000 <u>BERLIN – GRUNEWALD / GERMANIA OVEST</u>

1 *Wolfgang Eisermann, der damalige Sekretär HWHs.*

2 *»Es wird ja nichts Wichtiges sein« (Ludwig van Beethoven, »Fidelio«, 1. Akt, 1. Auftritt, Marzelline im 1. Duett mit Jaquino).*

3 »bravi«*: in diesem Fall: gedungene Schergen, vielleicht in Anspielung an die »bravi« in den »Promessi sposi«.*

4 »Berzona«, *wo Max Frisch Mitte der sechziger Jahre ein altes Haus erworben hatte.*

163 *PSS, masch.; hs. Korr. schwarzer Filzstift. Die letzten beiden italien. Wörter hs.*

1 »›des Geistes schönes Morgen‹«: *Ein auch in* Malina *begegnendes Zitat, das bisher nicht entschlüsselt werden konnte (W 3, 283).*

2 »meines Buchs«: *Das ist der im Sommer 1965 begonnene* Todesarten-*Roman mit dem späteren Titel* Das Buch Franza *(vgl. IB,* »Todesarten«-Projekt, *Bd. 2:* Das Buch Franza, *Textstufe I: frühe Entwürfe).*

164 *ÖNB 223, 223a, 224, 224a, hs.; vorgedr. Briefkopf: THE CARTON TOWER (London) durchgestrichen, in Castel Gandolfo geschrieben.*

1 »an dieser Rede sehr gearbeitet«: *Die Intensität dieser Arbeit ist an den verschiedenen Korrekturschichten (mit rotem und blauem Kugelschreiber) des in der Henze-Slg. der Paul Sacher Stiftung Basel aufbewahrten vierseitigen Typoskripts* BAYREUTHER WAHLREDE *abzulesen. Auf einem nicht paginierten Konzeptblatt sind Themen und Forderungen aufgelistet und, mit rotem Farbband hervorgehoben, der Wunsch nach jenem friedlichen, schöpferischen Geist –* »VENI CREATOR SPIRITUS! –«, *der, wie die Kunstwerke, eine andere politische Realität erschaffen sollte.*

2 »Ich bin mit der Tragödie schon recht weit«: *mit der Oper* Die Bassariden, *nach den »Bakchen« des Euripides, von W. H. Auden und Chester Kallman in ein neues* Musikdrama *umgeschrieben.*

3 »diesen Menschen«: *Das ist Giulio di Majo, der sich von HWH getrennt hat.*

4 »in diesem windischen Gehirn«: *Die Slowenen im Süden Kärntens, aus dem IB stammt, werden auch Windische genannt. IB hat sehr früh, in ihrer Jugenderzählung* Das Honditschkreuz *(1943), die Windischen mit der Idee eines Aneinandergrenzens der Völker und Sprachen assoziiert:* »Sie bilden eine Brücke und ihre Pfeiler sitzen gut und friedlich drüben und herüben« *(W 2, 491).*

5 »einen Teil der Oper«: Die Bassariden *(1964/65), im nächsten August (6. August 1966) bei den Salzburger Festspielen uraufgeführt.*

165 *PSS, masch.; die hier wiedergegebene Fassung des Briefes weicht von der Publikation in HWHs Autobiographie ab, da dort einzelne persönliche Dinge weggelassen wurden. Im ersten Satz durchgestr.:* »am 1. fahre ich nach Berlin zurück«; *das italienische* »trappola« *ist durch das deutsche Wort* »Falle« *ersetzt, das englische* »tune« *durch* »Melodie«. *Der Satz:* »und ich bin auch nicht gut genug informiert über alles« *ist gestrichen, ebenso* »sauf mon amant français, mais c'est autre chose« *und der ganze letzte Absatz vom Datum* »*30–8–65*« *an.*

1 *Von dieser Beratung* »am Vorabend«, *dem 4. September, schreibt HWH in seiner Autobiographie, IB habe den* »Text sorgfältig redigiert« *(H, 248). Die große Nähe einzelner Formulierungen zu IBs Essay* Musik und Dichtung *zeigt bereits das in der Henze-Slg. der Paul Sacher Stiftung aufbewahrte Rede-Typoskript* »BAYREUTHERWAHLREDE«. *An der Differenz zwischen dieser Typoskript-Fassung und der in HWHs Autobiographie abgedruckten letzten Fassung könnte IBs Redaktion abgelesen werden.* »Sie [Musiker] geben dem Menschen eine singende Stimme, und so werden auch sie dinglich, können haftbar gemacht werden und Verantwortung haben« *(H, 249). Im vierseitigen Rede-Typoskript (S. 1) hieß der erste Satzteil noch:* »Sie geben ihre Stimme her für die Belange der Menschen [...]«. *Die Veränderung geht in die Richtung, die IBs Essay* Musik und Dichtung *bestimmt: daß die singende Stimme eine Eigenschaft der Menschen selber ist, deren sich die Musik erinnert:* »Denn es ist Zeit, ein Einsehen zu haben mit der Stimme des Menschen.« »Sie *[die Musik, verbunden mit dem Wort]* wird haftbar, sie zeichnet den ausdrücklichen Geist des Ja und Nein mit, sie wird politisch, mitleidend, teilnehmend und läßt sich ein auf unser Geschick« *(W 4, 62 u. 61).*

2 »das Gedicht«, *das HWH dazunimmt, ist IBs* Alle Tage *(W 1, 46).*

3 *Es dürfte sich bei dem* »Jungen, der so tapfer scheint«, *um den österreichischen Autor und Filmemacher Adolf Opel handeln, dessen Identität IB in den Briefen mit HWH nicht preisgab. Mit ihm war sie im Winter 1964 nach Prag gereist und im Frühjahr 1964 nach Ägypten. In* Böhmen liegt am Meer *erscheint in einer frühen Textstufe des Gedichts (ÖNB, Nachl.-Nr. 213) eine Hommage an jenen* »einzigen««, *der sie* »nach Böhmen begleitet hat / und der nicht ertrank obwohl ich ihn hielt, in Ketten«. *Auch hier, mit der Anspielung auf die Widmung der Shakespeare-Sonette, wieder das bewußte Verschweigen des Namens:* »To the only begetter des Namen sag ich nicht«. *Er hatte IB die Heirat vorgeschlagen, und von ihm dürfte die Rede gewesen sein, als HWH schrieb:* »Wenn dieser französische Knabe Dir wegen der Premiere nicht geschrieben oder telegraphiert hat« (Brief 160, *18. April 1965). Als* »tanto bravo«, *so die Formulierung im italien. Brieforiginal, erwies sich Opel auch dadurch, daß er an Max Frisch schrieb, er möge doch IB helfen, aus dem Trauma der Trennung herauszufinden (die Kopie des Antwortbriefs von Max Frisch sowie die Briefe IBs an Opel, vom Januar 1964 bis November 1966, sind im Österreichischen Literaturhaus in Wien deponiert; zu den gemeinsamen Reisen nach Prag und nach Ägyten vgl. A. Opel: Ingeborg Bachmann in Ägypten. »Landschaft, für die Augen gemacht sind«, Wien 1996).*

166 *PSS, Telegramm; Poststempel:* 12. X 65, *an:* HENZE CO LUEDECKE / OBERHAARDTERWEG 45 BERLIN

167 *PSS, Telegramm; Poststempel:* 12. X 65, *an:* HENZE CO LUEDECKE / OBERHAARDTERWEG 45 / BERLIN / 33

1 »FELTRINELLI«: *Der Verleger Giangiacomo Feltrinelli (1926–1972) war an dem Projekt einer internationalen Zeitschrift – »Gulliver« – beteiligt, für das IB in einem größeren Essay ihre Vorstellungen entwickelte (abgedruckt unter dem Titel* Diario in Pubblico *in einer Probenummer der Zs. »Gulliver«, in: il menabò di letteratura Nr. 7, Turin 1964; vgl. W 4, 375). IB hatte in dieser Zeit, 1963, einige Wochen im Haus von Inge und Giangiacomo Feltrinelli in Mailand verbracht (I. Feltrinelli: Sein und Schein, in: du, Heft Nr. 9, September 1994, S. 63).*

168 *PSS, Telegramm; Poststempel: ROMA; 7. XII 65, Abs.* : HENZE / VIA S ANDREA FRATTE 36 / ROMA, *an:* INGEBORG BACHMANN / HAUS LANGENBAUM / UETIKON AM SEE

169 *PSS, Telegramm; Poststempel: 9. XII. 65, Abs.:* INGEBORG BACHMANN / HAUS LANGENBAUM / UETIKON AM SEE

1 »UNENDLICHE FREUDE WEGEN RUECKKEHR«: *Nach dem beinah dreijährigen Aufenthalt in Berlin (seit Frühjahr 1963) kehrte IB Anfang Dezember 1965 nach Rom zurück, wo sie in der Via Bocca di Leone Nr. 60, nicht weit von der Piazza di Spagna, eine Wohnung bezog.*

170 *ÖNB 220; Telegramm; Poststempel: ROMA, 21. III. 66, an:* INGEBORG BACHMANN C/O BAECHLI 3. PROGRAMM NORDFUNK HAMBURG

1 »DIE BEVORSTEHENDEN LESUNGEN DES MANUALE«: *IB las auf der vom 3. Hörfunkprogramm für die Sender NDR, Radio Bremen und SFB aufgezeichneten Lesung in Hamburg (22. März 1966) am Beginn einer Lesereise durch*

mehrere norddeutsche Städte (Hamburg, Hannover, Berlin, Lübeck) aus dem Buch Todesarten, *dem später* Das Buch Franza *und* Der Fall Franza *genannten Roman (vgl. W 4, 464). Ihr* Todesarten-*Buch, die als Zyklus konzipierte Folge mehrerer Romanbände, nannte Ingeborg Bachmann mehrmals* »Manuale«*:* »Für mich ist es kein Roman, es ist ein einziges langes Buch. Es wird mehrere Bände geben, und zuerst einmal zwei, die wahrscheinlich gleichzeitig erscheinen werden. Es heißt ›Todesarten‹ und ist für mich eine einzige große Studie aller möglichen Todesarten, ein Kompendium, ein Manuale« *(29. Mai 1969, GuI, S. 66).*

171 *ÖNB 217, 218, hs.; vorgedr. Briefkopf:* BAUR AU LAC / ZURICH, *durchgestrichen, da der Brief in Berlin geschrieben wurde.*

1 »hier in Nordost«*: In Berlin, wo sich HWH zur Vorbereitung der Aufführung der* Bassariden *aufhielt, da die Salzburger Festspiel-Inszenierung der Oper von Gustav Rudolf Sellner in Berlin vorbereitet wurde.*

2 »Musik als Platzanweiserin« *für das Vergangene, in dieser Überlegung wird der spezifisch biographische Charakter der Oper mit ihrer antiken Figurenwelt angesprochen. Klaus Geitel hat in seiner Henze-Biographie* Die Bassariden *als »ein Stück komponierter Biographie« (G, 146) bezeichnet, als Ich-Geschichte im Sinne von Herbert Marcuses »Eros and Civilization«, einem der gemeinsamen Grundbücher HWHs und IBs.*

3 »Fausto«*: Fausto Moroni, HWHs Lebensgefährte seit 1964.*

172 *PSS, masch.; hs. Korr. mit braunem Filzstift. Schlußformel hs.:* »Ti penso. Tua Ingeborg«.

1 »bastle an der Wohnung weiter«*: Via Bocca di Leone Nr. 60, die Wohnung in einem alten Renaissancepalast; vgl. auch IBs Brief an Uwe Johnson, 1966:* »ich bau starrköpfig an dieser Wohnung« *(zit. n. U. Johnson: Eine Reise nach Klagenfurt, Frankfurt am Main: Suhrkamp Verlag 1974, S. 64).*

2 *Der Hinweis auf das* »erste schlimme Buch« *(*Todesarten*) und, daneben, auf die befreiende Arbeit am* »zweite[n]« *(dem späteren* Wienerinnen- *bzw.* Simultan-*Band) ermöglicht eine neue Datierung des Arbeitsbeginns an* Simultan, *der bisher für den Winter 1967/68 angesetzt wurde (TA 4, 550). Zur neuen Poetik dieser »Operette« genannten wienerischen Erzählprosa vgl. Marie-Luise Wandruszka: »Die Geschlechter, da es sie gibt«, in: Literatur und Kritik 317/318, 1997, S. 68ff.*

3 »ein geschuldeter Tribut«*: Im Entwurf zu einem Klappentext für den Prosaband*

(1972 als Simultan *erschienen, aber während der Entstehungszeit unter dem Titel* Wienerinnen *geführt) wird dieser* »Tribut« *als Teil der neuen Poetik des Erzählens verstanden:* »Die Wienerinnen sind mein hommage an etwas, das ich sehr vernachlässigt habe, also an die Frauen, die auch existieren, während ich mich beschäftige mit den Kontroversen, den Ideen, den Männern also, die sie haben, in diesen letzten Jahrzehnten. Meine Wienerinnen [...] sind eines Tages zu mir gekommen und wollten leben« *(TA, 4, 16).*

4 »in deiner grossen Oper«*:* Die Bassariden. Musikdrama in einem Akt von W. H. Auden und Chester Kallman, *Premiere am 6. August 1966 bei den Salzburger Festspielen.*

5 »Schifoses«*: von ital. »schifo«, Ekel, Abscheu, eines der vielen von HWH und IB ins Deutsche integrierten italienischen Wörter.*

173 *ÖNB 216; Telegramm; Poststempel: BERLIN, 30. 6. 66, an:* INGEBORG BACHMANN VIA / BOCCA DI LEONE 60 ROM

1 »ZUR NEUEN DEZENNIE«*: IB (25. Juni 1926) und HWH (1. Juli 1926) hatten in dieser Zeit ihre 40. Geburtstage.*

174 *ÖNB 219, hs.; aufgrund des vorgedr. Briefkopfs:* Fondachhof / Salzburg / Gaisbergstraße 46 *ist eine Datierung auf Mitte August 1966 möglich, wo sich IB und HWH zur Premiere von* Die Bassariden, *6. August, in Salzburg aufhielten.*

175 *PSS, Telegramm; Poststempel: ROMA; 28 IX 66, an:* HENZE CO LUEDEKKE / OBERHAARDTERWEG 45 BERLIN OVEST

1 »HALS UND BEINBRUCH«*: Am 28. September 1966 hatte HWHs Oper* DIE BASSARIDEN *an der Deutschen Oper in Berlin Premiere.*

176 *ÖNB 214, 215, hs.; vorgedr. Briefkopf:* THE MANDARIN – HONG KONG

1 »Hongkong« *war ein Zwischenaufenthalt auf der Rückreise aus Japan, wo* »in T.« *im Rahmen eines Gastspiels der Deutschen Oper Berlin HWHs Berliner Inszenierung*

von Elegie für junge Liebende *aufgeführt wurde. Der Tokio-Aufenthalt vom Herbst 1966, die Bekanntschaft mit dem Kabuki-Theater, den No-Dramen und der Beginn des Interesses für die Bildenden Künste, wird ausführlich in der Autobiographie dargestellt (H, 271–274).*

2 *Das* »Buch«, *das ist im November 1966* Das Buch Franza *(diesen Romantitel hatte IB im Juni 1966 dem Verlag vorgeschlagen, Brief an Klaus Piper, 3. Juni 1966). Im November 1966 brach sie die Arbeit an dem weit gediehenen Roman ab, den sie bereits auf mehreren Lesungen vorgestellt hatte* (Brief 172, *21. März 1966);* »die beiden anderen Volumen«, *damit sind wahrscheinlich die 1966 vorliegenden anderen Bände des größeren Romanzyklus* Todesarten *gemeint,* Requiem für Fanny Goldmann *und der* Goldmann/Rottwitz-Roman *(vgl. TA 1, 619f.).*

3 »Leprara«*: La Leprara, HWHs Haus unterhalb von Marino; ein altes Gebäude mit viel Grund, von hohen Mauern umgeben, das seit 1963 renoviert wurde (H, 242).*

177 *ÖNB 212, 212a; Ansichtskarte, Poststempel: Hanover, 24. 7. 67, Vorderseite: Church of Christ, Dartmouth College, New Hampshire, USA*

1 *HWH leitete im Sommer als »composer in residence« einen Kompositionskurs am Dartmouth College in Hanover, New Hampshire, wo er, beeindruckt von den studentischen Protesten gegen den Vietnamkrieg, sich nun politisch mit Vietnam auseinanderzusetzen begann (H, 281).*

178 *ÖNB 213, 213a; Ansichtskarte, Poststempel schwer lesbar: 20. 9. 67, Vorderseite: Gabès*

179 *ÖNB, Briefdurchschrift, masch.*

1 *Nicht mehr rekonstruierbares Ereignis um eine angebliche Publikation IBs im Springer-Verlag.*

180 *ÖNB 261, 261a; Ansichtskarte, Poststempel: Berlin, 16. 11. 1967, an:* Ingeborg Bachmann / Via Bocca di Leone, 60 / ROMA / ITALIEN; *Vorderseite: Nicolas Poussin (1594–1665) / Das Reich der Flora / Gemäldegalerie Dresden.*

1 »aus dem trüben Niflheim«: *der Nord-Süd-Gegensatz, Berlin – Rom, gedeutet im germanischen Mythos: Niflheim, die dunkle, düster-kalte Nebelwelt im Norden, im Gegensatz zu Muspellsheim im Süden, ein Gegensatz, auf den HWH auch mit dem Bildthema der Ansichtskarte aus der Dresdener Gemäldegalerie anspielt.*

181 *ÖNB 262, 289, hs.; vorgedr. Briefkopf:* LA LEPRARA / VIA DEL FONTANILE / MARINO (ROMA)

1 *Der Brief wurde auf der USA-Reise geschrieben, die HWH von Mitte Juli bis Mitte August 1968 unternahm. Am 16. Juli flog er nach Santa Fe zur Einstudierung und Aufführung von* Bassarids, *dann weiter nach Aspen, Colorado, zur Aufführung sinfonischer und kammermusikalischer Werke, und von dort nach New York zur Rückreise per Schiff.*

2 *Rudolf Wagner-Régeny (1903 – 1969), Komponist; HWH kannte ihn seit seinem Berliner Aufenthalt um 1950, als Wagner-Régeny Professor an der Musikhochschule in Berlin (DDR) war.*

3 *HWHs Freundschaft mit der italienischen Schriftstellerin Elsa Morante (1918 – 1985) war am Beginn des Jahres 1968 wegen eines politischen Streits in Rom zerbrochen:* »Siete dei totalitari«, »ihr seid Totalitäre«, *hatte sie dem Komponisten auf der Straße nachgeschrien (H, S. 306). HWH hat Morantes* Cantata della fiaba estrema *vertont. Bei der Uraufführung in Zürich, 26. Februar 1965, war neben Elsa Morante auch IB anwesend, die ihrerseits mit Morante befreundet war. Was die beiden verband, hat HWH in einer Würdigung von Morantes Ethik der Sprache auf eine Weise ausgesprochen, die unausgesprochen auch das Werk IBs einschließt:* »Sie hielt jene Seite des Politischen besetzt, bei der es um Sprache geht, um den menschlichen Ausdruck und seine Würde in der Sprache, um die Wahrheit des Worts« *(H, 246).*

4 Böhmen liegt am Meer, *zuerst im Programmheft des Festival di Spoleto abgedruckt (IX Festival dei Due Mondi, 24 Giugno – 17 Luglio 1966, S. 27), dann im November 1968, neben anderen späten Bachmann-Gedichten, in Hans Magnus Enzensbergers »Kursbuch 15«. Unter diesen Gedichten befand sich auch das HWH gewidmete Gedicht* Enigma, *und in dieser Zs.-Nummer erschien, in der Übersetzung Enzensbergers: »El Cimarrón. Aus den Erzählungen eines ehemaligen Sklaven«, das Sujet für HWHs weltberühmtes* Rezital für vier Musiker.

5 »das Schiff am 13. August in N.Y.«: *Die Cristoforo Colombo konnte wegen eines Streiks erst drei Tage später nach Neapel auslaufen.*

182 *ÖNB 263, 264, 265, 266, hs.; vorgedr. Briefkopf:* LA LEPRARA / VIA DEL FONTANILE / MARINO (ROMA); *Briefkuvert, Poststempel: Detroit, 5. MAR. 1969, an:* Mrs. Ingeborg Bachmann / Via Bocca di Leone, 60 / Roma / ITALY

1 »in Detroit« *dirigierte HWH die vierte Symphonie von Johannes Brahms; er setzte seine Konzerttournee in Kansas City und in St. Louis fort und reiste dann, nach einem mehrtägigen Aufenthalt in Mexico City, nach Havanna weiter (H, 311).*

2 *Die* Londoner *Uraufführung von* Essay on Pigs (Versuch über Schweine nach einem Gedicht von Gastón Salvatore für Sprechstimme [Bariton] und Kammerorchester), *14. Februar 1969, mit dem English Chamber Orchestra in der Queen Elisabeth Hall auf der South Bank.*

3 *Gastón Salvatore, 1941 in Chile geboren; nach dem Jurastudium Auswanderung nach West-Berlin; Studium der Soziologie und Politologie an der FU Berlin, literarische Arbeiten, u. a. 1967 eine Übersetzung von Schriften Ernesto Guevaras. Engagierte sich in der Studentenbewegung, enger Freund Rudi Dutschkes, der, wie Salvatore, auch mit HWH befreundet war. Nach einer Haftstrafe wegen Landfriedensbruchs, 1969, übersiedelte Salvatore nach Italien. HWH hat neben* Versuch über Schweine *Gastón Salvatores Text* Der langwierige Weg in die Wohnung der Natascha Ungeheuer *(1971) vertont (Urauff. unter der musikal. Leitung von HWH, 17. Mai 1971, Rom, Teatro Olimpico [RAI]).*

4 »die Hamburger Geschichte«*: Die auf Grund einer politischen Provokation geplatzte Uraufführung von* Das Floß der Medusa, *ein Oratorium nach einem Text von Ernst Schnabel, dem Andenken Ernesto Guevaras gewidmet. Die Verhinderung dieser Aufführung und die journalistische Kampagne gegen HWH bedeuteten den Beginn einer mehrerere Jahre sich hinziehenden Desavouierung und Behinderung seines musikalischen Werks in der Bundesrepublik Deutschland. Théodore Géricaults Gemälde »Le Radeau de la Méduse« und die Geschichte der dargestellten Katastrophe ist wenige Jahre später, ebenfalls als politische Metapher für den antiimperialistischen Befreiungskampf der Dritten Welt, von Peter Weiss in der »Ästhetik des Widerstands« (Zweiter Band, 1978) dargestellt worden.*

5 »gehe ich jetzt nach Havanna«*: HWH traf am 21. März in Havanna ein. Er blieb dann aber nicht* »zwei Monate«, *sondern flog am 16. April nach Rom zurück. In seiner Autobiographie zitiert er aus dem Tagebuch seines Kuba-Aufenthalts. Folgenreich wurde für ihn die Begegnung mit dem Ethnologen und Dichter Miguel Barnet, dem Verfasser der Biographie von Estéban Montejo, dem Cimarrón, und dem noch lebenden Cimarrón. Hans Magnus Enzensberger hatte HWH bereits 1968 in Berlin auf diese kubanische Publikation aufmerksam gemacht. Es war ein Aufenthalt, bestimmt vom Versuch, zu verstehen, was die Revolution in Kuba für die Kunst bedeute. In*

Kuba beschloß HWH, daß seine Sechste Sinfonie *in Havanna Ende des Jahres aufgeführt werden sollte (Urauff. unter der Leitung des Komponisten, 26. November 1969). In einem Brief an Miguel Barnet –* »Ay, Miguel« *–, nach der Rückkehr nach Marino, erklärt der Komponist dem kubanischen Dichter die entstehende Sinfonie und ihr Verhältnis zur* »cubanischen Musik«*: ein Dokument musikalischen Verständnisses der Differenz der Kulturen, die Einsicht,* »wie sehr zugleich [s]eine Musik, [s]eine Geschichte, [s]eine Tradition von der cubanischen Welt entfernt sind«*, was an das Bewußtsein der literarischen Differenz denken läßt, auf dem IB damals in einem Essay gegen den von den 68ern proklamierten Tod der bürgerlichen Kunst bestand:* »Es kam all das Gequälte, Belastete, Schwierige in meine Komposition hinein, das mich hinderte, tief durchzuatmen und die Sicherheit zu gewinnen oder wiederherzustellen, ohne die der Mensch weder leben kann noch sterben« *(zit. n. H, 325).*

6 *Dieses* »Buch über die heutige Musik«*, das HWH damals zu schreiben beabsichtigte, ist auf andere Weise zustande gekommen, in Form mehrerer Bücher, mit verschiedenen Herausgebern. Beginnend 1975 mit* Musik und Politik. Schriften und Gespräche *1955–1975 (hrg. v. Jens Brockmeier), ein Band mit weit in die fünfziger Jahre zurückreichenden Schriften, die zeigen, wie in HWHs theoretischem und musikalischen Werk von Beginn an politische Erfahrungen und Impulse der Befreiung wichtig waren.*

7 »und dann, erinnere Dich an Gramsci und den Brief von Engels«*: Schon HWHs* »erster italienischer Kommunist«*, Lallo Russo, hatte ihn mit der* »marxistischen Ideenwelt in der Auslegung Antonio Gramscis« *bekannt gemacht (H, 159). Für ihn war Italien* »das Land Gramscis, das Land des gesunden Menschenverstands, der intellektuellen Offenheit und der kulturellen Weisheit«. *In einem Interview für Gerda Hallers Film – »Ingeborg Bachmann in ihrem erstgeborenen Land« (Juni 1973) – hat sich IB, die HWHs späteres politisches Engagement nicht vorbehaltlos teilte, auf ähnliche Weise politisch zu Italien bekannt, zu den Menschen vor allem,* »für die es etwas gibt, was sie noch den Klassenkampf nennen« – »Warum ich Italien liebe, das hat damit zu tun und nicht mit seinen Schönheiten, weil ich begriffen habe, warum und worum dieses Volk kämpft« *(GuI, 143). Schon Ende der fünfziger Jahre hatte sie sich in einem – nicht publizierten – Gedicht zu den italienischen Kommunisten bekannt, bei denen sie ihren Begriff der Freiheit und Autonomie der Kunst respektiert fand (IB,* Die ital. Kommunisten, *Nachl.-Nr. 350, 349; abgedr. in: kolik 18 (2002), S. 3–5, sowie in: europe 892–893 (2003), S. 134.*

8 »ein Band mit der ›Medusa‹ und dem ›Versuch über Schweine‹« *hatte HWH auf seine Amerika-Reise, März und April 1969, mitgenommen. Er spielte die Ton-*

bänder von Das Floß der Medusa *und* Versuch über Schweine *in Havanna in den Räumen des Schriftstellerverbands vor (4. April), beeindruckt vom Verständnis für sein Werk, das er in der Autobiographie mit den Worten des Musikologen Odilio Urfé wiedergab:* »daß diese Musik sich selbst erzählen kann, daß man die Herkunft und Entwicklung versteht« *(H, 319).*

9 »reissn['s] ena zsam«, *österr. Dialekt: reißen Sie sich zusammen.*

183 *ÖNB 267, Telegramm; Poststempel (schwer lesbar): Habana, 23. 12. 69; Abs.: EDIFICIO FOCSA 10 L VEDADO HABANA.*

1 *Während des zweiten, längeren Kuba-Aufenthalts von HWH und Fausto Moroni (8. November 1969 bis 28. Januar 1970) hielt sich IB zeitweise in HWHs Villa La Leprara in Marino auf.*

184 *ÖNB 282, 282 a, hs.; vorgedr. Briefkopf:* La Leprara / 00047 Marino (Roma)

1 *Nonno Breitenstein ist, im Alter von 23 Jahren, am 5. Juni 1970 gestorben.*

2 *HWHs Worte spielen an auf das* Glaubensbekenntnis *des* Guten Gottes von Manhattan, *der die Liebe als tödlich bezeichnet* – »Ich glaube, daß die Liebe [...] zum Untergang führt«. *Lebbar sei sie nur in den domestizierten Formen, wie sie im Brief angeführt werden: als* »freundschaft, freundlichkeit, brüderlichkeit« *(vgl. W 1, 318f.).*

185 *ÖNB 270; Telegramm; Poststempel: GLASGOW, 6. 8. 70, an:* INGEBORG BACHMANN / HENSELSTRASSE 26 KLAGENFURT

186 *ÖNB, Typoskript-Durchschrift*

1 *In* »Glasgow«, *wo an der Scottish Opera die Stellproben stattfanden, arbeitete HWH seit Anfang August an seiner Inszenierung von* Elegy for Young Lovers *für die Aufführung beim Edinburgh Festival am 25. August 1970.*

2 »unsere Bielefeld«: *die Stadt der Kindheit und Jugend HWHs, hier als die nicht vergehende Last der Vergangenheit bezeichnet, ihrer beider »Jugend in einer deutschen*

bzw. österreichischen Stadt«. Im vorangehenden ersten Satz bezieht sich IB auf einen nicht erhaltenen Brief HWHs.

187 *ÖNB 268, 269, hs; Briefkuvert, Poststempel:* EDINBURGH, *18.* AUG *1970, an:* DR. INGEBORG BACHMANN / Italia / Roma / Via Bocca di Leone 60

1 *Fausto Moroni entwarf für die Aufführung von* Elegy for Young Lovers *beim Edinburgh Festival die Kostüme, die musikalische Leitung hatte Alexander Gibson, der Glasgower Operndirektor. Auf diesem Festival wurde auch* El Cimarrón *aufgeführt, und HWH dirigierte u. a. »Exaedros«, ein Stück des kubanischen Komponisten und Gitarristen Leo Brouwer.*

2 El Cimarrón*:* Rezital für vier Musiker, nach Texten aus der Biographie des geflohenen Sklaven Esteban Montejo, Buch von Miguel Barnet, übersetzt und für Musik eingerichtet von Hans Magnus Enzensberger. *Vor der Aufführung in Avignon, im Cloître des Capucines, war der* Cimarrón *auf Benjamin Brittens Aldeburgh Festival uraufgeführt worden (22. Juni 1970).*

3 *Eine Besonderheit der Inszenierungen von Walter Felsenstein und Joachim Herz an der Komischen Oper Berlin war die große Verständlichkeit der gesungenen Sprache, der die Aufmerksamkeit der Musik-Theater-Regie galt.*

4 »Leos Exaedros II«*: HWH leitete die Uraufführung der Komposition Leo Brouwers (3. Oktober 1970, in einem Konzert mit den Berliner Philharmonikern in der Neuen Philharmonie). Er hatte den kubanischen Komponisten und Musiker bei seinem ersten Kuba-Aufenthalt im März 1969 in Havanna kennengelernt; bei seinem zweiten Kuba-Aufenthalt dirigierte HWH die Urauff. von dessen neuem Stück »Exaedros« (26. November 1969) und verhalf ihm zu Aufführungen in mehreren europäischen Städten, in Aldeburgh, Berlin-Ost und Berlin-West. »Exaedros II« stellt eine Orchesterfassung mit einem Schlagzeugsolisten dar, die Leo Brouwer in der Zeit, als HWH in Glasgow war, bei seinem Aufenthalt in Marino schrieb.*

188 *ÖNB 190, Typoskript-Durchschrift*

1 »Nach dieser irrsinnigen Arbeit«*: die Fertigstellung des Romans* Malina*, dessen Typoskript IB am 11. Dezember 1970 an den Suhrkamp Verlag abschickte.*

2 »das Gnadengesuch für diesen deutschen Schauspieler«*: Der Briefverkehr der Botschaft der Bundesrepublik Deutschland in Rom steht für diese Zeit nicht mehr zur Einsicht zur Verfügung.*

3 »Einladung nach Taormina«: *IB hatte bereits Mitte der sechziger Jahre in der Jury des Premio Etna-Taormina mitgewirkt. 1966 bekam Hans Magnus Enzensberger den Taormina-Preis zugesprochen. Preisträger waren u. a. Anna Achmatowa und Giuseppe Ungaretti, deren Leben und Werk sich IB verbunden fühlte.*

189 *ÖNB 22, Telegramm; Poststempel: ROMA, 26. 3. 71, an:* BACHMANN BEI UNSELD GRUENEBURGWEG 69 FRANCOFORTE SUL MENO

1 »DEINER ERSTEN SINFONIE WELCHE DIE ELFTE VON MAHLER IST«: *Es war die höchste Auszeichnung, die der Komponist vergeben hatte. Die Assoziation von IBs Roman* Malina *mit Gustav Mahlers Sinfonien trifft die musikalische Kompositionsweise des Romans, die tendenzielle Auflösung der Grenzen von Sprache und Musik, die musikalische Zitattechnik – und nicht zuletzt den Ausdruck der schmerzlichen Zerrissenheit des weiblichen Ich in diesem Roman. Eine höhere Auszeichnung als den Vergleich mit Mahler konnte es auch für die Schriftstellerin nicht geben, die in einem ihrer letzten Interviews für das Filmporträt von Gerda Haller (Anfang Juni 1973) sagte, daß ihre* »ganze Arbeit mit Musik zusammenhängt« *und daß sie* »nicht arbeiten kann, ohne bestimmte Musik zu hören: etwa Mahler, der für mich der größte Komponist unseres Jahrhunderts ist« *(zit. n. ÖNB, Nachl.-Nr. 2353).*

190 *ÖNB, Typoskript-Durchschrift*

1 *IB las am Abend des 4. Juni 1971 in Salzburg, anschließend in der Gesellschaft für Literatur in Wien.*

191 *ÖNB, Briefentwurf, hs.*

1 »Die zwei jungen Leute«: *Heinz Bachmann und seine Frau Sheila, die am 7. August 1971 geheiratet haben. Von »dieser« Hochzeit ist in der letzten Erzählung des zweiten Prosabands,* Drei Wege zum See *(1972), die Rede (in: IB,* Simultan, *W 2, S. 394ff.), denn Elisabeth, die Ich-Erzählerin, kehrt aus London nach Klagenfurt zu ihrem alten Vater zurück, dem sie von der Hochzeit von* »Robert und Liz« *berichtet.*

192 *ÖNB 272, hs.; vorgedr. Briefkopf:* LA LEPRARA / 00047 MARINO (ROMA). *Die letzten 6 Zeilen sind unleserlich.*

1 »Dein geschichtenbuch«: *der im September 1972 erschienene Erzählband* Simultan.

2 »die ›Rachel‹«: *eine Auftragsarbeit des WNET Opera Theatre, New York, für eine Fernsehoper (gemeinsam mit Hans Magnus Enzensberger, der sich auf Motive von Miguel Barnets Roman* Canción de Rachel *bezog). Da der Name* Rachel *Ausspracheprobleme mit sich brachte, bekam das Stück den Titel* La Cubana oder Ein Leben für die Kunst. *Die Ursendung der Fernsehproduktion fand unter der musikalischen Leitung HWHs am 4. März 1974 statt (Channel 13, USA).* La Cubana *war, nach* El Cimarrón, *die zweite Vertonung HWHs, die sich mit dem Land und der Geschichte Kubas auseinandersetzte, beide mit Textbüchern von Enzensberger. Die künstlerische und politische Zusammenarbeit von Enzensberger und HWH ist in einem Briefwechsel dokumentiert, von dem Teile in der HWH-Sammlung der Paul Sacher Stiftung Basel einzusehen sind.*

193 *ÖNB 273; Telegramm; Poststempel: NEW YORK, 16. 12. 72, an:* BACHMANN / VIA GIULIA 66 / ROMA

1 *IB verbrachte Weihnachten 1972 mit anderen Gästen, dem Altphilologen Franco Serpa, der Malerin Titina Maselli und dem Maler und Bühnenbildner Renzo Vespignani, bei HWH in Marino (H, 383).*

Kommentar zu den undatierbaren Briefen

194 *ÖNB 290a, hs.; undat.; dunkelbl. Tinte; Kärtchen, 10,4 × 14,6 cm, auf der Rückseite Antwort HWHs* (Brief 195).

195 *ÖNB 290, hs.; undat.; Bleistift, als Antwort auf die Mitteilung IBs* (Brief 194) *auf der Vorders. des Kärtchens.*

196 *ÖNB 66, hs.; undat; bl. Kugelschreiber.*

197 *ÖNB, masch.; undat.; Briefentwurf mit vielen Verschreibungen. HWH nimmt an, daß der Brief aus der Zeit einer schweren psychischen Krise im Jahr 1967 stammt (Gespräch mit dem Komponisten am 16. Februar 2004), vielleicht aus der in der Autobiographie beschriebenen Zeit im Frühherbst, als IB* »ihre eigenen klinischen Erfahrungen auf diesem Gebiet mit nach Marino« *brachte und versuchte, sie auf ihn und seine* »Problematik weiterzuleiten«. *Es seien letztlich die* »Gespräche mit der schwesterlichen Freundin« *gewesen, die* »Erleichterung« *gebracht haben (H, 282).*

Dank

Ich danke allen von Herzen, die mir auf die verschiedenste Weise bei der Arbeit an diesem Briefwechsel geholfen haben. Es sind so viele, und ich fürchte, die Nennung ihrer Namen ist zuwenig.

Nur drei kann ich hervorheben. Für sie bedeuten die Briefe schmerzliche Erinnerung, und sie haben mir doch in allem geholfen: Isolde Moser, die Schwester Ingeborg Bachmanns, Heinz Bachmann, der Bruder, Hans Werner Henze, der Freund und große Musiker.

Ich betrachte es als Glück, daß ich mit ihnen zusammen arbeiten durfte. Und ich betrachte es als Glück, daß ich die Hilfe der vielen anderen Freunde und Bekannten fand:

Alke Ahrens, Hamburg; Inga Belke, Marbach; Armin Eidherr, Salzburg; Raimund Fellinger, Frankfurt; Gabriele Ferk, Hamburg; Daniela Fink, München; Klaus Geitel, Berlin; Ragni Maria Gschwend, Freiburg; Johanna Höller, Hallein; Astrid Hinterholzer, Salzburg; Eva Irblich, Wien; Arturo Larcati, Salzburg; Heinz Lunzer, Wien; Francesco Maione, Neapel; Cornelia Mechler, Freiburg; Simone Mellar, München; Fausto Moroni, Marino; Christian Moser, Wien; Ulrich Mosch, Basel; Annette Pehnt, Freiburg; Robert Pichl, Wien; Helga Pöcheim, Wien; Elsbeth Ranke, Gouvieux; Giuseppina Ricci-Scarpati, Neapel; Gastón Salvatore, Venedig; Franz Stadler, Wien; Uwe Steffen, München; Ulrike Tanzer, Salzburg; Thomas Tebbe, München; Maria-Luisa Wandruszka, Bologna; Sylvia Wittgenstein, New York; Regina Wyschata, Hallein.

Ohne die Hilfe meiner Frau Ulrike Höller wäre die Arbeit nie fertig geworden.

Personenregister

Werkregister

Ingeborg Bachmann
Sämtliche Erzählungen
488 Seiten. Serie Piper

»Ich existiere nur, wenn ich schreibe.« Ingeborg Bachmanns Erzählungen gehören zu den Meisterwerken der modernen deutschsprachigen Literatur. Sie zeigen Menschen an den Schnittpunkten ihrer Existenz, vor Entscheidungen, in denen es um das Leben geht, um die Wahrheit, um die Liebe, um den Tod.

»Ihre Gestalten sind alltäglich – und doch von mythischer Ausstrahlung; sie sind Hausfrau und Medea, Richter und Ödipus, Student und Hamlet.«
Horst Bienek

05/1370/03/L

Ingeborg Bachmann
Sämtliche Gedichte
229 Seiten. Serie Piper

»Die gestundete Zeit«, 1953 erschienen, begründete Ingeborg Bachmanns Ruhm als eine der größten Dichterinnen der Europäischen Moderne. Sämtliche vollendeten Gedichte, von der frühen Lyrik bis zur »Anrufung des Großen Bären«, bilden den Kern ihres facettenreichen Werkes.

»Dieses Œuvre gehört zu den großen dichterischen Leistungen unseres Jahrhunderts, es ist von jener ›Schönheit, die allem innewohnt, was rein gedacht und gelebt worden ist‹«.
Hermann Burger,
Neue Zürcher Zeitung

05/1489/02/R

SERIE PIPER

SERIE PIPER

Ingeborg Bachmann

Römische Reportagen

Eine Wiederentdeckung. Herausgegeben und mit einem Nachwort von Jörg-Dieter Kogel. 123 Seiten. Serie Piper

»In Italien habe ich gelernt, Gebrauch von meinen Augen zu machen.« Der Zufall wollte es, daß nach über vierzig Jahren Ingeborg Bachmanns verschollene Rundfunkreportagen aus Rom wieder aufgetaucht sind. Sehr klarsichtig, pointiert und auch charmant formuliert, zeigen die höchst kurzweiligen Berichte ein ungewohntes Gesicht der Autorin und das stimmungsvolle Porträt der frühen fünfziger Jahre in Ingeborg Bachmanns zweiter Heimat Italien.

»Ingeborg Bachmann als römische Korrespondentin – das war ein seltener Glücksfall.«
Der Spiegel

05/1371/01/L

Ingeborg Bachmann

Bilder aus ihrem Leben

Mit Texten aus ihrem Werk und 222 Abbildungen. Herausgegeben von Andreas Hapkemeyer. 162 Seiten. Serie Piper

Dieser Text-Bild-Band vermittelt einen Überblick über Leben und Werk Ingeborg Bachmanns. Über einen Zeitraum von fünfzig Jahren dokumentieren die Fotos und Texte ihre Lebensbereiche, zeigen ihre zahlreichen Reisen und belegen ihre Beziehungen zu anderen Schriftstellern wie auch ihre Mitgliedschaft bei der Gruppe 47. Durch Gedichte, Auszüge aus der erzählenden Prosa, aus Hörspielen und essayistischen Arbeiten wird die Vielfalt von Bachmanns schriftstellerischem Schaffen exemplarisch dargestellt. Die Texte und Auszüge aus Interviews geben wichtige Hinweise auf die zahlreichen Quellen ihres Schreibens. Aus dem Neben- und Ineinander von Fotos und Texten entsteht ein ebenso sensibles wie anschauliches Porträt der Dichterin.

05/1488/01/R

Ingeborg Bachmann

Die Wahrheit ist dem Menschen zumutbar

Esseys, Reden, Kleinere Schriften. 190 Seiten. Serie Piper

»Wie der Schriftsteller die anderen zur Wahrheit zu ermutigen versucht durch Darstellung, so ermutigen ihn die anderen, wenn sie ihm, durch Lob und Tadel, zu verstehen geben, daß sie die Wahrheit von ihm fordern und in den Stand kommen wollen, wo ihnen die Augen aufgehen. Die Wahrheit nämlich ist dem Menschen zumutbar.«

Philosophische Reflexionen, Reden anläßlich von Preisverleihungen, Städteimpressionen und Porträts ihrer Zeitgenossen geben im Skizzenhaften einen Einblick in die »Werkstatt« von Ingeborg Bachmann. Die essayistischen Texte belegen die Spannbreite ihrer Interessen und liefern ein eindruckvolles Zeugnis unermeßlicher Belesenheit.

05/1490/01/L

Ingeborg Bachmann

Ich weiß keine bessere Welt

Unveröffentlichte Gedichte. Herausgegeben von Isolde Moser, Heinz Bachmann und Christian Moser. 195 Seiten. Serie Piper

Drei Jahrzehnte nach ihrem Tod öffneten sich endlich die Archive und gaben Ingeborg Bachmanns persönlichste Gedichte preis. Sie sind das eindrucksvolle Zeugnis einer sensiblen Beobachterin und ihres tragischen Lebens: Ihre Texte sind gezeichnet von Trauer um die verlorengegangene Poesie und von abgründiger Sprachlosigkeit. Immer ringt Ingeborg Bachmann um eine neue Sprache.

»Ich weiß keine bessere Welt« vervollständigt das lyrische Werk einer der größten Dichterinnen der europäischen Moderne auf beklemmende Weise.

»Sie hat ihre Gedichte größtenteils nicht abgeschlossen, aber sie hat sie auch nicht vernichtet. Dafür können wir ihr nicht dankbar genug sein.«
Die Welt

05/1491/01/R